Oliver Leistert, Theo Röhle (Hg.)
Generation Facebook

Oliver Leistert, Theo Röhle (Hg.)

Generation Facebook

Über das Leben im Social Net

[transcript]

Bibliografische Information der Deutschen Nationalbibliothek
Die Deutsche Nationalbibliothek verzeichnet diese Publikation in der Deutschen Nationalbibliografie; detaillierte bibliografische Daten sind im Internet über http://dnb.d-nb.de abrufbar.

Umschlaggestaltung: Kordula Röckenhaus, Bielefeld
Lektorat: Oliver Leistert, Theo Röhle
Korrektorat: Kirsten Hellmich, Bielefeld
Übersetzungen aus dem Englischen: Michael Schmidt, Düsseldorf
Satz: Jörg Burkhard, Bielefeld
Druck: Aalexx Buchproduktion GmbH, Großburgwedel
ISBN 978-3-8376-1859-4

Gedruckt auf alterungsbeständigem Papier mit chlorfrei gebleichtem Zellstoff.
Besuchen Sie uns im Internet: *http://www.transcript-verlag.de*
Bitte fordern Sie unser Gesamtverzeichnis und andere Broschüren an unter: *info@transcript-verlag.de*

Inhalt

Identifizieren, Verbinden, Verkaufen

Einleitendes zur Maschine Facebook, ihren Konsequenzen und den Beiträgen in diesem Band

Oliver Leistert und Theo Röhle

Mit neuer Kommunikationstechnologie hat es eine seltsame Bewandtnis: Sie spricht auf fantastische Weise unsere Adaptivität an. Nach nur kurzer Zeit kommt sie einem wie natürlich vor. Auch die Erinnerung an die Zeit davor wird irreal. Wie haben es Leute damals ausgehalten, auf Briefe zu warten? Was haben wir nur gemacht, als wir noch nicht jederzeit erreichbar waren? Kommunikationstechnologie greift tief in den Alltag ein, sie verändert, wie wir miteinander umgehen und was wir für vorstellbar halten. Dabei wissen wir oftmals kaum, wohin die Reise gehen wird. Facebook ist so ein Phänomen: Rechner an, Browser auf, Newsfeed checken. Wer hat den Clip von gestern angeklickt, wo hat jemand ein leckeres Schokoladeneis gegessen, ist die marode Beziehung der Kollegin inzwischen in die Brüche gegangen? Vor zehn Jahren hätte wohl niemand gedacht, dass dies einmal für hunderte Millionen Menschen der mediale Alltag sein wird. Vielleicht kann sich in zehn Jahren auch niemand mehr vorstellen, dass es einmal so gewesen ist.

Aber auch in diesem ›natürlichen‹ Umgang mit den neuen Technologien tun sich Risse auf: Eine viel zu exakt zugeschnittene Anzeige, die zehnte abwegige Freundesanfrage, ein Tischnachbar, der am Laptop seine Farmville-Ernte einfährt[1] – auf einmal lösen diese Dinge Befremden aus. Und man beginnt sich zu fragen, wie es eigentlich dazu kommen konnte, dass das Internet, das einmal die Hoffnung auf eine offene und hierarchiefreie Kommunikation in sich barg, sich in rasender Geschwindigkeit zu einer von wenigen kommerziellen Akteuren beherrschten und von Selbstdarstellung geprägten Infosphäre entwickelt hat. Inzwischen steht sogar zu befürchten, dass es das Web, wie wir es einmal kannten, nicht mehr allzu lange geben wird. Private Homepages sind

---

1 | Farmville ist ein überaus erfolgreiches Spiel auf Facebook, bei dem es gilt, einen Bauernhof möglichst gewinnbringend zu managen.

schon lange ein überkommenes Konzept, auch Blogs haben ihren Glanz verloren. Das Wachstum von Facebook geht auf Kosten des restlichen Webs. Als Umschlagplatz für soziale Beziehungen aller Art – vom Nachbarschaftsplausch über das Geschäftstreffen bis zum Demonstrationsaufruf – nistet sich Facebook immer tiefer in gesellschaftliche Strukturen ein. Die Konsequenzen dieser neuen Formen von Sozialität sind bisher noch kaum absehbar. Was motiviert Millionen von Menschen dazu, ihre Profile mit einer Fülle privater Informationen anzureichern? Welche Macht hat ein Unternehmen, das permanenten Einblick in den Alltag dieser Menschen hat? Etabliert sich hier ein neues Medium, das zukünftige Kommunikationsweisen prägen wird, oder ist der Hype in wenigen Jahren wieder vorbei?

Die Beiträge dieses Bandes suchen nach Antworten auf diese Fragen. Statt sich dem Phänomen Facebook – wie so oft – mal aus faszinierter, mal aus alarmistischer Richtung zu nähern, entwickeln sie eine fundierte, kritische Perspektive auf Facebook. Sie vermeiden schlichte kulturpessimistische Distanz und lassen sich auf eine engagierte Auseinandersetzung mit technischen Verfahren, ökonomischen Prozessen und produktiven Nutzungsformen ein. Sie zeigen auf, dass Facebook auf komplexe Weise in die Anforderungen zeitgenössischer gesellschaftlicher Formierungen eingebunden ist, diese aber gleichzeitig erheblich mitgestaltet. Man kann Facebook als Maschine betrachten, die ihre Aufmerksamkeit immer weiter in die verschiedensten Bereiche des Lebens ausdehnt, dabei Subjektivitäten zurichtet und ökonomische Prozesse auf algorithmischer Basis ausdifferenziert. Eine Maschine, der sich Menschen aus unterschiedlichsten Gründen freiwillig unterwerfen.

Dem Facettenreichtum dieser Maschine mit ihrer Vielfalt an widersprüchlichen technologischen und sozialen Dynamiken kann ein einzelner Band sicherlich nicht gerecht werden. Der Band argumentiert vielmehr aus einer dezidiert kultur- und medienkritischen Perspektive, die wir in diesem einleitenden Beitrag noch einmal zugespitzt haben: Es geht uns um die problematischen Effekte, die Facebook auf Subjekt und Gesellschaft hat. Wir eröffnen das Feld mit den Bereichen Ökonomie und Politik, die in den aktuellen Debatten über Facebook eine besonders wichtige Rolle spielen. Nicht weniger relevant erscheint uns das Zusammenspiel zwischen Gesellschaft, Subjekt und Identität, das – zunehmend vermittelt durch Facebook – einen grundlegenden Wandel erfährt. In der Frage von Privatsphäre und Überwachung fließen diese Aspekte schließlich zusammen, was auch Anlass zu Überlegungen gibt, welche technischen Alternativen zu Facebook existieren oder denkbar sind. Innerhalb dieser Themenfelder setzen die Einzelbeiträge individuelle Schwerpunkte, die wir jeweils kurz anreißen und damit in einen zusammenführenden Kontext einordnen.

Einige der Beiträge in diesem Band haben ein besonderes Format: Es handelt sich dabei um essayistische Kommentare, die aus vier sehr unterschiedlichen Perspektiven ein kurzes Schlaglicht auf Facebook werfen und auf diese Weise die Langbeiträge um wichtige Ansichten und Einwürfe ergänzen.

Brand Management in der Facebook-Ökonomie

Aus Sicht der User[2] sind die Hürden für den Einstieg bei Facebook denkbar niedrig: Sie haben die Aussicht, mit einem ständigen Strom von Neuigkeiten aus dem eigenen Freundeskreis versorgt zu werden, ohne direkte Kosten, ohne technischen Aufwand, ohne Erwartungen an gehaltvolle eigene Beiträge. Schwieriger zu verstehen ist, mit welchen Erwartungen die Investoren bei Facebook einsteigen. In der letzten großen Investitionsrunde Anfang 2011 flossen 1,5 Mrd. Dollar von Goldman Sachs und Digital Skies Technologies in das Unternehmen. Dabei lag der Marktwert noch bei 50 Mrd. Dollar. Inzwischen werden Anteile gehandelt, die einem Marktwert von 80 Mrd. Dollar entsprechen, und für den Börsengang, der Anfang 2012 erwartet wird, scheinen 100 Mrd. Dollar nicht mehr außer Reichweite. Wiederholen sich hier die Erfahrungen der neunziger Jahre, als die Bewertungen der IT-Firmen in die Höhe schossen und in keinem Verhältnis zu ihren Einnahmen standen? Einiges spricht dafür: Facebook machte 2010 einen Gewinn von gerade einmal 500 Mio. Dollar, während Google in der gleichen Zeit, bei einem lediglich doppelt so hohen Marktwert, das 17-fache einnahm. Anderes spricht gegen eine neue Blase, zumindest wenn man den Fachzeitschriften und Wirtschaftsexperten glauben darf. Sie versichern sich gegenseitig, Facebook sei »organisch« gewachsen, zeige gute Prognosen für zukünftige Gewinne und werde sich neben Google als wichtigstes Werbetool im Internet etablieren (Fowler/Das 2011, McEleny 2011).

Im Online-Marketing stellt man sich Internetnutzung gerne als Trichter vor: Oben kommen Userinnen rein, unten kommen Konsumentinnen raus. Wer es am billigsten und schnellsten schafft, die User durch diesen Trichter zu befördern, kann auf die Gunst der Anzeigenkunden hoffen. Bisher galt Googles System, Anzeigen mit Suchbegriffen zu verknüpfen, als heiliger Gral der Online-Werbung, denn hier werden die Userinnen dann abgefangen, wenn sie mit ihrer Anfrage schon ein konkretes Interesse geäußert haben – also am unteren Ende des Trichters. Das Neue an Facebook, so Chief Operations Officer Sheryl Sandberg in einem Interview, sei nun, dass die Online-Werbung am oberen Ende des Trichters ansetzt, wo die Interessenslage noch wesentlich diffuser ist: »We're not really demand fulfillment, when you've already figured out what you're going to buy – that's search. We're demand generation, before you know you want something.« (Hof 2011: 67) Die Geschäftswelt zeigt sich von diesem

2 | Wir benutzen uneinheitlich abwechselnd die männliche und weibliche Form. Es ist dabei jeweils auch die andere gemeint.

Konzept überzeugt, inzwischen haben unzählige Unternehmen und Organisationen Facebook als PR-Tool für sich entdeckt. Die Hoffnung ist, dass Facebook Bereiche des Marketings eröffnet, die bisher im Netz schwierig zu realisieren waren: Branding, Customer Relationship Management und Reputation Management – eine schöne neue Marketing-Welt, die Marken profiliert und Begehren weckt, statt schlicht Produkte zu verkaufen.

Für solche Kampagnen stellt Facebook die vielfältigsten Werkzeuge zur Verfügung. »Sponsored Stories« heißt eine Funktion, die immer dann, wenn ein Markenname erwähnt wird, das entsprechende Statusupdate in eine Anzeige verwandelt, die Freunden angezeigt wird. »Facebook Deals« heißt eine andere Funktion, mit der Firmen Gutscheine an Userinnen ausgeben können, die per Handy ein bestimmtes Geschäftslokal als Aufenthaltsort angeben. Eine dritte Funktion, »Instant Personalization«, erlaubt es Websites, Inhalte genau auf einzelne User zuzuschneiden, ohne dass diese jemals auf der Seite gewesen sind. Eines haben all diese Funktionen gemeinsam: Sie heben die Trennung zwischen kommerzieller Sphäre und Privatsphäre auf – »Turning brands into peers« (ebd.: 68). An diesem Prinzip wurde nach und nach die gesamte Struktur der Plattform ausgerichtet: Seit einem Relaunch 2009 sind Unternehmensseiten auf Facebook nicht mehr von individuellen Profilen zu unterscheiden. Auch der »Fan werden«-Button auf Unternehmensseiten wurde abgeschafft und durch den Like-Button ersetzt. Mit Erfolg: Die Klickrate auf Like-Buttons von Unternehmen verdoppelte sich innerhalb kürzester Zeit, täglich vergeben die Facebook-Userinnen 50 Mio. »Likes« an Unternehmen.

Der Like-Button ist, trotz oder vielleicht gerade wegen seiner unauffälligen Erscheinung, eine der wichtigsten Funktionen innerhalb des Facebook-Universums. Der weiße Daumen auf blauem Grund darf inzwischen auf keiner Website mehr fehlen, die etwas auf ihre Social-Media-Strategie hält. Das Problematische daran: Facebook wird jedes Mal darüber informiert, wenn dieser Button aufgerufen wird, egal ob er tatsächlich angeklickt wurde und unabhängig davon, ob man Facebook-Mitglied ist oder nicht. So verfolgt einen Facebook per Cookie und IP-Adresse durchs gesamte Web – als Mitglied sogar inklusive Name und Profil. Klickt man den Like-Button dann auch noch an, entfaltet sich ein ganzes Netz von Aktivitäten, die das Überwachungspotential noch erhöhen: Nicht nur wird eine Verbindung zwischen dem individuellen Profil und dem angeklickten Element hergestellt, auch der »Like« selbst wird in allen erdenklichen Weisen veröffentlicht – im Newsfeed von Freunden, im Newsfeed der Seite, in Anzeigen, im Zähler der Seite, auf der der Button zu finden war usw. usf. **Carolin Gerlitz** spricht daher von der Herausbildung einer neuen »Like Economy«, die allmählich die ihr vorausgehende »Link Economy« ablöst. Statt, wie der Link, einfach nur zwei Adressen im Web miteinander zu verbinden, erlaubt der »Like« eine gegenseitige Identifizierung, den Austausch von umfangreichen Informationen übereinander; und – besonders wichtig – er sorgt dafür, dass alle diese Interaktionen über eine gemeinsame Plattform abgewickelt werden, die das Geschehen von zentraler Stelle überblicken kann. So streckt Facebook mit den Like-Buttons seine Fühler ins gesamte Web aus, lenkt aber gleichzeitig die Datenflüsse wieder zurück in die Plattform.

Technisch wird die Steuerung solcher Datenflüsse durch APIs (Application Programming Interfaces) geregelt. Wer darüber entscheidet, welche Daten über diese Schnittstellen zugänglich sind, wem welche Privilegien eingeräumt werden und ob dieser Austausch auf Gegenseitigkeit beruht, hat zu einem großen Teil auch die Zukunft des Webs insgesamt in der Hand. Wie **Robert Bodle** zeigt, werden diese Entscheidungen jedoch in den allermeisten Fällen hinter verschlossenen Türen getroffen. Auch die ›Offenheit‹ von Facebooks Open Graph darf bezweifelt werden, geht es doch weniger darum, den Usern Zugang zu ihren Daten zu gewähren oder gar Einblicke in den Code der Plattform zu ermöglichen. In den neuen »Regimen des Austauschs« (Bodle) haben individuelle private Userinnen grundsätzlich das Nachsehen. Zahlenden Großkunden erlauben die APIs dagegen genau die Übersicht, die den individuellen Userinnen in ihrer ich-zentrierten »filter bubble« (Pariser 2010) verwehrt bleibt. Den Alltag dieser Back-end-Überwachungspraktiken beschreibt der Softwareentwickler **Frank**[3]: Über die Facebook-APIs können Firmen einen schier unendlichen Fluss von Userdaten anzapfen. Anhand automatischer Analyse-Tools ermitteln sie, wer sich wie über ihre Markennamen äußert, wie es um die Zufriedenheit mit den eigenen Produkten bestellt ist und welche Gefühlslagen generell im Umfeld ihrer Marken kursieren. Welche Fotos Userinnen posten, welche Like-Buttons sie anklicken, welche Spiele sie spielen und auf welche Einladungen sie reagieren – all das ist aus Sicht des Marketings, so Frank, letztlich »eine Ressource, die auf der Straße liegt, um aufgehoben und verkauft zu werden, d.h. um Mehrwert daraus zu schöpfen«.

Ein neuer Modus der Verwertung

Vielleicht beobachten wir gerade, wie **Mark Andrejevich** schreibt, die Entstehung einer völlig neuen Produktionsweise. Wirtschaftliches Wachstum hieß einmal, standardisierte Produkte möglichst billig herzustellen und sie mit größtmöglichem Profit an eine möglichst große Masse zu verkaufen. Dieses Prinzip der Masse gilt schon lange nicht mehr, stattdessen soll sich der Konsum in möglichst unterschiedliche Interessen und Vorlieben ausdifferenzieren. Als Motor des Wachstums gilt die sich immer feiner verästelnde Ausprägung individueller Präferenzen. Und genau hier setzen die Marketing-Tools von Facebook an, indem sie die Vorlieben der Mitglieder bis hin zur individuellen Ebene für

3 | Wir verzichten auf die Nennung seines vollen Namens.

die Werbetreibenden transparent machen. Andrejevich glaubt daher nicht, dass es Zufall ist, dass die Social Networks ausgerechnet dann populär werden, wenn der Datenhunger des Marketings immer weiter anwächst. Diese Überlegungen sind vielmehr schon in ihrer Konzeption und ihrem Design angelegt. Die Userinnen stellen nicht nur ihre Updates, ihren Wohnort, ihre demografischen Daten, Interessen und Informationen über angeklickte »Likes« zur Verfügung, auch Geburtstag, Schulabschluss, Beruf und Zivilstand werden bereitwillig hergegeben. Dass sich die Werbetreibenden nur zu gerne auf dieses Arrangement einlassen, dürfte niemanden verwundern. Wieso aber die Userinnen bereit sind, bei diesem Spiel mitzuspielen, leuchtet selbst den Marketing-Expertinnen nicht immer ein: »It may sound obscure, but if you're an advertiser, there's nothing better than converting customers into unpaid endorsers«, war vor kurzem in einem Wirtschaftsmagazin zu lesen (Stone/MacMillan 2011: 54). Vielleicht, so denkt Andrejevich weiter, wird sich diese Logik der kommerziellen Verwertung in Zukunft so weit fortsetzen, dass auch das eigene soziale Netzwerk ein Online-Wirtschaftskapital darstellt, »das der digitale Arbeiter pflegen muss, um in der Arbeitswelt des 21. Jahrhunderts existieren zu können«.

Facebook-Userinnen leisten auf vielfältige Weise Arbeit. Ihre Aktivität dient als kostenlose Ressource für zentrale Geschäftsprozesse wie Marketing, Vertrieb und Personalvermittlung und reduziert dort die Kosten um ein Vielfaches. Wie kommt es, dass niemand auf die Idee kommt, dafür eine Entlohnung einzufordern? **Mark Coté** und **Jennifer Pybus** beschreiben, wie Social Networks die Userinnen allmählich daran gewöhnt haben, Unternehmen ihre Arbeit umsonst zur Verfügung zu stellen. Diese Art der Arbeit hat jedoch wenig gemein mit der herkömmlichen Lohnarbeit. Es handelt sich um »immaterielle Arbeit«, bei der die Trennlinien zwischen Arbeit und Freizeit immer brüchiger werden. Wo sich einst die Interessen der Arbeitenden und der Unternehmen klar gegenüberstanden, werden hier die Konfliktlinien immer undeutlicher. Technische Features wie der Like-Button treiben die Verwertungslogik immer weiter voran – bis hin zur Ebene unbewusster Affekte – und erschließen Bereiche des Lebens, die ihr bisher entzogen waren. Aber – auch das heißt »immaterielle Arbeit« – sie findet nicht unter Zwang statt. Die User stellen ihre Interessen, Wünsche und Meinungen aus eigenem Antrieb zur Verfügung.

Aktuelle Zahlen geben Anlass zur Vermutung, dass diese ungleiche Vereinbarung von immer mehr Usern aufgekündigt wird. Im Frühjahr 2011 gingen die Mitgliedszahlen von Facebook in den USA und in Großbritannien erstmals zurück, in den USA soll die Plattform innerhalb eines Monats 6 Mio. Mitglieder verloren haben (Lee 2011). Nehmen die Userinnen die immer offensichtlicher hervortretenden kommerziellen Züge von Facebook nun zum Anlass, dem Unternehmen den Rücken zu kehren? Ist Facebook schon zu etabliert, nicht mehr cool genug und ist es bereits an der Zeit, Nachrufe zu verfassen? Für solche Prognosen scheint es allerdings noch zu früh, denn weltweit ist Facebook weiterhin auf dem Vormarsch und verzeichnet Zuwachsraten, die die aktuellen Verluste mehr als ausgleichen (ebd.). Auch hierzu tragen die User fleißig bei, indem sie das Facebook-Interface in bislang 70 Sprachen übersetzt haben, natürlich gratis. In Ländern mit vielen lokalen Sprachen und Dialekten ist Facebook dadurch seiner Konkurrenz meilenweit voraus (Sharma 2011). Zum globalen Expansionskurs von Facebook tragen außerdem die Vereinbarungen mit Mobilfunkbetreibern bei, die die Userinnen in Ländern mit schlechter Internet-Infrastruktur bei der Stange halten. Als Köder bietet Facebook hier den kostenlosen Zugang zu einer abgespeckten Version der Plattform an. Zusätzlicher Vorteil dieser Art der Nutzung aus Sicht von Facebook: Die weltweit ca. 200 Mio. mobilen Userinnen sind doppelt so aktiv wie diejenigen am stationären Rechner und tragen so noch intensiver zur Datenakkumulation bei (ebd.). Allerdings können sie, wie die Ereignisse des letzten Jahres gezeigt haben, die Plattform auch für ganz andere Dinge nutzen.

YES WE CAN: FACEBOOKS UMSTRITTENE ROLLE IM ARABISCHEN FRÜHLING

Als in Tunesien und Ägypten der Sturz der pro-westlichen, demokratiefeindlichen und autoritären Herrscher begann, war Europas erster Reflex eine beinahe panische Angst vor politischer Instabilität, die zur Massenmigration führen würde. Alte, stabile Partner, die seit jeher dafür gesorgt hatten, dass sich die Migration nach Europa über diese Länder in Grenzen hielt und gleichzeitig wirtschaftlich sehr rentable Kooperationen mit EU-Ländern abgeschlossen hatten, fielen einem demokratischen Aufstand zum Opfer, der die meisten westlichen Beobachter überraschte. Die Beharrlichkeit, der Mut und die einfach anmutenden Forderungen nach mehr Demokratie und Menschenrechten stießen in den historischen Kernländern dieser Werte wenn nicht auf Ablehnung, so doch auf eine Starre: Die üblichen Zuschreibungen auf islamische Gesellschaften prallten an dem basisdemokratischen und säkularen Aufstand ab.[4]

Eines der Erklärungsangebote, das den arabischen Frühling der westlichen Welt verständlich machen sollte, konnte gleichzeitig mehrere Dilemmata auf einmal lösen: Es sei Facebook zu verdanken, dass sich in Arabien der demokratische Frühling entwickle. Mit der Verbreitung der entsprechenden verblüffenden, stark selektiven Bilderwelten (siehe Abbildung 1) gelang es, diesen diskursiven Marker zu setzen, an dem sich nun eine Debatte entzündete, die sich nur

4 | Siehe den Gastbeitrag Slavoj Žižeks im Guardian vom 1. Februar 2011: Why fear the Arab revolutionary spirit? Online unter: http://www.guardian.co.uk/commentisfree/2011/feb/01/egypt-tunisia-revolt (zuletzt aufgerufen am 06.08.11).

noch darum drehte, welchen Anteil, quasi in Prozent, Facebook am Aufbruch habe.

Abbildung 1: Demonstranten auf dem Tahir Square in Kairo Anfang Februar 2011. Auf dem Schild steht: »Danke, Jugend Ägyptens – Facebook – Wir, die Unerschütterlichen, werden nicht weichen«.
Quelle: Richard Engel.

Die Behauptung, Facebook habe eine wesentliche Rolle im arabischen Frühling gespielt, lässt jedoch Respekt vermissen gegenüber den Menschen, die auf die Straße gingen und ihr Leben für den demokratischen Wandel über Wochen aufs Spiel setzten. Sie suggeriert, dass das entscheidende Handlungsvermögen aus den westlichen Kommunikationstechnologien resultiert.

Auch wenn sich in äußerst komplexen Situationen wie dem arabischen Frühling die Effekte von Technologien nur sehr schwer bestimmen lassen, lohnt ein genauerer Blick auf die Erklärungsmuster, die im Rahmen einer westlichen (Medien-)Öffentlichkeit überhaupt angeboten werden. Zu vermuten ist, dass schon die alltägliche Vertrautheit mit Facebook ausreicht, um dessen Rolle in derartigen Situationen stark überzubewerten.

Deshalb ist Skepsis angebracht: Weder in Tunesien noch in Ägypten hat Facebook eine so ausschlaggebende Rolle gespielt, dass der Umbruch ohne diese Technologie unmöglich gewesen wäre. In den entscheidenden Phasen war sogar kaum Telekommunikation vorhanden, wie eine Grafik des Internet-Recherche-Dienstes Arbor Networks veranschaulicht, auf der die Abschaltung des Internets in Ägypten zu sehen ist (Abbildung 2).

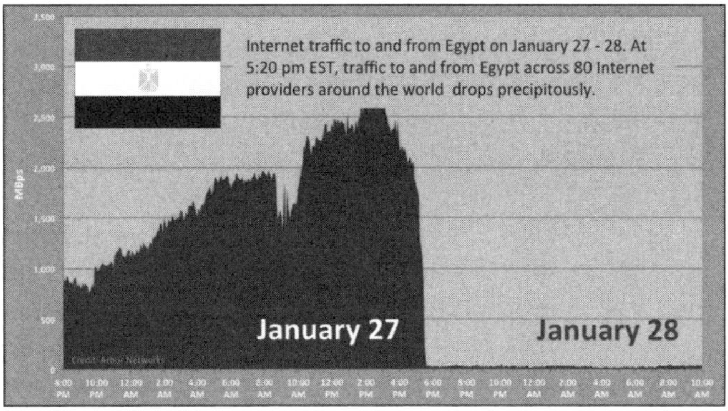

Abbildung 2: Am Nachmittag des 27. Januar 2011 war Ägyptens Internet abgeschaltet. Quelle: Arbor Networks.

Für den Protest gilt jedoch auch, dass Facebook viele Probleme verursacht hat: Die gnadenlosen Geheimdienste der alten Regime waren längst in der Lage, Online-Kommunikation abzuhören, sich in Accounts zu hacken und die durch die Klarnamen-Pflicht bei Facebook leicht erkennbaren Protagonisten zu identifizieren und einzusperren. »Schließlich war eine der zentralen Forderungen während der Proteste der Zugang zu Kommunikation ohne staatliche Überwachung oder Zensur, nicht bloß der Zugang zu Facebook oder Twitter«, schreiben **Ganaele Langlois**, **Greg Elmer** und **Fenwick McKelvey.** Der Fall des tunesischen Geheimdienstes, der sich mit einem technologisch ausgefeilten Trick Zugang zu allen relevanten Facebook-Accounts verschaffte und es besonders darauf abgesehen hatte, die Inhalte der Accounts zu löschen, deutet darauf hin, welche Rolle Facebook hauptsächlich spielte: Es wurde zur Publikation und für den Austausch von relevanten Fotos und anderen Dokumenten genutzt, die das Vorgehen der Sicherheitskräfte dokumentierten. Die Geheimdienste zwangen die Service-Provider, eine spezielle schadhafte Software bei jeder Webanfrage mitzuschicken, die die Login-Informationen für Seiten wie Facebook ausspähte. Die Passwörter eines ganzen Landes drohten damit in die Hände der Polizei und Geheimdienste zu gelangen (Madrigal 2011). **Anne Roth** berichtet davon, wie es sich lebt, wenn einmal die Neugier von Geheimdiensten für scheinbar irrelevante Äußerungen geweckt wurde. Ihr Kurzbeitrag stellt die Frage, ob und wie Facebook politisch sinnvoll einsetzbar ist. Er hebt die Ambivalenz einer solchen Verwendung hervor und verknüpft sie mit einem Bericht eigener Erfahrungen staatlicher Repression. Denn, wie kürzlich eine Kleine Anfrage der Partei »Die Linke« ergab, auch hierzulande wird Facebook zu Ermittlungszwecken genutzt.

Die Vorstellung eines technologischen Determinismus, also die Behauptung, dass Online-Kommunikationstools an sich gesellschaftlichen Wandel hervorrufen, lässt auch Zweifel aufkommen, wie tief das Vertrauen auf die eigene basisdemokratische Handlungsfähigkeit in den westlichen Gesellschaften verankert ist. Es liegt auf der Hand, dass sich mit Flashmobs sehr leicht hunderte oder tausende von Menschen in kurzer Zeit organisieren lassen. Die Massen, die mobilisiert werden sollen, reichen allein aber nicht aus.

Gewiss hat Facebook geholfen, zu Beginn des Aufstands Informationen zu verbreiten, besonders ins westliche Ausland. Es sind eben nicht geografische Kategorien, die den Wirkungskreis von Facebook allein beschreiben können (wie beim Radio), sondern eine anders geschichtete Verbreitung, entlang der Linien eines Empires, in dem wirtschaftlich wichtige und urbane Gegenden gut vernetzt sind, arme und ländliche hingegen kaum. Dies ist eine neue Form der Aufteilung der Menschen in Informierte und Ahnungslose, die in jeder Debatte um die politischen Potentiale von Social Media berücksichtigt werden muss. Denn die Ausgeschlossenen sind vielleicht die, gegen die es später auf der Straße zu kämpfen gilt, wie es im Iran 2008 zu beobachten war, wo sich die Proteste gegen die Wiederwahl Ahmadinedschads auf Teheran und wenige andere große Städte konzentrierten, während auf dem Land, einseitig von staatlichen One-to-Many-Medien unterrichtet, die Bevölkerung *für* die Regierung auf die Straße ging.

Generationen und ihre Medien

Die Popularität der Vorstellung, Facebook habe ein inhärentes demokratisches Potential, lässt sich zurückverfolgen zu dem nach wie vor virulenten Ursprungsmythos des Internets, das in den neunziger Jahren des letzten Jahrhunderts von seinen Gründungsfiguren als freier und quasi automatisch demokratisierender Raum beschrieben wurde. Dieses Narrativ speiste bisher fast jede kommunikationstechnische Neuerung, bereits die Vermassung des Stromanschlusses wurde mit diesen Vorstellungen verbunden (Mattelart 2000). In der Glorifizierung von Facebook als Mittel der Demokratisierung erlebt es seinen vorläufig letzten und bizarrsten Widerhall: Handelt es sich diesmal schließlich um einen vollständig kommerziellen und zentralisierten Kommunikationsraum, der einem einzigen Konzern in den USA gehört. Die virtuelle Agora der Neunziger wird im Jahre 2011 von einem Konzern betrieben, dessen Geschäftsmodell im maschinellen Analysieren, Aggregieren, Verkauf und Weiterleiten der kommunikativen Äußerungen seiner Teilnehmer besteht. Bürgerrechte kennt diese Agora nicht, sondern ausschließlich schwer verständliche AGBs, die sich auch gerne einfach einmal ändern. Die User von Facebook sind eben doch hauptsächlich Kunden – was sinnbildlich für die Frage der Teilhabe in post-demokratischen Gesellschaften stehen kann.

Es ist jedoch nicht nur der Mythos der technologischen Demokratisierung, der für jede Generation neu aufgelegt wird. Mediengenerationen und Menschengenerationen stehen generell in einem relationalen Verhältnis, das durch mehrere Vektoren gekennzeichnet ist. Besonders deutlich lässt sich dies am Wandel der »Politiken der Freundschaft« nachvollziehen, die **Ralf Adelmann** in seinem Beitrag untersucht. Facebook wird oft vorgeworfen, den Begriff der Freundschaft auszuhöhlen; es heißt, man könne keine ›echten‹ Beziehungen zu hunderten von Freunden pflegen. Wie Adelmann zeigt, existiert allerdings kein ursprünglicher oder ›authentischer‹ Begriff von Freundschaft, vielmehr sind Vorstellungen von Freundschaft schon immer mit historischen, gesellschaftlichen und, bisher wenig beachtet, mit medientechnischen Entwicklungen verflochten. Auf Facebook verbinden sich daher »Fragen nach medialen, sozialen und politischen Zurichtungen des Begriffs und der Möglichkeitsbedingungen von Freundschaft, die wiederum Effekte in den medialen, sozialen und politischen Praxen generieren«. Google+ hat aus den Einschränkungen Facebooks viel gelernt und nutzt seinen zweiten, späten Anlauf in die Sphäre der sozialen Netzwerke geschickt, indem es seinen Userinnen keine an der Realität sozialer Beziehungen vollständig vorbeigehende Null/Eins(Freund/Nicht-Freund)-Relation aufzwingt, sondern die Definition unterschiedlicher Gruppen erlaubt, denen man Unterschiedliches anvertrauen möchte. Bei Facebook dagegen müssen Chef und Mutter gleichermaßen »Freund« sein, was zu kuriosen Selbstzensuren und Lügen führen kann.

Die mediale Trennung von Generationen ist ein gesellschaftliches Problem, z.B. wenn Politiker, denen das Internet tendenziell eher lästig ist, über Gesetze, Überwachung und Einschränkung des Netzes entscheiden. Es zeichnet sich ab, dass auch Facebook und Co. einen solchen Generationenkonflikt verkörpern. Menschen, die sich nicht begeistert auf jede technische Neuerung in der Kommunikationswelt stürzen, betrachten es gern als nur ein weiteres merkwürdiges Tool, das unnötig knappe Zeit und Aufmerksamkeit kostet. An E-Mail konnte man sich noch gewöhnen. Jugendliche, Schüler und Studenten von heute hingegen haben mit E-Mail bereits nur noch wenig zu tun. Ihre natürliche Umgebung ist Facebook geworden.[5] Wenn sich also für jede Generation ein eigenes Medium herausbildet, und für jedes Medium eine eigene Generation, ist zunächst mit zunehmender gesellschaftlicher Fragmentierung zu rechnen. Eltern

---

5 | danah boyd, die zu einer der aktivsten Forscherinnen der Social Networking Sites zählt, war 2009 an einer der ersten umfangreichen ethnografischen Studien über das, was Kinder und Jugendliche mit Social Media machen, beteiligt: *Hanging Out, Messing Around, and Geeking Out: Kids Living and Learning with New Media*. Ihre Dissertation *Taken out of Context: American Teen Sociality in Networked Publics* von 2008 ist online abrufbar unter www.danah.org/papers/TakenOutOfContext.pdf. boyd pflegt eine umfangreiche und empfehlenswerte Bibliografie akademischer Artikel über Facebook und andere Social Networking Sites: www.danah.org/researchBibs/sns.php (zuletzt aufgerufen am 04.08.11).

bereitet es Stress, wenn das fröhliche Posten und Streamen ihrer Kinder bereits morgens vor der Schule beginnt. Vielleicht werden sie Mitglied, um auf diese Art die Aktivität des eigenen Kindes mitzubekommen, aber wer will schon mit seinen Eltern ›befreundet‹ sein? Auch das Fach »Social Media Kompetenz« dürfte noch auf seine Etablierung im Lehrplan der Schulen warten. Gleichzeitig wird in der Zeitung immer wieder davon berichtet, wie Fremde mit Kindern und Jugendlichen auf Facebook kommunikativ anbändeln. Auch Mobbing per Facebook ist keine Seltenheit mehr und kann dramatische Folgen haben (Wheeler 2011). Zurück bleibt ein eher unbeholfenes Unbehagen im Umgang zwischen den Generationen.

Wie erforscht man das politische Potential Facebooks?

Besonders deutlich wurde dieses Unbehagen in der Diskussion um das Stürmen von Geburtstagsparties oder Sommerfesten von Kreisverbänden der CDU. Harmlose Späße, gefährliche Anarchie oder gar eine neue Form des Protests? In der Ratlosigkeit angesichts dieser Phänomene spiegelte sich der Riss zwischen den Generationen.

Vielleicht ist die bloße Produktion solcher Meuten aber auch die Stärke von Facebook und entspricht der Verfasstheit seiner Nutzung: Ohne eine politisch nachhaltige Frage stürmt das durch die Dynamik des Datentransfers zur Masse gewordene, sonst atomisierte Individuum als Mob fröhlich die Veranstaltungen jener, die sich mit den Dynamiken von Facebook nicht auskennen. Bevor man hierin eine neue Form des Aktivismus erblickt, wäre zunächst trocken festzustellen, dass die Maschine Facebook Körpermassen vor allem wahllos mobilisiert. Inzwischen besetzen auch Anhänger der NPD sehr gezielt populistische Themen in Facebook und machen z.B. mobil gegen »Kinderschänder«, indem sie entsprechende Facebookgruppen unterwandern und es schaffen, mehrere Mitglieder dieser Facebookgruppen zu realen Kundgebungen zu animieren. Facebook ist eben offen für alle.

Wie **Ganaele Langlois**, **Greg Elmer** und **Fenwick McKelvey** zeigen, sind Facebooks Potentiale der Unterstützung und Etablierung von Streitthemen öffentlichen Interesses zwar generell gegeben, jedoch lässt sich hieraus weder eine repräsentative Analyse destillieren, noch ableiten, ob die Diskussion, die zum Meinungsbild führte, in einer angemessenen Detailliertheit und damit Reflexion betrieben wurde. Der Klick als Abstimmung, so lässt sich daraus folgern, ist die Chiffre einer verkürzten, im Kern anti-demokratischen, kybernetischen Prozessierung von Meinung. Es wäre fahrlässig, darauf zu setzen, dass es Bürger sind, die hier alles bestimmen. Bots, Marketing-Firmen oder allgemein Trolle mischen sich nur zu gern in öffentliche Debatten ein, die online geführt werden. Wer Demokratie als anklickbar beschreibt, hat aus politischem Kalkül das eigentlich Demokratische eines politischen Prozesses, nämlich die ausgewogene und unvoreingenommene Debatte, bereits ad acta gelegt. Umfragen und Meinungspolls haben ihren Gegenstand immer schon so zurechtgestutzt, dass unabhängig vom Ausgang der Umfrage das Ergebnis rentabel ist. Dies liegt in der Logik des Feedbacks, das nur Systemkorrekturen kennt – Devianz ist nicht verarbeitbar.

Die Bedeutung Facebooks für lokale Aktivitäten hebt **Saskia Sassen** hervor, indem sie dazu auffordert, den Blick nicht auf die große Maschine Facebook allein zu werfen. Es seien lokal organisierte Gruppen, die Facebook auf ihre je spezifische Weise nutzen, um Ziele zu erreichen, die von lokalem Interesse sind. Damit argumentiert sie gegen die Idee einer globalen Zivilgesellschaft, die sich mit Mitteln wie Facebook herausbilden würde. Es ist »nicht die Innenwelt von Facebook mit ihrer riesigen Zahl von Mitgliedern – bald einer Milliarde und weiter wachsend –, sondern die größere Ökologie, in der eine Facebook-Aktion angesiedelt ist. Und dann sind wir mehr von der Vielfalt dieser Welten als von der Anzahl der Facebook-Mitglieder beeindruckt.« Der Erforschung dieser Ökologie stellt die technische Infrastruktur von Facebook jedoch einige Hürden in den Weg, denn alle Inhalte werden ›ich-zentriert‹ präsentiert, d.h. abgestimmt auf ein individuelles Profil. Als Userin bleibt man gebunden an seine bisherigen Vorlieben, Empfehlungen der Freunde usw., ein Überblick über das gesamte Netzwerk ist nicht vorgesehen. Verwendet man spezielle Tools, um einen solchen Überblick, vielleicht sogar über mehrere Social Networks hinweg, herzustellen, begibt man sich unweigerlich in das forschungsethische Dilemma, seinen Informanten nicht mehr auf Augenhöhe zu begegnen und ggf. ihre Privatsphäre zu missachten.[6]

Auch diejenigen, die ihr Schicksal rigoros selber in die Hand nehmen, weil sie dort, wo sie aufgewachsen sind, keine Perspektive sehen, nutzen Facebook. Über Facebook tauscht man sich aus, welche Routen passierbar sind, und wo sich Frontex, die europäische Migrationsabwehr-Exekutive, neu aufgestellt hat. Mit methodischen Herausforderungen anderer Art sehen sich **Marianne Pieper**, **Vassilis Tsianos** und **Brigitta Kuster** in diesem Zusammenhang konfrontiert. Sie zeigen in ihrem Beitrag auf unterschiedlichen Ebenen, wie Migration neu zu denken ist und welche Rolle die Nutzung sozialer Medien in diesem Zusammenhang spielt. Dabei wollen sie nicht nur die reaktive Seite des multimedialen Agierens transnationaler Akteure erforschen, sondern Prozesse der

---

6 | Vgl. auch den Beitrag von Labitzke/Taranu/Hartenstein (2011), die Verfahren entwickeln, mit denen sich Daten aus den Profilen verschiedener Social Networks automatisiert zu einem kombinierten Profil zusammenstellen lassen. Ziel ist in diesem Fall, die Userinnen auf die technischen Überwachungsmöglichkeiten aufmerksam zu machen, gleichzeitig ergeben sich in dieser Forschung vielfältige datenschutzrechtliche Fragestellungen.

Herstellung von Konnektivität und Kollektivität im Transit des *bordercrossings* untersuchen. In ihrer net(h)nografischen Grenzregimeanalyse fragen sie: »Welches sind die Qualitäten solcher Konnektivitäten, welche Rolle spielen dabei die Affekte, d.h. das Affizieren und Affiziert-Werden, wie spielen die *agencements* aus Körpern, technologischen Artefakten von Kontrolle und Entkommen sowie das Begehren und die Affekte zusammen?«

Der »Nymwar«, der Kampf um die Möglichkeit, Facebook anonym zu nutzen, würde auch diesen permanenten Prozess der Migration treffen. Facebook löscht Accounts, die nicht unter dem bürgerlichen Namen angemeldet wurden. Die Argumente der Pflicht zum Klar-Namen, die Randi Zuckerberg, die Schwester des Facebook-Milliardärs Zuckerberg und Facebook-Marketing-Chefin, äußert (vgl. Bosker 2011), lenken allerdings in erster Linie von ihren eigentlichen Gründen ab: Daten, die mit dem echten Namen von Userinnen verknüpft sind, sind um ein Vielfaches mehr wert für die Werbung. Dies ist auch der Grund, weshalb Google+ keine Abhilfe schaffen kann; das Geschäftsmodell der Werbung ist grundsätzlich das Gleiche. Randi Zuckerbergs Aussage, Anonymität im Internet müsse endlich beendet werden, da sich die Menschen dahinter nur verstecken würden, kann daher nur als Ablenkungsmanöver betrachtet werden. Sie reiht sich damit ein in eine inzwischen mächtige Allianz von Wirtschaft und Politik, der es um Kontrolle und Verwertung geht. Das Recht auf Anonymität gehört jedoch zu den Grundlagen der freien Meinungsäußerung. Wer dieses Recht in Frage stellt, unterstützt anti-demokratische Tendenzen.[7]

Neue Subjektivitäten zwischen Eindeutigkeit, Fragmentierung und endloser Pflege

Im Mai 2011 zog eine neue Facebook-Anwendung Aufmerksamkeit auf sich: Im »Museum of me« wird das eigene Facebook-Profil in einen Rundgang durch eine Ausstellung umgewandelt. Begleitet von sanfter Klaviermusik gleitet die Kamera durch ein virtuelles Museumsgebäude, vorbei an großen weißen Flächen, auf denen Fotos von Freunden arrangiert sind, an einer enormen Videowand, über die Texte aus den eigenen Statusupdates laufen, durch den »Like«-Raum, leicht erkennbar an der Skulptur eines erhobenen weißen Daumens in der Mitte, bis hin zu einer Halle, in der drei Roboterarme ständig Elemente des Profils greifen, ablegen und neu kombinieren.

7 | Diese Argumentation findet sich auch in einem Beitrag von Jilian C. York, Direktorin der Electronic Fontier Foundation, in der ZEIT. Sie deutet an, dass Google+ – entgegen anfänglicher Beteuerungen – noch rigoroser als Facebook gegen Accounts unter falschem Namen vorgeht (York 2011).

Abbildung 3: Rundgang durch das virtuelle »Museum of me«.
Quelle: http://www.flickr.com/photos/intelfreepress/5865551423/

Der Film endet mit einer Fahrt durch ein schier unendliches Netzwerkdiagramm, bis am Ende ein Logo aufdeckt, worum es sich eigentlich handelt: Eine virale Marketing-Kampagne der Firma Intel, die unter dem Motto »Visualize yourself« die Leistungsfähigkeit ihrer Prozessoren anpreist. Mit Erfolg: 160.000 User generieren monatlich ihre persönliche Ausstellung, indem sie der Anwendung erlauben, auf ihre Daten zuzugreifen. Das Faszinierende dieses Museums liegt darin, dass es sich von den bekannten Ordnungen auf Facebook grundlegend unterscheidet. Statt der Datenbanklogik des Profils und dem algorithmisch erstellten Stream des Newsfeeds bietet der Museumsrundgang eine Narration, die gleichzeitig den Effekt des Ephemeren in Facebook in den Griff bekommt. Es bietet eine Reise durch das digitale Archiv des Selbst, ein Archiv, dem **Mark Coté** und **Jennifer Pybus** eine »zutiefst affektive [...] Dynamik« zuschreiben, »in der die soziale Dimension zuerst kommt, um dann die kapitalistische Akkumulation anzutreiben«. Was diese andere Art der Ordnung damit auch deutlich macht, ist ein ambivalenter Umgang mit Kohärenz: Facebook verlangt nach Fragmenten, die in verschiedenen Datenbanken zerstreut und beliebig kombinierbar sind, ausgestellt wird ein ›Ich‹, das eine stabile Identität, eine Geschichte und vor allem einen Namen hat.

Facebook führt, wie **Carolin Wiedemann** deutlich macht, die unternehmerische Praxis des »Assessment Centers« ins Private fort. Im Profil werden dem Subjekt die eigenen Bemühungen der Selbstoptimierung gespiegelt. Die Userinnen werden ständig dazu angehalten, Eintragungen vorzunehmen, Kommentare zu posten, Fotos hochzuladen und so die Datenbank mit allen erdenklichen Informationen zu füllen. Diese Aufteilung des Selbst in einzelne Bestandteile und Aspekte markiert den Übergang vom Individuum zum »Dividuum«, wie es Deleuze (1993) in seinem Beitrag zur Kontrollgesellschaft nennt. Das, was vormals als nicht mehr teilbar gedacht wurde, lässt sich nun in eine Vielzahl von Elementen aufsplitten. Die Statistik braucht sich nicht mehr mit dem Zählen und Vergleichen von Individuen abzugeben, sondern kann sich auf eine wesentlich größere Menge dividuellen Materials stürzen. Hier gerät der Aspekt des Spielens, des Miteinander-ins-Spiel-Bringens oder des Gegeneinander-Ausspielens zunehmend in Vergessenheit. Stattdessen geht es darum, über Verdatung Vergleichbarkeit zu schaffen, die, wie das »Assessment Center« exemplarisch vorführt, als Grundlage von (Selbst-)Bewertungen herangezogen werden kann. Je mehr Aktivität, desto mehr Prestige – Facebook als Katalysator eines gesellschaftlichen Zwangs zur Selbstdarstellung und der Jagd nach sozialem Kapital.

Man kann mediale Konstellationen wie Facebook als Teil gouvernementaler Ordnungen verstehen, die Subjekte auf eine bestimmte Art und Weise adressieren und damit bestimmte Anforderungen (re-)produzieren. Auf Facebook wird das Subjekt nicht durchgehend als stabil, kohärent und in sich ruhend angeschrieben. Es ist einer Vielzahl von gegenläufigen Prozessen der Fragmentierung und Integration unterworfen, die eng mit Verwertungsinteressen verbunden sind. Eingeübt werden Techniken der Selbstdarstellung, -bewertung und -kontrolle, die als zentrale Kriterien des beruflichen und gesellschaftlichen Erfolgs unter den Bedingungen des Postfordismus gelten. Dies reflektiert die paradoxale Rolle, die dem Subjekt in westlichen, gouvernemental ausgerichteten Gesellschaften zukommt: Einerseits wird es entbunden von den Zwängen, die in den Disziplinargesellschaften noch dafür sorgten, dass Subjekte an festgelegten Normen ausgerichtet wurden. Es herrscht eine neue Flexibilität mit größerer Möglichkeit zur Selbstverwirklichung. Andererseits sind Flexibilität und Selbstverwirklichung keine Optionen, sondern werden selbst zum Zwang. An das Subjekt richten sich, sowohl in der Schule als auch in Beruf und Freizeit, immer eindringlichere Aufforderungen, sich selbst zu beobachten, zu bewerten, zu optimieren, zu ›managen‹.

Geert Lovinks Vergleich zwischen diesen neuen Formen der Subjektivität und den Netzdiskursen der neunziger Jahre macht sichtbar, wie tiefgreifend die Veränderungen sind, die sich in der Zwischenzeit vollzogen haben. Utopische Vorstellungen, wie sie an die MUDs und MOOs[8] dieser Epoche der Netzkultur geknüpft wurden, sind in den aktuellen Diskursen nicht mehr anzutreffen. Bei Sherry Turkle (1995), der wohl prominentesten Vertreterin solcher Thesen, erschienen virtuelle Räume noch als Experimentierfeld, um unterschiedlichste Facetten der eigenen Identität auszuloten, ständige Maskenwechsel vorzunehmen und die Fragmentiertheit des Subjekts anzuerkennen. Als Voraussetzung für diesen spielerischen Umgang mit unterschiedlichen Facetten des Selbst galt dessen Konsequenzlosigkeit. Die virtuellen Räume stellten, wie Turkle (ebd.:

8 | MUD steht für Multi User Dungeon, MOO für eine Variante davon, die den Usern die generische, objekt-orientierte Programmierung von Elementen erlaubt. Mit beiden sind in der Regel text-basierte Rollenspiele gemeint, aber auch z.B. Konferenzsysteme für mehrere User können mit MOOs generiert werden.

203) es mit einem Begriff des Psychoanalytikers Erik Erikson fasst, ein »Moratorium« dar – einen Bereich, in dem die Verletzung sozialer Normen weitgehend gesellschaftlich akzeptiert wird. In Zeiten, in denen auch Kinder und Jugendliche zunehmend auf Marktfähigkeit getrimmt werden, sah Turkle die symbolischen virtuellen Räume als einen der wenigen verbleibenden Rückzugsorte, wo so etwas wie ein »Moratorium« möglich ist.

Genau diese Qualität des Symbolischen, ein spielerisches Ausprobieren zu ermöglichen, droht mit den Social Networks verloren zu gehen. Mit dem Zwang zum bürgerlichen Namen, der für die Social Networks konstitutiv ist,[9] wird eine Verbindung zwischen Online- und Offline-Welt etabliert, seitdem gilt Anonymität als nicht mehr zeitgemäß. Trotz aller vermeintlichen Leichtigkeit umgibt die Plattform damit eine Aura der Ernsthaftigkeit und ›Authentizität‹, die es von den experimentellen Zugängen der frühen virtuellen Räume fundamental unterscheidet.

In dieser Atmosphäre des gegenseitigen Beobachtens werden strategische Kommunikationsverhalten aktiviert und geschult, die in einer zunehmend auf Kommunikationsfähigkeiten aufbauenden Gesellschaft positiv verbucht werden können. Facebook, so **Dirk Baecker**, sei »Soziologie für jedermann«. Daten werden nicht nur auf automatisierte Weise verglichen und zusammengestellt, auch die Userinnen selbst sind damit beschäftigt, ihre eigenen Aktivitäten mit denen der Freunde zu vergleichen. Der ständige Einblick in das Privatleben der Bekannten erlaubt es, Gemeinsamkeiten nachzuspüren, sich auf eine Art Entdeckungstour nach den Mustern des Sozialen zu begeben. »Während ich meine Kontakte beobachte, solche, die mich bedrängen, und solche, auf die ich vergeblich warte, beobachte ich mich, bringe ich mich in Form und Stellung und lerne ich, dass ich ohne Kontakte nichts bin« schreibt Baecker. Ist die Anfrage einmal angenommen, weiß man meist gar nicht, worauf man sich eingelassen hat, schließlich kann der neue »Freund« ein Relais in weitere Kreise sein, mit denen man nun gar nichts zu tun haben will. Baecker weiter: »Erstaunt verfolge ich, wie ich mit den Freunden meiner Freunde in Verbindung trete und wie die Anlässe dazu gleichsam nachwachsen.«

Wo beginnt Überwachung und was kann Privacy bei Facebook sein?

Die ständigen Aufforderungen zum Befüllen der Datenbank werfen auch ein anderes Licht auf die Debatten zur Privatsphäre auf Facebook. Selbst gestan-

9 | Nicht alle User geben ihre Realnamen an. Sie verstoßen damit jedoch gegen die Geschäftsbedingungen von Facebook und müssen jederzeit damit rechnen, dass ihr Account gelöscht wird.

dene Datenschützer führen stets dieselbe verkürzte Datenschutzdiskussion über Facebook. Denn was nutzen noch so ausgefuchste Privacy-Einstellungen des eigenen Accounts, wenn man zum Spielen eines der hunderten von Social Games auf Facebook einer AGB zustimmen muss, die einer Drittfirma den vollständigen Zugriff auf alle persönlichen Daten erlaubt? Geblendet von der ich-zentrierten Schnittstelle wird die andere Seite der Maschine Facebook in dieser Debatte meist vergessen. Dies analysiert **Mark Andrejevic** eindringlich, wenn er beschreibt, inwiefern Facebook eine post-industrielle Produktionsweise darstellt: »Wenn es den Anschein hat, dass Facebook Elemente der traditionellen Gemeinschaft wiederbelebt und verbessert, indem es Menschen ermöglicht, Netzwerke aus Klatsch, Gesprächen und Interaktionen zu erhalten und zu erweitern, dann geschieht dies unter Bedingungen, die von Marketing und Kommerz diktiert werden.« Und diese Bedingungen stehen im offenen Widerspruch zum bürgerlichen Recht auf Privacy. In den USA gibt es keine Datenschutzgesetze wie in Europa. Damit liegt die Entscheidung, was mit den Kommunikationsdaten passiert, ausschließlich bei einer Firma, deren Geschäftsmodell der Weiterverkauf und die Analyse solcher Daten ist. Dies alles passiert hinter dem Rücken der Beteiligten.

Der Philosoph **Gerald Raunig** verweist in einer ganz anderen Hinsicht auf die Problematik eines affirmierten und unkritischen Begriffes von Privatsphäre. Er setzt sich mit Facebook als Mittel des Bekenntnisses auseinander, als einer Variante der von Foucault analysierten Pastoralmacht, die die Konstitution und Herausbildung des heutigen westlichen Subjekts erst ermöglichte.

Raunig verfolgt Deleuzes Begriff »Dividuum« zurück zu Nietzsches Aphorismen zur Moral und rekonstruiert auf diese Weise ein grundlegendes Begehren des westlichen Subjekts. Der Mensch neige dazu, so Nietzsche, moralische Positionen innerlich abzuspalten, damit seine Kohärenz und Abgeschlossenheit aufzugeben und, wie Raunig es formuliert, »dem einen Teil einen anderen zum Opfer« zu bringen. Die Selbstzerteilung spielt demnach eine fundamentale Rolle für die Hervorbringung des Selbst und kann nicht allein auf einen äußerlichen Zwang zurückgeführt werden. Idealtypisch wird dies repräsentiert durch die Beichte, deren historische Genese Foucault unter dem Begriff der Pastoralmacht rekonstruiert hat. »Die christliche Moral verbindet als Pastoralmacht im Bekenntnis-Zwang die Geständnispflicht mit dem Begehren zu gestehen«, schreibt Raunig. Ein Umstand, den Facebook äußerst produktiv zu nutzen weiß, stellt die Plattform heute doch die paradigmatische Form einer medialen Infrastruktur der Beichte und des Geständnisses dar.[10]

Aus dieser Sicht wird auch der Widerspruch erklärbar, der die aktuellen Datenschutzdebatten durchläuft: Die Userinnen geben nicht aus reiner Unacht-

10 | Zu weiteren Medien, besonders dem Fernsehen, und ihrer Relation zur Beichte und der Produktion des Selbst siehe Bublitz (2010).

samkeit oder Uninformiertheit ihre Daten preis. Wie Raunig deutlich macht, kommt hier vielmehr das grundlegende »Begehren der Selbstzerteilung« zum Tragen. Entscheidend ist, dass die eingeforderte Arbeit am Selbst gerade nicht als auferlegt, sondern als Selbstverwirklichung empfunden wird.

Allerdings gibt die technische Infrastruktur sehr klare Rahmenbedingungen dafür vor, *wie* sich das Begehren nach Selbstzerteilung auf Facebook artikulieren kann. Die von Facebook angebotenen Eingabefelder und Buttons lassen sich nicht beliebig verwenden, sie registrieren bestimmte Arten von Informationen auf eine bestimmte Weise. Facebook reproduziert, forciert und erzwingt Subjektkonstellationen, die wenig Platz für Devianz lassen. Queering Facebook muss noch auf sich warten lassen. Wie **Susanne Lummerding** jedoch überzeugend argumentiert, ist der Zwang zur Eindeutigkeit Bedingung für die Wertschöpfungskette Facebooks. Die Genealogie dieser Verdatungspraktiken verfolgt sie sowohl zu den Rankingalgorithmen der Suchmaschinen und der Bibliometrie als auch zu den Netzwerkdiagrammen der Soziometrie zurück, wo es immer (auch) um die Identifikation von Hierarchien, um die automatisierte Festlegung von besonders wichtigen oder vertrauensvollen Knoten im Netzwerk geht. Hinter diesen Ordnungsverfahren lässt sich, so Lummerding, ein zweites Begehren ausmachen, dass dem der Selbstzerteilung gegenübersteht: Ein »Phantasma der Kohärenz«. Die Ich-Zentriertheit verhindert eine über das eindeutige Subjekt hinausgehende oder sie hintergehende Artikulation und das Ausprobieren von Praxen, die jenseits festgeschriebener und eindeutiger Identitäten liegen. Ich kann meinen Account kaum mit anderen teilen, darf kein Pseudonym verwenden, bin entweder männlich oder weiblich, und nur interessant, wenn ich ständig an meiner eindeutigen Selbstdarstellung arbeite. Zwang zur Identität – in jeglicher Hinsicht – hat stets eine regressive Flanke.

In der Maschine Facebook greifen somit zwei Dynamiken ineinander: Die Plattform stellt eine mediale Infrastruktur zur Verfügung, in der das Begehren nach Selbstzerteilung zu seinem Recht kommen kann. Gleichzeitig ist diese Infrastruktur nicht darauf angelegt, mit diesen Fragmenten einen spielerischen Umgang zu pflegen und ein Probehandeln zu entwickeln. Die Aufsplitterung des Subjekts bildet stattdessen die Voraussetzung dafür, dass Selbstbeobachtung und Selbstoptimierung Angriffspunkte auf der »dividuellen« Ebene finden. Der Übergang vom unteilbaren Individuum zum »Dividuum«, dessen Daten in zahlreichen Datenbanken gespeichert sind, erlaubt den detaillierten Abgleich zwischen diesen Daten und bildet damit die Grundlage für Prozesse der Selbstoptimierung und der kommerziellen Verwertung. Die Arbeit am Selbst besteht sowohl im Befüllen der Datenbanken als auch in der ständigen Überprüfung, ob sich aus der Kombination der Elemente ein attraktives Bild ergibt. Die Zusammenführung der Daten dient zum einen dem Subjekt selbst als Spiegel seiner Bemühungen um ein attraktives Selbstbild, zum anderen den beteiligten Unternehmen zur Identifizierung von Zielgruppen.

Geert Lovink schreibt: »In Facebook gibt es keine Hippie-Aussteiger, sondern nur ein pathologisches Ausmaß des Bekenntnisses zum echten Selbst [...]. Unterschiedliche Wahlmöglichkeiten werden nur so lange zelebriert, wie sie sich auf eine Identität beschränken.« Mit der jüngst eingeführten Gesichtserkennung wird die zwanghafte Eindeutigkeit und Zuordnung eine Kaskade weiter getrieben: Es ist nun die Maschine, die, einmal mit genügend Informationen gespeist, die Identifizierung von selbst erledigt. Ob Mitglied bei Facebook oder nicht: Es muss nur einmal der Name mit einem Gesicht verlinkt sein, und los geht der maschinelle Streifzug durchs Facebook-Universum. Vorbei die Zeit der Unschuld auf Festivals. Auch die Teilnahme auf Demonstrationen wird dank Facebook zum Datenbankeintrag ohne polizeiliche Hilfe. Die Crowd erledigt den Job der Identifizierung ohne lästige Datenschutzdebatten. Facebook wird hierbei immer mehr zu einem Wächter der Normalität, der von Millionen Usern trainiert wird und unbarmherzig aufdeckt und verbindet.

Es ist also zu unterscheiden zwischen den Userebenen: Neben derjenigen, an die man denkt, wenn von der atemberaubenden Zahl von einer Milliarde Mitgliedern die Rede ist, ist für eine Debatte zu Privacy und Überwachung eine ganz andere Ebene von Userinnen mindestens ebenso bedeutsam: die Akteure, die sich Zugang zu den Daten und Aktivitätsmustern der gewöhnlichen User durch eigene Applikationen oder schlicht durch Geld beschaffen. Diese Ebene von Usern, die inzwischen einen beachtlichen Anteil an der Datenproduktion und den Gewinnen von Facebook ausmachen, ist den allermeisten Usern der ersten Kategorie nicht einmal bekannt.

Eine Privacy-Debatte muss sich deshalb heutzutage zunächst die Frage stellen, was ihr Gegenstand ist. Der Zugriff unbekannter Drittfirmen auf die Artikulationen der Facebook-Userinnen ist hierbei ein unverzichtbarer Aspekt. Denn nur auf der Oberfläche zu schauen, ob alle Häkchen in meinen Accounteinstellungen richtig gesetzt sind, hilft zwar vor nicht eingeladenen Gästen auf meinem Sommerfest, nicht aber vor IP-basierter Ortsbestimmung, Aktivitätsdiagrammen nach Tageszeit- und Wochentagsgewohnheiten, einer Auswertung meiner »Freundes«liste und der Erstellung einer nach Stichworten geordneten maschinell verwertbaren Liste von Vorlieben und Aktivitäten, sowie gesellschaftlichen und politischen Interessen. Die passende Wurstwerbung, die pünktlich vor dem Wochenendgrillen erscheint, sollte niemanden mehr verwundern. In dieser Hinsicht ist Facebook für politische Entscheidungen, z.B. Wahlen, ein sehr hilfreiches Mittel der Analyse und Beeinflussung von Stimmungen und Meinungen geworden. Und somit wird erkenntlich, wieso ein Recht auf informationelle Selbstbestimmung, wie es das Bundesverfassungsgericht einst festschrieb, in Facebook an seine Grenzen stoßen muss.

Ob es dann aber, wie die Apologeten der so genannten Post-Privacy gerne verkünden, mit der Privatsphäre gleich ganz vorbei sein muss, darf stark bezweifelt werden. An dieser Stelle ist es wichtig zu unterscheiden, wer spricht:

cui bono? Denn da bis heute nur in Umrissen erkennbar und erforschbar ist, was mit diesem riesigen Datenuniversum einmal möglich sein wird, versuchen diejenigen, die den Datenschatz horten, eine Privacy-freie Zukunft zu antizipieren, um ihn später möglichst profitabel ausschlachten zu können.

Die Interessen der Userinnen sind anders gelagert: In ihrem Interesse ist eine einfache Löschung von Daten, und zwar nicht nur von Accountdaten, sondern die Löschung ihrer Kommunikationsakte in den Datenbanken der Verwerter. Hier beginnt sich jedoch der Umstand zu rächen, dass Facebook ein Unternehmen ist, dessen Ware ausschließlich Nullen und Einsen sind: Die Rechte an der Nutzung der Kommunikationsakte werden mit Einwilligung in die Nutzungsbedingungen an Facebook übertragen.

EXIT-STRATEGIEN

»Es kommt einem schon seltsam vor, dies sagen zu müssen, und noch seltsamer, dass es wahrscheinlich als naives utopisches Denken aufgefasst wird, doch wenn Aspekte von Gemeinschaft ins Internet wandern oder darin auftauchen sollen, dann muss das ja nicht in einem kommerzialisierten Kontext erfolgen«,

erinnert **Mark Andrejevic**. Und auch **Robert Bodle** schreibt in diesem Band:

»SNS [Social Network Services] und Netzwerk-Applikationen können so gestaltet werden, dass die Mitglieder die Kontrolle darüber haben, welche Informationen mit wem geteilt werden. Neue Mashups, Widgets, soziale Plugins und Social Games können Interaktionen und Vernetzungen ermöglichen und zugleich für kontextuelle Integrität sorgen. Möglicherweise werden SNS der nächsten Generation mit lesbaren Datenschutzbestimmungen, abwählbaren Voreinstellungen und vereinfachten Datenschutzkontrollen den Mitgliedern echte Wahlmöglichkeiten einräumen.«

Beide machen damit deutlich, dass die Zusammenführung von Online-Kommunikation und Kommerz keinem Automatismus folgt. Doch es wird zunehmend schwierig, sich von Facebook zu trennen, denn Lock-in-Effekte verhindern das allmähliche Abwandern in alternative Plattformen bereits auf technischer Ebene. Es bleibt nur der Sprung auf eine andere Plattform, mit einer Nachricht im Account, wo man in Zukunft zu finden ist.

Auf alle angesprochenen Probleme kann die Technologie alleine sicherlich keine Antwort liefern. Wenn Facebook, wie dargestellt, zeitgenössische Subjektivierungsprozesse prägt, läuft eine technologische Debatte an einigen Hauptaspekten blind vorbei; vielleicht stellt sogar der Lock-in-Effekt in sozialer Hinsicht das größte Hindernis für die Entwicklung von Alternativen dar. Lässt man sich jedoch auf die Überlegung ein, welche technischen Kriterien eine Social

Networking Site erfüllen sollte, die ihre Userinnen nicht als unbezahlte Produzentinnen ihrer eigenen dividuellen Verwertung behandelt, so fällt auf, dass die Hauptmerkmale nicht allzu schwer zu benennen sind:

- *Open Source:* Es muss nachvollziehbar sein, was der Computercode tatsächlich macht, damit Sicherheitsfehler gefunden und beseitigt werden können und damit unterschiedliche Versionen entwickelt werden können.
- *Offene Protokolle:* Nur dann können andere Applikationen andocken und es kann Diversität entstehen.
- *Dezentrale Speicherung:* Die Verteilung riesiger Datenmengen auf viele kleine Speicher minimiert das Risiko des Kontrollverlusts. Gleichzeitig ermächtigt es viele, selbst zu bestimmen, wie sicher die Daten gelagert sein sollen. Im Idealfall betreiben alle User ihren eigenen Netzwerk-Knoten. Eine großflächige Verteilung führt zu Ausfallsicherheit; das Netz kann nicht so leicht zentral abgeschaltet werden.
- *Gesicherte Verbindungen:* Die Kommunikation zwischen den Knoten läuft verschlüsselt. Im Idealfall sind nicht nur die Datenströme en gros, sondern die einzelnen Nachrichten und Postings an ihre Adressaten je spezifisch verschlüsselt.
- *Identitätsfreiheit:* Technologie darf die Wünsche der digitalen Repräsentation nicht behindern.
- *Anonymität:* Muss erlaubt sein.
- *Klick and go:* Der Erfolg Facebooks liegt in seiner Angepasstheit an Gewohnheiten und Prägung. Jede Alternative muss sich hiermit bereits im Design auseinandersetzen.
- *Definitionsmacht der User:* Man muss selbst entscheiden können, wen ein kommunikativer Akt erreichen soll.

Mit den Projekten Diaspora, Appleseed, n+1, Crabgrass und vielen weiteren wird an Alternativen gebaut. Was Komfort und Feature-Reichtum angeht, kann es bisher jedoch niemand mit Facebook und Google+ aufnehmen. Auch wird es nicht reichen, die Entwicklung von Alternativen den wenigen Enthusiasten Freier Software zu überlassen. Facebooks Stärke ist seine Größe. Und je mehr seiner Daten man in Facebook investiert hat, desto verlustreicher wird der Austritt. Nur eine über viele gesellschaftliche Gruppen hinweg organisierte nachhaltige Initiative kann dem etwas entgegensetzen, indem sie besonders jene anspricht, deren Daten ihre Karriere erst noch vor sich haben: die junge Generation, die besonders mit Handys zunehmend in den Sog von Facebook gerät.

Anlass zu Hoffnung gibt vielleicht die Tatsache, dass das Netz nach wie vor dieses wunderbare Feature der Emergenz besitzt, das immer wieder Überraschungen hervorbringt, ob gute oder schlechte. So könnte sich am Ende doch noch herausstellen, dass Facebook nicht das Ende der Internetgeschichte war, sondern nur eine (wenn auch vielbefahrene) Sackgasse.

LITERATUR

Bilton, Nick (2011): Privacy Isn't Dead. Just Ask Google+. In: New York Times, 18.07.2011. Unter: http://bits.blogs.nytimes.com/2011/07/18/privacy-isnt-de ad-just-ask-google/ (zuletzt aufgerufen am 04.08.2011).

Bosker, Bianca (2011): Facebook's Randi Zuckerberg: Anonymity Online ›Has To Go Away‹. In: The Huffington Post, 27.07.2011. Unter: http://www.huffing tonpost.com/2011/07/27/randi-zuckerberg-anonymity-online_n_910892. html (zuletzt aufgerufen am 03.08.2011).

Bublitz, Hannelore (2010): Im Beichtstuhl der Medien. Die Produktion des Selbst im öffentlichen Bekenntnis, Bielefeld: transcript.

Deleuze, Gilles (1993): Postskriptum über die Kontrollgesellschaften. In: ders., Unterhandlungen, Frankfurt a.M.: Suhrkamp, S. 254-262.

Fowler, Geoffrey A./Das, Anupreeta (2011): Facebook Numbers Feed IPO Outlook. In: Wall Street Journal (Eastern edition). 02.05.2011. S. B.1. Unter: http://online.wsj.com/article/SB10001424052748704436004576297310274876624.html (zuletzt aufgerufen am 04.08.2011).

Hof, Robert D. (2011): You Are the Ad. In: Technology Review, Mai/Juni 2011, S. 64-69. Unter: www.technologyreview.com/web/37334/ (zuletzt aufgerufen am 04.08.2011).

Labitzke, Sebastian/Taranu, Irina/Hartenstein, Hannes (2011): What Your Friends Tell Others About You. Low Cost Linkability of Social Network Profiles. 5th International ACM Workshop on Social Network Mining and Analysis, San Diego, CA/USA, August 2011.

Lee, Jeremy (2011): As Facebook loses its cool side, where can brands go next? In: campaign, 24.06.2011, S. 20. Unter: www.campaignlive.co.uk/go/jeremy_lee/article/1076698/as-facebook-loses-its-cool-side-brands-go-next/ (zuletzt aufgerufen am 04.08.2011).

Madrigal, Alexis (2011): The Inside Story of How Facebook Responded to Tunisian Hacks. In: The Atlantic, 24.01.2011. Unter: www.theatlantic.com/tech nology/archive/2011/01/the-inside-story-of-how-facebook-responded-to-tuni sian-hacks/70044/(zuletzt aufgerufen am 04.08.2011).

Mattelart, Armand (2000): Networking the World. 1794 -2000, Minneapolis/London: University of Minneapolis Press.

McEleny, Charlotte (2011): Facebook offers deals for ads that keep users on site. In: MarketingWeek, 08.06.2011. Unter: www.marketingweek.co.uk/discipli nes/digital/facebook-offers-deals-for-ads-that-keep-users-on-site/3027209. article (zuletzt aufgerufen am 04.08.2011).

Pariser, Eli (2011): The Filter Bubble: What the Internet is Hiding from You, Harmondsworth: Penguin.

Sharma, E. Kumar (2011): Millions on the Wall. In: Business Today, 20.02.2011. Unter: http://businesstoday.intoday.in/story/facebook-expands-its-reach/1/12900.html (zuletzt aufgerufen am 04.08.2011).

Stone, Brad/MacMillan, Douglas (2011): Everybody needs a Sheryl Sandberg. In: Bloomberg Businessweek, 16.-22. Mai 2011, S. 50-58. Online-Version unter: www.businessweek.com/magazine/content/11_21/b4229050473695.htm (zuletzt aufgerufen am 04.08.2011).

Turkle, Sherry (1995): Leben im Netz. Identität in Zeiten des Internet, Hamburg: Rowohlt.

Wheeler, Thomas (2011): Facebook Fatalities: Students, Social Networking, and the First Amendment. In: Pace Law Revue, 31, S. 182-227. Unter: http://digitalcommons.pace.edu/plr/vol31/iss1/5 (zuletzt aufgerufen am 04.08.2011).

York, Jillian C. (2011): Lieber anonym als verfolgt. In: Die Zeit, 04.08.2011, S. 9.

Facebook als neue Produktionsweise

Mark Andrejevic

Facebook ist mehr als eine Plattform für Sozialität oder eine bestimmte Organisationsform der Infosphäre. Im Wesentlichen ist es eine Produktionsweise – eine Art und Weise, Menschen zum Arbeiten zu bringen, die den Wert generieren, der es der Plattform erst ermöglicht, all die anderen Funktionen zu erfüllen, die man ihr zuschreibt. Diese Strategie des Wertgenerierens ist ebenso erstaunlich erfolgreich – wie es jüngste Bewertungen belegen, denen zufolge das sieben Jahre alte Unternehmen atemberaubende 70 Milliarden Dollar wert ist (40 Prozent mehr als noch vor ein paar Monaten) – wie verblüffend unrentabel, hat Facebook doch erst vor zwei Jahren Gewinn gemacht und verdient noch immer viel weniger als Unternehmen mit weitaus geringeren Bewertungen (Jackson 2011). Mit anderen Worten: Die geschätzten Werte sind überwiegend spekulativ.

Als Produktionsweise ist Facebook folglich alles andere als solide. Wie der florierende Online-Handel, von dem es ein wichtiger Teil ist, sucht es ständig nach neuen Möglichkeiten, seine schnell wachsende Nutzerbasis zum Arbeiten einzusetzen. 2011 beispielsweise kündete das Unternehmen Pläne an, es wolle sein Potential für das virale Marketing »zu Geld machen«, indem es Werbekunden gestatte, »Facebook-Werbebotschaften, die Nutzer aus freien Stücken über Marken posten« (Fowler 2011),[1] zu kaufen und zu verwerten. Wenn Sie zum Beispiel zufällig eine Starbucks-Filiale aufsuchen oder – noch besser – sich Gedanken über die Freuden eines Venti-Skinny-Mocha in Ihrem Statusupdate bei Facebook machen, dann sollten Sie damit rechnen, dass Sie der (unbezahlte) Star in einer Starbucks-Werbekampagne sein werden, die sich gezielt an Ihre Freunde richtet. Oder wie es ein Nachrichtendienst formulierte:

»Gesponserte Beiträge werden aufgegriffen und erneut oben auf der rechten Kolumne der Homepage neben anderen Anzeigen platziert [...]. Die Nutzer erfahren gar nicht,

1 | Der Lesbarkeit halber sind englische Zitate ins Deutsche übersetzt, soweit sie nicht bereits in deutscher Übersetzung vorliegen.

dass ihre Beiträge gesponsert sind und als Anzeigen genutzt werden, und sie haben keine Möglichkeit, aus dem Dienst auszusteigen« (ebd.).

Das Ziel ist es, den Prozess des viralen Marketing zu automatisieren, zu rationalisieren und »zu Geld zu machen«. Während sich Konsumenten früher aufs Geratewohl über Produkte äußerten und die betroffenen Unternehmen dies nur mühsam mitbekommen und verfolgen konnten, ändert sich all dies, wenn sich die Sozialität auf eine kommerzielle Plattform verlagert, wo Verweise auf Markennamen verfolgt und für Werbezwecke eingesetzt werden können – gegen eine Gebühr.

Auf der Produktionsseite dient Facebook als Plattform zur Ausbeutung des Soziallebens von Arbeitnehmern, indem ihre sozialen Netzwerke für potentielle Einstellungen, Kunden und Marketingkontakte erschlossen werden. So wurde beispielsweise jüngst darüber berichtet, wie Facebook im Anschluss an die globale Finanzkrise von Personalvermittlern genutzt wurde. Nachdem über einen arbeitslosen Ingenieur, der monatelang nach einem Job gesucht hatte, in der New York Times berichtet wurde, bekam er ein »Jobvite« von einem ehemaligen Kollegen, der ihn durch eine Online-Personalvermittlungssoftware fand, die Seiten wie Facebook und LinkedIn durchkämmt. Derartige Anwendungen markieren einen Wandel bei den Social Networks – von heimlich genutzten Suchressourcen hin zu Personalvermittlungsdatenbanken und Dienstprogrammen für virales Marketing. Um die sozialen Netzwerke von Arbeitnehmern zu nutzen, setzen Unternehmen Anwendungen so genannter »Software as a Service«-Anbieter wie Appirio darauf an. Die Anwendung durchsucht die Netzwerke und informiert die Arbeitnehmer, »wenn neue Jobs angeboten werden und welche ihrer Freunde dafür geeignet sein könnten« (Weed 2009: 1). Wenn man einmal vom praktischen Nutzen für Arbeitssuchende und Unternehmen absieht, weiten derartige Programme die Arbeitsplatzüberwachung bis ins Sozialleben von Arbeitnehmern aus. In dieser Hinsicht holt nun auch der Arbeitsplatz die Marketingindustrie ein, die sich schon länger der Macht der Interaktivität bedient, um in Bereiche des Soziallebens einzudringen, die sich bislang großenteils dem Einblick der Marktforscher entzogen.

Eine Pressemitteilung von Appirio verweist auf den dreifachen Wert der Daten sozialer Netzwerke von Arbeitnehmern: Sie stellen eine kostenlose Ressource für sowohl Personalvermittlung als auch Vertrieb und Marketing dar. Appirios Marketingprogramm klinkt sich auch in soziale Netzwerke von Arbeitnehmern ein, um das »virtuelle Account-Team« eines Unternehmens zu vergrößern, indem bestehende Beziehungen für potentielle Kontakte und Kunden genutzt werden:

»Der Arbeitnehmer kann feststellen, ob ein Freund ein leitender Mitarbeiter geworden ist, ein Produkt gekauft, eine Veranstaltung besucht hat [...] usw. Wenn der Arbeitnehmer es will, kann man mit seinem Freund durch Facebook Kontakt aufnehmen, und damit trägt er letztlich zur Bilanz seiner Firma bei (und bekommt vielleicht sogar einen Bonus!)« (Market Wire 2009).[2]

Aber das ist noch nicht alles. Die Daten, die Hinweise auf potentielle Mitarbeiter und Kunden liefern können, dienen auch einer gezielten Ansprache durch das Marketing: »Auf einer Schlüsselwortsuche in Freundeprofilen basierend, empfiehlt die Anwendung Freunde, die sich vielleicht für das Angebot interessieren und die die Nutzer dann ansprechen können« (ebd.). Die Appirio-Anwendung verknüpft Daten aus den sozialen Netzwerken einzelner Arbeitnehmer mit einer geschützten Datenbank für Konsumentenbeziehungen, »um Hinweise zu verfolgen, Fortsetzungsangebote zu machen und über den Kampagnenerfolg zu berichten, damit man feststellen kann, wie die viralen Kampagnen gegenüber anderen Marketingprogrammen abschneiden« (ebd.).

Sozialität im digitalen Enclosure

Auch wenn sich das Geschäftsmodell von Facebook im Detail weiterentwickelt, bleibt doch die zugrunde liegende Logik klar: Der Bereich des Sozialen lässt sich im Hinblick auf Informationen ausbeuten, die für gezielte Marketingbotschaften genutzt werden können. Die Gewinnung einer zunehmend breiten und tiefen Vielfalt von persönlichen Informationen setzt die Errichtung einer kommerzialisierten interaktiven Infrastruktur voraus – eine, die wie Facebook und die auf dessen Plattform laufenden Anwendungen standardmäßig und kontinuierlich Informationen liefert. Nach James Boyle (2003) könnten wir diese Infrastruktur als eine Form von digitalem Enclosure bezeichnen, in dem auf neuartige Weise Informationen aufgezeichnet und privatisiert werden. Indem wir unsere Konsumgewohnheiten, unser Arbeitsleben und unser Sozialleben in kommerzielle digitale Infrastrukturen verlagern, vermögen diese Infrastrukturen Informationen über unsere Aktivitäten zu gewinnen – Informationen, die sich sammeln und nutzen lassen, um das Konsumverhalten zu untersuchen sowie die Möglichkeiten, wie es beeinflusst werden kann. Damit sollen die Vorzüge und Annehmlichkeiten von Facebook nicht herabgewürdigt oder abgetan werden. Vielmehr soll darauf hingewiesen werden, dass sein ökonomisches Modell auf der digitalen Gewinnung von Informationen über unsere sozialen Interaktionen beruht, die sich wiederum dazu nutzen lassen, den Kontext, in dem sie vorkommen, gemäß den Diktaten von Marketing und Werbung umzustrukturieren.

---

2 | Man beachte, dass die einzige Entschädigung für die »freiwillige« Teilnahme des Arbeitnehmers ein *potentieller* Bonus ist.

Wenn es den Anschein hat, dass Facebook Elemente der traditionellen Gemeinschaft wiederbelebt und verbessert, indem es Menschen ermöglicht, Netzwerke aus Klatsch, Gesprächen und Interaktionen zu erhalten und zu erweitern, dann geschieht dies unter Bedingungen, die von Marketing und Kommerz diktiert werden. Selbst wenn wir uns auf »traditionellere« Netzwerke von Beziehungen zu verlassen meinen, werden diese transformiert, um die mit Facebook verbundene Kommerzialisierung des Soziallebens widerzuspiegeln. Wir tratschen zwar miteinander – doch in einem Kontext, in dem wir gleichzeitig füreinander als Reklameflächen dienen. Unsere persönlichen Interaktionen werden von Marketingexperten überwacht, und die Bedingungen, unter denen diese Interaktionen stattfinden, werden ständig auf Gewinnmaximierung getrimmt. Wir könnten dies als die formale Unterordnung des Sozialen unter kommerzielle Diktate bezeichnen. Das heißt zwar nicht, dass unsere Interaktionen miteinander samt und sonders instrumentalisiert werden – wir erhalten noch immer Kommunikationsformen aufrecht, die, was unsere praktischen Zwecke angeht, scheinbar unabhängig vom kommerziellen Charakter der Plattform sind, auf der sie stattfinden. Doch unschwer kann man sich vorstellen, wie der kommerzielle Charakter der Plattform Art und Inhalt der Interaktionen selbst durchdringen könnte. Während unsere sozialen Netzwerke produktive Anlagewerte auf dem Arbeitsmarkt werden, könnte ein erweitertes soziales Netzwerk nicht bloß als eine Form von Online-Sozialkapital, sondern auch als Online-Wirtschaftskapital fungieren: als ein Informationsvermögen, das der digitale Arbeiter pflegen muss, um in der Arbeitswelt des 21. Jahrhunderts existieren zu können. Die Vorstellung an sich, was eine »qualifizierte« Freundschaft ausmacht, wird vom Versprechen auf wirtschaftliche Kapitalrendite vereinnahmt. Das dystopische Szenario, das in der Kapitalisierung sozialer Netzwerke aufscheint, ist das eines rationalisierten Instrumentalismus: die Durchdringung sozialer Netzwerke durch die quantifizierende Logik des Tauschwerts und die Erschaffung einer Welt, in der sich jeder Akt der Kommunikation und der sozialen Interaktion als Werbung und als Marketing-Datenpunkt verdoppelt. Im Titel einer Investmentnotiz über soziale Netzwerke, die die Lehman Brothers herausgaben, wird dieses Szenario bereits vorweggenommen: »Wie viel sind Ihre Freunde wert?« (The Independent 2007: B1).

Privatsphäre und Privatisierung bei Facebook

Wenn Facebook Gewinne erwirtschaften soll, die auch nur einem Bruchteil seiner Bewertung entsprechen, müssen wir einfach davon ausgehen, dass sich solche Strategien vervielfachen werden. Ja, sofern Facebook an der Spitze der Entwicklungen in der Online-Ökonomie bleibt, können wir erwarten, dass sein kommerzielles Modell eine wichtige Rolle dabei spielt, wie sich die vorherrschenden kommerziellen Strategien dieser Ökonomie gestalten werden. Wenn wir weiterhin zulassen, dass das von Unternehmen wie Google und Facebook entwickelte Modell des rechnergestützten Geschäftsverkehrs bestimmt, wie wir im digitalen Zeitalter auf Informationen zugreifen und sie miteinander teilen, beteiligen wir uns an der galoppierenden Kommerzialisierung des Soziallebens. In dieser schönen neuen Welt bedeutet »kostenlos« in Wirklichkeit »kommerziell unterstützt«, während wir aggressiv profitorientierte private Plattformen wie öffentliche Einrichtungen behandeln.

Den Zugang zu einer solchen Welt »bezahlen« wir, indem wir uns der kommerziellen Überwachung unterwerfen. Es gehört zu den eher irreführenden Pseudoweisheiten, die in Diskussionen über soziale Netzwerke im Internet zirkulieren, dass ihre Bewohner in einem Konflikt leben: Jede Umfrage offenbare zwar eine große Besorgnis über die Bedrohungen der Privatsphäre, doch gleichwohl würden die Leute im Netz bereitwillig immer mehr persönliche Informationen veröffentlichen. Unternehmenslobbyisten und Antiregulierungsfanatiker verweisen gern auf die Bereitwilligkeit von Konsumenten, persönliche Informationen ins Netz zu stellen, wenn sie Aufrufe zu strengeren Kontrollen des Datenschutzes abtun wollen: »Die Leute *wollen* doch ihre Informationen zur Verfügung stellen«, behaupten sie. »Der Staat sollte sich da raushalten und ihre Freiheit, dies zu tun, nicht einschränken.« Die Botschaft dahinter lautet: »Beurteile die Vorlieben von Menschen nicht nach dem, was sie sagen, sondern nach dem, was sie *tun*.« Wenn, wie eine Umfrage kürzlich ergab, 85 Prozent der Internetnutzer nicht wollen, dass Informationen über ihre Online-Aktivitäten für gezielte Werbung verwendet werden, dann hält sie das anscheinend nicht davon ab, ins Netz zu gehen, wo sie höchstwahrscheinlich zu 100 Prozent gezielter Werbung ausgesetzt sind (Turow et al. 2001: 7).

Aus kommerzieller Sicht ist der scheinbare Widerspruch produktiv, da die aufkommende Ökonomie der kundenindividuellen Massenproduktion sich auf detaillierte Porträts von Geschmack und Verhalten der Konsumenten stützt, um gezielte Werbebotschaften zu platzieren. Ein Wirtschaftswissenschaftler hat dies so formuliert: »Es ist ein absolutes Paradox [...]. Die Menge an persönlichen Informationen, die dort produziert wird, ist für Marketingexperten perfekt. Es ist eine wahre Schatztruhe« (Waters 2007: 11). Anhand dieser Formulierung lässt sich dieses profitable Paradox lösen, auch wenn sie in ihrer gespielt blauäugigen Überraschung über eine verdächtig praktische Fügung die Situation genau verkehrt herum darstellt: dass nämlich genau in dem Augenblick, da die Marketingexperten mehr Informationen über Konsumenten benötigen, sich die Konsumenten spontan dazu entschlossen haben, diese Informationen in leicht zu gewinnender Form abzuliefern. Natürlich ist der Zugang zu einem zunehmend kommerzialisierten Netz bewusst so strukturiert, dass beliebte Dienstleistungen als Mittel zur Informationsabschöpfung genutzt werden können. Soziale Netzwerke und andere beliebte kommerzielle Seiten im Internet sind ja nicht bloß Dienstleistungen für Konsumenten, sondern auch produktive Ressourcen, die von privaten Unternehmen kontrolliert werden, die die Macht haben, die Bedingungen für den Zugang zu diktieren.

Aus dieser Sicht ist die Behauptung bestenfalls irreführend, dass Datenschutzbedenken angesichts des Nutzerverhaltens irrelevant wären. Viel wahrscheinlicher ist, dass derartige Bedenken aus dem wachsenden öffentlichen Wissen um die Art und Weise resultieren, wie die Ausbeutung persönlicher Informationen eine Bedingung für den Zugang zu alltäglichen Kommunikationstechniken wird. Die Öffentlichkeit steht demnach vor der Wahl, sich der Überwachung zu fügen oder leer auszugehen – was in einer zunehmend informatisierten Ökonomie heißt, das Nachsehen zu haben, aus einer wachsenden Online-Gemeinschaft herauszufallen und auf die angeblich revolutionäre Macht der Interaktivität zu verzichten.

Es ist kein Zufall, dass Bedenken wegen des Datenschutzes genau in dem Augenblick zunehmen, wenn die Leute so viele Informationen wie nie zuvor der Kontrolle von Marketingexperten übereignen. Die Konsumenten stehen vor einer Wahl, die nicht von ihren eigenen Vorlieben geprägt ist, sondern von den ökonomischen Imperativen der Privatunternehmen, die neuerdings das Internet beherrschen. Ein Paradox ergibt sich dann nur, wenn Letztere mit Ersteren verwechselt werden – wenn ökonomische Imperative als simple Widerspiegelungen von Vorlieben und Wünschen der Konsumenten gedeutet werden und nicht als strukturierende Kräfte, die deren Optionen kanalisieren und einschränken. Eine solche Verwirrung ist nicht nur endemisch für das gegenwärtige Wiederaufleben der Ideologie der freien Marktwirtschaft, die sich mit dem Triumph des Neoliberalismus im Zeitalter nach dem Wohlfahrtsstaat verbindet, sondern auch für die atemlose Rhetorik, die das Aufkommen der interaktiven Ökonomie umgibt.

URSPRÜNGLICHE AKKUMULATION IM INTERNET

Ausgangspunkt dieses Beitrags bildet die These, dass die erwartete Produktivität der Informationsökonomie auf einer neuen Form der so genannten ursprünglichen Akkumulation beruht, die immer größere Teile unserer Kommunikationspraktiken und – in Form der florierenden sozialen Netzwerkbewegung im Internet – unseres Soziallebens umfasst. Ursprüngliche Akkumulation bezeichnet in diesem Zusammenhang die Errichtung von Eigentumsrechten über Ressourcen, die dadurch in den Markt gelangen, um gekauft und verkauft zu werden. Eine derartige Akkumulation ist »ursprünglich«, weil sie ein notwendiger Vorläufer des Kapitalismus ist – so ist es beispielsweise schwierig, Land auf dem Markt zu tauschen oder Besitzrechte über die gesamte Ernte geltend zu machen, wenn das Land der Gemeinde oder überhaupt niemandem gehört.

Daher diente der Prozess der Einhegung von Ländereien (»Enclosure«) Marx als paradigmatisches Beispiel für die ursprüngliche Einhegung: Die Verwandlung von Gemeindeeigentum in Privateigentum war eine Vorbedingung für die Verbreitung kapitalistischer Arbeitsbeziehungen. In vielen Fällen erforderte die Errichtung von privaten Besitzrechten eine gewaltsame Aneignung oder zumindest die Androhung von Gewalt. Die auf »freiem« Austausch basierende Ausbeutung kann nicht ohne Gewalt oder Nötigung stattfinden. Bevor es einen landwirtschaftlichen Kapitalismus und die Lohnarbeit geben kann, auf der er basiert, müssen einerseits private Besitzrechte über Land und andererseits eine Arbeiterschaft eingeführt werden, die für ihren Lebensunterhalt nur ihre Arbeitskraft eintauschen kann. Und bevor es einen Informationskapitalismus geben kann, muss einerseits ein System der privaten Kontrolle über produktive Informationsressourcen und andererseits eine bürgerliche Vergesellschaftung etabliert werden, in der keine andere Wahl besteht, als sich der Kontrolle über persönliche Informationen zu unterwerfen, um im Austausch Zugang zu diesen Ressourcen zu erlangen.

Der Prozess des Enclosure ist somit laut Massimo De Angelis kontinuierlich (De Angelis 2001). Zugleich bietet der Begriff die Gelegenheit, einige der gegenwärtigen Debatten über die Privatsphäre im Internet neu auszurichten, da zunehmend größere Bereiche unseres Privatlebens vom Prozess einer »zweiten Enclosure-Bewegung« usurpiert werden, wie Boyle (2003) dies genannt hat. Erst gaben wir bei unserer Kommunikation per E-Mail der Verlockung von Geschwindigkeit und Annehmlichkeit im digitalen Enclosure nach, dann bei verschiedenen Formen des Einkaufens, Lesens, Musikhörens und des Gewinns von Informationen. Und nun hat es den Anschein, dass große Teile unseres Soziallebens vom Internet übernommen werden, wo sie in den rasch wachsenden Datenbanken privater Körperschaften wie Google, Facebook und MySpace digitalisiert und verdoppelt werden.

Noch sind nicht alle Implikationen dieses Enclosure-Prozesses erfasst, durch den Formen der Kommunikation, Interaktion und Transaktion, die einst in einer analogen Welt stattfanden, in digitale Computernetzwerke und ihre sich rapide erweiternden *proprietären* digitalen Speicher integriert werden. Die durch solche Netzwerke ermöglichte offenkundige Promiskuität des Informationssharing führt immer wieder zu einer moralischen Panik im Hinblick auf Pädophilie, Datenklau, Betrüger und die Gefahr des Identitätsdiebstahls. Diese Bedrohungen sollen gewiss nicht heruntergespielt werden, doch es lohnt sich, darauf hinzuweisen, dass übertrieben auf die Gefahr des Missbrauchs abgehoben wird – des Missbrauchs solcher Websites für Aktivitäten, die längst illegal sind und strafrechtlich verfolgt werden. Bezeichnenderweise wird als Gegenmittel gegen derartigen Missbrauch oft *mehr* statt weniger Überwachung vorgeschlagen: von Konsumenten (um zu garantieren, dass ihre Kreditkarteneinkäufe nicht gegen erwartete Muster verstoßen), Kindern (um festzustellen, ob sie im Internet auf Abwege geraten) und Arbeitnehmern (um zu verhindern, dass sie Arbeitszeit nutzlos vergeuden).

Was bei dieser Darstellung potentiellen Missbrauchs in den Hintergrund rückt, ist die Logik einer ordnungsgemäßen Nutzung solcher Websites – eine Logik, auf die in den Diskussionen der populären Medien über soziale Online-Netzwerke nur oberflächlich und flüchtig eingegangen wird. Solche Diskussionen neigen dazu, die Websites großenteils als Dienstleistungen für Konsumenten zu behandeln – als eine neue Angebotsflut von interaktiven Produkten, die auf die Nachfrage nach erhöhter Interaktivität und Hypersozialität im Informationszeitalter reagiere. Konsumenten wollen Inhalte aktiv kreieren, statt sie nur passiv zu rezipieren, erklärt man uns. Sie müssten miteinander in Kontakt bleiben können im zunehmend schnelllebigen Klima des Multitasking im Netz. Sie wollen, dass ihre Kommunikation effizient genug ist, um ein immer größer werdendes Netzwerk von Gemeinschaftskontakten aufrechtzuerhalten. Gleichzeitig, erklärt man uns, gebe es neue potentielle Gefahren und Risiken (etwa bei vielen neuen Produkten). Die Konsumenten würden eindringlich aufgefordert, die Risiken abzuwägen und sich zu informieren und zu schützen.

All das hört sich so an, als sei es nur die halbe Wahrheit – eine Wahrheit zudem, die nicht so recht Schritt hält mit der Logik des interaktiven Zeitalters, in dem die Grenze zwischen Konsum und Produktion immer weiter verwischt wird. Soziale Netzwerkseiten sind eben nicht bloß Dienstleistungen für Konsumenten mit ihren eigenen Risiken und Möglichkeiten des Missbrauchs – sie sind auch Websites der Produktion, wo die Aktivität der Nutzer Wert generiert. Wenn Investoren Facebook mit 70 Milliarden Dollar bewerten, dann bezahlen sie nicht einfach für einen Anteil an der Kapazität des Servers oder gar für den Wert der Idee, sondern für die Produktivität seiner Autoren/Mitglieder – und für die ungeheuren Datenmengen, die sie über sich generieren.

Die Produktivität von nutzergeneriertem Inhalt

Vielleicht ist es symptomatisch für eine konsumorientierte Kultur, dass Facebook gern ausschließlich als Dienstleistung für Konsumenten und nicht als produktive Ressource und Produktionsweise dargestellt wird. Und die Medien neigen dazu, sich neben den potentiellen Risiken dieser neuen Gemeinschaftsform auch auf ihren süchtig machenden Reiz zu konzentrieren und die Echtheit der angebotenen Formen von Freundschaft und Gemeinschaft in Frage zu stellen. Doch soziale Netzwerkseiten sind keineswegs Konsumgüter im schlichten Sinn, keine Waren, die wie Zahnbürsten oder Autos von den Nutzern gekauft werden. Vielmehr stehen sie gemeinschaftlichen Produktionen näher, deren ökonomischen Wert sich jene privat aneignen, denen der Domainname und der Serverplatz gehören. Man stelle sich zum Beispiel eine kostenlose Gemeinschaftszeitung vor, die von Lesern geschrieben wird, weil sie sich auf dem Laufenden halten wollen, deren Werbeeinkünfte jedoch das Unternehmen kassiert, dem die Druckerpresse gehört. Die Leser/Autoren gewinnen zwar einen Wert aus der Zeitung, bezahlen dafür aber nicht mit Geld, sondern mit ihrer kollektiven Arbeitskraft. In gleicher Weise verrichten die Nutzer sozialer Netzwerke im Internet doppelte Arbeit bei der Produktion von Informationsgütern: Sie produzieren den Inhalt und generieren Marktforschungsdaten – über sich selbst.

Das scheinbare Paradox von zunehmenden Datenschutzbedenken und fortwährender Selbstpreisgabe ist somit teilweise künstlich, weil es die zwei Arten von Arbeit miteinander verwechselt, die auf kommerziellen sozialen Netzwerkseiten verrichtet werden. Die Verwechslung ist zwar verständlich, weil beide Arten sich überlappen, doch es ist wichtig, sie nach ihrer Funktion zu unterscheiden. Bei Facebook verbringen die Nutzer Stunden damit, ihre persönlichen Seiten zu verfassen und upzudaten, Fotos hochzuladen, humorvolle Botschaften zu formulieren, Gruppen zusammenzustellen, ihr Online-Netzwerk von Kontakten zu erweitern – kurz, den Inhalt zu liefern, der die Anwendung so fesselnd und beliebt macht. Die von den Nutzern generierte zweite Informationskategorie könnte man als »Transaktionsdaten« oder als »Interaktionsdaten« über sie selbst bezeichnen – also alles, was sie online tun, welche Seiten sie besuchen, welche Musik sie sich anhören, welche Anzeigen sie anklicken, welche Einkäufe sie online tätigen und so weiter. Entscheidend ist, dass diese zweite Kategorie Informationen enthält, die aus der ersten gewonnen werden: Details über angegebene Vorlieben und Hintergrundinformationen, die einen Marketingwert haben wie Listen von Lieblingsfilmen oder -aktivitäten sowie alle anderen demografischen Informationen, die aus Nutzerprofilen herausgeholt werden könnten. Während die erste Informationskategorie die Seite für andere Nutzer attraktiv macht, dient die zweite den Interessen von Marketing- und Werbeexperten. Die erste Kategorie könnte man als bewusste und kontrollierte Selbstdarstellung für ein imaginiertes Publikum von Online-Bekannten bezeichnen, die zweite als profitables und großenteils unfreiwilliges Nebenprodukt von Interaktivität. Die Nutzer geben eine Informationsart für ein bestimmtes Publikum bekannt – das ihrer Leser oder Zuschauer. Soziale Netzwerkseiten, die in Privatbesitz sind, sammeln hingegen Informationen einer anderen Art, die durch Überwachung der Nutzer generiert werden und für ein anderes Publikum bestimmt sind: für Marketingexperten innerhalb oder außerhalb des Unternehmens. Dass die Nutzer freiwillig die erste Informationsart ihrem intendierten Publikum anbieten, signalisiert jedoch nicht unbedingt ihren Wunsch, der Sammlung und Nutzung der zweiten Informationsart durch Marketingexperten zuzuarbeiten. Diese zweite Informationsart ist von entscheidender Bedeutung für das aufkommende Geschäftsmodell einer auf den Kunden zugeschnittenen Werbung. Damit soll nicht gesagt sein, dass die beiden Informationskategorien sich nicht überlappen – wie es der Versuch, das virale

Marketing zu rationalisieren, deutlich zeigt. Wenn ich meinen Facebook-Status mit einer Bemerkung über einen Besuch bei Starbucks oder über ein von mir gekauftes Produkt update, ist meine Kommunikation ja weder als Beitrag zu meinem Marketingprofil gedacht, noch soll sie zu einer Online-Werbung umgewidmet werden. Doch die Entwicklung von Facebooks Geschäftsmodell beruht ja gerade nicht nur auf der Erfassung von Transaktionsinformationen, sondern auch auf dem Kanalisieren und Umwidmen gezielter Formen der Selbstpreisgabe. Die bereitwillige Teilnahme an der Weitergabe von Informationen an andere hat nichts zu tun mit der Einwilligung in diese Formen der Datenerfassung und -nutzung.

Man muss immer wieder betonen, dass beide Arten von Informationsinput – die Erstellung von originellen und fesselnden Inhalten für die Nutzer und die detaillierten demografischen Informationen für Marketingexperten – von den Nutzern ausgehen. Ökonomisch gesprochen könnten wir uns diese Informationen als Ware vorstellen, die durch die Arbeit produziert wird, welche sich soziale Netzwerkseiten von ihren Nutzern aneignen. Tatsächlich zielen die verschiedenen »Nutzungsbedingungen« und die von sozialen Netzwerkseiten propagierte Privacy Policy großenteils darauf ab, Rechte an Nutzung, Verkauf und Transfer dieser Informationen geltend zu machen. In Facebooks Nutzungsbedingungen heißt es denn auch ausdrücklich, dass der Nutzer dem Unternehmen das Recht übertrage, »solchen Nutzerinhalt für jeden kommerziellen, werblichen oder sonstigen Zweck zu nutzen, zu vervielfältigen, öffentlich darzustellen, umzuformatieren, zu übersetzen, exzerpieren [...] und zu vertreiben« (Facebook 2011a). Die pauschalen und oft vagen Bedingungen dieser Vereinbarungen, die oft mit der Klausel verbunden sind, dass sich die Nutzungsbedingungen jederzeit ändern können, machen unmissverständlich klar, dass die Unternehmen diese Informationen als ihr Eigentum betrachten, mit dem sie nach Belieben verfahren können. In seiner Privacy Policy unterscheidet Facebook zwischen zwei Arten von Informationen, die von den Nutzern geliefert werden:

> »Persönliche Informationen, die du wissentlich auswählst, um bekannt zu geben, dass sie von uns gesammelt werden, und Informationen über die Benutzung der Internetseite, die von uns gesammelt werden, wenn du mit unserer Internetseite interagierst [und mit anderen Seiten, wie es in der Policy später festgelegt wird]« (Facebook 2011b).

Doch offensichtlich betrachtet das Unternehmen beide Kategorien von Informationen als Eigentum, wenn sie für Marketingzwecke verwendet werden (ebd.). Somit besteht das Unternehmen auf dem Recht, »durch die Betreibung des Dienstes Informationen über dich aus anderen Quellen zu sammeln, wie Zeitungen, Blogs, Instant-Messaging-Diensten und von anderen Nutzern von Facebook« (ebd.). Die Informationen, die von den Konsumenten erzeugt werden, welche für ihren Aufwand in Sachleistungen (dem Zugang zur Internetseite) entschädigt werden, erweisen sich als Großteil der Vermögenswerte des Unternehmens. Einen derartigen Austausch muss man somit einfach als eine Form von Arbeit bezeichnen.

Vorgegebene Wahlmöglichkeiten

Die übliche Erwiderung auf Beschwerden über die Ausbeutung nutzergenerierter Informationen beruht auf dem Paradigma bewusster Konsumentscheidungen: Die Nutzer hätten die Nutzungsbedingungen freiwillig akzeptiert – und wenn sie ihnen nicht passen, seien sie ja nicht gesetzlich verpflichtet, bei Facebook mitzumachen. Lassen wir im Augenblick einmal die Tatsache außer Acht, dass erfahrungsgemäß nur ein winziger Bruchteil der Nutzer diese »Vereinbarungen« liest und versteht. Ignorieren wir sogar die Tatsache, dass die Bedingungen selbst – die ja jederzeit *stillschweigend* geändert werden können – kaum als Grundlage für eine »voll informierte« Zustimmung oder für irgendwelche durchsetzbaren Ansprüche seitens der Nutzer dienen können. Was hieße es dann, wenn man den Gedanken ernst nähme, dass der Zugang zu Online-Gemeinschaften, der durch soziale Online-Netzwerke ermöglicht wird, eine produktive Ressource in der entstehenden Informationsökonomie darstellen würde? Wenn wir solche Internetseiten nicht bloß als Konsumentendienstleistungen oder als unterhaltsame Neuigkeiten für die Schicht der Informierten bezeichnen würden, sondern als produktive Informationsinfrastruktur in einem Netzwerkzeitalter? In diesem Zusammenhang könnten wir solche Seiten doppelt produktiv nennen: Sie sind sowohl Auffangbecken für nutzergenerierten Inhalt und hoch individuelle Informationen über demografische Aspekte und Verhaltensweisen als auch wichtige Kommunikationsressourcen für *Arbeitende* im Informationszeitalter. Im Gegensatz zu der Behauptung, solche Seiten würden am Arbeitsplatz eine unproduktive »Cyber-Faulenzerei« fördern, könnten wir sie als überaus wichtige produktive Ressourcen für eine zunehmend vernetzte, ständig miteinander verbundene Belegschaft bezeichnen. Diese Sichtweise machen sich inzwischen einige der in digitaler Hinsicht aufgeklärteren Unternehmen in der Informationsökonomie zu eigen – für sie dienen, wie es ein Arbeitgeber formuliert hat, soziale Online-Netzwerke »als grundlegendes Kommunikationstool für wahrscheinlich mehr als die Hälfte unserer Belegschaft« (Moscaritolo 2007: 19). Wenn sich das absurd anhört, dann sei daran erinnert, dass sich ein ähnlicher historischer Fortschritt in der Verwendung von E-Mail vollzog, einer beliebten Neuheit, die die Kommunikation verbesserte und sich zu einem unverzichtbaren Kommunikationstool für eine ganze Reihe von Beschäftigten am Arbeitsplatz des Informationszeitalters entwickelte.

Kommunikationstechnologien erleichtern soziale Beziehungen bei der Arbeit (ebenso wie sie das Arbeiten fernab des traditionellen Arbeitsplatzes erleichtern), gleichzeitig avanciert jedoch der ständige Kommunikationszugang über das Internet und der Unterhalt vielseitiger Netzwerke persönlicher Kontakte zu einer entscheidenden und *produktiven* Komponente der Arbeitsweise im Informationszeitalter. Unschwer kann man sich eine Welt vorstellen, in der diejenigen, die auf Netzwerkseiten verzichten, genauso altmodisch wirken, schwer zu erreichen sind und vielleicht übertrieben besorgt um ihre Privatsphäre erscheinen wie die, die keine E-Mail-Adresse oder kein Handy haben. Für sich online zu werben und umfangreiche Netzwerke von Freunden, Bekannten und Kollegen zu unterhalten kann vielleicht unabdingbar werden in der zunehmend leger organisierten Teilzeitarbeitswelt der sich entwickelnden Schicht von Vollzeitfreiberuflern, wie sie sich Trendforscher vorstellen (siehe z.B. Pruitt/Barrett 1991).

Vielleicht wird es ja nicht so kommen. Doch die Aussicht auf derartige Möglichkeiten legt die Vermutung nahe, dass die Vorstellung bewusster Konsumentscheidungen im interaktiven Zeitalter nicht geeignet ist, um die Funktionsweise sozialer Netzwerkseiten zu untersuchen. Erstens ignoriert sie den produktiven Aspekt solcher Seiten und übersieht somit sowohl die wertgenerierende Arbeit der Konsumenten wie die Logik des Enclosure, das sich diesen Wert aneignet. Zweitens naturalisiert sie den Prozess, durch den der Privatbesitz produktiver Ressourcen die Tauschbedingungen vorgibt, nach denen die Nutzer ihre wertgenerierende Tätigkeit für den Zugang zu einem gemeinsamen und kollektiv produzierten Gut tauschen. Drittens verschiebt sie die Kritik an der »Produktionsweise« von Facebook von Problemen des Datenschutzes hin zu Fragen der sozialen Gerechtigkeit. Die Kommerzialisierung und die Nutzung persönlicher Informationen als Ausbeutung zu bezeichnen heißt jedoch nicht einfach, »fairere« Tauschbedingungen zu verlangen, sondern die sozialen Beziehungen in Frage zu stellen, die sie strukturieren. Man stelle sich eine Welt vor, in der alle physischen Räume für Freizeit und Sozialität – etwa Fußballplätze – privatisiert würden und die Unternehmen, denen diese Plätze gehören, jungen Menschen den »freien« Zugang im Austausch für die Möglichkeit gestatten würden, sie eingehend zu studieren und mit ihnen zu experimentieren, um herauszufinden, wie sie sich effektiver manipulieren ließen. Es wäre doch absurd, würde man auf so eine Situation damit reagieren, dass man sagt, diese jungen Fußballspieler sollten für ihren Beitrag zur Marktforschung fairer bezahlt werden. Eine weniger entfremdete Gesellschaft würde die sozialen Beziehungen in Frage stellen, die zu so einer beunruhigenden Form der Informationsgewinnung führen: der Privatisierung und Kommerzialisierung der Infrastrukturen von Freizeit, Sozialität und Gemeinschaft.[3] Das Geniale an kommerziellen sozialen

3 | Dieses Argument ist zum Teil eine Reaktion auf ein Streitgespräch mit David Hesmondhalgh über das Wesen der Ausbeutung in sozialen Netzwerkseiten. Ich danke David für eine klare Erläuterung des Charakters von Ausbeutung.

Netzwerkseiten liegt darin, dass sie die aufwendige Informationsproduktion der Gemeinschaft erkannt haben: Sie generiert einen endlosen Vorrat an Informationen über individuelles Verhalten, gemeinsame Trends, Beziehungsmuster, Konsumgewohnheiten und Vorlieben. Die Privatisierung der Infrastruktur für solche Formen von Sozialität verheißt endlose Produktivität.

Anders als weithin angenommen wird, machen soziale Netzwerkseiten die Gemeinschaft nicht öffentlich, sondern *privatisieren* sie. Indem sie für die digitale Produktion der Online-Gemeinschaft eine Struktur in Privatbesitz schaffen, können solche Seiten sich die Kraft der Gemeinschaft für kommerzielle Zwecke aneignen und nutzen. Ihre Fähigkeit, Kontrolle über diese Informationen zu gewinnen, beruht zumindest teilweise auf dem »freien« Eingehen auf Vereinbarungen, deren Bedingungen von den kommerziellen Körperschaften vorgegeben werden, die die Ressourcen zur Bildung der Gemeinschaft kontrollieren. Kommerzielle soziale Netzwerkseiten sind vorgeblich gemeinsame Produktionen, außer wenn es um die Strukturierung der Nutzungsbedingungen und natürlich um die Zuteilung der Profite geht, die sie generieren. Damit sollen die echten Formen der Zufriedenheit und der Verbundenheit, die die Nutzer aus der Teilnahme an solchen Seiten beziehen, nicht ignoriert, sondern vielmehr in dem größeren ökonomischen Kontext angesiedelt werden, durch den die wertgenerierende Tätigkeit nach den Bedingungen getauscht wird, die von jenen vorgegeben werden, die die Mittel ihrer Produktion besitzen und betreiben. Eine solche Sichtweise trägt vielleicht zur Klarstellung von Behauptungen bei, wie sie in beliebten Diskursen über den Datenschutz, die Kommerzialisierung von Gemeinschaft und die Möglichkeit nichtkommerzieller Alternativen zirkulieren.

Datenschutzrechtliche Bedenken dürften also angesichts des sich entwickelnden Wissens der Nutzer um die ökonomische Basis dieser Internetseiten nicht weiter überraschen. Dies zeigte sich beispielsweise vor einigen Jahren in der Berichterstattung über Facebooks Marketingpraktiken im Anschluss an die Kontroverse um das Beacon-System, mit dem das Unternehmen die Kraft sozialer Beziehungen als Marketinginstrument nutzen wollte, indem Details über das Konsumverhalten der Nutzer automatisch ihren Online-Freunden mitgeteilt wurden. Man hoffte, die Übermittlung impliziter Empfehlungen würde eine »Meinungsführer«-Funktion auslösen. Die anschließende Ankündigung neuer Strategien zur Umwandlung von Statusupdates in gezielte Anzeigen stellt nichts weiter als die Rückkehr der Beacon-Strategie dar – Facebook war schlicht nicht bereit, sie aufzugeben.

SENTIMENTANALYSE IM DIGITALEN ENCLOSURE

Die Formen der Sozialität, die die Facebook-Plattform entwickelt, garantieren die Entwicklung dessen, was Marketingexperten »Sentimentanalyse« nennen – die Überwachung nicht bloß von demografischen Informationen und Verhaltensweisen, sondern auch von Vorlieben und Abneigungen und anderen Stimmungen und Emotionen. Zu diesem florierenden Marketingtrend hieß es in einem Artikel der New York Times: »Ein sich entwickelndes Gebiet, die so genannte Sentimentanalyse, nimmt an einer der unerforschten Grenzen der Computerwelt Form an: in der Übersetzung der Kapriolen menschlicher Emotionen in harte Daten« (Wright 2009). Doch diese Beschreibung trifft nicht ganz zu: Ziel der Marketingexperten ist nicht die Bestimmung persönlicher, »menschlicher« Emotionen, sondern vielmehr die Einschätzung einer Hintergrundsstimmung, ohne dass man die individuellen Beiträge von Millionen Internetnutzern eingehend studieren muss. Die Sentimentanalyse basiert auf dem Florieren von Internetseiten wie Facebook, die es Nutzern gestatten, ihre Gedanken, Reaktionen, Gefühle und Grübeleien über alles zu posten, von der Politik bis zu ihrem Sozialleben im Internet. Sie beruht auch auf der Technik, die es ermöglicht, all diese Ausdrucksformen in Echtzeit durchzusehen, ohne sie tatsächlich alle zu lesen. Somit filtern Anwendungen für eine Sentimentanalyse und »Stimmungsanalyse« Twitter-Feeds, Blogs, soziale Netzwerkseiten, Online-Foren, Bulletinboards und Chatrooms, um den emotionalen Puls des Internet zu ermitteln. Größten Wert legen sie auf Geschwindigkeit und Volumen, indem sie möglichst viele Postings und Nachrichten in Echtzeit verarbeiten, um »relevante und verwertbare Antworten schnell« zu liefern (Attensity 2010). Ziel ist nicht das Verstehen, sondern die sofortige und anhaltende mechanisierte Überwachung von Gesamtströmungen. Eine Sentimentanalyse-Firma warb für eine Anwendung, die »Gespräche auf der Basis von Gefühlen automatisch evaluiert [...], um Ihnen ein Feedback über Ihre Produkte und Marken zu liefern. Durch Prozessautomatisierung können wir die zur Gesprächsanalyse benötigte Zeit signifikant reduzieren« (Sysomos 2010).

Das Ziel einer Plattform wie Facebook ist es also, die Bedingungen zu schaffen, die der Produktion eines anhaltenden Kommunikationsflusses am dienlichsten sind, der sowohl Verhaltensinformationen wie den Rohstoff für die Sentimentanalyse generiert. Die Sentimentanalyse ist ein Teil des Marketinginstruments der *predictive analytics*, die »mit Hilfe vergangenen Verhaltens und komplexer Algorithmen das künftige Verhalten von Kundensegmenten auf eine Weise antizipiert, wie es sich mit Hilfe der menschlichen Intuition nicht exakt vorhersagen lässt« (Business Times 2010: 8). Das Ziel der *predictive analytics* ist gewissermaßen präventiv wie produktiv: Risiken sollen bewältigt werden, bevor sie auftreten oder ernste Formen annehmen, während gleichzeitig die Verkäufe maximiert werden. Mit anderen Worten: Eine mögliche Zukunft soll in das gegenwärtige Verhalten integriert werden. Hierzu schreibt Brian Massumi: »Prävention verhindert nicht, sondern bewirkt. Sie führt in Wirklichkeit das Ereignis herbei. Statt in der Gegenwart zu handeln, um ein Geschehen in der Zukunft zu vermeiden, bringt Prävention die Zukunft in die Gegenwart ein« (2005: 8). Auch bei der Sentimentanalyse ist das Ziel sowohl präventiv wie produktiv: Negative Gefühle sollen minimiert, emotionales Investment und Engagement hingegen maximiert werden. Das Gefühl soll nicht bloß als Gegebenheit festgehalten, sondern als Variable moduliert werden. Modulation bedeutet ständige Anpassung, um die antizipierten Folgen einer modellhaft vorgestellten Zukunft in die Gegenwart so einzubringen, dass sie Erstere erklären und Letztere verändern. Dabei dienen »Bevölkerungen als Sonde oder Sensor für die unwahrscheinliche Zukunft« (Clough 2009: 53) – oder in der Marketingforschung für das Gegenteil: die wahrscheinliche Zukunft. Die Vorhersageanalyse befasst sich mit Wahrscheinlichkeiten, die aus der Erschließung immer größerer Datenbanken abgeleitet werden.

Eine Bevölkerung als Sonde zu behandeln heißt nicht so sehr, sie zu messen und zu erfassen, als sie fortlaufenden Experimenten auszusetzen. Diese Form nehmen die *predictive analytics* im Zeitalter des »Super-Crunchings« an, wie Ian Ayres (2007) dies nannte: Sie versucht nicht, hinter eine zugrunde liegende demografische oder emotionale »Wahrheit« zu kommen, sondern nach Korrelationen zu suchen. Marketing- und Werbeexperten nutzen interaktive Umgebungen, um Konsumenten einer fortlaufenden Reihe randomisierter, kontrollierter Experimente zu unterziehen. Ayres bestätigt Cloughs (2009) Beobachtungen über die Rolle der Soziologie in der Modulation des Affekts, wenn er feststellt, dass experimentelle Methoden ständig aus der akademischen Welt in die des Kommerzes wandern:

»Akademiker führen seit Jahren randomisierte Experimente innerhalb wie außerhalb der Medizin durch. Aber neuerdings greifen Unternehmen darauf zurück, um die Unternehmenspolitik umzugestalten. Sie erkennen, was funktioniert, und ändern augenblicklich ihre Unternehmensstrategie« (Ayres 2007: 50).

Ziel solcher Experimente ist das Generieren von verwertbaren Erkenntnissen, wie Startups und Marketingexperten dies nennen: Wenn eine scheinbar unbedeutende Variable verändert wird, wie könnte sich das auf die Reaktion der Konsumenten auswirken? Der Zugang zur Datenbank ist von entscheidender Bedeutung, um derartige Informationen zu generieren. Oder wie Ayres es formuliert: »Die Samplegröße ist der Schlüssel« (ebd.: 49) – je größer, desto besser, weshalb das Internet für eine derartige Forschung so reichhaltig ist.

Chris Anderson, Infotrend-Guru und Chefredakteur des Magazins Wired, behauptet, das dramatische Anwachsen der Größe von Datenbanken führe zu einer fundamentalen Veränderung, wie Forscher über Daten denken: deren Beschreibungsvermögen wird von ihrer Fähigkeit, Neues zu generieren, abgelöst. In seinem Manifest »The End of Theory« schreibt Anderson (2008):

»Dies ist eine Welt, in der gewaltige Mengen von Daten und angewandter Mathematik jedes andere Instrument ersetzen, das eingesetzt werden könnte. Vorbei ist es mit jeder Theorie des menschlichen Verhaltens, von der Linguistik bis zur Soziologie [...]. Wer weiß schon, warum Menschen tun, was sie tun? Entscheidend ist, dass sie es tun, und wir können es mit noch nie dagewesener Genauigkeit verfolgen und messen. Bei genügend Daten sprechen die Zahlen für sich.«

Diese Art und Weise, über Daten zu denken, passt gut zu dem, was Massumi (2002) das Schwinden des Glaubens nennt und was Clough (2009, unter Bezug auf Deleuze 1993) als Wandel in der Modalität der Kontrolle bezeichnet:

»Sozialität als affektiver Background ersetzt eine Sozialität, die als strukturiert und individuell begriffen wird; affektive Modulation und Individuation ersetzen die Subjektbildung und ideologische Interpellation, die für die Beziehung von staatlicher Lenkung und Wirtschaft von zentraler Bedeutung ist« (ebd.: 50).

Man muss nicht auf Realitätsmodelle zurückgreifen, um die Daten zu interpretieren, die schlicht »für sich selbst sprechen«. Mit der Datenverarbeitung in der Frühzeit des Petabyte-Zeitalters verbindet sich die Vorstellung von der interaktiven Modulation des Affekts: einer Welt, in der das Feedback nicht nur gesammelt, sondern dank laufender variabler Experimente ständig generiert wird. Das Ziel ist die Erschaffung einer interaktiven Medienlandschaft mit dreifacher Funktion – Unterhaltung, Werbung und *Sonde*. Die Verarbeitung riesiger Datenmengen durch Hochleistungsrechner verheißt laut Ayres (2007: 44), »vorherzusagen, was Sie wollen und was Sie tun werden«. Für die rechnergestützte Kontrollfantasie in der affektiven Ökonomie gilt: Je mehr Emotionen artikuliert und zirkuliert werden, je mehr Verhaltensweisen verfolgt und angesammelt werden, desto mehr können Marketingexperten versuchen, Affekte so zu kanalisieren und zu fixieren, dass sie sich in erhöhten Konsum umsetzen lassen. Die kommerzielle Kontrolle über die Infrastruktur und damit über die Daten, die sie generiert, steht im Zentrum dieser Version der affektiven Ökonomie. Eine sich verändernde Produktionsweise führt daher zu einer anderen Modalität der sozialen Kontrolle.

Die im digitalen Enclosure angebotene Form von Gemeinschaft verspricht also nicht die nostalgisch gefärbte Rückkehr zum relativen Mangel an Anonymität in einer eng verschworenen sozialen Gruppe, sondern vielmehr die Entwicklung einer neuen Situation, in der die Produzenten mehr Informationen über die Konsumenten haben als je zuvor. Soziale Netzwerkseiten sorgen nicht für Gleichheit auf dem Spielfeld der Kontrolle: Sie erzeugen eine grundlegende

Asymmetrie, in der diejenigen, die die Gemeinschaft produzierenden Ressourcen besitzen und verwalten, einen Reichtum an Informationen gewinnen, und zwar nicht bloß, um Konsumbedürfnisse zu befriedigen, sondern um Ängste und Unsicherheiten zu nutzen wie Hoffnungen und Träume zu manipulieren. Die Nutzer hingegen haben nur eine ganz vage Vorstellung davon, welche Arten von Informationen gesammelt und wie sie verwendet werden. Die Standarderwiderung der schlauen Ideologen der Informationsökonomie und ihrer begeisterten akademischen Helfer lautet: »Was soll's – ist den Nutzern nicht besser gedient durch präzise gezielte Werbung als durch die Gießkannenmethode des prädigitalen Zeitalters?« Diese aalglatte und gängige Erwiderung ist in dreifacher Hinsicht verräterisch: Erstens wird unser Gemeinschaftsleben im Informationszeitalter von präzise gezielter Werbung durchdrungen (und unsere individuellen und gemeinschaftlichen Äußerungen werden dazu benutzt, uns selbst zu vermarkten). Zweitens erscheint es wie eine »natürliche« Entwicklung, dass die Gemeinschaft im digitalen Zeitalter ganz und gar auf einer Plattform in Privatbesitz konstruiert wird (die Privatisierung von Gemeinschaftsbesitz). Und drittens ist der optimale Endpunkt des Online-Marketings die totale Überwachung. Wenn die kundengerechte Werbung wünschenswert sei und auf der detaillierten Überwachung unseres Privatlebens, unserer täglichen Aktivitäten, Hoffnungen, Ängste und Träume basiere, dann sei es doch umso besser, will man uns einreden, je detaillierter das Bild ist, das die Werbeexperten davon haben.

Kommunale soziale Netzwerke?

Es kommt einem schon seltsam vor, dies sagen zu müssen, und noch seltsamer, dass es wahrscheinlich als naives utopisches Denken aufgefasst wird, doch wenn Aspekte von Gemeinschaft ins Internet wandern oder darin auftauchen sollen, dann muss das ja nicht in einem kommerzialisierten Kontext erfolgen. Die gegenwärtige Architektur der Online-Gemeinschaft widerspricht dem: Sie basiert auf der kostspielig zentralisierten Speicherung von Informationsprofilen und hochgeladenem Inhalt, und das heißt, dass persönliche Informationen kopiert und auf Servern gespeichert sowie von privaten Körperschaften genutzt werden, die diese Informationen als ergiebiges Datenreservoir behandeln. Und da diese Seiten in Privatbesitz sind, bekämpfen sie die Interoperabilität – die Nutzer müssen ihre Informationen einer bestimmten Seite zur Verfügung stellen, um zur Gemeinschaft dieser Seite zu gehören. Natürlich könnte man sich eine andere, weniger kostspielige, offenere Architektur vorstellen, in der verschiedene Gemeinschaftsgruppen miteinander in Verbindung treten und persönliche Informationen nicht auf kommerziellen Servern, sondern auf individuell kontrollierten mobilen Anlagen oder von der Gemeinschaft kontrollierten

Servern gespeichert werden könnten. Diese Gemeinschaften könnten mit bestimmten Arbeitsplätzen oder akademischen Institutionen verbunden sein, die miteinander durch ein Netzwerkprotokoll in Verbindung treten könnten, das es den Nutzern gestattet, einander zu suchen und sich miteinander in Netzwerken »anzufreunden«, die nicht an zentraler Stelle Informationen über sie gewinnen, sortieren und speichern. Selbst wenn wir zugestehen, dass soziale Netzwerke in absehbarer Zukunft wahrscheinlich weiterhin von Privatunternehmen betrieben, kommerziell unterstützt und exklusiv sein werden, sollten wir uns doch durchaus Gedanken machen über die Art des kollektiven Einflusses, den die Öffentlichkeit dank der ihr zu Gebote stehenden Kommunikationsressourcen ausüben könnte, um das Kontrollregime umzustrukturieren, das die private Aneignung seiner kollektiven kreativen Tätigkeit bestimmt. Wenn wir unsere Vorstellung von Gemeinschaft auf eine von Marketinginteressen geprägte und auf der Ausbeutung von Nutzerarbeit aufgebaute Gemeinschaft reduzieren, engt dies nicht die Technologie ein, sondern unsere Vorstellung von Gemeinschaft und unser Verständnis vom Potential vernetzter Interaktivität.

LITERATUR

Anderson, Chris (2008): The End of Theory: The Data Deluge Makes the Scientific Method Obsolete, in: Wired Magazine 16:07, 23. Juni. Unter: www.wired.com/science/discoveries/magazine/16-07/pb_theory (zuletzt aufgerufen am 30. August 2008).

Attensity (2010): Learn More About Attensity. Unter: www.nytimes.com/2009/08/24/technology/internet/24emotion.html (zuletzt aufgerufen am 20. Januar 2010).

Ayres, Ian (2007): Super Crunchers: How Anything Can Be Predicted, London: John Murray.

Boyle, J. (2003): The Second Enclosure Movement and the Construction of the Public Domain, in: Law and Contemporary Problems 66 (33), S. 147-178.

Business Times (2010): Don't Just Get Connected, Get Smarter Too, 18. Januar, S. 8.

Clough, Patricia (2009): The New Empiricism: Affect and Sociological Method, in: European Journal of Social Theory, 12 (1), S. 43-61.

Deleuze, Gilles (1993): Postskriptum über die Kontrollgesellschaften, in: Unterhandlungen 1972-1990, Frankfurt a.M.: Suhrkamp, S. 254-262.

De Angelis, Massimo (2001): Marx and Primitive Accumulation: The Continuous Character of Capital's »Enclosures«, in: The Commoner, 2. Sept. 2001.

Facebook (2011a): Terms of Use. Unter: www.facebook.com/terms.php (zuletzt aufgerufen am 22. April 2011).

Facebook (2011b): Facebook Principles. Unter: www.facebook.com/policy.php (zuletzt aufgerufen am 14. April 2011).
Fowler, Geoffrey (2011): Facebook Friends Used in Ads, in: The Wall Street Journal, 26. Januar. Unter: http://online.wsj.com/article/SB10001424052487040136045761045321074849 22.html (zuletzt aufgerufen am 10. Mai 2011).
Independent, The (2007): Battle for Facebook, 26. September 2007, S. B1.
Jackson, Nicholas (2011): Facebook Valuation Soars to $70 Billion on Secondary Market, in: The Atlantic Monthly, 26. Februar. Unter: http://theatlantic.com/technology/archive/2011/02/facebook-valuation-soars-to-70-billion-on-secondary-market/71745/ (zuletzt aufgerufen am 10. Mai 2011).
Market Wire (2009): Appirio Referral Management Solution Connects Networks With Business Applications to Encourage, Manage and Measure Word-of-Mouth Referrals, 2. Februar.
Massumi, Brian (2002): Parables of the Virtual: Movement, Affect, Sensation, Durham u. London: Duke University Press.
Massumi, Brian (2005): The Future Birth of the Affective Fact, in: Conference Proceedings, Ethics and Politics of Virtuality and Indexicality, University of Leeds, 30. Juni, S. 1-12. Unter: http://browse.reticular.info/text/collected/massumi.pdf (zuletzt aufgerufen am 10. September 2009).
Moscaritolo, Maria (2007): Facebook Is A Valuable and Enjoyable Social Networking Site But It Is Not Without Pitfalls, in: The Advertiser, 6. Dezember, S. 19.
Pruitt, Steve/Barrett, Tom (1991): Corporate Virtual Workspace, in: Benedikt Michael (Hg.), Cyberspace, First Steps, MIT Press, S. 383-409.
Sysomos (2010): Products. Internetseite des Unternehmens. Unter: www.sysomos.com/products/features (zuletzt aufgerufen am 20. Mai 2010).
Turow, Joseph/Mulligan, Deidre K./Hofnagle, Chris Jay (2007): Research Report: Consumers Fundamentally Misunderstand the Online Advertising Marketplace, University of Pennsylvania Annenberg School for Communication und UC Berkeley Law's Samuelson Law, Technology & Public Policy Clinic. Unter: www.law.berkeley.edu/clinics/samuelson/annenberg_samuelson_advertising-11.pdf (zuletzt aufgerufen am 12. April 2007).
Waters, Richard (2007): It's a Total Paradox […]. An Absolute Treasure Box, in: Financial Times, 24. September, S. 11.
Weed, Julie (2009): Finding New Employees, Via Social Networks, in: The New York Times, 30. Mai. Unter: www.nytimes.com/2009/05/31/jobs/31recruit.html?_r=l&scp=2&sq=appirio&st=cse (zuletzt aufgerufen am 1. Juni 2009).
Wright, Alex (2009): Mining the Web for Feelings, Not Facts, in: The New York Times, 23. August. Unter: www.nytimes.com/2009/08/24/technology/internet/24emotion.html (zuletzt aufgerufen am 10. Mai 2011).

Social Networks: Erziehung zur Immateriellen Arbeit 2.0

Mark Coté und Jennifer Pybus

> »Lassen sich schon Ansätze dieser künftigen Formen [von Widerstand] sehen, die in der Lage wären, die Freuden des Marketings anzugreifen? Viele junge Leute verlangen seltsamerweise, ›motiviert‹ zu werden, sie verlangen nach neuen Ausbildungs-Workshops und nach permanenter Weiterbildung; an ihnen ist es zu entdecken, wozu man sie einsetzt, wie ihre Vorgänger nicht ohne Mühe die Zweckbestimmung der Disziplinierungen entdeckt haben. Die Windungen einer Schlange sind noch viel komplizierter als die Gänge eines Maulwurfbaus« (Deleuze 1993: 262).

Facebook ist zweifellos der größte und hellste neue Stern am Medienfirmament. Inzwischen hat es über 700 Millionen Nutzer und hat Google als beliebteste Webseite der Welt abgelöst. Vor allem loggen sich Facebook-Nutzer im Durchschnitt 60 Minuten täglich ein, wobei sie die Seite erstaunlicherweise 13 Mal vom Aufstehen bis zum Zubettgehen aufsuchen (Facebook 2011). Die Superlative von Facebook beschränken sich nicht auf die Bereiche des Sozialen und der Kommunikation. Anfang 2011 belief sich sein Marktwert auf fast 83 Milliarden US-Dollar (TechCrunch 2011b). Wenn man bedenkt, dass Facebook erst seit Herbst 2006 für das allgemeine Publikum zugänglich ist, wird seine soziale und politisch-ökonomische Bedeutung in absehbarer Zukunft wahrscheinlich noch zunehmen. Es lässt sich sogar behaupten, dass soziale Netzwerke wie Facebook nicht nur exemplarisch für das Web 2.0 sind,[1] sondern auch paradigmatisch für eine emergente Form von *immaterieller Arbeit*.

---

1 | O'Reilly bezeichnet mit diesem Begriff das, was für viele das künftige Internet ist: ein Netzwerkdienst der zweiten Generation. So wäre etwa Google eine führende Web-2.0-Einheit, da die Wirksamkeit dieser Suchmaschine großenteils von der kollektiven Aktivität ihrer Nutzer abhängig ist. Web 2.0 ist das, was geschieht, wenn der Zuwachs an kulturellem Wissen oder der »allgemeine Intellekt« – in Netzwerkzusammenhängen – die primäre Dynamik des Internets wird. Andere Beispiele für das Web 2.0 wären

Der geistige Vater des Konzepts der immateriellen Arbeit, Maurizio Lazzarato (1996), bezeichnet sie als eine Tätigkeit, die den kulturellen Inhalt der Ware erzeugt – das heißt, alle »Aktivitäten, die an der Definition und Festlegung kultureller und künstlerischer Standards, von Moden, Geschmacksrichtungen, Verbrauchernormen und, strategischer gesehen, der öffentlichen Meinung« beteiligt sind.[2] Unsere Grundthese lautet, dass alles, was in sozialen Netzwerken wie Facebook artikuliert wird, eine besondere Form von immaterieller Arbeit ist – wir nennen dies »Immaterielle Arbeit 2.0« –, eine beschleunigte, verstärkte und im Grunde undurchschaubare Variante der Tätigkeit, von der Lazzarato ursprünglich gesprochen hat oder von der in »Empire« von Michael Hardt und Antonio Negri die Rede ist. Somit interessieren uns an sozialen Netzwerken die sozialen und kulturellen Komponenten von Arbeit, bei denen die Nutzer vor allem dem Aufruf »Werdet Subjekte!« begeistert folgen. Mit anderen Worten: Wir untersuchen, wie wir inmitten unserer zahllosen Schnittstellen mit den Informations- und Kommunikationstechnologien »arbeiten«, inwieweit die digitale Konstruktion unserer Subjektivität in solchen sozialen Netzwerken eine konstitutive Praxis Immaterieller Arbeit 2.0 ist und inwieweit »die Erziehung zur Immateriellen Arbeit 2.0« ein integraler Prozess für die Reproduktion des kognitiven Kapitalismus ist.

Für manche Wissenschaftler ist immaterielle Arbeit eine unhaltbare Verwässerung der Kategorie Arbeit – dies widerspreche der weiterhin vorhandenen Präsenz der materiellen Produktion und der globalen Verbreitung der Fabrikproduktion, die zur Verelendung führt (vgl. Wright 2005).[3] Doch es liegt uns fern, uns der verallgemeinernden Täuschung hinzugeben, dass dies die ein-

Twitter, tumblr, Wikis (offene, von Nutzern generierte Inhaltsseiten wie Wikipedia) und geosoziale Netzwerke wie Foursquare. Schließlich sind alle Varianten von nutzergeneriertem Inhalt, von Content-Rating (Digg, Reddit) über Nutzerkritiken (UrbanSpoon, YELP) bis zu »Tagging« (Flickr), von wesentlicher Bedeutung für diese aktive Wende in der Internetnutzung.

2 | Die ursprüngliche Quelle für Lazzaratos namensgebenden Artikel ist zwar Hardts und Virnos Buch »Radical Thought in Italy« (1996), doch inzwischen ist der Begriff im ganzen Internet verbreitet. Die wichtigste Quelle ist vielleicht die Internetseite von Generation Online (www.generation-online.org), die eine umfangreiche Sammlung von Artikeln aus einer sehr breit definierten autonomen Tradition sowie analytische Materialien über Begriffe enthält, von »immaterieller Arbeit« über »Biomacht« bis hin zu »allgemeiner Intellekt«. Der Lesbarkeit halber sind englische Zitate ins Deutsche übersetzt, soweit sie nicht bereits in deutscher Übersetzung vorliegen.

3 | Wright ist ein ernstzunehmender Kritiker der These von der immateriellen Arbeit, und sein Buch »Den Himmel stürmen. Eine Theoriegeschichte des Operaismus« (2005) bietet vielleicht den besten Überblick über den italienischen Marxismus der Autonomia, den theoretisch-praktischen Schmelztiegel, aus dem der Begriff hervorging.

zige neue Form von Arbeit sei; wir stellen sie vielmehr als eine Tendenz dar, anhand derer wir verstehen wollen, auf welche Weise das Kapital an seinen sich ausdehnenden Grenzen eine kulturelle und subjektive Wende vollzieht. Die Vorstellung von immaterieller Arbeit käme einem geradezu unsinnig vor, wenn man nicht bereit wäre, Folgendes in Betracht zu ziehen: 1. dass es eine Verschmelzung von Produktion und Konsum gibt, 2. dass Autor und Publikum ineinander übergehen, insbesondere in den neuen virtuellen Netzwerken der Informations- und Kommunikationstechnologie, die zunehmend unser Alltagsleben vermitteln, 3. dass es einen Konvergenzprozess quer durch ehedem unterschiedliche Medienbereiche gibt und 4. dass deshalb unsere Kommunikation und unsere kulturellen Praktiken nicht nur für soziale Beziehungen konstitutiv sind, sondern auch eine neue Form von Arbeit darstellen, die zunehmend von grundlegender Bedeutung für Kapitalverhältnisse ist. Kurz gesagt, wir wollen zwei Dinge tun: erstens auf dem Begriff der »immateriellen Arbeit« aufbauen und ihn erweitern, so dass sich damit die Veränderungen und Variationen in Netzwerken wie Facebook erklären lassen, und zweitens den Nachweis führen, dass Jugendliche und Erwachsene, Jung und Alt, Techniken und Praktiken erlernen, die für die Transformation und das stetige Wachstum kapitalistischer Verhältnisse notwendig sind.

Wir schlagen das Konzept »Immaterielle Arbeit 2.0« als eigenständigen neuen Teilbereich und als Ergänzung von Hardts und Negris dreiteiligem System vor.[4] Das »2.0« bezeichnet die »freie« Arbeit,[5] auf die sich Individuen auf einer kulturellen und biopolitischen Ebene einlassen, wenn sie sich auf einer

4 | Hardts und Negris System lässt sich folgendermaßen aufschlüsseln: Die erste Form der immateriellen Arbeit bezeichnet das zerebrale oder begriffliche Arbeiten wie das Problemlösen sowie symbolische und analytische Aufgaben. Entsprechende Jobs findet man typischerweise im technischen Bereich der Kulturindustrie wie Public Relations, Medienproduktion, Webdesign usw. Entscheidend ist, dass sich die Produktion vom materiellen Bereich der Fabrik zur symbolischen Produktion von Ideen verlagert. Die zweite Komponente umfasst die Produktion von Affekten. Affektive Arbeit bezeichnet diejenige Arbeit, die »Affekte wie Behagen, Befriedigung, Erregung oder Leidenschaft« hervorbringt (Hardt/Negri 2004: 126). Historisch gesehen ist diese Arbeit unbezahlt und gilt gemeinhin als »Frauenarbeit«. Jobs in diesem Bereich umfassen typischerweise Dienstleistungs- oder Pflegeberufe. Die dritte Komponente bezeichnet die Art und Weise, wie die Kommunikationstechnologie in die ursprüngliche Industrieproduktion integriert wurde und diese verwandelte (Hardt/Negri 2002: 302), und damit die Art und Weise, wie Arbeit zunehmend mechanisiert und computerisiert worden ist.

5 | Tiziana Terranova (2004) zeigt eindrucksvoll die Zusammenhänge zwischen autonomer Theorie, Kybernetik und Informatik auf. Sie entwickelt eine ähnliche These und spricht von »freier Arbeit« – diese sei ein zentrales Merkmal des Internets wie der digitalisierten Wirtschaft.

Webseite wie Facebook anmelden. Neben dem kommerziellen Data-Mining und Verkaufen von nutzergeneriertem Inhalt würde dies die Geschmacksempfindungen, Vorlieben und den darin konstruierten allgemeinen kulturellen Inhalt umfassen. Während dies durchaus übereinstimmt mit der Vorstellung von »Arbeit, die so genannte immaterielle Produkte schafft, also etwa Wissen, Information, Kommunikation, Beziehungen oder auch Gefühlsregungen« (Hardt/Negri 2004: 126), wollen wir darüber hinaus die subjektive Beschaffenheit dieser Arbeit beschreiben. Die Immaterielle Arbeit 2.0 siedelt diese subjektive Wende ausdrücklich in der aktiven und laufenden Konstruktion virtueller Subjektivitäten in sozialen Netzwerken an. Außerdem wollen wir die Rolle des Affekts als bindende, dynamische Kraft betonen, die sowohl diese Subjektivitäten beseelt wie den Netzwerkbeziehungen Kohärenz verleiht. Schließlich stellen wir solche sozialen Netzwerke als biopolitische Netzwerke dar, insofern sie neue Strömungen durch unterschiedliche Zusammensetzungen von Körpern artikulieren – Populationen gewissermaßen, deren Lebensfähigkeiten durch die besonderen Umstände ihrer subjektiv vernetzten Beziehungen erweitert werden.

WAS IST FACEBOOK?

Angesichts seiner gewaltigen Popularität können wir uns bei der Darstellung von Facebook kurz fassen. Die Geschichte des Harvard-Studenten Mark Zuckerberg ist längst eine Legende des neuen Millenniums geworden. Binnen 24 Stunden nach dem Start von »The Facebook« im Jahr 2004 hätten sich angeblich 1200 Leute daran beteiligt. Am Ende des ersten Jahres gab es über 64 Millionen aktive Nutzer (Phillips 2007). Von den über 700 Millionen Nutzern heute melden sich rund 200 Millionen bei Facebook übers Handy an – doppelt so viele wie noch im Mai 2010 dank der 20 Millionen Apps, die täglich aufs Handy heruntergeladen werden. Laut den Facebook-Statistiken sind die Nutzer auch insgesamt jeden Monat 700 Milliarden Minuten lang online (Facebook 2011). Beachtlich ist die Tiefe und Breite der nutzergenerierten Inhalte. Einer Quelle zufolge werden in nur »20 Minuten bei Facebook über eine Million Links aufgerufen, zwei Millionen Freunde-Anfragen akzeptiert und fast drei Millionen Nachrichten gesendet« (Digibuzz Blog 2010). Darum überrascht es nicht, dass die Seite jeden Monat rund 30 Milliarden Inhalte wie Web Links, Nachrichten, Blogs, Kommentare und Fotoalben sammelt. Die Beliebtheit der Seite nimmt so rasch zu, dass im Durchschnitt 48 Prozent der jugendlichen Nutzer in den USA inzwischen angeben, sie würden täglich ihre Nachrichten über Facebook empfangen (Digibuzz Blog 2010). Und um Silvester 2010 wurden innerhalb von nur zwei Tagen erstaunliche 750 Millionen Fotos auf die Seite hochgeladen (TechCrunch 2011a). Unmissverständlich geht aus diesen Statistiken hervor, dass die Benutzer die Seite aktiv verwenden, fieberhaft persönliche Informationen archivieren, ihre Profile erstellen und vor allem ihre digitale Präsenz online ausweiten.

Wie sein Vorgänger MySpace verfügt Facebook über eine gewaltige Kapazität für die starke Zunahme von Netzwerkbeziehungen. Zwar bieten beide »eine riesige öffentliche Sphäre im Cyberspace, einen Ort, an dem man mit all seinen Freunden ›herumhängen‹ kann« (boyd 2006: 4), doch die interaktive Sozialität, die in den Schaltkreisen von Facebook (re)produziert wird, ist weitaus raffinierter. Nutzerprofile fungieren als ein wichtiger »Ort des *Werdens*« und der Subjektivierung. Aber im Unterschied zu MySpace, wo die Nutzer einfach nur andere Seiten posten, sich mit Bands verlinken und Homepages individualisieren, bietet Facebook den Nutzern den »Newsfeed« (die Rubrik »Neuigkeiten«). Das ist für soziale Netzwerke geradezu ein Quantensprung. Der Newsfeed ist eine ausgesprochen performative öffentliche Sphäre, die die ontologischen Bedingungen für »Intelligibilität«[6] oder vielmehr für die virtuelle Existenz und Zirkulation eines Nutzers festlegt. Damit ermöglicht Facebook es den Nutzern, sofort erkannt und gesellschaftlich aufgewertet zu werden, und zwar sowohl vom Nutzer selbst, der sein Profil updatet, wie von »Freunden«, denen »gefällt«, was sie in den »Neuigkeiten« lesen, und die einen Kommentar abgeben oder einen Link nutzen können. Auf der nutzergenerierten Plattform von Facebook werden Identitäten über die unmittelbaren Rückkopplungsschleifen reproduziert, die mit jedem Update, jedem Link oder jedem Foto, das zu einem Profil hochgeladen wird, verbunden werden. Die Tatsache, dass die Facebook-Statistik einen ständigen Zuwachs an nutzergeneriertem Inhalt verzeichnet, verweist darauf, dass mit dem verstärkten Strom von Neuigkeiten auch das Bedürfnis zunimmt, darin aufgewertet und wiedererkannt zu werden. Ob dies daran liegt, dass solche Augenblicke der »Intelligibilität« kurzlebig sind, wäre einer genaueren Untersuchung wert. Jedenfalls ist klar, dass die Nutzer »lernen«, immer produktiver zu sein, wie es die ungeheure Menge an generiertem Inhalt belegt. Außerdem werden sie unerbittlich dazu angetrieben, da der performative Akt, eine Rolle zu spielen und präsent zu bleiben, so instabil ist. Wer es nicht schafft, ständig upzudaten und letztlich ein »guter Kulturarbeiter« zu sein, kann auf einmal nicht mehr »lesbar« sein (Butler 2009: i). Die Rubrik »Neuigkeiten« ist somit vielleicht eines der wichtigsten biopolitischen Merkmale von Facebook: ein »performatives« virtuelles Spielfeld, das die Produktion von Subjektivitäten online antreibt, während es gleichzeitig als Webportal fungiert, das die immaterielle Arbeit abschöpft, welche die Nutzer leisten müssen, um erkennbar zu bleiben.

---

6 | Der Begriff »Intelligibilität« geht auf die neueren Arbeiten von Judith Butler zurück, insbesondere auf ihren Artikel »Performativity, Precarity and Sexual Politics«. Intelligibilität ist untrennbar mit »legibility«, der Lesbarkeit, verbunden. Mit diesem Begriff wollen wir erläutern, wie Nutzer ihre jeweiligen digitalen Profile zu reproduzieren und zu zirkulieren vermögen.

BIOMACHT: THEORIE DES »DIGITALEN KÖRPERS«

Verlassen wir kurz die besonderen Praktiken von Facebook und betrachten wir andere Implikationen dieser neuen Bildung von Körpern – dem Netzwerk von Freunden. Wir haben bereits behauptet, dass die bei dieser Netzwerkbildung geleistete immaterielle Arbeit eine Modalität der Biomacht ist, und wollen nun darlegen, dass sich auch in der Organisationsform sozialer Netzwerke Biomacht ausdrückt. Dazu bedarf es eines kurzen Blicks auf Michel Foucaults berühmtes Triptychon von souveräner Macht – disziplinärer Macht – Biomacht, insbesondere auf die beiden letzten Formen von Macht. Dies ist besonders wichtig, weil jedes dieser Machtdispositive von einem speziellen Einsatz von Körpern abhängt. Außerdem verknüpft unsere Genealogie der immateriellen Arbeit bestimmte Ideen von Foucault mit einem bestimmten Marxismus.[7] Das ermöglicht es uns, die Produktionsverbreitung des kognitiven Kapitalismus in der Sozialfabrik nicht nur exemplarisch in Facebook zu erkennen, sondern allgemeiner im Dispositiv der Biomacht.

In organisatorischer Hinsicht unterscheidet sich die disziplinäre Macht von der Biomacht vor allem darin, dass sie Beziehungen zwischen Individuen und verschiedenen Institutionen fixiert – Macht wird über diese individuellen Körper ausgeübt, um Fähigkeiten und Begabungen zu erreichen, die den verschiedenen und sich verändernden Bedürfnissen des sozialen Körpers mehr entsprechen. Somit wird Disziplin durch Individualisierung von Machttechniken durchgesetzt. 1976 befasste Foucault sich in einem Vortrag in Brasilien, der später unter dem Titel »Les Mailles du Pouvoir« (»Die Maschen der Macht«) erschien, mit den

> »Techniken der Individualisierung von Macht. Wie kann man jemanden überwachen, sein Verhalten und seine Eignung kontrollieren, seine Leistung steigern, seine Fähigkeiten verbessern? Wie kann man ihn an den Platz stellen, an dem er am nützlichsten ist?« (Foucault 2005: 233).[8]

---

7 | Eine Einführung in diese Genealogie findet sich bei Coté (2003). Kurz gesagt ist dies der Foucault Mitte der 1970er Jahre, der erkannte, dass Macht sich in Subjektivitäten ausdrückte und dass die Möglichkeit des Widerstands stets vor strategischen Herrschaftsbeziehungen kam. Dieser Foucault wurde intensiv von vielen italienischen Marxisten der Autonomia rezipiert, was schließlich zum Begriff der »immateriellen Arbeit« führte, wie ihn Lazzarato, Autonomia-Vertreter der »zweiten Generation«, prägte.

8 | Dieser Artikel ist in diesem Zusammenhang von besonderer Bedeutung, weil Foucault darin seine Beziehung zu Marx auf untypisch offene Art anspricht, insbesondere in Bezug auf seine Dispositive der Macht. So habe er bei Marx einen »positiven« Begriff von Macht festgestellt, der sehr mit seinem eigenen übereinstimme.

Dies sorgt zwar für eine größere Beweglichkeit im Vergleich zur Starre der Macht des Souveräns, bleibt aber diskontinuierlich. Deleuze hat dies denkwürdig charakterisiert:

»Das Individuum wechselt immer wieder von einem geschlossenen Milieu zum nächsten über, jedes mit eigenen Gesetzen: zuerst die Familie, dann die Schule (›du bist hier nicht zu Hause‹), dann die Kaserne (›du bist hier nicht in der Schule, kapiert‹), dann die Fabrik, von Zeit zu Zeit die Klinik, möglicherweise das Gefängnis, das Einschließungsmilieu schlechthin« (Deleuze 1993: 254).

Mit anderen Worten: Disziplinäre Gesellschaften ordneten die Dinge räumlich und zeitlich über einzelne Institutionen, die Körper in fixierten, stabilen Subjektivitäten zusammensetzten und dabei größer machten als die Summe ihrer Teile.

Doch ein solches Dispositiv der Macht entsprach nicht mehr unserer zunehmend mobilen und vernetzten Gesellschaft: »Die Maschen des Netzes waren zu groß, so dass zahllose Dinge, Elemente, Verhaltensweisen und Prozesse der Kontrolle durch die Macht entgingen.« Daher wurden sie durch neuere, kontinuierlicher vernetzte Beziehungen der Biomacht ergänzt, die weniger erdrückend und flexibler ist und »in dieselbe Richtung arbeitet wie der ökonomische Prozess« (Foucault 2005: 231f.). Da wir eine Verbindung zum marxistischen Begriff der »immateriellen Arbeit« herstellen wollen, wie ihn die italienischen Autonomia-Gruppen herausgearbeitet haben, müssen wir betonen, dass Foucault hier nicht primitiv eine kausale ökonomische Grundlage unterstellt, ja, er warnt sogar ausdrücklich davor, wieder in diese Gewohnheit zurückzufallen, »im Einklang mit einem eher schlichten Marxismus« (Foucault 2005: 232). Dies verhindert, dass die Produktionsweise als umfassende Kausalität betrachtet wird, damit uns nicht die geschlossene Form der Konstellation blind macht für die heterogenen Bahnen ihrer konstitutiven Elemente. Auf diese Weise gibt es keine Inkompatibilität oder totale Dissoziation zwischen Kapital und dem Dispositiv der Biomacht. Vielmehr gibt es Myriaden von »nebensächlichen« Elementen mit ihrer eigenen zeitlich-historischen Bahn, deren Besonderheiten durch eine solche Sichtweise unerkannt blieben. Der »positive« Begriff von Macht, den Foucault bei Marx ausfindig macht, entspricht seiner eigenen Sichtweise, die auf einen radikalen gesellschaftlichen Wandel fokussiert, der sich durch und gegen Dispositive ergeben könnte.

Somit können wir im Anschluss an Foucault das Verhältnis des Dispositivs der Biomacht zum Kapital betrachten, ohne uns auf eine determinierende ökonomische Grundlage zu beziehen. In diesem Zusammenhang sei daran erinnert, dass Lazzarato (2000) die Verschmelzung von *zoe* (natürlichem Leben) und *bios* (politischem Leben) in der Biomacht betonte, und so ist auch die immaterielle Arbeit gleichbedeutend mit der Verbreitung einer neuen Arbeitssubjektivität in der biopolitischen Lebenswelt. Prosaischer können wir von der Verbreitung der Arbeit im Spiel oder genauer: in der kommunikativen Sozialität sprechen. Kurz: Die Logik des Kapitals fließt zunehmend durch ein sich erweiterndes Gebiet von ansonsten diskreten sozialen Beziehungen und breitet sich in verschiedenen politischen und sozialen Techniken und Praktiken aus – genau das, was sich, wie wir behaupten, in Facebook abspielt. Auch Foucault stellt wiederholt fest, dass ein emergentes Kapital dringend eines neuen Dispositivs der Macht bedarf.

Biomacht nutzt somit »die Bevölkerung als Produktionsmaschine zur Erzeugung von Reichtum, Gütern und weiteren Individuen« (Foucault 2005: 235). Das Regulieren des Stroms der Körper in spezifischen Zusammensetzungen würde das In-Schach-Halten von disziplinierten juristischen Subjekten in institutionellen Räumen ergänzen. »Mit dem 18. Jahrhundert wird das Leben zu einem Objekt der Macht« (Foucault 2005: 236). Das bedeutet weder das Ende der souveränen noch der disziplinären Macht; juristische und normative Praktiken florieren weiterhin – Dispositive sind stets überlappend, nicht umfassend. Doch durch vernetzte Beziehungen in Bevölkerungen drückt sich eine neue Materialität (und eingebettete Technik) der Macht aus. Hier siedelt Foucault sein Studium der Sexualität an:

»am Kreuzungspunkt der Disziplinierungs- und Regulierungsformen, und in dieser Funktion wird sie Ende des 19. Jahrhunderts zu einem erstrangigen politischen Instrument, das es ermöglicht, die Gesellschaft in eine Produktionsmaschine umzuwandeln« (Foucault 2005: 237).

Biomacht[9] bedeutet somit eine Verschiebung weg sowohl vom juristischen oder souveränen Körper wie vom individuellen Körper der Disziplinarmacht. Der soziale Körper in seiner Gesamtheit als statistische Episteme bzw. die Bevölkerung wird ein Objekt der Regulierung von Machtbeziehungen (Foucault 2004). Aufgrund der Betonung der Zusammensetzung von Körpern in einer bestimmten Bevölkerung sind soziale Netzwerke eine höchst adäquate Organisationsform für Biomacht. Abschließend sei hier an die berühmte Äußerung von Sean Parker/Justin Timberlake in dem Film *The Social Network* erinnert: »Eine Million Dollar ist nicht cool. Wissen Sie, was cool ist? ... Eine Milliarde Dollar.« Dieses Zitat verweist über seine prophetische politisch-ökonomische Bedeutung für Facebook hinaus auf den Spielraum der Biomacht, wie er sich so effektiv in sozialen Netzwerken manifestiert. Was zählt, ist der Maßstab, und zwar sowohl im Sinne der kommunikativen und affektiven Fähigkeit wie der Kapitalverwertung. Die schiere Anzahl der in Facebook vernetzten Körper – der-

9 | Wichtig für unsere Untersuchung der immateriellen Arbeit ist Hardts und Negris ausführliche Betrachtung der Art und Weise, wie »das Leben zu einem Objekt der Macht« wird (2002: 37-55).

zeit zu einer Milliarde tendierend – ist nur ein Teil dessen, was es zu so einem exemplaren biopolitischen Netzwerk macht.

DAS ERLERNEN IMMATERIELLEN ARBEITENS UND DES ENTWICKELNS AFFEKTIVER FÄHIGKEITEN

Wir benutzen Lazzaratos Begriff der »immateriellen Arbeit« als Leitbegriff für das Verständnis der gegenwärtigen Praxis der Bildung sozialer Netzwerke. So können wir verstehen, wie sich die »Arbeit« des Profil-Updating »in unmittelbar kollektiven Formen konstituiert, die nur in der Form von Netzwerken und Flows existieren« (Lazzarato 1996). Sich bevorzugt in der öffentlichen Sphäre von Facebook aufzuhalten – das heißt in seinem Newsfeed – ist ganz entscheidend, wenn man daran interessiert ist, bestimmte Arten von sozialen und zunehmend auch politischen und wirtschaftlichen Beziehungen aufrechtzuerhalten. Was also motiviert die Nutzer, zu »arbeiten« oder vielmehr ihr Profil regelmäßig upzudaten? Um die subjektive Beschaffenheit der immateriellen Arbeit genauer zu untersuchen, knüpfen wir an Judith Butlers Thesen an. Wir postulieren, dass dieser intensive Flow von Sozialität zumindest teilweise von dem Verlangen getrieben wird, wie Butler darlegt, »als Subjekt zu zählen« und damit »wiedererkennbar zu werden« (2009: iv). Sie entwickelte diesen begrifflichen Rahmen, um zu untersuchen, wie Machtbeziehungen heteronormative Genderbeziehungen reproduzieren, und damit die Frage zu beantworten, wer die Rolle eines anerkennbaren Subjekts in der Politik oder vor dem Gesetz effektiv übernehmen kann. Wir verstehen Facebook als konzeptuell verlinkten Raum, weil es ausgesprochen sozial und performativ ist, indem es die Nutzer auffordert, zu partizipieren, sich zu verbinden und damit in seiner öffentlichen Sphäre »wiedererkennbar« zu werden. Das Verlangen, dann eine Rolle in Netzwerken von Freunden zu spielen, führt zu Modi der Intelligibilität, und zwar sowohl durch die persönlichen Updates, die ein Nutzer hochlädt, aber vor allem auch durch die Art und Weise, wie diese Informationen zirkulieren und von anderen aufgegriffen werden – durch Anhängen von Fotos und Updates, durch Hinterlassen von Kommentaren, durch Anklicken des »Gefällt mir«-Buttons oder durch das gemeinsame Nutzen von Links. Der Newsfeed müsste somit als eine Sphäre der Interdependenz begriffen werden, als ein ontologischer Raum, der auf den affektiven und konstitutiven Beziehungen der Nutzer basiert. In diesem Sinne fungiert das Netzwerk als eine fließende und flexible Stätte der Identitäts(re)produktion.

In diesen Schaltkreisen gibt es aber auch eine

»ständige Innovation in den Formen und Bedingungen der Kommunikation [...] [die] den Bedürfnissen, dem Imaginären, den Vorlieben der Konsumenten usw. Form verleiht und sie materialisiert, und diese Produkte werden wiederum mächtige Produzenten von Bedürfnissen, Bildern und Vorlieben« (Lazzarato 1996).

Derartige Aktivitäten werden nicht durch einen orthodoxen Begriff von Arbeit erkannt, sondern bilden das Zentrum der immateriellen Arbeit; sie sind auch ganz entscheidend für die *raison d'être* von Facebook – aufgewertet, wiedererkannt zu werden und das eigene soziale Netzwerk zu erweitern. Doch was sind diese »Flows«, die es diesen Netzwerken ermöglichen, sich zu erweitern? Oder anders gefragt: Wie zirkuliert Sozialität?

Jenny Sunden hat dargelegt, dass die Menschen zum Teil deshalb diese Seiten immer wieder aufsuchen, weil sich die Grenze zwischen dem Materiellen und dem Virtuellen immer weiter auflöst. Der Computerbildschirm, der einst als starres Fenster oder als Spiegel begriffen wurde, in das die Menschen hineinschauen oder in dem sie ihr eigenes Spiegelbild erblicken konnten, hat sich verändert. Heute fungiert er laut Sunden als »affektive Oberfläche«, ja, als zweite Haut, die als Schnittstelle zwischen dem Körper und anderen Welten und Menschen dienen kann (Sunden 2009). Und da diese virtuellen Räume tragbar geworden sind, etwa durch das Handy, darf das digitale Profil nicht einfach als statische Datenquelle verstanden werden, sondern vielmehr als eine soziale Praxis, die eine Subjektivierung sowohl im virtuellen wie im realen Körper ermöglicht. Dank der spezifischen Möglichkeiten, wie einzelne Nutzer Zeichen sammeln, um eine »Bedeutungseinheit« zu erschaffen, können wir die kreativen und kommunikativen Praktiken der immateriellen Arbeit verstehen, die einige der Besonderheiten dieser neuen »economy of forces« darstellen.

Wie vermittelt jene »affektive Oberfläche« diese neue »economy of forces« gegenüber der immateriellen Arbeit? Wir erinnern uns, dass Lazzarato sich ja begrifflich an Foucault genau wegen des dringenden Bedürfnisses anlehnte, eine andere Art von politischer Ökonomie vorzuschlagen, die »weder die politische Ökonomie von Kapital und Arbeit der klassischen Wirtschaftswissenschaftler ist noch die marxistische Wirtschaftskritik an der ›lebendigen Arbeit‹« (Lazzarato 2000). Vielmehr ist es eine politische Ökonomie, die auf den ontologischen Bedingungen basiert, welche die gleichzeitige Koordination und Kontrolle dieser Beziehungen der Lohnarbeit und der Mittel ermöglicht, durch die »Arbeitskraft« extrahiert wird. Daher gibt es eine heterogenere Ökonomie der Kräfte. Darin finden Auseinandersetzungen zwischen Koordination und Kontrolle statt, zwischen der Ausbeutung der »surplus power« und Bildungen radikal neuer kollektiver Möglichkeiten, wie sie sich bereits Marx in seinem visionären »Maschinenfragment« vorstellte. Wir postulieren, dass die kreativen und kommunikativen Praktiken der immateriellen Arbeit das spezifizieren, was an dieser neuen »Ökonomie der Kräfte« neu ist. Ferner ist ein Teil der produzierten »surplus power« – natürlich der, den das Kapital um jeden Preis in Wert setzen will – der Affekt selbst, der im Wesentlichen jene Myriaden von Netzwerken zusammenhält und differenziert, in denen sich die Myriaden von Subjektivitäten ausdrücken.

Lazzarato sprach diesen Bereich des Affekts an, um Missverständnisse hinsichtlich der immateriellen Arbeit zu klären:

»Die Aktivierung der produktiven Kooperation wie der sozialen Beziehung mit dem Konsumenten materialisiert sich im und durch den Prozess der Kommunikation. Die immaterielle Arbeit erneuert ständig Form und Bedingungen der Kommunikation (und damit der Arbeit und des Konsums). Sie verleiht Bedürfnissen, Bildern, den Vorlieben der Konsumenten Form und materialisiert sie, und im Gegenzug werden diese Produkte mächtige Produzenten von Bedürfnissen, Bildern und Vorlieben. Das Besondere der Ware, die durch immaterielle Arbeit produziert wird (die dafür sorgt, dass ihr wesentlicher Gebrauchswert durch den in ihr enthaltenen informationellen und kulturellen Wert gegeben ist), besteht darin, dass sie im Akt des Konsums nicht vernichtet wird, sondern die ›ideologische‹ und kulturelle Umwelt des Konsumenten vergrößert, verwandelt und erschafft« (Lazzarato 2001).

Lazzarato schärft unseren Blick für die subjektive Transformation im Gegensatz zu einer spezifischen physischen Fähigkeit eines bestimmten Arbeiters oder ihrer besonderen affektiven Komponenten.[10] Diese sozialen/affektiven Elemente bilden den Kern des »Erlernens der immateriellen Arbeit«, und darum ist ihr pädagogischer Wert von genereller Bedeutung. Inmitten unserer täglichen immateriellen Arbeit lernen wir, soziale Beziehungen in Netzwerkform auszubauen, zu ergänzen und zu reproduzieren, die auch einzigartige Kapitalbeziehungen sind.

Allerdings sind Kapitalbeziehungen schon immer soziale Beziehungen. Soziale Netzwerke ermöglichen eine exponentielle Explosion solcher sozialen und ökonomischen Beziehungen. Und was in diesen sozialen und ökonomischen

10 | Die konstitutive Rolle des Affekts in der immateriellen Arbeit wird von Hardt und Negri betont: »Affektive Arbeit produziert soziale Netzwerke, Formen der Gemeinschaft, der Biomacht[, wo] das instrumentelle Handeln in der ökonomischen Produktion mit dem kommunikativen Handeln in den zwischenmenschlichen Beziehungen verschmolzen ist« (2002: 304). Die Weite und Tiefe des Affekts gegenüber der Arbeit ist ein wichtiges Forschungsgebiet. Emma Dowling (2007) beispielsweise betont überzeugend die Bedeutung des Affekts für traditionelle materielle Formen sozialer Netzwerke in Bezug zur Dienstleistungsarbeit in ihrem Essay »Producing the Dining Experience – Measure, Subjectivity and the Affective Worker«. Auch Melissa Gregg (Gregg/Seigworth 2010) untersuchte die Rolle des Affekts am Heimarbeitsplatz, der die Technik der neuen Medien nutzt. Der unterschiedliche Blickwinkel dieser Untersuchungen verweist auf die Bedeutung des Affekts in allen Formen von Arbeit, nicht zuletzt in der des Publikums/der sozialen Netzwerker.

Beziehungen auch produziert wird, was in erster Linie dazu führt, dass sie miteinander verschmelzen, ist die Produktion von Affekten. Und diese affektive Bewegung, behaupten wir, führt mitten ins Zentrum dessen, was immaterielle Arbeit ist – eine Modalität von Arbeit, die die Produktion (in Subjektivität und Konsum) bis in die äußersten Bezirke der sozialen Fabrik verbreitet. Facebook demonstriert, in welchem Ausmaß sich diese soziale Fabrik bereits in Sozialbeziehungen von Jugendlichen eingenistet hat. Facebook steht sowohl an der Schwelle zur sozialen Fabrik und ist zugleich ein konstitutiver Teil von ihr. Obwohl es in demografischer Hinsicht erstaunlich breit angelegt ist, besteht die Mehrheit der Facebook-Nutzer aus jungen Erwachsenen zwischen 18 und 25, die dreißig Prozent der aktiven Nutzer ausmachen und die großenteils an der Schwelle zum Arbeitsmarkt stehen. Eine der grundlegendsten Aufgaben, die sie dabei lernen, ist eine Art von persönlichem Online-Markenmanagement in einem Netzwerk, das aus vielfachen sozialen wie kapitalistischen Valorisierungsvektoren besteht.[11] Damit unterscheidet es sich vom »Arbeiten lernen«, wie es Paul Willis vor gut 30 Jahren in seiner klassischen Studie dargestellt hat. Damals wurde den »Jungs« aus der britischen Arbeiterklasse ein Bildungssystem aufgedrückt, für das sie sich nie begeisterten. In ihren kulturellen Praktiken des daraus resultierenden Widerstands – der Flucht aus der Schule – reproduzierten sie ungewollt ihre Arbeiterklassenposition im Arbeitsmarkt (Willis 1977). Aber unser Übergang zur Biomacht – die Deleuze (1993) auch »Kontrollgesellschaft« nennt –, von unserer postfordistischen Wende zur Sozialfabrik ganz zu schweigen, erfordert neue Möglichkeiten, wie die Jugend zu arbeiten lernt. Eines der Dinge, die Facebook-Nutzer lernen müssen, wenn sie in ein größeres soziales Netzwerk eingebunden werden wollen, ist etwas, das sowohl wiederholbar wie veränderbar ist und sich nur in Beziehung zu anderen (Nutzern wie bevorzugten kulturellen Waren) ausdrücken lässt. Kurzum, sie lernen, ihre vernetzte Subjektivität in sozialen Netzwerken zu produzieren, die ein noch nie dagewesenes Milieu für Myriaden Formen der Zirkulation und der Verwertung darstellen. Wir haben es hier also mit einer polyvalenten Erziehung zu tun. Das heißt, diese Ausbildung ist nicht nur gesellschaftlich »profitabel« für die Jugend, sondern hilft auch dem Kapital, die Grundlagen für eine Zukunft der vernetzten Subjektivität und Affekte zu errichten.

VON DER »AUDIENCE COMMODITY« ZUR IMMATERIELLEN ARBEIT

Es gab konkrete Anzeichen dafür, dass soziale Netzwerke von zentraler Bedeutung für den Prozess der Medienkonvergenz sind, als Murdochs News Corp 2004 über eine halbe Milliarde Dollar für MySpace ausgab. Murdochs tradi-

11 | Siehe den Beitrag von Carolin Wiedemann in diesem Band.

tionelles Massenmedienimperium aus Filmen, Zeitungen und Fernsehen umspannte bereits den Globus und warb auf aggressive Weise um sein Publikum unter anderem in den USA, in Großbritannien, Asien, Südasien und Lateinamerika. Die Einverleibung von MySpace signalisierte den Paradigmenwechsel, der sich noch immer in der Beziehung zwischen dem Publikum und der populären Kultur vollzieht.

Diese Konvergenz wird weithin untersucht. Henry Jenkins (2006) etwa hat ihre kulturellen Dimensionen ausgiebig erforscht und dabei neue Formen der Vermittlung und neue Praktiken beim Publikum der neuen Medien hervorgehoben. Mark Deuze (2006) hat sich den Arbeitsplatz vorgenommen, insbesondere wie die Medien in neuen konvergenten Formen die Konturen der Arbeit, zumal auf verwandten kulturellen Gebieten, radikal umgewandelt haben. Die Konvergenz hat also Veränderungen in Arbeit und Kultur zur Folge, doch welche Veränderungen gibt es in der *kulturellen Arbeit,* über das Publikum? Jack Bratich (2005) hat wichtige Verbindungen zwischen eher traditionellen Publikumsstudien und Hardts und Negris Konzept der »Multitude« hergestellt. Dieser bedeutende theoretische Beitrag zeigt auf, was in vielen frühen »Publikumsstudien« fehlte, nämlich eine immanente konstituierende Macht. Geschickt legt Bratich dar, dass die »Macht« des Publikums gerade ihren kulturellen und symbolischen Praktiken innewohnt. Anhand dieses roten Fadens werden wir der Immateriellen Arbeit 2.0 im Gesamtzusammenhang der sich verschiebenden Konturen der gegenwärtigen Medien nachgehen. Zuvor wollen wir noch kurz festhalten, was wir hoffen erklärt zu haben: Soziale Netzwerke wie Facebook sind nicht bloß neue Kommunikationsformen, sondern ein zunehmend wichtiger Teil der Medien generell.

Mit Konvergenz hat auch unser Begriff der »immateriellen Arbeit« zu tun, weil sich damit nachvollziehen lässt, warum Wirtschaft, Medien, Kultur, Sprache, Information, Wissen und Subjektivität zunehmend untrennbar werden in der Reproduktion unserer gegenwärtigen Gesellschaftsordnung. Mit anderen Worten: dass Kommunikation und Subjektivität – samt dem Bereich, den man lange Zeit als »bloßen Konsum« betrachtete – eine aktive Äußerung der kapitalistischen Produktion geworden sind. Wie es Murdoch in seinem Streben nach Mehrwert als wirtschaftlich Handelnder getan hat, müssen wir begrifflich den Wandel vom *Publikum* als einer diskreten, messbaren Menge in der Kette von Produktion, Zirkulation, Konsum zu einer dynamischen, produktiven Komposition von Körpern als in Informations- und Kommunikationstechnologien vernetzten Aggregaten verfolgen. Eine Möglichkeit, diesen Prozess der Konvergenz im Gesamtzusammenhang zu betrachten, bietet der Begriff der »audience commodity« des politischen Kommunikationsökonomen Dallas Walker Smythe (1981).

Mit seinem Begriff der »audience commodity« (Publikumsware) versuchte Smythe die seiner Meinung nach übertriebene Fokussierung auf den »Konsum«

zu korrigieren, wie sie für eine durch die Frankfurter Schule inspirierte Ideologie in intellektuellen Kreisen typisch war. Auch der Begriff der »immateriellen Arbeit« fokussiert auf die Konvergenz von Produktion und Konsum, während er zugleich wesentliche Veränderungen begrifflich zu erfassen versucht, die sich in Arbeitspraktiken inmitten der postfordistischen Globalisierung vollziehen. Wie Lazzarato feststellt, gehen mit der Ökonomie der immateriellen Arbeit »Freizeit« und »Arbeitszeit« zunehmend ineinander über, so dass Leben und Arbeit untrennbar werden.[12]

Wir behaupten keineswegs, dass es kein »Publikum« mehr gibt; vielmehr ist die immaterielle Arbeit ein besserer Begriff für das Verständnis der qualitativen Verschiebung, in der Kultur, Subjektivität und Kapital in neuen Netzwerken der Informations- und Kommunikationstechnologie zusammengebracht werden. Kurz, der Begriff »Publikum« reicht nicht aus, um Teilnehmer an sozialen Netzwerken wie Facebook zu verstehen. Selbst wenn wir den Begriff »Publikum« durch das Adjektiv »aktiv« modifizieren, lässt sich damit noch immer nicht der Wandel im Prozess der kapitalistischen Verwertung erfassen – oder verstehen, wie Mehrwert produziert wird. Dies ist einer der Gründe, warum Lazzarato den Begriff der »immateriellen Arbeit« einführte. Der Prozess der »reellen Subsumtion« besteht zum Teil darin, dass das Kapital eine unvermittelte Form von Kontrolle sucht, und zwar nicht nur über die Arbeit in der Fabrik, sondern im Alltagsleben (ähnlich der Form von Kontrolle, die die Biomacht ausübt). Darum hat Lazzarato für das postfordistische Kapital den Slogan »Werdet Subjekte« (Lazzarato 1996) eingeführt – daher die subjektive Deutung von Kapital. Damit sollen jedoch nicht die ins Kraut schießenden Subjektivitäten der so genannten Postmoderne unkritisch gefeiert werden. Wenn man die tatsächliche Arbeitspraxis betrachtet, muss das Subjekt, das man wird, mit den Anforderungen der gegenwärtigen kapitalistischen Reproduktion kompatibel sein. Dies ist ein erzieherischer Imperativ des kognitiven Kapitalismus. Daher sind sprachliche und kommunikative Elemente ja von so großer Bedeutung – sie ermöglichen es, die Kapazität für die soziale Kooperation zu erweitern, die absolut wichtig ist für flexiblere Produktionspraktiken des kognitiven Kapitalismus.

Aber wir können dies nicht direkt mit den Praktiken der immateriellen Arbeit in den sozialen Netzwerken der populären Kultur verbinden. Vielmehr müssen wir uns an die von der Autonomia vertretene Auffassung von Arbeit erinnern, die wie der Foucault'sche Widerstand stets zuerst kommt. Selbst im Kontext sozialer Netzwerke müssen wir uns an ihre Ursprünge in den kulturellen Praktiken des frühen P2P-Filesharing wie Napster erinnern. Erst die Techniken der immateriellen Arbeit ermöglichten die starke Zunahme solcher

12 | Das ist ein wichtiger Aspekt dessen, was Marx (1986) »reelle Subsumtion« nannte – die immer stärkere Durchdringung des Alltagslebens durch die kapitalistische Logik und die Diktate des Mehrwerts.

dezentralisierten Praktiken der virtuellen sozialen Kooperation, wobei sich potentielle Schnittstellen mit der populären Kultur radikal veränderten. Doch das soll kein Argument für irgendeine aufkommende Konsumentensouveränität sein. Die These von der immateriellen Arbeit betont gerade die höhere Qualität und Intensität des Antagonismus, der im Laufe der Zeit entsteht – was sich in der Praxis durch die erzwungene Schließung von Napster und der anschließenden Zunahme neuer und scheinbar unaufhaltsamer Formen von P2P-Praktiken wie BitTorrents bestätigte. Lazzarato verweist auf diesen fundamentalen Widerspruch am Arbeitsplatz. Das Kapital »sieht sich gezwungen (weil es für den Kapitalisten überlebenswichtig ist), die Macht, die die neue Qualität von Arbeit und Organisation impliziert, nicht ›umzuverteilen‹« (Lazzarato 1996).

Wir können feststellen, wie das in der dynamischen dezentralisierten Architektur des Internets umgesetzt wird – dem verteilten Netzwerk, in dem Computer mit einem gemeinsamen Protokoll direkt ohne einen hierarchischen Mittler kommunizieren können. Dies ist nicht nur ein radikal anderes Medienterrain als das Fernsehen, sondern es wird auch erst durch immaterielle Arbeit lebendig. Kurz, wir sind von der statischen Welt der Couch-Potatoes in die dynamische Welt des Bloggers oder des sozialen Netzwerks übergewechselt, wo wir eifrig updaten, twittern oder uns einloggen. Das Kapital hat dies aufmerksam verfolgt, und daher findet eine Verschiebung dessen, was valorisiert wird, statt. Beim Fernsehen war die »audience commodity« ein isoliertes und sitzendes Wesen, eine Ansammlung von Individuen, die nur durch das Programm verbunden waren, das sie sich jede Woche ansahen. Auch ihre Organisationsform war eher statisch: ein zentralisiertes Netzwerk, dessen Publikum sich in einem Cluster von Endpunkten befand. Beim Internet – und insbesondere bei sozialen Netzwerken – geht es um die dynamische immaterielle Arbeit, die die dezentralisierten Netzwerke umspannt und konstruiert. Kurz, die Links, die Netzwerke, die die Menschen konstruieren und an denen sie beteiligt sind, bestehen nicht aus einer neuen »audience commodity«, sondern aus Immaterieller Arbeit 2.0.

Erforderlich sind daher Maßnahmen, um diese immaterielle Arbeit zu nutzen, zu gewinnen und produktiv einzusetzen – ein Apparat, der mittlerweile Form annimmt dank der Arbeit jener, die regelmäßig ihre Profile und Einstellungen aktualisieren, wenn sie soziale Netzwerke wie Facebook nutzen. Um diese Art und Weise des Gewinnens begrifflich zu erfassen, sollten wir untersuchen, wie Facebook aktiv die Zirkulation von Sozialität über die Produktion individuierter digitaler Archive fördert – »digitaler Archive des Selbst«, wie wir dies nennen wollen.

DAS DIGITALE ARCHIV DES SELBST, DES GEFÜHLS UND DES PROFITS

Für Facebook sind nutzergenerierte individuierte Archive die lukrative Quelle von Mehrwert und Tausch. Der scheinbar unaufhörlich wachsende Marktwert von Facebook basiert völlig auf der Bereitwilligkeit der Nutzer, ihre immaterielle und affektive Arbeit in Form von Aktualisierungen zu leisten. Die (Re-)Produktion dieser »digitalen Archive des Selbst« ist ein zutiefst rekursiver Prozess. Für die Nutzer geht es um die Produktion und Zirkulation von Subjektivitäten, für Facebook ist es ein politisch-ökonomischer Zwang. Dies ist ein fundamentaler Aspekt des kognitiven Kapitalismus, der ja von den aktiven Beiträgen von Subjekten abhängt, die in diese affektiven ökonomischen Beziehungen tief eingebettet sind. Aber bevor wir uns damit befassen, wie die digitalen Archive für soziale Netzwerke profitabel funktionieren, müssen wir zuerst auf ihre Technosozialität eingehen. Die soziale Dimension des Archivs ist ontologisch, da sie ihm eine unübersehbar vermittelte Wirklichkeit zuweist, deren Ausmaße und Geschwindigkeit absolut neu sind. In diesem technosozialen Reich erleben wir ein fließenderes Verständnis von Gegenwart gegenüber Subjektivität, Kommunikation und dem Körper. Die Art und Weise, wie wir uns »entscheiden«, unsere Profile upzudaten und Inhalte hochzuladen, verbindet uns mit einem Datenstrom, der die zeitlichen und räumlichen Grenzen unseres Körpers überrollt. Wir befinden uns in einem radikal anderen ontologischen Bereich, wo unsere kommunikative und affektive Fähigkeit eine augenblickliche und globale Reichweite erlangt, während unser materieller Körper der klassischen Physik verhaftet bleibt und in einer Hyperlokalität einer trägen physischen Bewegung durch Zeit und Raum ausgesetzt wird. Dieser Zustand – den wir (Nicht-)Lokalität nennen möchten – lässt sich wegen der ontologischen Kraft und der täglichen Verbreitung sozialer Netzwerke nicht angemessen mit älteren Unterscheidungen zwischen dem so genannten Materiellen und dem Virtuellen beschreiben.

Mit dieser neuen Ontologie des (nicht-)lokalen Körpers gehen neue Formen von Intelligibilität einher, wie wir bereits mit Verweis auf die Arbeiten von Butler erklärten. Besonders interessiert uns die epistemologische Dimension, die »Intelligibilität« in der digitalen öffentlichen Sphäre von Facebooks Newsfeed markiert. Wir können den Begriff des »digitalen Archivs des Selbst« noch weiter vertiefen und differenzieren, wenn wir uns daran erinnern, dass für Foucault das Archiv ein epistemologisches System darstellt (Foucault 2008a).[13] Aber im Fall Facebook steht die Intelligibilität im Dienst der Sozialität. Das entspricht auch Foucaults späterer Verwendung des Begriffs »Archiv« (Foucault 2008b),

---

13 | Für eine ausführlichere Darstellung von Foucaults sich entwickelnder Verwendung des Begriffs »Archiv« verweisen wir auf Rudi Laermans und Pascal Gielens Artikel »The Archive of the Digital An-Archive« (2007).

die eher soziologisch und von asymmetrischen Machtverhältnissen geprägt war. Schließlich ist diese Intelligibilität das Mittel, durch das Subjektivitäten lesbar werden und bleiben sollen. Dies ist alles andere als ein streng rationaler Prozess, durch den die Nutzer peinlich genau ihre Neuigkeiten »lesen« und sorgfältigst Profile von Subjektivitäten einrichten. Vielmehr haben wir es hier mit einer zutiefst affektiven Dynamik zu tun, in der die soziale Dimension zuerst kommt, um dann die kapitalistische Akkumulation anzutreiben, die aus der Immateriellen Arbeit 2.0 resultiert. Diese affektive Ontologie lässt sich auch näher erläutern über Ann Cvetkovichs »Archiv des Gefühls« – es basiert auf »einer Erkundung kultureller Texte als Magazinen von Gefühlen und Emotionen, die nicht nur im Inhalt der Texte selbst, sondern auch in den *Praktiken* kodiert sind, die mit ihrer Produktion und Rezeption verbunden sind« (2003: 7; Hervorhebung durch die Verfasser). Cvetkovich untersucht damit, wie eine affektive Sozialität als Mechanismus für die Subjektivierung des homosexuellen Subjekts funktioniert. Insbesondere bringt sie verschiedene Elemente einer öffentlichen Homokultur zusammen, indem sie mündliche Berichte, Aufführungen und literarische Texte sowie spezifische LGBT-Archive[14] wie die »Lesbian Herstory Archives« in New York und die »Gay and Lesbian Historical Society« in San Francisco. Einzigartig an Cvetkovichs Arbeit ist nicht nur das bedeutende Kompendium von Dokumenten, aus denen das Archiv besteht, sondern vor allem der Versuch, »gelebte Erfahrungen« einzufangen, was wiederum zur Produktion öffentlicher lesbischer Kulturen führt. Solche »Erfahrungen« oder Praktiken füllen die Fugen der Materialität des Archivs aus, um so dem »Archiv des Gefühls« Spuren von affektiver Sozialität – ja, einer »Lebensweise« – einzuverleiben, die diese »Homoöffentlichkeiten« zusammenbringt. Wir beziehen uns auf das »Archiv des Gefühls«, um zu einem besseren theoretischen Verständnis der affektiven Sozialität auf einer Webseite wie Facebook zu gelangen, insbesondere des nutzergenerierten Inhalts des Newsfeed. Allerdings konzentrieren wir uns vor allem auf jene kommunikativen Praktiken, die Netzwerke der (Techno-)Sozialität zusammenhalten, das heißt, auf die affektiven Praktiken, die für uns *die* zentrale Dynamik sozialer Netzwerke darstellen. Das von uns vorgeschlagene nutzergenerierte digitale Archiv des Selbst, das öffentlich im Newsfeed zirkuliert, hält seine Reproduktion zusammen und betreibt sie zugleich durch das ständige Zirkulieren und damit das Archivieren jener gelebten Erfahrungen.

Wichtig ist eine Klärung des Begriffs »Affekt«. Sarah Ahmed legt prägnant dar, dass der Affekt ein neues Kampfgebiet zwischen dem Subjekt und dem Sozialen besetze. Somit sei er einerseits etwas, das im Inneren von Körpern erzeugt werde und sich nach außen bewege und das Individuum mit anderen Körpern verbinde (2004). Darum bezeichnen wir den Affekt auch als relationalen Prozess, der Körper antreiben kann zu »handeln«. Vor allem aber werde der

14 | Abkürzung für Lesbian, Gay, Bisexual und Trans.

Affekt außerhalb des Körpers in einem Bereich »jenseits der Repräsentation« produziert. Hier stellt Ahmed wichtige Fragen, etwa wie »Emotionen geradezu die Oberflächen von Körpern gestalten«, auf denen sie operieren (2004: 4). Diese Veräußerlichung hängt damit zusammen, wie wir von den diskursiven Systemen »affiziert« werden, die »Individuen nach Gemeinschaften – oder körperlichen Raum nach öffentlichem Raum – ausrichten«, und ist zumindest teilweise das, was die sozialen Praktiken auf den Seiten sozialer Netzwerke zusammenhält. Für Cvetkovich führt die Häufung dieser Praktiken die Kultur in die Archive ein. Eine derartige Sichtweise veranschaulicht, was wir mit dem »digitalen Archiv des Selbst« meinen. Dieses Archiv ist zunächst eine kommunikative und affektive Praxis – erst die Einführung dieser kulturellen Praktiken betreibt die (Re-)Produktion des individuierten Facebook-Profils und den gesammelten Newsfeed. Daher verstehen wir dieses Archiv als produktiv, als eine Gestaltung der biopolitischen Praktiken, wie Lazzarato dies vielleicht nennen würde. Wir erinnern hier an den zentralen Spannungspunkt: unsere Myriaden Subjektivitäten im permanenten Zustand des Werdens und damit einhergehend der Ort, an dem wir lernen, derart gut immateriell zu arbeiten.

Das digitale Archiv des Selbst ist paradigmatisch für neue Formen sozialer *und* ökonomischer Beziehungen. Es unterscheidet sich radikal vom modernen wie klassischen Archiv, das sich als Nur-Lese-Speicher charakterisieren lässt, als eigenständig untergebrachte und kategorisierte Gruppierung materieller Objekte oder Dokumente – ein statisches Magazin von Informationen, die abgespeichert und nur unregelmäßig abgerufen werden. Die digitalen Archive des Selbst in sozialen Netzwerken hingegen sind nutzergeneriert und nutzerorientiert. Die gespeicherten Informationen werden ständig verarbeitet; selbst wenn sie aufhören, Teil eines aktiven Flusses zu sein, bleiben sie sowohl in ihrem Profil abrufbar wie im gesamten sozialen Netzwerk angesammelt. Das digitale Archiv des Selbst ist permanent in medias res, immer dabei, upgedatet und verlinkt zu werden, in der Zirkulation, in der Umwandlung vom Sozialen zum Mehrwert.

Dieses »ständige Updaten ist eine direkte Folge des neuen Paradigmas des permanenten Transfers« und entspricht Foucaults Charakterisierung der Entwicklung des Archivs. Das heißt, es ist »nicht ein Denkmal für das zukünftige Gedächtnis, sondern ein Dokument zur möglichen Nutzung« (Laermans/Gielen 2007). Und während Foucault darlegte, wie größere strukturelle Apparate in der Disziplinargesellschaft durch den Körper operieren, etwa die dynamischen Archive des Gefangenen, des Kindes oder des Wahnsinnigen, lässt sich die Logik dennoch auf ein eher individuiertes Archiv anwenden, das Deleuzes modulare Logik widerspiegelt. Doch statt der Schlange haben wir nun eine andere Art von Cyborg oder besser noch: einen transduktiven Körper, da das Menschliche und die Technik zunehmend im Informationsfluss/Archiv verschmelzen.

SCHLUSSBEMERKUNGEN

Wir haben dargelegt, dass die neuen sozialen und kommunikativen Praktiken, auf denen soziale Netzwerke wie Facebook basieren, Merkmale der Immateriellen Arbeit 2.0 sind. Beide wiederum sind wesentlich für den kognitiven Kapitalismus. Kurz, Jung und Alt, Jugendliche wie Erwachsene, erlernen Techniken und Praktiken, die für die Transformation und das anhaltende Wachstum kapitalistischer Beziehungen notwendig sind. Aber ist das schon alles – ist dies das einzige Ziel beim Erlernen der Immateriellen Arbeit 2.0?

Diese abschließenden Fragen gehören zu einer grundlegenderen Debatte, die inzwischen seit über einem Jahrzehnt geführt wird. Es gibt zwar zahllose Fürsprecher, doch zwei entscheidende Positionen werden pointiert von Jodi Dean sowie Hardt und Negri eingenommen. »Empire« und »Multitude« waren erfüllt von einer Hoffnung auf eine neue revolutionäre Politik. Dean hingegen ist weniger zuversichtlich, was die politischen Aussichten inmitten der breiten Unterordnung der Gesellschaft unter den »kommunikativen Kapitalismus« angeht, wie sie dies nennt. Während ihr Modell zwar auf Hardt und Negri aufbaut, unterscheidet sie sich von ihnen, indem sie eine eher zerstörerische Auswirkung der Kommunikation als entscheidende Modalität der kapitalistischen Produktion versteht. Der kommunikative Kapitalismus »unterminiert die Demokratie« ihrer Meinung nach, weil er immer nur zur Produktion von Mehrwert für die Unternehmen beiträgt, die wahrscheinlich von der Produktion und der Zirkulation von Inhalten profitieren. Kurz, die Expansion kapitalistischer Marktbeziehungen basiert auf vernetzten Kommunikationspraktiken, für die der Tauschwert von Nachrichten mehr wert ist als ihr Inhalt oder Nutzwert:

»Die Nachricht [wird] einfach Teil eines zirkulierenden Datenstroms. Ihr besonderer Inhalt ist irrelevant. Wer sie gesendet hat, ist irrelevant. Wer sie empfängt, ist irrelevant. Dass auf sie reagiert werden muss, ist irrelevant. Relevant ist nur das Zirkulieren, der Zuwachs im Datenpool« (Dean 2004: 275).

Der nutzergenerierte Inhalt von Facebooks Newsfeed beispielsweise ist paradigmatisch für diesen »zirkulierenden Datenstrom«. Wir haben ihn als Teil eines digitalen Archivs des Selbst bezeichnet, das aus einer digitalen Ontologie des Werdens besteht. Aber im Anschluss an Dean verstehen wir ihn auch als eindeutigen Beweis dafür, dass die Kommunikation eine »Produktionskraft« ist. Ein Blick in die Nutzungsbestimmungen von Facebook (»Erklärung der Rechte und Pflichten«) bestätigt dies:

»Du gibst uns eine nicht-exklusive, übertragbare, unterlizenzierbare, unentgeltliche, weltweite Lizenz für die Nutzung jeglicher IP-Inhalte, die du auf oder im Zusammenhang mit Facebook postest (›IP-Lizenz‹) [...] Du gibst uns alle notwendigen Rechte, damit dei-

ne Anwendung auf Facebook funktionieren kann, einschließlich des Rechts, die uns von dir zur Verfügung gestellten Inhalte und Informationen in Nachrichtenflüsse, Profile und Meldungen über Handlungen von Nutzern zu integrieren.
Du gibst uns das Recht, Links zu deiner Anwendung zur Verfügung zu stellen, deine Anwendung einzurahmen sowie andere Inhalte, einschließlich Werbeanzeigen, zusammen mit deiner Anwendung anzuzeigen.
Wir können deine Anwendung, Inhalte und Daten zu jeglichem Zweck, einschließlich kommerziellen Zwecken (wie die Bereitstellung von Werbung für bestimmte Zielgruppen und die Indexierung von Inhalten für die Suche), analysieren.«[15]

Diese rigiden vertraglichen Verpflichtungen eröffnen ein breites Operationsgebiet für den kommunikativen Kapitalismus. Zweifellos sind dies auch strenge Bedingungen für die Immaterielle Arbeit 2.0, indem sie jene erweiterte kommunikative und affektive Fähigkeit insgesamt der kapitalistischen Ausbeutung unterwerfen. Aber das ist noch nicht alles. Die immaterielle Arbeit, so Lazzarato, hat im Kern ein befreiendes Potential – die kreative und affektive Dynamik, die vom Kapital gewonnen, aber nicht erschaffen wird. Am Ende also können wir auf ein grundlegendes begriffliches Manöver zurückgreifen, wie es Lazzarato (2000) vorgenommen hat, als er den Foucault'schen Begriff der »Biomacht« von der biopolitischen Produktion unterschied. Wenn es hier ein politisches Potential gibt, dann wird es in und durch Modalitäten der immateriellen Arbeit ausgedrückt, die im Einklang mit der biopolitischen Produktion stehen. Wir kehren hier zur elementaren begrifflichen Affinität der immateriellen Arbeit zwischen Foucault und Autonomia zurück – dass nämlich *der Widerstand immer zuerst kommt.* Kurz, die kollektive Dimension unserer immateriellen Praktiken wird weder bestimmt von den noch reduziert auf die Herrschaftsbeziehungen, wie sie sich in den Nutzungsbestimmungen von Facebook ausdrücken. Noch einmal Lazzarato (2000): »Biomacht wird stets aus etwas anderem geboren als sich selbst«, und das gilt auch für die Immaterielle Arbeit 2.0, zumindest in ihrer Form, die sich ohne weiteres in Mehrwert überführen lässt.

Englische Version erscheint als: Coté, Mark/Pybus, Jennifer (2012) »Immaterial Labour 2.0. or, Learning to Like Social Networks«. In: Michael A. Peters/Irgin Bulut (Hg.) Cognitive Capitalism, Education and Digital Labor, *New York: Peter Lang. Mit freundlicher Genehmigung von Peter Lang.*

15 | Unter: http://www.facebook.com/note.php?note_id=10150282876970301 (zuletzt aufgerufen am 15. Januar 2011).

Literatur

Ahmed, Sara (2004): Cultural Politics of Emotion, New York, Routledge.

boyd, danah (2006): Identity Production in a Networked Culture: Why Youth Heart MySpace, in: American Association for the Advancement of Science. Unter: http://www.danah.org/papers/AAAS2006.html (zuletzt aufgerufen am 15. Januar 2011).

Butler, Judith (2009): Performativity, Precarity and Sexual Politics, in: AIBR. Revista de Antropología Iberoamericana, 4(3), S. i-xiii.

Bratich, Jack (2005): Amassing the Multitude: Revisiting Early Audience Studies, in: Communication Theory, 15(3), S. 242-265.

Coté, Mark (2003): The Italian Foucault: Subjectivity, Valorization, Autonomia, in: Politics and Culture, 3. Unter: http://aspen.conncoll.edu/politicsandculture/page.cfm?key=259 (zuletzt aufgerufen am 15. Januar 2011).

Coté, Mark (2005): The Soft Revolution: An Emerging Dispositif of Creative Resistance, in: L'Échiquier du Présent: Généalogies de la Biopolitique, Université de Montréal. Unter: http://www.radicalempiricism.org/biotextes/textes/cote.pdf (zuletzt aufgerufen am 15. Januar 2011).

Coté, Mark/Pybus, Jennifer (2007): Learning to Immaterial Labour 2.0: MySpace and Social Networks, in: Ephemera, 7(1), S. 88-106.

Cvetkovich, Ann (2003): An Archive of Feelings: Trauma, Sexuality, and Lesbian Public Cultures, Durham: Duke University Press.

Dean, Jodi (2004): The Networked Empire: Communicative Capitalism and the Hope for Politics, in: Dean, Jodie/Passavant, Paul (Hg.), Empire's New Clothes, New York: Routledge, S. 265-288.

Deleuze, Gilles (1993): Postskriptum über die Kontrollgesellschaften, in: Unterhandlungen 1972-1990, Frankfurt a.M.: Suhrkamp, S. 254-262.

Deuze, Mark (2006): Media Work, London: Polity.

Digibuzz Blog (2010): Facebook: Facts and Figures for 2010. Unter: http://www.digitalbuzzblog.com/facebook-statistics-facts-figures-for-2010/ (zuletzt aufgerufen am 15 Januar 2011).

Dowling, Emma (2007): Producing the Dining Experience – Measure, Subjective, and the Affective Worker, in: Ephemera: Journal of Theory and Politics in Organisation, 7(1), S. 117-132.

Dyer-Witheford, Nick (1999): Cyber-Marx: Cycles and Circuits of Struggle in High-Technology Capitalism, Urbana: University of Illinois Press.

Facebook (2011): Statistics. Unter: http://www.facebook.com/press/info.php?statistics (zuletzt aufgerufen am 15 Januar 2011).

Foucault, Michel (2004): Geschichte der Gouvernementalität. Sicherheit, Territorium, Bevölkerung, Vorlesung am Collège de France 1977-1978, Frankfurt a.M.: Suhrkamp.

Foucault, Michel (2005): Die Maschen der Macht, in: Schriften in vier Bänden. Dits et Ecrits IV, Frankfurt a.M.: Suhrkamp, S. 224-244.

Foucault, Michel (2008a): Archäologie des Wissens, in: Die Hauptwerke, Frankfurt a.M.: Suhrkamp.

Foucault, Michel (2008b): Überwachen und Strafen, in: Die Hauptwerke, Frankfurt a.M.: Suhrkamp.

Gregg, Melissa/Seigworth, Gregory (2010): The Affect Theory Reader, Durham: Duke University Press.

Hardt, Michael/Negri, Antonio (2002): Empire, Frankfurt a.M.: Campus.

Hardt, Michael/Negri, Antonio (2004): Multitude: Krieg und Demokratie im Empire, Frankfurt a.M.: Campus.

Jenkins, Henry (2006): Convergence Culture: Where Old and New Media Collide, New York: New York University Press.

Jhally, Sut (1982): Probing the Blindspot: The Audience Commodity, in: Canadian Journal of Political and Social Theory, 6(1-2), S. 204-210.

Laermans, Rudi/Gielen, Pascal (2007): The Archive of the Digital An-Archive, in: Image [&]Narrative, 17. Unter: http://www.imageandnarrative.be/inarchive/digital_archive/laermans_gielen.htm (zuletzt aufgerufen am 15. Januar 2011).

Lazzarato, Maurizio (1996): Immaterial Labour, in: Generation Online. Unter: http://www.generation-online.org/c/fcimmateriallabour3.htm (zuletzt aufgerufen am 15. Januar 2011).

Lazzarato, Maurizio (2000): From Biopower to Biopolitics, in: Generation Online. Unter: http://www.generationonline.org/c/fcbiopolitics.htm (zuletzt aufgerufen am 15. Januar 2011).

Lazzarato, Maurizio (2001): Towards an Inquiry into Immaterial Labour, in: Makeworlds, 1. Unter: http://makeworlds.org/node/141 (zuletzt aufgerufen am 15. Januar 2011).

Marx, Karl (1983): Grundrisse der Kritik der politischen Ökonomie, in: Marx-Engels-Werkausgabe, Bd. 42, Berlin: Dietz, S. 19-875.

Marx, Karl (1962-1983): Das Kapital, in: Marx-Engels-Werkausgabe, Bd. 23-25, Berlin: Dietz.

Massumi, Brian (2002): Navigating Movements: A Conversation with Brian Massumi, in: Mary Zournazi (Hg.), Hope: New Philosophies for Change, New York: Routledge, S. 210-242.

Negri, Antonio (1999): Value and Affect, in: Boundary, 2, 26(2), S. 77-88.

O'Reilly, Tim (2005): What is Web 2.0? Unter: http://oreilly.com/web2/archive/what-is-web-20.html (zuletzt aufgerufen am 15. Januar 2011).

Phillips, Sarah (2007): A Brief History of Facebook, in: The Guardian, 25(7). Unter: http://www.guardian.co.uk/technology/2007/jul/25/media.newmedia (zuletzt aufgerufen am 15. Januar 2011).

Smythe, Dallas (1981): Dependency Road: Communications, Capitalism, Consciousness, and Canada, Norwood: Ablex.

Sunden, Jenny (2002): Cyberbodies, Writing Gender in Digital Self-Presentations, in: Johan Fornas et al. (Hg.), Digital Borderlands: Cultural Studies of Identity and Interactivity on the Internet, New York: Peter Lang Press, S. 79-111.

Sunden, Jenny (2009): Transformations in Screen Culture, in: Screen Culture: JMK Seminar Series. Unter: http://www.youtube.com/watch?v=UAMDJCmCUKk (zuletzt aufgerufen am 15. Januar 2011).

TechCrunch (2011a): Facebook Users Upload a Record 750 Million Photos Over New Years. Unter: http://techcrunch.com/2011/01/03/facebook-users-upload-a-record-750-million-photos-over-new-years/ (zuletzt aufgerufen am 15. Januar 2011).

TechCrunch (2011b): Facebook Now Worth More than Yahoo and Ebay. Unter: http://techcrunch.com/2011/01/03/facebook-yahoo-ebay/ (zuletzt aufgerufen am 15. Januar 2011).

Terranova, Tiziana (2004): Network Culture: Politics for the Information Age, London: Pluto.

Virno, Paulo /Hardt, Michael (Hg.) (1996): Radical Thought in Italy: A Potential Politics, Minneapolis: University of Minnesota Press.

Willis, Paul (1977): Learning to Labour: How Working Class Kids Get Working Class Jobs, Farnborough: Saxon House.

Wright, Steve (2005): Den Himmel stürmen. Eine Theoriegeschichte des Operaismus, Berlin: Assoz.A.

Wright, Steve (2005): Reality Check: Are We Living in An Immaterial World?, in: Mute Magazine, 2(1). Unter: http://www.metamute.org/en/node/5594 (zuletzt aufgerufen am 15. Januar 2011).

Bericht aus der IT-Welt: Wie wir »User Content« zur Ware machen

Frank, Softwareentwickler aus Hamburg

Ich arbeite seit anderthalb Jahren für eine kleine Hamburger Startup-Firma als Freelancer. Ich entwickle eine Software, die ununterbrochen Twitter und Facebook nach Schlüsselwörtern durchsucht, Postings herunterlädt und dann statistisch auswertet. Meine Auftraggeber sind zu zweit und wollen mit ihrem ersten eigenen größeren Projekt viel Geld verdienen.

Den einen der beiden kannte ich noch von früher aus dem Studium und hatte ihn nach langer Zeit wieder getroffen. Das Projekt, das er mir vorschlug, hörte sich zwar technisch interessant an, von der Verwertung von privaten veröffentlichten Äußerungen von UserInnen hielt ich jedoch eigentlich nicht sehr viel. Ich habe den Auftrag dann aber doch angenommen, einerseits weil ich dringend Geld brauchte. Andererseits hatte ich mich schon irgendwann in der Mitte meines Studiums mit dem Gedanken vertraut gemacht, dass gerade meine Arbeit als Informatiker nicht wirklich zur Verbesserung der Welt beitragen würde, sondern vor allem zur Effizienzsteigerung bei der Verteilung von Marktgütern. Oder so. Mein Gedanke war also, »ich mache den Job, aber wenn das Ganze zu weit geht, suche ich mir was Neues«.

Die Software sammelt User-Postings auf Twitter, Facebook und aus Blog-Artikeln und speichert sie in einer eigenen Datenbank. Zahlenden Kunden meines Auftraggebers werden dann Statistiken und inhaltliche Zusammenfassungen angezeigt, mit denen sie die Auswirkungen ihrer Social-Media-PR-Arbeit analysieren können. Die Kunden haben dabei ganz unterschiedliche Ansprüche, der eine behandelt Anfragen seiner eigenen Kunden über Facebook und Twitter, und der nächste will wissen, ob die UserInnen Produktnamen positiv oder negativ erwähnen. Und da meine Auftraggeber nach außen so tun, als würde ein ganzes Team von Programmierern in ihrem Büro sitzen, wird potentiellen Kunden auch sogleich jedes neue Feature versprochen.

Bei der Arbeit bin ich Programmierer, Systemadministrator, Tester, Projektmanager und noch einiges anderes in einem, hinzu kommt noch die Beantwortung von Supportanfragen. Ich mache zwar Zeitpläne, aber da ständig Anfragen zwischendrin kommen und niemand anders sie bearbeiten kann, schaffe ich es nur selten, Pläne einzuhalten. Im letzten Jahr hatte ich bis auf zwei freie Wochen keine Freizeit außer an den – meisten – Wochenenden. Weil ich mich verschätzt hatte, habe ich fast ein Jahr zum Festpreis gearbeitet, so dass mein Brutto-Stundenpreis am Ende unter zehn Euro lag, was im Vergleich zu anderen InformatikerInnen schon sehr wenig ist. Bisher haben wir nie schriftliche Vereinbarungen gemacht, und so bin ich ständig unsicher, wie die Vertragsbedingungen sind oder ob und wann ich zu einem anderen Job wechseln kann. Als ich mehr Geld oder bessere Bedingungen verlangte, wurde mir mit Verlagerung der Arbeit nach Armenien gedroht, und mir wurde erzählt, dass man heute als Programmierer nicht mehr so viel Geld verdiene wie früher, dass das Geschäft nun mal so sei usw. Warum ich diesen Job trotz geringer Bezahlung bei großem Zeitaufwand und fehlender äußerer und innerer Bestätigung weitermache, weiß ich auch nicht genau. Ich glaube, ich mache einfach weiter, weil ich hoffe, dass sich der Job doch noch mal lohnen könnte. Meine Chefs gehen jedenfalls davon aus, dass die anderen Freelancer und ich uns mit diesen Bedingungen abfinden, obwohl sie ohne uns nur zwei Leute wären, die den halben Tag telefonieren.

Das System lädt 24 Stunden am Tag UserInnen-Beiträge (»Posts«) aus verschiedenen Quellen herunter. Sie werden entweder nach Schlüsselwörtern ausgewählt oder es werden Aktivitäten von Usern auf einem Facebook- oder Twitter-Zugang beobachtet. Erwähnt also ein/eine UserIn eines der eingetragenen Schlüsselwörter in einem für alle öffentlichen Facebook-Posting, dann landet ihr Beitrag in unserer Datenbank. Das Gleiche geschieht, wenn ein/eine UserIn zum Beispiel einen Kommentar zu einem Beitrag einer beobachteten Facebook-Seite einer unserer Kunden schreibt oder einen seiner Tweets retweetet. Gleichzeitig wird versucht, eine positive, negative oder neutrale Stimmung des Postings zu bestimmen und als »Sentiment« zu speichern. Das funktioniert ähnlich wie Spamerkennung von Mailprogrammen und ist lernfähig. Worte wie »Betrug« oder »dilettantisch« werden so schnell als negativ eingestuft.

Für die riesigen Sammlungen von Postings, die dabei anfallen, können nun Statistiken berechnet werden. Die Kunden können dann sehen, wie oft ihre Markennamen allein oder in Zusammenhang mit anderen Wörtern erwähnt werden, wie oft sie mit positivem oder negativem Beiklang erwähnt werden oder welche ihrer eigenen Postings durch welche UserInnen besonders weite Verbreitung gefunden haben. Außerdem können sie die gesammelten Postings nach verschiedenen Kriterien durchsuchen, sortieren und filtern. Dabei werden »Influencer« aufgelistet: das sind UserInnen, die zu einem Thema besonders viel schreiben und viele Online-»Freunde« haben. Hier tauchen oft bekannte BloggerInnen o.Ä. auf, aber auch vereinzelt private UserInnen.

Ich hatte zuvor noch nie Facebook oder Twitter benutzt. Anfangs war ich überrascht, wie viel Persönliches oder Banales UserInnen der ganzen Welt zugänglich machen. An dem, was UserInnen schreiben, lässt sich eigentlich erkennen, dass sie sich nicht dessen bewusst sind, dass ihre Äußerungen in mittlerweile Dutzenden »Social Monitoring«-Tools ausgewertet, klassifiziert, geordnet und zusammengefasst und letztlich zu Geld gemacht werden. Die Software, die ich entwickle, ist nicht dazu gedacht, die Aktivitäten bestimmter UserInnen zu überwachen. Es handelt sich eher um Marktforschung, an der die untersuchten Subjekte unfreiwillig und ohne es zu wissen teilnehmen. Der »Content«, den Facebook- und Twitter-NutzerInnen liefern, ist für uns nur eine Ressource, die auf der Straße liegt, um aufgehoben und verkauft zu werden, d.h. um Mehrwert daraus zu schöpfen.

Selber werde ich auch in Zukunft Facebook nicht verwenden. Denn ich versuche, bewusst mit meinen Daten umzugehen. Außerdem findet sich in meinem Freundeskreis kaum jemand, der auch Facebook-User ist. Hinzu kommt, dass ich Facebook »von der anderen Seite« kenne. Über die Programmierschnittstelle lassen sich Facebook-Daten auf ganz andere, viel flexiblere Weise abfragen als über das Web. Gerade die Masse an Datensätzen macht es möglich, über den Einzelnen mehr zu erfahren, als dieser bei Facebook bewusst angegeben hat. Ich glaube, eigentlich ist Facebook nur eine Plattform, um auf sehr effektive Weise Lebens- und Konsumdaten von möglichst vielen Menschen zu sammeln, wobei die Art der Verwertung offen ist. Das »Soziale« in »Social Media« ist nur Mittel zu dem Zweck, dass die User ihre Daten freiwillig zur Verfügung stellen. Der hohe Börsenwert von Facebook ist wahrscheinlich weniger durch die eigentlichen jährlichen Gewinne begründet als durch die Erwartung, dass sich eine gigantische Datensammlung über mittlerweile ein Zehntel der Menschheit in Zukunft schon irgendwie lohnen werde.

Regime des Austauschs

Offene APIs, Interoperabilität und Facebook

Robert Bodle

Einleitung

Dieser Beitrag untersucht die eingeschriebenen Werte, Charakteristika und Bedingungen der Interoperabilität der von Facebook genutzten offenen Programmierschnittstellen (APIs), um tiefer liegende Spannungen zu ermitteln, welche die Nachhaltigkeit des Internets als offener, sicherer und befreiender Kommunikationsraum in Frage stellen können. Programmierschnittstellen (APIs) sind Softwarewerkzeuge, die Interoperabilität ermöglichen, d.h. den Austausch zwischen Internetseiten und Online-Diensten – so kann man zum Beispiel eine CNN-Reportage auf seiner Facebook-Seite empfehlen, ohne CNN.com verlassen zu müssen. Wer ein Social Game (etwa ein Facebook-Quiz) spielt, Twitter-Meldungen als Status-Updates auf Facebook postet oder einfach bloß den »Gefällt mir«-Button von Facebook auf Internetseiten außerhalb von Facebook anklickt, nutzt offene APIs. Die von offenen APIs ermöglichte Interoperabilität bietet Nutzern neue Möglichkeiten, sich miteinander durch Vernetzungs-Applikationen wie Widgets, Mashups, Social Games, Desktop-Applikationen und mobile Applikationen sowie Social Plugins auszutauschen (etwa dem »Gefällt mir«-Button). Dank dieser Applikationen können soziale Netzwerkseiten (SNS) miteinander ebenso wie mit externen Entwicklern interoperieren, die ihre Applikationen auf dem sozialen Netzwerk in einer Beziehung der gegenseitigen Abhängigkeit laufen lassen. Ein offenes und interoperables Internet verheißt großartige Möglichkeiten der Partizipation sowie eine breite Vielfalt von Plattformen, Seiten, Räumen und Menschen miteinander in einem globalen Kontext zu verknüpfen. Doch diese Interoperabilität hat ihren Preis, da eine Handvoll dominierender sozialer Netzwerkseiten offene APIs und eine zunehmende Anzahl sozialer Applikationen dazu nutzen, Nutzerdaten abzufragen, zu sammeln und Werbetreibenden und Datenbrokern zugänglich zu machen, für die diese Nutzerdaten sehr wertvoll sind. Während die Nutzer im Internet surfen und kommentieren, posten, »Gefällt mir«-Buttons anklicken und Dinge weiterempfehlen, teilen sie Informationen ihren Netzwerken, aber auch externen Seiten und Diensten mit, die die Kanäle für eine solche Interoperabilität sind. Derzeit fehlt es beim Sharing mit sozialen Applikationen an Kontrolle über die eigenen Informationen wie an Transparenz, wofür diese Informationen gesammelt werden und wie sie verwendet werden – dies schwächt die Privatsphäre, die Datensicherheit, die kontextuelle Integrität sowie die Autonomie und Freiheit der Nutzer. Während also offene APIs mächtige Werkzeuge für die Partizipation und gemeinsame Nutzung bieten, muss noch viel getan werden, um nachhaltigere Bedingungen für ihre Nutzung zu schaffen, damit sie sicherer, transparenter und stärker von den Nutzern kontrolliert werden.

Soziale Netzwerke fordern die Nutzer auf, Anwendungen außerhalb des sozialen Netzwerks einzusetzen, um so Empfehlungen abzurufen, die dann wieder zum Server des sozialen Netzwerks zurückfließen. Diese Informationen lassen sich mit Daten des Nutzerprofils kombinieren und bilden dann ein reichhaltiges Dossier für gezielte Werbebotschaften. Zudem erfahren Werbetreibende auf diese Weise viel über das Online-Verhalten der Nutzer und können Werbeinhalte personalisieren, die neben den persönlichen Newsfeeds angeboten werden. Diese zweite Verwendung von Nutzerinformationen ist alles andere als transparent und geht aus den veröffentlichten Mitteilungen sozialer Netzwerke wie Nutzungsbedingungen, Datenschutzpolitik, Unternehmensblogseiten oder Entwicklerdokumentationen selten klar hervor. Oft werden die Nutzer auf Datenschutzprobleme in SNS erst dann aufmerksam, wenn die Medien über Verstöße gegen den Datenschutz berichten – so ergab zum Beispiel eine Untersuchung, dass die Top-Ten-Applikationen bei Facebook persönlich identifizierbare Informationen an Werbetreibende liefern (Steel/Fowler 2010). Dass die meisten Nutzer nicht wissen, wie ihre Daten durch offene APIs verbreitet werden, hängt ebenfalls mit einem Mangel an Transparenz zusammen. Offene APIs liefern externen Applikationen Informationen durch »Calls«, eine Technik, die Daten auf einen Server im Hintergrund lädt, ohne dass sich das im Aussehen und in der Funktionsweise einer Website bemerkbar macht. Abbildung 1 zeigt, wie Calls einen Zugriff auf soziale Netzwerke von einer externen Internetseite aus, z.B. CNN.com, ermöglichen und dann durch einen externen Server geschickt werden und dabei Nutzerdaten zur Verfügung stellen. Wenn die technischen und sozialen Grenzen offener APIs allgemein bekannt sind, lässt sich ihre Entwicklung so steuern, dass sie sicherer, transparenter und nichtdiskriminierend werden.

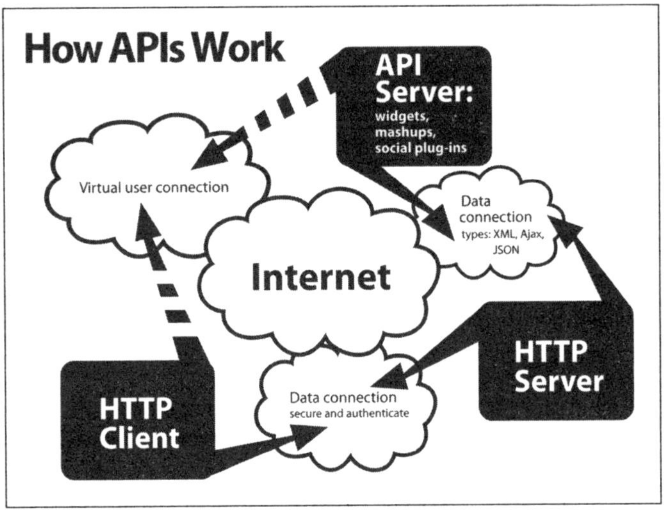

Abbildung 1: Wenn ein soziales Netzwerk (API-Server) von einer externen Website aus aufgerufen wird, erfolgt das Routing einer »Query« oder eines »Calls« durch einen Third-Party-Server. Auf diese Weise werden Nutzerdaten für verschiedene Akteure zugänglich gemacht.

Die potentielle Interoperabilität zwischen sozialen Netzwerken wird auch durch oligopolistische Praktiken von Wettbewerb und Kooperation begrenzt. Zuweilen verzichten dominierende Dienste auf Interoperabilität, um die Informationsströme sozialer Medien besser kontrollieren zu können, was wiederum das Ausmaß beeinträchtigen kann, in dem sich soziale Netzwerke miteinander vernetzen können. Offene APIs sollen zwar angeblich eine Reziprozität zwischen Akteuren im Bereich der sozialen Medien ermöglichen, allerdings sind die Vereinbarungen, die eine gemeinsame Nutzung zwischen sozialen Medienservern zulassen, sehr begrenzt. Die Unternehmen begrenzen und kontrollieren den Medienfluss, um die Interoperabilität mit Konkurrenten zu beschränken, mit Verbündeten hingegen zu verbessern. Zunehmend besorgniserregend ist, dass gewisse Formen von Interoperabilität dazu genutzt werden, um wettbewerbsverzerrende Praktiken wie den Lock-in-Effekt oder die Nutzerabhängigkeit, die Marktbeherrschung und den Konkurrenzausschluss zu fördern (Milberry/Anderson 2009). Dieser Beitrag beschreibt einige der Varianten, wie offene APIs und soziale Applikationen dazu genutzt werden, eine Dominanz in sozialen Mediensystemen zu erreichen, und befürwortet nachhaltigere Bedingungen für einen Austausch, der vielmehr auf menschlichen Werten und Prinzipien basiert wie Transparenz, Privatsphäre, Sicherheit, Autonomie und Kontrolle der Nutzer über ihre Informationen als Alternativen zu verschiedenen Formen geschlossener Märkte. Wenn die Verbindungen zwischen den technischen Aspekten von

Vernetzungs-Applikationen und den sozialen Implikationen der Online-Partizipation sichtbar sind, können die Nutzer informiertere Entscheidungen im Hinblick auf Austausch und Partizipation treffen und vielleicht die zugrunde liegenden Bedingungen des Sharing überhaupt verändern, indem sie sicherere soziale Netzwerke, offene APIs und Online-Applikationen verlangen.

Methodisches Vorgehen

Um die zugrunde liegenden Werte, Charakteristika und Bedingungen von offenen APIs und Interoperabilität zu ermitteln, wie sie von den dominierenden sozialen Netzwerken verwendet werden, analysiere ich deren Marktverhalten, indem ich die Interaktion zwischen offenen APIs konkurrierender Online-Dienste – Facebook, Google, YouTube, MySpace und Twitter – sowie zwischen dem dominierenden sozialen Netzwerk Facebook und seiner Umwelt externer Drittanbieter betrachte. In einem kurzen Überblick stelle ich jeweils die offenen APIs vor, die Facebook in den letzten fünf Jahren herausgebracht hat, und analysiere sie, um die Beziehungen zwischen technischen Funktionen und ihren sozialen Implikationen zu ermitteln. Ich greife auch auf umfassende Pressequellen der Online-Industrie zurück, inklusive Meldungen und Analysen zu Werbung, Marketing, Technik, sozialen Medien und Wirtschaft, um Erkenntnisse über finanzielle Anreize, Strategien, Unternehmensverhalten und Vorhersagen zu gewinnen. Hier werden oft Gewinne, Marktanteile und die wirtschaftliche Prosperität von sozialen Medienunternehmen gegen Risiken wie Enthüllungen durch Nutzer, öffentliche Gegenreaktionen und Kritik abgewägt. Zusätzliche Informationen über Produkte, Dienste und Nutzungsbedingungen für Externe liefern öffentliche Kommentare von Facebooks Developer Blog und des Managementteams. Eines der Probleme bei der Erforschung der Datenschutzimplikationen technischer Funktionen sozialer Netzwerke besteht allerdings darin, dass sich die Nutzung von Nutzerinformationen durch Unternehmen oft äußerst schwer feststellen lässt, da die Firmen beim Umgang mit Daten nur begrenzt für Transparenz und Übersicht sorgen. Dennoch erlaubt eine genaue Untersuchung der Charakteristika und Verwendungsmöglichkeiten offener APIs sowie von Facebooks öffentlichen Mitteilungen in Interviews und auf Fachkonferenzen einen deutlichen Einblick in das Verhalten der Industrie und die daraus folgenden sozialen Implikationen – zeigt sich hier doch das beunruhigende Muster, dass mit jedem neuen Set von offenen APIs, das Facebook herausbringt, die Nutzerdaten portabler und öffentlicher werden.

Ausgehend vom Ansatz der politischen Ökonomie bewerte ich den Interessenskonflikt zwischen Marktlogik und Nutzerbedürfnissen. Dieser Ansatz untersucht die »zugrundeliegenden sozialen Beziehungen« zwischen sozialen Medienseiten und Individuen, um die ungleichen Machtverhältnisse zwischen ihnen zu ermitteln (Greenstein/Esterhuysen 2006: 283).[1] Diese sozialen Beziehungen entstehen durch soziale Bedürfnisse, Konsumgewohnheiten und Geschäftspraktiken. Eine genaue Untersuchung offener APIs liefert die Grundlage zur Kritik an einer Form der Interoperabilität, die diskriminierend ist, durch Sharing zu einer Marktbeherrschung führt sowie soziale Arbeit kommodifiziert (in Wert setzt), indem persönliche Informationen zu einem Produkt gemacht und damit die sozialen Beziehungen transformiert werden (Terranova 2000, Mosco 2009, Wasco/Erickson 2009). Miteinander konkurrierende SNS, die soziale Online-Räume zu Geld machen wollen, gewinnen viel, wenn sie den Abbau der Unterschiede zwischen dem Öffentlichen und dem Privaten unterstützen. Dieser Abbau von Unterschieden oder der »kontextuellen Integrität« (Nissenbaum 2010) zeigt, wie Facebook neue Regeln des Austauschs einführt, um die sozialen Beziehungen zwischen Mitgliedern, SNS und ihren Partnern auf eine Weise umzugestalten, die die Nutzer abhängig und verletzlich, das Unternehmen und seine Praxis des Informationsaustauschs hingegen undurchsichtig macht. Die Perspektive der politischen Ökonomie impliziert eine Reihe von Prinzipien, bei denen der Mensch im Mittelpunkt steht sowie Werte und Normen, die den Werten des Marktes, nämlich der Beherrschung und Ausbeutung von Nutzern, gegenübergestellt werden. Diese Werte und Normen – die konkret Transparenz, Schutz der Privatsphäre der Nutzer, Datensicherheit, kontextuelle Integrität, Autonomie und Freiheit umfassen – befürworte ich als Grundlage für das Online-Sharing, um die derzeitige Hegemonie marktwirtschaftlicher Werte in Frage zu stellen, die ein Regime des Online-Sharing vorantreiben, das allein auf die Verbesserung der Bilanz der SNS ausgerichtet ist, ohne Rücksicht auf die Folgen.

Die Vorteile der Interoperabilität

Interoperabilität war ein Leitprinzip bei der Entwicklung des Internets. Einer seiner Erfinder, Jon Postel, war ein entschiedener Befürworter von Interoperabilität und nichtdiskriminierender Standardisierung und verwandte viel Zeit und Mühe darauf, intelligente Lösungen zu entwickeln, um eine Interoperabilität zwischen heterogenen technischen Systemen zu erreichen, die die Fundamente für das Internet und später für das World Wide Web bilden sollten. Die auf technischer Kompatibilität basierende Interoperabilität wurde weithin akzeptiert, um einen Lock-in-Effekt (die Abhängigkeit von einem einzelnen Unternehmen, das ein Produkt oder eine Dienstleistung anbietet) zu verhindern und Innovationen anzuregen. (Die Nutzerabhängigkeit von einem einzelnen Anbieter

1 | Der Lesbarkeit halber sind englische Zitate ins Deutsche übersetzt, soweit sie nicht bereits in deutscher Übersetzung vorliegen.

kann sich auf die Hardware – IBM –, die Software – Microsoft – und auf SNS wie Facebook beziehen.) Das Prinzip der Interoperabilität war im Bereich der Computerhardware in den 1950er Jahren bereits im Kriterium der Modularität zu finden. Modularität bedeutet, dass sich Komponenten der Informations- und Kommunikationstechnologie (IuK) austauschen und zusammenfügen lassen und »durch transparente, nichtdiskriminierende Schnittstellen interoperieren« (Cowhey et al. 2009: 47). Die Kompatibilität zwischen verschiedenen IuK-Bausteinen sollte Lock-in-Effekte verhindern, Innovationen beschleunigen und die Technikkosten senken. Auch die US-Politik förderte per Gesetz und durch Antitrustprozesse die Modularität als Mittel, ein monopolistisches Verhalten in der IuK-Branche abzuwehren (z.B. dass ein Hardwarehersteller Kontrolle über die Software erlangt). Antitrustprozesse entkoppelten Hardware- und Softwarehersteller 1956 im »Plug and Play Compatible«-Fall von IBM ebenso wie 1968 im Carterfone-Urteil und im »Consent Decree« von 1969 (Cowhey et al. 2009: 20). Die Unterstützung des Modularitätsprinzips ermöglichte es auch, dass externe Computerprogrammierer Programme für große Computerfirmen schrieben. In den 1970er und 1980er Jahren gelang es dank standardisierter Übertragungsprotokolle wie TCP/IP, dass ansonsten inkompatible Computer miteinander über Telefonleitungen kommunizierten und so ein Netzwerk von Netzen errichteten – das Internet. Interoperabilität wurde ein beherrschendes Industrieparadigma im Internet mit standardisierten Datenprotokollen, die im Zuge der Auszeichnungssprache HTML und des Webbrowsers Mosaic als grafische Standardnutzerschnittstelle eingeführt wurden. Offene technische Standards förderten die Interoperabilität und trugen zum Wachstum des Internethandels und zur weltweiten Verbreitung des Internets bei. Unternehmen begannen mit offenen APIs zu experimentieren, um Interoperabilität zu erreichen, und zwar kurz nachdem die Dot.com-Blase im März 2000 ihren Höhepunkt erreichte und nachdem das Urteil im Antitrustprozess der USA gegen Microsoft gefällt war (in dem das Unternehmen als Monopol bezeichnet wird). Die ersten Online-Unternehmen, die ihre APIs Dritten öffneten, waren eBay mit seinem Entwickler-Toolset 2000, Amazon mit seiner Web-API 2002 und Google mit seiner Such-API ebenfalls 2002. Diese frühen APIs gestatteten einen begrenzten Zugang und einen begrenzten Austausch (eine geringe Anzahl von Aufrufen und Suchanfragen) bei eingeschränkt abrufbaren Daten. Nach und nach nahm die Anzahl der Aufrufe zu, ebenso wie die Tiefe und Breite der Informationen, zu denen es einen Zugang gab. Die Öffnung von APIs war alles andere als eine riskante Unternehmensstrategie, sondern galt als nachhaltiger unternehmerischer Schachzug, um das Wachstum einer unterstützenden Umwelt externer Entwickler zu fördern, die wiederum den Wert einer Plattform oder eines Internetdienstes erhöhen konnte. Eine so zentrale Figur der Branche wie Tim O'Reilly von O'Reilly Media drängte Online-Firmen dazu, Interoperabilität zu befürworten und Programmierern den Zugang zu wertvollen Daten zu ermöglichen, um so (durch das Öffnen neuer Märkte) Einkünfte zu erzielen, Markenpflege zu betreiben, Lock-in-Effekte in der Plattform zu erzielen, um guten Willen zu demonstrieren oder einfach nur als »cool« dazustehen (O'Reilly 2002). Damals lösten ökonomische Ziele diese Wende zur Offenheit aus, mit dem Szenario eines »Mischmaschs aus individuellen Diensten [...], in dem ein einzelner Anbieter (oder wenige konkurrierende Anbieter) [...] ein umfassendes Set von APIs anbieten« könnte (O'Reilly 2002). Facebook hält sich an O'Reillys Rat, indem es Interoperabilität als Mittel einsetzt, um Lock-in-Effekte zu erzielen, und offene APIs verwendet, um marktbeherrschend zu werden.

Offene APIs und die prekären Dynamiken der Interoperabilität

Offene APIs ermöglichen es, dass sich Schnittstellen, Dienste und Applikationen nahtlos miteinander verbinden und so digitale Inhalte innerhalb wie außerhalb bestehender Webseiten zugänglich gemacht werden: über Social Games, Mashups, Widgets, Social Plugins, Share-Buttons und Daten-Syndication (z.B. Real Simple Syndication). Dank einer großen Vielfalt sozialer Applikationen können die Nutzer erwidern, spielen, kommentieren, empfehlen und dies auf eine zunehmende Vielfalt von Arten und in einer zunehmenden Anzahl von Räumen innerhalb wie außerhalb sozialer Medienseiten. Diese Applikationen verleihen sozialen Netzwerken einen zusätzlichen Wert und eine zentrale Bedeutung für die Online-Erfahrungen der Nutzer, selbst wenn diese die SNS verlassen haben. Ein von sozialen Applikationen geförderter und ermöglichter Online-Austausch unterstützt mehrere werbefinanzierte Entwickler-Umwelten, die darum konkurrieren, soziale Online-Räume zu Geld zu machen, »bevor es zu spät ist« (Schafer 2008). Die oligopolistische Marktstruktur der Dienstleistungsindustrie der sozialen Medien spiegelt sich wider in der schwachen Dynamik von Offenheit und Kontrolle, Wettbewerb und Kooperation. Eine kleine Zahl dominanter Unternehmen entwickelt Software-Umwelten oder Netzwerke von Allianzen um ihre sozialen Medienplattformen herum, um Kriege über den Verlauf und die Kontrolle der sozialen Medienströme auszutragen. Beobachtet man die Interaktion zwischen den offenen APIs von Facebook und von konkurrierenden Online-Diensten – Google, YouTube, MySpace und Twitter –, wird die prekäre Push-Pull-Strategie von Kooperation und Wettbewerb zwischen ihnen sichtbar.

Google

Als Google 2002 seine Web-APIs herausbrachte, löste es einen Umbruch im Denken über Offenheit und Interoperabilität aus. Googles Web-APIs teilten Mitgliederdaten mit Dritten, um die »Google-Suche«-Box auf externen Seiten, in Applikationen und Geräten zu etablieren. Doch Googles Versuche, mit konkurrierenden sozialen Netzwerken über Open Social API (entwickelt in Partnerschaft mit MySpace und anderen sozialen Netzwerken) und Google Friend Connect (einer offenen sozialen Applikation) zu interoperieren, sind misslungen (Tobin 2010). Facebook verweigerte Google Friend Connect den Zugang zu Facebook-Mitgliederdaten durch seine API und startete stattdessen seinen eigenen konkurrierenden Dienst Facebook Connect. Facebook schließt seinen Rivalen weiterhin aus, indem es der Suchmaschine verwehrt, seine Seiten vollständig zu indexieren, gewährt diesen Zugang aber Googles Konkurrenten Bing.

YouTube

YouTube, 2005 gestartet und 2006 von Google übernommen, ist das führende Internet-Videoportal. Wie Google nutzt YouTube offene APIs, um die Integration der Seite in Applikationen Dritter zuzulassen. YouTubes Player API ermöglicht es, dass die Video-Steuerung für YouTube in externe Applikationen eingebettet wird. Facebook interoperiert mit YouTube, bietet die YouTube-Applikation auf der Facebook-Plattform an und gibt Mitgliederdaten zur gemeinsamen Nutzung frei, und zwar »Name, Profilbild, Geschlecht, Netzwerke, User-ID (UID), Liste von Freunden und andere Informationen, die ich mit allen teile« (Facebook 2010). Auch YouTube erlaubt das Posten von Videos von seiner Seite über einen Share-Button von Facebook und Twitter. Während Facebook mit YouTube kooperiert, bemüht es sich derzeit auch darum, Videos von der Seite umzuleiten, indem es eine Video-Applikation herausbringt, die es den Nutzern ermöglicht, Videos aufzuzeichnen und direkt auf die Facebook-Plattform hochzuladen.

MySpace

Facebooks Konkurrenten MySpace und Friendster ließen sich Zeit bei der Herstellung von Interoperabilität durch offene APIs. MySpace, das 2003 startete, verhielt sich ziemlich feindselig gegenüber Entwicklungen Dritter in seinem Netzwerk und brachte Updates heraus, die Widgets zerstörten und extern entwickelte Applikationen inkompatibel machten (Hickey 2007). Im Gegensatz zu Facebook, das die Entwicklung von Apps auf seiner Plattform anzuregen suchte, indem es keine Beteiligung an den Einnahmen aus extern entwickelten Applikationen einforderte, vollzog MySpace »eine harte Wende in Richtung Kommerz«, indem es sich die Nutzung der MySpace-Plattform von den Entwicklern bezahlen ließ und eine Beteiligung an den Einnahmen aus extern entwickelten Applikationen einforderte (Learmonth 2009a). Seitdem hat MySpace große Marktanteile an Facebook verloren und sich vor kurzem mit Google zusammengetan, um den offenen Standard OpenSocial für das Sharing in sozialen Mediendiensten zu entwickeln. Zwar ist MySpace ein wenig spät dran, nachdem viele Nutzer das Netzwerk verlassen haben, doch mittlerweile bietet es aktiv offene APIs und Möglichkeiten zur Entwicklung von Applikationen an.

Twitter

Twitter, der beliebte Mikrobloggingdienst für kurze Textnachrichten, der 2006 gestartet wurde, bot bei seiner Gründung offene APIs an, was zur Entwicklung einer lebhaften Umwelt von Entwicklern führte, die eine Fülle von Twitter-Applikationen wie TweetDeck, Thwirl, Seesmic und Twitterific herausgebracht haben. Twitters API gestattet Entwicklern den Zugang zu Timelines, Statusdaten und Nutzerinformationen (Twitter Developers 2010). Twitter demonstriert erfolgreich, dass die Öffnung von Kerndaten für Entwickler über eine offene API den Datenverkehr durch Externalisierung seines Feed erhöht – 2007 war der API-Verkehr über Applikationen Dritter zehnmal so hoch wie der auf der Twitter-Seite (Musser 2007). Durch Social Plugins, die es ermöglichen, dass ein Tweet-Button praktisch überall online platziert werden kann, konkurriert Twitter mit Facebooks Allgegenwart. Anders als Facebook lässt Twitter zu, dass Google Search in seinem Dienst Twitter-Nachrichten indexiert. Ontologisch gesehen sind Facebook und Twitter unterschiedliche soziale Mediendienste, mit unterschiedlichen techno-sozialen Handlungsmöglichkeiten (*affordances*), Charakteristika und Funktionen. (Facebook begann als Modell nur für private Freunde und entwickelte sich zu einer öffentlich-privaten Mischform, während Twitter-Mitglieder den Dienst in erster Linie als öffentliches Forum nutzen.) Dennoch haben beide Dienste die gleiche strategische Logik der Externalisierung von Kernelementen ihres Dienstes, sprich Activity-Feeds in Echtzeit, um Verkehr in Richtung ihrer Plattform zu generieren. Die beiden Dienste ahmen jeweils die Funktionen (*features*) des anderen nach, ein Zeichen für den intensiven Wettbewerb zwischen ihnen. Facebook gestaltete seine API-Strategie nach dem Vorbild von Twitter, während Twitters User Stream API inzwischen Facebooks Newsfeed nachahmt, indem es Entwicklern eine differenziertere Ebene von Mitgliederaktivitäten wie »Erwähnungen, Freunde gewinnen und Favoriten« anbietet (Gannes 2010). Ein weiteres Beispiel für die rivalisierende Anwendung der Interoperabilität: Facebook lässt zwar zu, dass eine Twitter-App Twitter-Nachrichten auf Facebook-Pinnwänden (Profile und Seiten) postet, lehnt jedoch eine Funktion ab, die es Facebook-Freunden ermöglicht, zu erkennen, welche ihrer Freunde ebenfalls Twitter nutzen (Siegler 2010).

Wenn wir uns die Interaktion der sozialen Medienkonkurrenten Google, YouTube, MySpace, Twitter und Facebook durch ihre offenen APIs ansehen, erkennen wir, dass die Interoperabilität strategisch eingesetzt wird, um zu Verbündeten zu stehen und Rivalen zu bekämpfen und so den Markt zu beherrschen. Eine ausführlichere Analyse von Facebooks offenen APIs zeigt außerdem, wie das Unternehmen die Interoperabilität dazu nutzt, um Marktbeherrschung, Nutzerabhängigkeit bzw. Lock-in ebenso wie eine direkte Beteiligung der Nutzer zu erreichen und um Normen für den Austausch und damit eine Zementierung der ungleichen sozialen Beziehungen zwischen der SNS, ihrer Entwickler-Umwelt und ihren Nutzern herbeizuführen.

Facebooks offene APIs und seine Entwickler-Umwelt

Facebook, 2004 vom Harvardstudenten Mark Zuckerberg gegründet, ist die größte SNS der Welt und Industrieführer mit über 700 Millionen Mitgliedern sowie Werbeeinkünften, die Ende 2010 1,2 Milliarden US-Dollar überstiegen (Williamson 2010). Facebooks auf Werbung basierendes Geschäftsmodell konzentriert sich auf offene APIs, die dazu dienen, das soziale Netzwerk zur Marke zu machen, den Datenverkehr anzutreiben und Nutzerdaten zu sammeln für gezielte Anzeigen auf Facebooks Werbefläche in der rechten Spalte von Facebook-Seiten. Entwickler von Applikationen bei Facebook erhalten Zugang zu den Millionen Mitgliedern der Plattform und profitieren von diesem Zugang. Facebook wiederum wird dadurch eine zunehmend attraktive Plattform und kann so seine Mitgliederbasis ausbauen, was sich in höhere Werberaten für Facebook umsetzen lässt. Facebooks weltweite Werbeeinkünfte betrugen 2009 435 Millionen US-Dollar (eMarketer, zitiert in Rebbapragada 2010). Diese Einkünfte werden übertroffen von Einnahmen der Applikationsentwickler, die nach Schätzungen von Analysten über eine Milliarde US-Dollar betragen, wobei Facebook allein 300-500 Millionen US-Dollar einnahm (Learmonth 2009a, MacMillan et al. 2009). (Einkünfte durch Applikationen sind wegen der unterschiedlichen Profitquellen aus dem Verkauf von Apps, von Anzeigen innerhalb von Apps und von virtuellen Waren schwer einzuschätzen.)

Während die Entwickler-Umwelt von Facebook wächst, werden die Mitgliederdaten portabler und öffentlicher, weil sie in einer zunehmenden Zahl von Räumen außerhalb von Facebook zur Verfügung stehen. Dieser Wandel des öffentlichen Status der Mitgliederinformationen lässt sich an der Ausweitung von offenen APIs des Unternehmens beobachten. Nach und nach nimmt der Zugriff von Facebook und seinen Partnern auf Nutzerinformationsströme zu, während die Kontrolle und Autonomie der Nutzer schwindet, was zu einer asymmetrischen Beziehung zwischen Facebook, seiner Umwelt und den Mitgliedern des sozialen Netzwerks führt. Im Rückblick auf die letzten fünf Jahre wird ein Muster sichtbar: Mit dem Erscheinen jeder größeren API und jedes externen Dienstes haben Facebooks APIs den Entwicklern mehr Nutzerdaten zugänglich gemacht: Facebook Developer (August 2006), Facebook Platform (Mai 2007), Facebook Connect (Mai 2008), Open Stream (April 2009) und Open Graph mit Instant Personalization (April 2010). Als Facebook 2006 seine Entwickler-API herausbrachte, war dies die erste API in Verbindung mit einem sozialen Netzwerk, die es einer ausgewählten Gruppe externer Programmierer ermöglichte, Applikationen zu entwickeln, die nahtlos in Facebook integriert wurden. Facebooks Entscheidung, seinen Code zu öffnen, wurde schon bald von der Konkurrenz imitiert, nämlich von MySpace, LinkedIn, Friendster und Googles Orkut, und leitete eine industrieweite Praxis der kontrollierten Offenheit und Interoperabilität unter sozialen Mediendiensten ein (Kharif 2007).

Facebook-Plattform: Social Games, Widgets und Mashups

Facebooks Plattform-API stellte die geschlossene API-Strategie des damaligen Marktführers MySpace in Frage (Arrington 2007) und überwand die Unentschlossenheit seines Vorläufers Friendster (Kharif 2007). Die Freigabe der Plattform regte die Entwicklung von Applikationen von über »350000 Entwicklern und Unternehmern aus 225 Ländern« an (Morin 2008). Diese ersten Apps existierten innerhalb des Walled Garden der Facebook-Seite und umfassten Social Games, Widgets und Mashups. Die Plattform-API löste eine ganze Lawine von Social Games und ihre virale Übernahme durch die Mitglieder aus, die den vollen Zugang zu ihren Profilen zuließen, um spielen zu dürfen. Social Games wie Farmville, Mafiawars, Texas Hold'em Poker, Pet Society und Restaurant City ermöglichen es, dass Freunde miteinander spielen und die Ergebnisse auf ihre Pinnwand und in ihren Newsfeed posten können. 2009 verkauften die drei erfolgreichsten Social-Game-Unternehmen Zynga, Playfish und Playdom virtuelle Waren für über 300 Millionen US-Dollar (z.B. digitale Feldfrüchte, Vieh und Land); 2012 könnten die geschätzten Gesamteinkünfte allein in den USA 2 Milliarden US-Dollar erreichen (MacMillan et al. 2009). Facebook-Quiz, eine beliebte Form der Social Games, entlockt den Mitgliedern Informationen, indem es unterhaltsame Fragen stellt. Quiz und andere Formen von Social Games nutzen ein Inline-Frame (HTML-Element), um den Spielinhalt in Facebook einzubetten und es zu ermöglichen, dass Mitgliederdaten direkt an die Server der externen Applikation gesendet werden. Damit die Mitglieder Social Games spielen können, gewähren sie der Applikation Zugang zu allen Daten in ihrem Mitgliederprofil – zusätzlich zu den Ergebnissen eines Quiz und ohne Rücksicht auf Datenschutzeinstellungen. Social Games haben auch Zugang zu den Profilinformationen der Freunde, deren Daten dadurch ungeschützt sind. Facebooks überschaubare und einheitliche Schnittstelle integriert diese externe Applikation nahtlos, darum merken die Mitglieder gar nicht, dass ihre Daten zu externen Servern und Datenbanken fließen. Der nichttransparente Prozess des Zugriffs Dritter auf Mitgliederdaten durch soziale Applikationen wird von Datenschützern »App Gap« genannt (O'Connell 2010).

Die Plattform-API von Facebook ermöglichte auch die Konstruktion erweiterbarer Widgets (z.B. Musikplayer wie »iLike« und Buchempfehlungs-Apps wie »WeRead«), von Applikationen also, die nahtlos in Facebook-Seiten eingefügt sind und in bestimmten Abschnitten der Profilseite eines Mitglieds erscheinen (in der linken Spalte und in der Kopfzeile). Widgets leiten wie Social Games Mitgliederdatenströme durch die Facebook-Umgebung zu externen Entwicklern. Mashups sind Applikationen, die durch die Kombination von Datenströmen entstehen und neue Visualisierungen erzeugen. My Friends' Map kombiniert die APIs von Facebook und Google, um zu zeigen, welche Freunde des Facebook-Mitglieds an ihrem Wohnort gerade Google-Karten benutzen. Anfangs beschränkten sich die für Mashups verfügbaren Mitgliederinformationen auf Freunde, Profile, Fotos und Ereignisse. Doch seit dem Erscheinen der nächsten wichtigen API, Facebook Connect, haben die Mitglieder Zugang zu weiteren Aspekten des sozialen Netzwerks auf Webseiten außerhalb von Facebook.

Facebook Connect: Updaten von Facebook auf externen Webseiten

Die API Facebook Connect, die nächste Iteration der Facebook-Plattform, ermöglicht es Facebook-Mitgliedern, sich auf externen Webseiten mit ihrer Facebook-Identität einzuloggen und damit Zugang zu ihrer SNS-Identität an mehr Orten zu bekommen, während damit zugleich Datenströme der Mitglieder für externe Webseiten geöffnet werden (Morin 2008). Diese Daten enthalten »Name, Profilbild, Geschlecht, Netzwerke, UID, Liste von Freunden und jede andere Information [...], die mit allen geteilt wird« (Facebook 2010). Facebook Connect bietet eine Authentifizierung mit einem Klick (über einen Facebook-Connect-Button), die den Inhalt in die sozialen Ströme von Facebook zurückleitet. Mit Hilfe der Facebook-Connect-API lassen sich Mitgliederaktivitäten außerhalb von Facebook verfolgen und durch erweiterte Authentifizierung enger mit einer einzigen Identität verbinden. Der Start der nächsten API, Open Stream, öffnet die Echtzeit-Aktivitätsströme der Mitglieder für externe Applikationen, während zugleich mehr Verkehr zurück zur Plattform generiert wird.

Facebook Open Stream: Zugang zu Facebook durch Desktop-Applikationen und mobile Geräte

Facebooks Open-Stream-API ermöglicht Applikationen auf dem Desktop sowie auf mobilen Geräten (Handys) von externen Geräten außerhalb von Facebook (nicht per Browser), Zugang zu Newsfeeds und Pinnwand-Informationen in Facebook zu erhalten. Mit einem einzigen API-Call kann der gesamte Echtzeitaktivitätsstream eines Facebook-Nutzers außerhalb von Facebook zugänglich gemacht werden. Open Stream ermöglicht es, dass Applikationen wie TweetDeck mehrere soziale Netzwerkfeeds zu einer integrierten Schnittstelle kombinieren, die in einer Vielzahl von Kontexten wie Desktop, Webbrowser und mobilen Geräten zur Verfügung gestellt wird. Facebook, das seine API-Strategie nach dem Vorbild von Twitter entwickelt, öffnet seine sozialen Streams externen Seiten außerhalb des Walled Garden der Facebook-Seite, während es zugleich die sozialen Ströme der Mitglieder zu den Facebook-Servern und seinem Social Graph zurückleitet. Open Stream demonstriert die zunehmende Transportierbarkeit von Daten, indem es neue Informationskategorien einführt, zu denen Dritte Zugang haben, so dass Applikationen ihre volle Funktionalität entfalten könnten.

Facebook Open Graph »bringt all diese Dinge zusammen«

Mit Open Graph rückt Facebook der Verwirklichung der Vision vom Social Graph des Gründers und CEO Mark Zuckerberg näher – der Fähigkeit, die Gesamtsumme der eigenen Verbindungen, Vorlieben und Profilinformationen sofort mit Dritten zu teilen (Farber 2007, Zuckerberg zit. in McCarthy 2010). Bei der Ermittlung des eigenen Social Graph geht es darum, seine Verbindungen und Vorlieben Freunden, Werbetreibenden und externen Webseiten permanent sichtbar zu machen. Der PR-Begriff »Social Graph« hebt zwar die soziale Verbundenheit lobend hervor, verweist aber zugleich auf den reichhaltigen Datenspeicher von Nutzeraktivitäten, der erstellt und benutzt werden kann für gezielte Werbung: Er ermöglicht einen Algorithmus, der zukünftige Konsummuster aus vergangenem Verhalten vorhersagt (z.B. »Gefällt mir«-Kommentaren, Click-Through-Raten, Pinnwand-Posts, Gruppenmitgliedschaft und Daten von Social Games). Facebooks Open Graph enthält drei Applikationen, die diese Konnektivität herstellen: 1. Open Graph Protocol, 2. Graph API und 3. Social Plugins (im Wesentlichen der »Gefällt mir«-Button).

Das Open-Graph-Protokoll, das ursprünglich nur mit 30 Partnerfirmen geteilt wurde, ist ein Meta-Element, das »Echt-Welt-Objekte« in die Seiten eines Facebook-Mitglieds integriert (McCarthy 2010). Einem Mitglied »gefällt« zum Beispiel ein Film auf der Webseite Internet Movie Database (IMDB.com), der dann automatisch dem Abschnitt »Lieblingsfilme« im Profil des Mitglieds hinzugefügt wird. Die Graph-API – eine Entwicklung von Facebook Connect – gestattet, dass jede Seite im Internet alle Funktionen einer Facebook-Seite hat, und fügt eine Suchfunktion ein, die den Facebook-Inhalt indexiert, so dass Entwickler und Partner leichter in Facebook suchen können. Die Entwicklung der Suchfunktionalität in Facebook deutet auf eine neue Stufe im Wettbewerb mit Google hin. Wenn Facebook eine wichtigere Empfehlungsquelle für Produkte wird (Learmonth 2009b), werden sich Marketingexperten bemühen, Facebooks Social Graph besser zu integrieren. Anscheinend positioniert Facebook sich, um das Indexieren von Mitgliedervorlieben und -empfehlungen für Werbetreibende zu kapitalisieren.

Das vielleicht wichtigste Werkzeug für die Akquisition und Übertragung von Mitgliedervorlieben ist das Social Plugin oder der »Gefällt mir«-Button, den die allermeisten Facebook-Seiten enthalten und der inzwischen im gesamten Internet verbreitet ist. Social Plugins sind Nutzerempfehlungsfunktionen, die in

Seiten mit einem »Gefällt mir«-Button integriert und neben Produkten, Nachrichten, Musik, YouTube-Videos und allen erdenklichen Elementen im Internet platziert werden. Wenn einem Mitglied etwas »gefällt«, fließt dieser Beifall in seine Rubrik »Neueste Meldungen« ein und wird seinem Profil hinzugefügt. Social Plugins leisten das, was Facebooks Werbeplattform Beacon 2007 noch nicht konnte: Beacon verfolgte und teilte Nutzervorlieben zwar auch mit ausgewählten Werbetreibenden, arbeitete aber für Nutzer unsichtbar und führte zu einer Gruppenklage (Gohring 2008). Im Gegensatz zur unautorisierten Weitergabe bei Beacon sind Social Plugins freiwillig. Die Anzeige einer Vorliebe mit dem »Gefällt mir«-Button ist ein Beispiel dafür, wie sich die Mitgliederaktivität von Facebook kommodifizieren lässt, um sozialen Wert in ökonomischen Wert umzuwandeln. Die »Gefällt mir«-Funktion enthält inzwischen ein Eingabefeld für schriftliche Anmerkungen, das es Mitgliedern ermöglicht, zusätzliche Kommentare zu posten und detaillierte Empfehlungen abzugeben. Facebooks »Gefällt mir«-Button ersetzt allmählich den Share-Button externer Share-Dienste wie »AddThis« und »ShareThis«. Sharing-Firmen bieten diese Dienste jedem Social-Media-Webseitenbetreiber kostenlos an, im Austausch gegen Informationen darüber, was die Nutzer wann mitteilen. Damit können analytische Dienste angeboten werden, die empfehlen, wo diese Buttons platziert werden sollten, um Klicks zu optimieren (Hempel 2010). Facebook übt eine größere Kontrolle über seine Empfehlungsdienste aus, um damit mehr Daten für ihre künftige Monetarisierung zu sammeln und zu kontrollieren.

Instant Personalization

Facebooks Instant Personalization Pilot Program wurde zusammen mit dem Open Graph angekündigt und geht auf eine Vereinbarung mit den Partnern Pandora (Online-Radioseite), Yelp (Online-Plattform zur Bewertung lokaler Geschäfte und Dienstleistungen) und Microsoft zurück, die diesen Partnern Zugang zu Daten von Mitgliedern verschaffen und nach deren Vorlieben maßgeschneiderte Inhalte liefern soll (Rebbapragada 2010). Der experimentelle Dienst ermöglicht es den Partnerseiten, auf den Social Graph eines Facebook-Mitglieds (die Gesamtsumme von Verbindungen, Vorlieben und Profilinformationen) zuzugreifen, um personalisierte Inhalte zu aktivieren. Mit Instant Personalization nehmen Mitglieder ihren Social Graph mit. Doch diese Personalisierung geht auf Kosten der Nutzerautonomie. Zwar greifen Formen der Personalisierung auf Informationen zurück, die von den Mitgliedern selbst ausgehen, aber der Prozess der Vorhersage und des Anbietens von Inhalten, die auf vergangenem Verhalten basieren, ist eine Push-Technologie. Informationen werden dem Mitglied aufgedrängt und beeinträchtigen so die Freiheit autonomer, selbstgesteuerter Online-Erfahrungen. Außerdem verlangt Instant Personalization eine verstärkte Authentifizierung, was wiederum Anonymität verhindert, ebenso wie die Fähigkeit, sich online frei zu bewegen, ohne etwas zum eigenen digitalen Dossier beizutragen. Und sobald die Nutzer in der Lage sind, sich mit ihrer SNS-Identität auch außerhalb ihrer SNS zu bewegen, verschmilzt das Persönliche vollends mit öffentlicheren Räumen im Web.

Facebooks offene APIs – ein Muster der Offenheit, Dominanz und Abhängigkeit

Vergleicht man das, was anfangs mit einigen wenigen Entwicklern durch offene APIs geteilt wurde, mit den gegenwärtigen Bedingungen der Interoperabilität (von der Developer API zu Open Graph), zeigt sich, dass viel mehr Nutzerdaten in viel mehr Kontexten für Dritte offengelegt werden. Die Plattform API ermöglichte es Dritten, ohne Rücksicht auf Datenschutzeinstellungen auf Mitgliederdaten zuzugreifen und sie zu speichern. Die Connect API erlaubte es Mitgliedern zwar, ihren Facebook-Status von externen Seiten aus upzudaten, öffnete ihre Daten aber auch für tausende von Webseiten, die diese Daten für ihre eigenen Zwecke nutzten. Open Stream gestattete es externen Applikationen, auf Nutzerdaten zuzugreifen, und führte neue Kategorien von Informationen ein, die Dritten mitgeteilt wurden. Und Facebooks Open Graph sorgt für eine größere Integration des eigenen Social Graph in eine wachsende Ansammlung von Partner-Webseiten und -Applikationen. Zu diesen Applikationen zählt Facebooks lokaler Check-in-Service »Places«, der es Mitgliedern ermöglicht, ihre Standorte in Echtzeit mitzuteilen, und es Freunden erlaubt, ihre jeweiligen Standorte zu markieren, was ernste Folgen für die persönliche Sicherheit hat. Mit der Einführung von Open Graph und Instant Personalization lassen sich Nutzervorlieben auf breiterer Basis und über längere Zeiträume (ursprünglich 24 Stunden) verfolgen und mitteilen, persönliche Online-Profile können umfassender werden, und die ständig eindeutiger werdende Identität eines Mitglieds lässt sich sofort durch bloßes Navigieren von Seite zu Seite enthüllen. Während Facebook »all diese Dinge zusammenbringt«, um eine verstreute und verbreitete Online-Partizipation in die Nähe der Anziehungskraft seines Social Graph zu bringen, entstehen Dominanz und Nutzerabhängigkeit.

Die Entwicklung von Facebook und die Integration offener APIs demonstrieren eine Strategie der kontrollierten Offenheit, Innovation und Dominanz. Facebook liefert Entwicklern und Online-Partnern mit Hilfe offener APIs wertvolle Nutzerdaten, um die starke Verbreitung sozialer Applikationen zu fördern, die letztlich hereinkommende Links von externen Seiten und Geräten ausnutzen, indem sie den Datenverkehr auf Facebook-Server umleiten. Durch die Kolonisierung des Internets mit »Gefällt mir«-Buttons bewirkt Facebook erfolgreich eine Nutzerbeteiligung und macht sie zu einem Kanal für Online-Interaktionen und zu einem Anziehungspunkt für den sozialen Raum der Datenflüsse. Und während Facebook immer zentraler, allgegenwärtiger und immer mehr in die Online-Erfahrungen der Nutzer integriert wird, werden die Menschen zunehmend abhängig vom sozialen Netzwerk, um an den Hauptströmungen des Online-Soziallebens zu partizipieren. Diese Abhängigkeit mag, kombiniert mit der mangelnden Transparenz, was die eigentlichen Motive angeht, die Menschen davon abhalten, nach alternativen und nichtkommerziellen Räumen und Formen des Austauschs zu suchen.

Während Facebook nach und nach Nutzerdaten zugänglich macht, verbirgt es gleichzeitig die zweifelhafte Praxis, die Mitgliederaktivitäten für andere Zwecke zu nutzen und zu monetarisieren. Dieser Mangel an Transparenz untergräbt die Autonomie und Freiheit der Nutzer. Wenn Mitglieder nicht wissen, welche persönlich identifizierbaren Informationen über sie für welche Zwecke gesammelt werden, sind sie nicht mehr in der Lage, die Folgen vorherzusehen und informierte Entscheidungen zu treffen – sie verlieren die Freiheit, sich im eigenen Interesse zu entscheiden. Und wenn Mitglieder nicht mehr in der Lage sind, ihre Informationen zu kontrollieren, geht eine integrale Komponente von Autonomie und Selbstbestimmung verloren (Tavani 2010).

Von offenen APIs zur Verfügung gestellte Personalisierungs- und Authentifizierungswerkzeuge haben auch unerwartete Folgen für die Anonymität, ein allgemein anerkannter basaler Grundsatz der Privatsphäre und ein Mittel, sich vor jeder Einmischung in die eigenen politischen Anschauungen zu sichern und zu schützen (Allgemeine Erklärung der Menschenrechte 1948). Online-Inhalte anzubieten, die auf einer Reihe von demografischen Informationen basieren (z.B. Rasse, Religion, Wohnort und Politik), kann zu einer Ungleichbehandlung im Internet führen, wie z.B. diskriminierende Gebührenordnungen (Turow 2006), Ausbeutung schwacher Bevölkerungsgruppen (Calo 2011) und Zensur von Inhalten, die unter anderem auf politischen Überzeugungen, Religionszugehörigkeit und sexueller Orientierung beruhen (MacKinnon 2010). Indem es allmählich die Unterschiede zwischen öffentlichen und privaten Kontexten verwischt und die grundlegenden Bedingungen für den Austausch technisch vorschreibt, rekonfiguriert Facebook die sozialen Beziehungen zwischen Mitgliedern und SNS und etabliert diese Austausch-Bedingungen als akzeptable soziale Norm.

Diskussion: Neue Regime des Austauschs

Die soziale Ebene des Internets kann als Ort der Artikulation zur Teilhabe beitragen. Die von interoperablen APIs ermöglichten offenen Datenströme können eine befreiende Kraft sein, wenn »garantiert ist, dass sie angemessen fließen« (Nissenbaum 2010: 2). Offenheit und Interoperabilität haben der Innovation gute Dienste geleistet. Das World Wide Web, Open Source Software, offene und standardisierte Protokolle sowie die modulare Integration von Software und Hardware ermöglichen das rasche Wachstum und die Ausweitung von einladenden, vielseitigen, erschwinglichen und zugänglichen Informations- und Kommunikationstechnologien. Eine Umwelt der Offenheit und Interoperabilität kann ein großer Gewinn sein. Wird sie jedoch dazu genutzt, eine oligopolistische Marktbeherrschung und Kundenbindung ebenso wie soziale Normen zu verstärken, die den Datenschutz und die Nutzerautonomie verletzen, brauchen wir neue Räume und Regime des Teilens.

Ein ethischer oder wertebewusster Umgang mit dem Design sozialer Netzwerke kann die Grundlage der Entwicklung alternativer »technischer Systeme und auf Technik basierender Praktiken« bilden (Nissenbaum 2010: 3). Nissenbaum (2010) schlägt vor, man solle die kontextuelle Integrität im Auge behalten, bzw. »die komplexen Normen, die den Informationsfluss in den sozialen, professionellen, ethnischen, altersgruppenspezifischen Kontexten regeln, in die SNS eingebettet sind« (ebd.: 227). Die Menschen machen sich Sorgen um ihre Privatsphäre und wollen eine eingehendere Kontrolle über ihre Kommunikationsströme, die die Differenzierung sozialer Kontexte respektiert. Wenn die Mitglieder im Mittelpunkt des Designs neuer Räume und Kontrollen stehen, werden diese Werte und Interessen vor anderen anerkannt, und die Rolle der Mitglieder bei der Einführung neuer Normen und Praktiken würde akzeptiert werden. Außerdem kann die Einbeziehung der Mitglieder in die Entwicklung und in das Management ihrer Privatsphäre das Gleichgewicht in den sozialen Beziehungen zwischen Mitgliedern, sozialen Netzwerkdiensten und in der Entwicklung von Gemeinschaften, z.B. als wechselseitig abhängigen Teilhabern, wiederherstellen.

SNS und Netzwerk-Applikationen können so gestaltet werden, dass die Mitglieder die Kontrolle darüber haben, welche Informationen mit wem geteilt werden. Neue Mashups, Widgets, soziale Plugins und Social Games können Interaktionen und Vernetzungen ermöglichen und zugleich für kontextuelle Integrität sorgen. Möglicherweise werden SNS der nächsten Generation mit lesbaren Datenschutzbestimmungen, abwählbaren Voreinstellungen und vereinfachten Datenschutzkontrollen den Mitgliedern echte Wahlmöglichkeiten einräumen. Offene APIs können so konstruiert sein, dass die Mitglieder mehr Kontrolle über das haben, was sie mit anderen teilen, während sie zugleich die Interoperabilität zwischen Portalen, Plattformen und Geräten ermöglichen, um zwischen sozialen Netzwerken eine Interoperabilität im globalen Maßstab herzustellen. Startup-Unternehmen entwickeln bereits datenschutzbewusste regionale Netzwerke, die auf der Freigabe spezifischer Informationen für ausgewählte Gruppen basieren (z.B. Diaspora, Fridge). Zwar können kleine soziale Netzwerke zu sozialer Segmentierung und Homogenisierung sozialer Welten beitragen, doch durch offene APIs existiert ein Potential, dass soziale Nischennetzwerke interoperieren und zusammen große miteinander verknüpfte Netzwerke bilden, die sich nach den Bedingungen der Mitglieder selbst verbinden.

Schlussbemerkungen

In diesem Beitrag habe ich gezeigt, dass Facebooks offene APIs Bedingungen für den Online-Austausch und die Online-Partizipation eingeführt haben, die die Privatsphäre, den Datenschutz, die Transparenz und die Nutzerautonomie unterminieren. Ich habe untersucht, wie Facebook die Interoperabilität als eine Möglichkeit nutzt, Marktbeherrschung und Nutzerabhängigkeit zu erreichen, während es Normen des Austauschs verstärkt, die eine kontextuelle Integrität nicht mehr aufrechterhalten, Unterschiede zwischen öffentlich und privat einebnen und damit ein Machtungleichgewicht zwischen Facebook, seinen Partnern und seinen Nutzern herbeiführen. Angesichts der jüngsten Enthüllungen, dass Facebooks externe Entwickler Benutzerkennungen an Werbetreibende verkaufen, muss die Art und Weise, wie Facebook mit externen Entwicklern und Werbetreibenden interoperiert, kritisch überdacht und verändert werden. Für Nutzer ist es keine angemessene Wahlmöglichkeit, dass sie nur dann an der Interoperabilität teilhaben, wenn sie den eigenen Social Graph fürs Sharing freigeben. Offene APIs sollten die Möglichkeit bieten, dass die Nutzer ihre Privatsphäre kontrollieren – was sie und wie sie es mit anderen teilen –, statt nur die Alternative des Alles oder Nichts zur Verfügung zu stellen. Das Sharing-Regime von Facebook und seinen Konkurrenten ist unhaltbar. Daher brauchen Nutzer neue nachhaltige Bedingungen für Interoperabilität und Austausch, die auf menschlichen Werten und Prinzipien wie Transparenz, Privatsphäre, Sicherheit, Nutzerkontrolle über die eigenen Informationen – sogar der eingehenden Kontrolle über das, was durch offene APIs mitgeteilt wird – und nichtdiskriminierender Interoperabilität, selbst zwischen Konkurrenten, beruhen. Auf diese Weise können die Nutzer über ihr (Mit-)Teilen informiertere Entscheidungen treffen und die zugrunde liegenden Bedingungen des Austauschs überhaupt ändern, indem sie sicherere und kontrollierbare offene APIs, soziale Netzwerke und soziale Applikationen entwickeln und nutzen.

Original: Bodle, Robert (2011) »Regimes of Sharing. Open APIs, interoperability, and Facebook«. In: Information, Communication & Society, *14, S. 320-337. Mit freundlicher Genehmigung von Routledge.*

LITERATUR

Allgemeine Erklärung der Menschenrechte. Unter: http://www.ohchr.org/EN/UDHR/Pages/Language.aspx?LangID=ger (zuletzt aufgerufen am 31. Oktober 2010).

Calo, M. Ryan (2011): The Boundaries of Privacy Harm, in: Indiana Law Journal, 86(3), S. 2011. Unter: http://ssrn.com/abstract=1641487 (zuletzt aufgerufen am 18. November 2010).

Cowhey, Peter F./Aronson, Jonathan D./Abelson, Donald (2009): Transforming Global Information and Communication Markets: The Political Economy of Innovation, Cambridge, MA: The MIT Press.

Facebook (2010): Request for Permission. Unter: www.facebook.com (zuletzt aufgerufen am 31. August 2010).

Farber, Dan (2007): Facebook's Zuckerberg Uncorks the Social Graph, in: ZDNet. Unter: www.zdnet.com/blog/btl/facebooks-zuckerberguncorks-the-social-graph/5156 (zuletzt aufgerufen am 31. August 2010).

Gannes, Liz (2010): Twitter Launches Places, Annotations, User Streams for Developers, in: GigaOM. Unter: http://gigaom.com/2010/04/14/twitter-launches-places-annotations-user-streams-for-developers/ (zuletzt aufgerufen am 31. August 2010).

Gohring, Nancy (2008): Facebook Faces Class-Action Suit Over Beacon, in: NetworkWorld. Unter: www.networkworld.com/news/2008/081308-facebook-faces-class-action-suit-over.html (zuletzt aufgerufen am 31. August 2010).

Greenstein, Ran/Esterhuysen, Anriette (2006): The Right to Development in the Information Society, in: Jørgensen, Rikke Frank (Hg.), Human Rights in the Global Information Society, Cambridge, MA: The MIT Press, S. 281-302.

Hempel, Jessi (2010): Oversharing: The Business of Share Buttons, in: TechFortune. Unter: http://tech.fortune.cnn.com/2010/04/07/oversharing-the-business-of-share-buttons/ (zuletzt aufgerufen am 31. August 2010).

Hickey, Matt (2007): Facebook Launches Facebook Platform; They Are the Anti-MySpace, in: TechCrunch. Unter: http://techcrunch.com/2007/05/24/facebook-launches-facebook-platform-they-are-the-anti-myspace/ (zuletzt aufgerufen am 31. August 2010).

Kharif, Olga (2007): Social-Networking Sites Open Up, in: BusinessWeek. Unter: www.businessweek.com/technology/content/feb2007/tc20070213_172619.htm (zuletzt aufgerufen am 31. August 2010).

Learmonth, Michael (2009a): App Revenue is Poised to Surpass Facebook Revenue, in: Advertising Age, 05. Mai, S. 3.

Learmonth, Michael (2009b): Facebook Sending More Traffic Than Google to Some Sites: Will Search-Marketing Dollars Also Shift Social Media?«, in: Advertising Age. Unter: http://adage.com/digital/article?article_id¼135112 (zuletzt aufgerufen am 18. November 2010).

MacKinnon, Rebecca (2010): More Problems in Facebookistan, in: Rconversation. Unter: http://rconversation.blogs.com/rconversation/2010/05/more-problems-in-facebookistan.html (zuletzt aufgerufen am 31. August 2010).
MacMillan, Douglas/Burrows, Peter/Ante, Spencer E. (2009): Inside the App Economy, in: BusinessWeek. Unter: www.businessweek.com/magazine/content/09_44/b4153044881892.htm (zuletzt aufgerufen am 31. August 2010).
McCarthy, Caroline (2010): Facebook F8: One Graph to Rule Them All, in: CNET News. Unter: http://news.cnet.com/8301-13577_3-20003053-36.html (zuletzt aufgerufen am 31. August 2010).
Milberry, Kate/Anderson, Steve (2009): Open Sourcing Our Way to An Online Commons: Contesting Corporate Impermeability in the New Media Ecology«, in: Journal of Communication Inquiry 33 (4), S. 393-412.
Morin, Dave (2008): Announcing Facebook Connect, in: Facebook Developers. Unter: http://developers.facebook.com/blog/post/108 (zuletzt aufgerufen am 31. August 2010).
Mosco, Vincent (2009): The Political Economy of Communication, 2. Aufl., Thousand Oaks, CA: SAGE Publications Ltd.
Musser, John (2007): Twitter API traffic Is 10x Twitter's Site, in: ProgrammableWeb. Unter: http://blog.programmableweb.com/2007/09/10/twitter-api-traffic-is-10x-twitters-site/ (zuletzt aufgerufen am 31. August 2010).
Nissenbaum, Helen (2010): Privacy in Context: Technology, Policy, and the Integrity of Social Life, Stanford: Stanford Law Books.
O'Connell, Hari (2010): The FTC Explores the »App-Gap«, in: ACLU of Northern California. Unter: www.aclunc.org/issues/technology/blog/the_ftc_explores_the_app-gap.shtml (zuletzt aufgerufen am 31. August 2010).
O'Reilly, Tim (2002): Inventing the Future. Unter: www.oreillynet.com/network/2002/04/09/future.html (zuletzt aufgerufen am 31. August 2010).
Rebbapragada, Narasu (2010): What Is Your Facebook Data Worth?, in: PCWorld. Unter: www.pcworld.com/article/198951/what_is_your_facebook_data_worth.html (zuletzt aufgerufen am 31. August 2010).
Schafer, Ian (2008): We Better Start Monetizing Social Media Before It's Too Late, in: Advertising Age, 05. Mai, S. 18.
Siegler, M. G. (2010): Twitter Reverts Its Facebook App as Facebook Continues Friend Blockade, in: TechCrunch. Unter: http://techcrunch.com/2010/08/25/twitter-facebook-not-friends/ (zuletzt aufgerufen am 31. August 2010).
Steel, Emily/Fowler, Geoffrey A. (2010): Facebook in Privacy Breach: Top-Ranked Applications Transmit Personal IDs, A Journal Investigation Finds«, in: The Wall Street Journal. Unter: http://online.wsj.com/article/SB10001424052702304772804575558484075236968.html (zuletzt aufgerufen am 31. Oktober 2010).

Tavani, Herman T. (2010): Ethics and Technology: Controversies, Questions, and Strategies for Ethical Computing, 3. Aufl., Hobokin, NJ: John Wiley & Sons, Inc.

Terranova, Tiziana (2000): Free Labor: Producing Culture for the Digital Economy, in: Social Text 18 (63), S. 33-58.

Tobin, Jim (2010): Facebook Vs. Google: The Billion Dollar Battle to Be Your Default Profile, in: Mashable. Unter: http://mashable.com/2010/03/31/facebook-vs-google-default-profile/ (zuletzt aufgerufen am 31. August 2010).

Turow, Joseph (2006): Niche Envy: Marketing Discrimination in the Digital Age, Cambridge, MA: MIT Press.

Twitter Developers (2010): API Overview. Unter: http://dev.twitter.com/pages/api_overview (zuletzt aufgerufen am 31. August 2010).

Wasco, Janet/Erickson, Mary (2009): The Political Economy of YouTube, in: Snickars, Pelle/Vonderau, Patrick (Hg.), The YouTube Reader, Stockholm: Schwedische Nationalbibliothek, S. 372-386.

Williamson, Debra Aho (2010): Worldwide Social Network Ad Spending: A Rising Tide, in: eMarketer. Unter: www.emarketer.com/Reports/All/Emarketer_2000692.aspx (zuletzt aufgerufen am 18. November 2010).

Die Like Economy

Digitaler Raum, Daten und Wertschöpfung

Carolin Gerlitz

In einem Interview im Jahr 2010 stellt der Facebook-Gründer Mark Zuckerberg die These auf, dass soziale Interaktion in den nächsten Jahren zum zentralen Treiber von Unternehmen avanciert (Gelles 2010). Auch die Wirtschaftssoziologie interessiert sich zunehmend für die Beziehung zwischen sozialer Interaktion und ökonomischem Mehrwert (Arvidsson 2011, Arvidsson/Colleoni 2011). Dieser Artikel entwickelt die These, dass Facebook vor allem über konstante Datengenerierung und kontrollierte Datenflüsse einen Zusammenhang zwischen sozialer Interaktion und Mehrwert herstellt. Im Fokus stehen dabei die Bestrebungen von Facebook, sich anhand von Social Buttons, Social Plugins und Instant Personalization jenseits der sozialen Plattform im gesamten Netz zu verbreiten. Bisher wurde die Partizipation von NutzerInnen im Kontext von Facebook als soziale Produktion (Benkler 2008), als soziale Überwachung, Form von Arbeit oder gar als Ausbeutung verstanden (Terranova 2004, Beer/Burrows 2009, Fuchs 2010, Scholz/Hartog 2011). In Ergänzung dazu eröffnet dieser Artikel eine medienspezifische Perspektive (Rogers 2009), anhand derer Facebook als performative, datenintensive Infrastruktur vorgestellt wird, in der soziales und wirtschaftliches Kapital zusammenfallen: die Like Economy.

Die zentrale These des Artikels ist, dass Facebooks Like Economy zu einer gleichzeitigen De- und Rezentralisierung des Internets beiträgt. Einerseits löst die zunehmende Implementierung von Social Buttons und Plugins die Grenzen der Plattform sowie von externen Webseiten immer mehr auf und bringt beide relational hervor. Anderseits sind die dabei generierten Datenflüsse hauptsächlich für Facebook wirtschaftlich verwertbar, da sie zentral mit existierenden Profilen verlinkt werden können. Der Open Graph, eine technische Schnittstelle, die allen Webseiten einen kontrollierten Datenaustausch mit der Plattform ermöglicht, schafft eine Verknüpfung zwischen Facebook und externen Webseiten, die sowohl euklidisch-messbar als auch topologisch-relational ist. In diesem Kontext werden soziale Interaktionen allerdings nicht nur durch Social Buttons quantifiziert. Die Metrifizierungen tragen zur Produktion weiterer Interaktion bei, da jedes »Gefällt mir«, jede Empfehlung affektive Reaktionen hervorruft und intensiviert. Der Artikel folgert, dass die entstehende Like Economy eine performative Wechselbeziehung zwischen digitalen Räumen, sozialer Interaktion und Datenerhebung schafft.

Facebook expandiert ins gesamte Web

Anhand einer medienspezifischen Perspektive soll verdeutlicht werden, wie Facebook zunehmend ins gesamte Web expandiert und welche Rolle die soziale Interaktion zwischen NutzerInnen dabei spielt. Laut Rogers (2009) fokussiert der medienspezifische Ansatz auf technische Elemente von Webseiten und Plattformen, die originär digital sind, in diesem Fall Facebooks Like-Button, sowie der Social Graph, der Open Graph und die von ihnen erzeugten Links zwischen der Plattform und dem Web. Im Kontext von Zuckerbergs Ambition, soziale Interaktion als zentrale Triebkraft des Webs und von Unternehmen zu positionieren, führte Facebook im Jahr 2007 den so genannten Social Graph ein. Der Social Graph ist ein als hierarchiefrei vermarktetes Netzwerkmodell, das die interpersonellen Kontakte zwischen NutzerInnen visualisiert, und kann als Alternativkonzept von Facebook zum Begriff des sozialen Netzwerks verstanden werden (Fitzpatrick 2007, Iskold 2007). Soziale Beziehungen, so argumentiert Zuckerberg, sind das zentrale Kapital der Plattform (Zuckerberg 2010). Bisher waren diese hauptsächlich der Plattform selbst und ihren NutzerInnen zugänglich, mit dem Social Graph jedoch werden sie zunehmend für externe Unternehmen und Applikations-Entwickler geöffnet (Farber 2007).

2008 ergänzte Facebook den Social Graph um die Möglichkeit, sich auf externen Webseiten mit dem eigenen Facebook-Profil einzuloggen und damit einen Datenaustausch zwischen der Plattform und dem Web zu ermöglichen – das so genannte Facebook Connect (Zuckerberg 2008). Diese Applikation ermöglicht NutzerInnen, Web-Aktivitäten wie Kommentare an ihre Facebook-Identität zu knüpfen und auf dem eigenen Profil zu kommunizieren. Facebook Connect stellt einen der ersten Schritte dar, auch jenseits der Plattform präsent zu sein und den so genannten »Walled Garden« (Berners-Lee, zit. in Barnet 2010) für kontrollierte Informationsflüsse an externe Webseiten zum Teil zu öffnen. Doch erst die Einführung des Open Graphs im Jahr 2010 ermöglicht Facebook die systematische Integration von Webnutzung in den Social Graph. Laut Zuckerberg (2010) basiert der Open Graph auf der Idee, sämtliche Online-Aktivitäten sozialer zu gestalten – d.h. in diesem Fall externe Webseiten mit Facebook zu verknüpfen und Aktivitäten der NutzerInnen mit Profilen zu verlinken. Das zentrale Element des Open Graphs ist der externe Like- oder auf deutsch »Gefällt mir«-Button. Bereits 2009 intern eingeführt, verfolgt der Like-Button das Ziel, affektive Kurzkommentare wie »Wow!« oder »Super!« zu vereinfachen: »The aggregation of the sentiment ›I like this‹ makes room in the comments section for longer accolades. [...] We think of the new ›Like‹ feature to be the stars, and the comments to be the review« (Pearlman 2009). Seit 2009 können Facebook-NutzerInnen ihre Statusmeldungen, Fotos, Kommentare und Links »mögen« und jeder Klick auf den Like-Button wird auf der eigenen Pinnwand dokumentiert. Ergänzt wird der interne Like-Button durch einen Zähler, der die Anzahl der Likes erfasst und die Namen derjenigen anzeigt, die ihn angeklickt haben.

Außerhalb der Plattform war Facebook seit 2006 mit dem Share-Icon präsent, das es NutzerInnen ermöglichte, externe Webinhalte mit ihren Facebook-Kontakten zu teilen. Zunächst nur als Share-Icon verfügbar, führte Facebook 2009 den offiziellen Share-Button ein (Kinsey 2009). Im Folgejahr präsentierte die Plattform auch die externe Version des Like-Buttons auf der f8-Entwicklerkonferenz, die als Plugin allen Webmastern zur Verfügung gestellt wird und es damit potentiell ermöglicht, sämtliche Webseiten und Inhalte »zu mögen«. Genau wie beim internen Button werden externe Like-Aktivitäten mit individuellen Facebook-Profilen verknüpft und dort dokumentiert. Der externe Like-Button ist ebenso mit einem Zähler ausgestattet und zeigt die Profilbilder der Kontakte, die ihn angeklickt haben.

Der Like-Button fungiert als zentrales Element des Open Graphs, da er Links und Datenflüsse zwischen externen Webseiten und Facebook-Profilen initialisiert und gleichzeitig ermöglicht, sie zu erfassen und zu messen. Er stellt einen der genannten »Social Plugins« von Facebook dar: das Recommendation Plugin präsentiert personalisierte Empfehlungen; das Plugin Facepile zeigt an, welche NutzerInnen die Seite gemocht haben; der Activity Feed zeigt sämtliche Aktivitäten von Facebook-»Freunden« auf externen Webseiten an; und der Live Stream dokumentiert alle Kommentare, Likes und Statusmeldungen zu einem Thema im Echtzeit-Stream. Dazu kommen Facebook-basierte Kommentarfunktionen sowie die Möglichkeit, die Facebook-Fan-Seite einer Webseite zu mögen. Alle generierten Aktivitäten der NutzerInnen werden im Like-Zähler dokumentiert, denn dieser stellt einen aggregierten Wert dar, der sich aus Likes, Kommentaren, Shares und dem Versenden von URLs in Facebook-Nachrichten zusammensetzt.[1] Die Like-Zähler auf externen Webseiten verweisen daher nicht nur auf die Anzahl von Klicks auf den Like-Button, sondern addieren die Anzahl aller oben genannten Aktivitäten, die sich auf die spezielle URL beziehen. Während der Like-Button als vorkonfigurierter Link den Datenfluss zwischen Facebook und externen Webseiten ermöglicht, dokumentieren die anderen Social Plugins Facebook-Aktivitäten in Bezug auf die externen Webinhalte.[2] Laut

1 | Unter: http://developers.facebook.com/docs/reference/plugins/like (zuletzt aufgerufen am 29.07.2011).

2 | Der Share-Button wird allerdings nicht mehr aktiv beworben, sondern soll graduell vom Like-Button ersetzt werden.

Facebook integrieren täglich 10.000 Webseiten Social Plugins und erweitern dadurch die Reichweite des Open Graphs (Facebook Statistics 2011).

Hit, Link und Like Economy

Weder Social Buttons noch Zähler sind Erfindungen von Facebook, stattdessen müssen sie im Kontext verschiedener Konzepte zur Ökonomisierung des Webs betrachtet werden. Seit Mitte der 1990er Jahre setzen Webmaster im Kontext des Informational Web Zähler ein, um ihre Seitenaufrufe oder so genannte Hits zu dokumentieren und ihren Webtraffic zu quantifizieren. Aus dieser Perspektive erscheint das Internet als Publikationsmedium für diverse Inhalte, die durch Verlinkungspraktiken organisiert werden und in dem sich NutzerInnen anhand von Suchmaschinen orientieren (Ross 2009). Da Hits zu den wenigen Indikatoren zählten, die ein Interesse von NutzerInnen repräsentieren konnten, avancierte die Anzahl der Seitenaufrufe zum zentralen Ordnungskriterium für Suchmaschinen im Informational Web (D'Alessio 1997). Hits waren damit Indikatoren für die Popularität einer Webseite und bildeten die Grundlage für die erste Web-Ökonomie, die Hit Economy, in der Online-Werbeflächen basierend auf Seitenaufrufen verkauft wurden:

»When they add up, hits count. In the hit economy, organisations hope to gain banner advertising revenue and demonstrable net presence. Hit counts show presence. They indicate measures of site popularity and reliability« (Rogers 2002: 197).

Zum Ende der 1990er Jahre führte der zunehmende Einfluss der Suchmaschine Google zur Ablösung des Hits durch den Link. Inspiriert vom akademischen Zitationssystem, in dem Referenzen unterschiedliche Relevanz zugeteilt wird, entwickelte Google den so genannten PageRank-Algorithmus, der Inlinks von Webseiten erfasst und auf ihre Relevanz überprüft (Gibson et al. 1998, Walker 2002). Durch die Gewichtung von Links wurde der PageRank einer Seite, sprich ihre Position in Googles Suchergebnissen, bestimmt und der Link wurde zum zentralen Indikator für Relevanz in der entstehenden Link Economy. Damit galten nicht mehr die Aktivitäten von NutzerInnen als Ordnungskriterium, da die gewichteten Links ein System von Expertenempfehlungen durch reziproke Verlinkungspraktiken herstellten. Der PageRank löste den Hit-Zähler als Index für die Relevanz von Webseiten ab und wird in der Folge der entscheidende Indikator für die Popularität von Webseiten.

Um 2005 förderte die Einführung von Social Buttons im Gegensatz zur expertenbasierten Link Economy wieder den Einfluss von Web-NutzerInnen. Die ersten Social Buttons wurden von Social-Bookmarking-Diensten wie Digg und Reddit eingeführt, um Inhalte aus dem gesamten Web mit wenigen Klicks in die Plattform einzuspeisen. Inzwischen werden solche Buttons von fast allen sozialen Netzwerken als Plugins für Webmaster angeboten. Facebook reagierte, wie oben geschildert, zunächst mit einem Share-Icon, der von einem offiziellen Share-Button und schließlich vom Like-Button abgelöst wurde. Der externe Like-Button läutet nun eine neue Form der Web-Ökonomie ein, dessen zentraler Indikator die affektive Reaktion von Web-NutzerInnen darstellt – die Like Economy.

Während die Link Economy auf Verlinkungspraktiken zwischen Webmastern basierte, führt die Like Economy Facebook als Vermittler ein, da jedes Like externe Webseiten mit Facebook verbindet. Die Open-Graph-Infrastruktur avanciert damit zu einer Art Bindemittel des Web, das Webseiten nicht mehr untereinander verlinkt, sondern mit Facebook-Profilen verknüpft. Gemeinsam mit den Webmastern schafft Facebook eine digitale, datenintensive Infrastruktur, in der Aktivitäten von NutzerInnen ständig in Links und Datenflüsse transformiert werden.

Die Like Economy als datenintensive, performative Infrastruktur

Im Folgenden soll betrachtet werden, wie die entstehende Like Economy soziale Interaktion und Datenflüsse hervorbringt und strukturiert. Betätigen NutzerInnen den Like-Button auf externen Webseiten, erscheint ein Eintrag auf ihrer Pinnwand, der je nach Privacy-Einstellungen für alle FacebooknutzerInnen, für persönliche Kontakte oder für eine Auswahl von Freunden sichtbar ist. Diese können auf den Eintrag mit weiteren Likes und Kommentaren reagieren. Alle diese Aktivitäten werden im Like-Zähler festgehalten und auf den Pinnwänden der aktiven Kontakte dokumentiert. Webmaster erhalten zu diesen Aktivitäten nur über die »Like Button Analytics« Zugang, die in Echtzeit die Anzahl von Button Hits und Klicks auf der Webseite, aber auch innerhalb von Facebook aufzeichnen und anonymisierte demografische Daten der aktiven Facebook-NutzerInnen erfassen (Himmel 2011). Während Facebook mit dem Open Graph den Zufluss von externen Webinhalten sowie Daten über die Aktivität seiner NutzerInnen in die Richtung der eigenen Plattform maximiert, erhalten Webmaster externer Webseiten nur beschränkten Zugang zu den Daten, die sich letztlich aus ihrer Webseite speisen.

Darüber hinaus geht Facebook gezielte Kooperationen ein, die weitere Datenflüsse ermöglichen. Im Rahmen von »Facebook Instant Personalization« erhalten Kooperationspartner Zugang zu einem so genannten »Daten-Firehose«, das automatisch Informationen über ausgewählte NutzerInnen weitervermittelt (Himmel 2011). Bei jedem Seitenaufruf, den eingeloggte Facebook-NutzerInnen tätigen, werden deren persönliche, öffentlich zugängliche Daten, Informationen über Kontakte und zugängliche Aktivitäten dieser Kontakte zu den Partnerseiten geschickt, um Webinhalte hinsichtlich der Präferenzen und Aktivitäten des Freundeskreises zu personalisieren.[3] So zeigen Partner wie Bing, Yelp, Scribd oder Tripadvisor neben regulären Suchergebnissen auch die Aktivitäten des eigenen Facebook-Netzwerks an.

Damit schafft die Open-Graph-Infrastruktur nicht nur kontrollierte Datenflüsse zwischen Facebook und externen Webseiten, sondern produziert zugleich eine Vielzahl sozialer Formationen oder Assemblagen (DeLanda 2002, 2006a, 2006b).[4] Ausgehend von Deleuze/Guattaris Diskussion von Assemblagen (1997), versteht DeLanda diese als Zusammenwirken heterogener Elemente, die relational verbunden sind und sich gegenseitig beeinflussen (2006a). Während der Zählstand des Like-Zählers für jede/jeden sichtbar die absolute, aber anonymisierte Anzahl von Interaktionen mit dem Webinhalt dokumentiert, werden innerhalb von Facebook zahlreiche Teilöffentlichkeiten geschaffen. Diese »Networked Publics« (boyd 2010) oder Assemblagen (DeLanda 2006a) sind dynamische soziale Formationen, die auf dem Freundeskreis der einzelnen NutzerInnen basieren. Je nach Nutzereinstellungen sind die eigenen Like-Aktivitäten für alle Facebook-NutzerInnen oder nur für ausgewählte Kontakte sichtbar. Die Reaktion dieser Kontakte schafft weitere, anders skalierte Assemblagen (DeLanda 2006b). Diese Formationen sind zum Teil Ergebnis von Privacy-Einstellungen, können jedoch auch als produktives Element der Like Economy verstanden werden. Facebook stellt diese Teilöffentlichkeiten als Mehrwert für Webmaster dar, da NutzerInnen, die auf externe Like-Buttons klicken, laut der Plattform überdurchschnittlich vernetzt sind und, so Facebook, zu erwarten ist, dass ihre Meinung den Freundeskreis stärker beeinflussen wird als Expertenwissen oder Suchmaschinenergebnisse (Facebook + Media 2010). Jeder Klick auf einen Like-Button stellt eine Empfehlung von NutzerInnen für externe Webinhalte dar, die die Möglichkeit weiterer Aktivitäten eröffnet und somit Traffic aus dem entsprechenden Freundeskreis ermöglicht. Die entstehende Empfehlungsökonomie wird in der Fachpresse als Übergang von der »Wisdom of the Crowd« zur »Wisdom of the Friend« diskutiert (Claburn 2009). Allerdings stellt sich hierbei die Frage, ob die Like-Economy nicht letztlich hauptsächlich Konsumempfehlungen fördert.

In diesem Sinne variieren soziale Formationen nicht nur quantitativ – von allen Facebook NutzerInnen zu wenigen ausgewählten Freunden – sondern auch qualitativ in Bezug auf die Näheverhältnisse (DeLanda 2002) zwischen den Elementen der Assemblage. Näheverhältnisse oder so genannte »relations

3 | Unter: http://www.facebook.com/instantpersonalization (zuletzt aufgerufen am 29.07.2011).

4 | Das Konzept der Assemblage geht auf die Arbeit von Gilles Deleuze und Felix Guattari in »Tausend Plateaus. Kapitalismus und Schizophrenie« (1997) zurück und wurde vor allem durch Manuel DeLanda (2006a, 2006b) weiterentwickelt.

of proximity« beziehen sich auf die Intensität, mit der NutzerInnen andere affektiv beeinflussen können (DeLanda 2002, Gerlitz 2009, Arvidsson 2011). Die Vielzahl der skalierbaren Assemblagen stellt verschiedene Näheverhältnisse mit unterschiedlicher affektiver Intensität her, von engen Freunden bis zur Gesamtheit aller NutzerInnen. Die Like Economy kann daher zum einen als datenintensive Infrastruktur verstanden werden, in der die Aktivitäten von NutzerInnen konstant gemessen und quantifiziert werden. Zum anderen ist sie performativ, da sie erstens diese Aktivitäten durch die Bereitstellung von Buttons erst ermöglicht und zweitens zur Formation von skalierbaren sozialen Assemblagen, in denen sich die Interaktionen mit den Webinhalten exponentiell vermehren sollen, beiträgt. Schlussendlich stellt sie eine spezielle Strukturverfasstheit des Internets her, die sowohl de- als auch rezentralisierende Effekte hat. Dieser Aspekt wird im nächsten Abschnitt näher betrachtet.

De- und Rezentralisierung von digitalen Räumen

Die Like Economy zeichnet sich durch multiple Datenflüsse zwischen Facebook, Webmastern und NutzerInnen aus. Im Rahmen der Link Economy sind es hauptsächlich Webmaster, die durch gegenseitige Verlinkungspraktiken Webseiten miteinander verknüpfen und eine digitale räumliche Struktur schaffen, in der einzelne Seiten zwar verlinkt, aber dennoch voneinander getrennt sind. Die Like Economy verändert diese Strukturverfasstheit des Internets. Verbindungen zwischen Webseiten werden zunehmend durch soziale Netzwerke hergestellt und von NutzerInnen selbst produziert. Vor allem der Open Graph ergänzt Verlinkungspraktiken zwischen Webseiten um Verknüpfungen zwischen Webseiten und Facebook. Während die Plattform vor einigen Jahren noch als so genannter geschlossener Raum, als Walled Garden, diskutiert wurde, beginnen sich seine Grenzen für kontrollierte Datenflüsse zu öffnen. In der Fachpresse wird Facebook sogar statt Inklusion und Geschlossenheit nun Expansion vorgeworfen (Siegler 2010). Im Folgenden soll die These entwickelt werden, dass die Datenflüsse der Like Economy die Grenzen der Plattform und gleichzeitig auch die externer Webseiten zunehmend öffnen und dadurch partiell dezentralisieren. Da allerdings alle Datenflüsse zu Facebook zurückfließen, findet gleichzeitig eine Rezentralisierung statt, die sich auf alle anderen digitalen Räume auswirkt.

Dezentralisierung und topologischer Raum

Die zunehmende Implementierung von Social Buttons und Plugins durch und auf Facebook-externen Webseiten hat Auswirkungen auf die Organisation digitaler Räume im Web. Während Diskussionen z.B. über Webinhalte vor der Zeit von sozialen Netzwerken hauptsächlich im internen Kommentarbereich von Webseiten stattfand, ermöglicht nun das Social Web, Artikel, Blogbeiträge und Webseiten über eine Bandbreite von sozialen Netzwerken zu diskutieren (Halpin/Tuffield 2010). Die Auseinandersetzung mit Webinhalten kann frei zugänglich innerhalb von Twitter oder Social Bookmarking Diensten erfolgen, oder in abgegrenzten, nicht frei zugänglichen Seiten auf Facebook stattfinden. Im Kontext von Facebook ist die einschränkende Streuung besonders stark, da Privacy-Einstellungen Likes oder Shares nur für bestimmte Personen sichtbar machen. Der Open Graph ermöglicht zum einen die Diskussion von Webinhalten außerhalb der Webseite innerhalb von Facebook und verteilt diese Diskussionen zusätzlich auf die zahlreichen sozialen Formationen, die sich aus kommentierenden NutzerInnen und ihren Kontakten zusammensetzen. Der einst abgegrenzte Kommentarbereich wird zunehmend dezentralisiert und die Diskussion von Webinhalten über eine Vielzahl digitaler Räume verstreut, die jedoch alle innerhalb von Facebook liegen.

Like- und Share-Button fördern damit den Zufluss externer Webinhalte in die Facebook-Plattform, die, wie oben geschildert, als Anreiz für weitere Interaktion dienen. Diese Aktivitäten haben Einfluss auf Facebook selbst, wirken sich aber auch auf die externen Webseiten aus, da sie von Social Plugins und Instant Personalization erfasst und präsentiert werden. Je mehr Plugins externe Webseiten integrieren, desto enger sind sie an Facebook-Aktivitäten geknüpft und werden von diesen beeinflusst und hervorgebracht. Sortiert zum Beispiel ein Nachrichtenanbieter seine Artikel anhand der Anzahl von Likes und Kommentaren, so wird durch diese kollektiven Aktivitäten die Aufgabe von Redakteuren ersetzt, bestimmte Artikel als besonders relevant herauszustellen. Like-Buttons und die Social Plugins ermöglichen also nicht nur bidirektionale Datenflüsse, sondern haben auch performative Effekte auf Facebook und externe Webseiten, da sich Aktivitäten innerhalb der Plattform auf externe Webseiten auswirken und umgekehrt. Facebook und externe digitale Räume bringen sich in der Like Economy gegenseitig hervor und schaffen eine performative Infrastruktur im Sinne von Nigel Thrift (2007): Die digitalen Räume beeinflussen sich gegenseitig und bisher getrennte Räume werden relational verschränkt. Diskrete Grenzen zwischen Facebook als Walled Garden und externen Webseiten werden teilweise aufgelöst und digitale Räume dadurch partiell dezentralisiert. Diese Dezentralisierung und Relationalität von Webseiten kann als topologische Qualität verstanden werden.

Die mathematische Disziplin der Topologie, die sich mit diesen Qualitäten befasst, entwickelte sich Ende des 19. Jahrhunderts als Gegenentwurf zur euklidischen Geometrie (Duffy 2006). Ihr Fokus liegt auf einem dynamischen, relationalen und nicht-metrischen Verständnis von Raum, der weder exakt messbar noch diskret abgrenzbar ist. In der Philosophie beziehen sich vor allem Autoren wie Deleuze/Guattari (1997), DeLanda (2002), Thrift (2007), Badiou (2006) oder Duffy (2006) auf topologische Konzepte. Topologischer Raum wird durch interne Veränderungen und relationale Beziehungen, so genannte Intensitäten, bestimmt, während euklidischer Raum durch externe Koordinaten und Extensitäten definiert wird (DeLanda 2002).[5] In diesem Sinne stellt der Open Graph topologisch-intensive Räume her, da jedes »Gefällt mir«, jeder Facebook-basierte Kommentar sowohl Facebook als auch die externe Webseite hervorbringt und wechselseitige Datenflüsse ermöglicht.

Die Social Buttons und Plugins stellen eine qualitative Nähe zwischen externen Webseiten und Facebook her, die nicht näher bestimmbar, sondern »inexact yet rigorous« ist:

»The distinction between metric and non-metric spaces boils down to the way in which neighbourhoods (or the linkages between the points that form a space) are defined, either through exact lengths or through non-exact topological relations of proximity« (DeLanda 2002: 62).

Obwohl Like-Buttons affektive Reaktionen metrifizieren und somit zählbar machen, schaffen sie zugleich topologische Näheverhältnisse sowie relational transformierende Beziehungen zwischen Facebook und externen Webseiten, die sich nicht dauerhaft exakt berechnen lassen, da jedes Like potentiell weitere Aktivitäten nach sich ziehen kann. Betrachtet man die einzelnen Social Plugins näher, so wird deutlich, dass manche intensivere Näheverhältnisse zwischen Facebook und externen Webseiten schaffen als andere. Während der Like-Button inklusive Zähler Aktivitäten lediglich aggregiert, zeigt der Live Stream Plugin alle Facebook-Aktivitäten in Bezug auf die externe Webseite an und ermöglicht größere Datenflüsse aus der Plattform heraus.

Interessant ist, dass Open Graph und Like-Button sowohl metrifizierende als auch intensivierende Eigenschaften besitzen – die im letzten Abschnitt des Artikels detailliert betrachtet werden. Sobald NutzerInnen Like-Buttons auf externen Webseiten anklicken oder Likes innerhalb von Facebook kommentieren, werden diese Aktivitäten erfasst und schaffen zugleich Verbindungen, Links und Datenflüsse zwischen Facebook und der externen Seite und produzieren

---

5 | Typisch für topologische Räume ist die Kontraktion und Expansion von Näheverhältnissen. Während diese in metrischen Räumen klar zu messen und zu definieren sind, verhalten sie sich in topologischen Räumen relational zum Umfeld, können sich jederzeit ändern und sind nicht genau bestimmbar. »If you take a handkerchief and spread it out in order to iron it, you can see in it certain fixed distances and proximities. If you sketch a circle in one area, you can mark out nearby points and measure far-off distances. Then take the same handkerchief and crumble it, by putting it in you pocket. Two distant points suddenly are closed, even superimposed. This science of nearness and rifts is called topology, while the science of stable and well-defined distances is called metrical geometry« (Serres 1995: 60).

Inhalte für beide Räume. Die Like Economy ermöglicht, digitale Räume sowohl quantitativ zu erfassen als auch gleichzeitig performativ hervorzubringen. Like-Buttons und der Open Graph stellen damit sowohl kalkulative als auch performative Objekte dar (Callon et al. 2007).

Rezentralisierung und metrischer Raum

Obwohl die Open-Graph-API eine partielle Öffnung des Walled Gardens Facebook ermöglicht, zeichnet sich die Like Economy neben einer Dezentralisierung von Facebook und externen Webseiten durch eine gleichzeitige Rezentralisierung aus, die sich auf das gesamte Web auswirkt.

Während die Link Economy durch reziproke Verlinkungspraktiken ein Netzwerk mit multiplen Verbindungen und einigen zentralen Knotenpunkten schafft, so führen alle Links der Like Economy zurück zu Facebook. Die Plattform avanciert zum zentralen Akteur und Knotenpunkt, da Verbindungen nicht mehr zwischen einer Vielzahl von Webseiten untereinander, sondern lediglich zu einer Plattform laufen. Facebook maximiert mit dem Open Graph Datenflüsse vom Web zur Plattform, kontrolliert jedoch die Datenflüsse, die von der Plattform zurück ins Web gehen. Während Facebook den Open Graph als hierarchiefreies Netzwerk bewirbt (Zuckerberg 2010), soll verdeutlich werden, dass die Like Economy genau das Gegenteil bewirkt: eine partielle Rezentralisierung des Webs. Die Plattform stellt zwar teilweise Datenrückflüsse an Webmaster zur Verfügung, hat aber das alleinige Recht, die vollständigen, personenbezogenen Datensätze auszuwerten und für personalisierte Werbung, die Haupteinnahmequelle von Facebook, einzusetzen. Die verschiedenen Akteure, die an der Like Economy beteiligt sind – Webmaster, NutzerInnen, Partner und Drittanbieter – erhalten nur begrenzte Einsichten in die Daten, die sie selbst generieren. Webmaster zum Beispiel haben nur Zugang zu Like Button Analytics, NutzerInnen sehen nur die Interaktionen ihres eigenen Freundeskreises. Likes und Shares werden nicht zentral in Profilen gespeichert, sondern erscheinen im Echtzeitstream auf der Pinnwand und haben daher eine ephemere Temporalität. Um die eigenen Like-Aktivitäten zu speichern und direkt einzusehen, müssen NutzerInnen auf externe Webseiten wie zum Beispiel Likejournal[6] zurückgreifen.

Anderen Akteuren ist dagegen nicht bewusst, dass sie produktiv an der Like Economy mitwirken. Laut Roosendaal (2010) fungiert der Like-Button als Cookie, der nicht erst durch einen Klick aktiviert werden muss, sondern bei jedem einzelnen Seitenaufruf Daten erhebt. Sobald Facebook-NutzerInnen eine Webseite mit einem Like-Button aufrufen, wird ein Cookie in ihrem Browser gespeichert, der ihr gesamtes Surf-Verhalten dokumentiert und mit ihrem Facebook-Profil verknüpft. Diese Cookies werden allerdings nicht nur bei Facebook-

6 | Unter: http://www.likejournal.com (zuletzt aufgerufen am 29.07.2011).

NutzerInnen aktiv, sondern dokumentieren auch das Surfverhalten von Nicht-NutzerInnen, sobald diese Webseiten mit Like-Buttons aufrufen. Ihre Daten können zwar nicht mit existierenden Facebook-Profilen verbunden werden, ergänzen die Datenbank aber als anonymisierte Informationen und stellen einen wirtschaftlichen Mehrwert für Facebook dar. Die Cookies in den externen Like-Buttons ermöglichen der Plattform damit, das gesamte Web-Nutzungsverhalten von Mitgliedern und Nicht-Mitgliedern zu erfassen und alle Web-NutzerInnen zu potentiellen Facebook-NutzerInnnen zu machen.

In diesem Sinne lässt sich argumentieren, dass die topologischen Raumqualitäten, die der Open Graph eingeführt hat, gleichzeitig mit metrisch-euklidischen einhergehen. Während die Infrastruktur der Like Economy auf der einen Seite die Grenzen zwischen Webseiten und der Plattform auflöst und beide relational hervorbringt, führt Facebooks Kontrolle der Datenflüsse eine simultane Rezentralisierung ein, die sich auf das gesamte Web auswirkt. Nur die Plattform kann alle Daten mit den jeweiligen Profilen der NutzerInnen zusammenbringen und kommerziell verwerten. Trotz der beginnenden Öffnung des Walled Gardens etabliert sich Facebook als diskrete, klar abgegrenzte Instanz, die keine offene und hierarchiefreie Infrastruktur hervorbringt, sondern zum zentralen Knotenpunkt der Like Economy wird.

Die Gleichzeitigkeit von topologischen und euklidischen Raumverhältnissen schließt sich im Kontext von Facebooks Open Graph nicht aus, sondern bringt sich gegenseitig hervor. Die Like Economy schafft ein produktives Wechselspiel zwischen digitalen Räumen, Datenflüssen und ökonomischem Mehrwert, in dem die Like-Buttons sowohl Datenflüsse quantifizieren als auch herstellen.

Metrifizierung und Intensivierung von Affekten

Um zur Beziehung zwischen sozialer Interaktion und wirtschaftlichem Kapital zurückzukehren, wird in diesem Abschnitt betrachtet, wie der Like-Button affektive Reaktionen sowohl metrifiziert als auch intensiviert. Während der vorangegangene Abschnitt das Verhältnis zwischen der Erfassung und dem performativen Hervorbringen von digitalen Räumen und ihrer Strukturverfasstheit betrachtet hat, wird nun ein ähnliches Wechselverhältnis in Bezug auf die Aktivitäten und Affekte der NutzerInnen fokussiert.

Der Button stellt einen Versuch dar, affektive, intensive Reaktionen (Massumi 2002, Clough/Halley 2007) auf Statusmeldungen, Links, Kommentare, Webinhalte oder Bilder in ein vergleichbares und zählbares Format zu kanalisieren. Er ermöglicht es, positive Affekte mit einem Klick sowohl zu materialisieren als auch zu messen und zu erfassen. Empathie, Freude, Zustimmung, Aufregung, aber auch ironische und zynische Stimmungen werden mit einem Klick auf den Button ausgedrückt. Relationale und an sich nicht messbare

Affektdynamiken werden dabei in vorkonfigurierte Einheiten übersetzt, die aggregiert und verglichen werden können. Like-Buttons übertragen die topologischen Qualitäten von Affekten in das euklidisch messbare »Gefällt mir«. Arvidsson drückt diese Dynamik wie folgt aus: Like-Buttons »allow for an objectification and valorization not of the time spent by users online, but of their ability to create webs of affective attachments around informational objects« (Arvidsson 2011: 16). DeLanda folgend stellt der Button damit die Extensivierung[7] von Intensitäten dar, die Überführung von affektiven Innenzuständen in externalisierte Zahlenwerte und Blöcke. Eben diese Metrifizierung erlaubt es Facebook, affektive Reaktionen in wirtschaftlich verwertbare Daten umzuwandeln. Like-Buttons tragen dazu bei, dass Alltagsaktivitäten und Daten im Sinne postfordistischer Wirtschaftsmodelle nicht mehr voneinander zu trennen sind: »Knowledge and life become inextricable« (Thrift 2007: 30). Soziale Interaktion, Daten und wirtschaftlicher Mehrwert fallen in der Like Economy zusammen und verschmelzen zunehmend. Die quantitative Erfassung von Affekten produziert damit nicht nur Näheverhältnisse zwischen Facebook und dem Web, sondern auch wirtschaftlichen Mehrwert.

Diese Entwicklung sollte nicht als Novum einer von Facebook initiierten Like Economy betrachtet werden, sondern muss im Kontext postfordistischer Wirtschaftssysteme und einem steigenden Interesse an so genannten transaktionalen Daten diskutiert werden. Mit dem Wandel von industrieller Massenproduktion zu flexibler Spezialisierung oder postfordistischen Produktionsmodellen (Lash/Urry 1987) entwickelte sich ein steigendes Unternehmensinteresse an KonsumentInnenforschung, aber auch an der Produktivkraft von sozialer Interaktion und Alltagstätigkeiten (Lazzarato 2004). Konsum wurde zunehmend als

---

7 | Der Begriff der Extensivierung ist eine eigene Übersetzung mit Bezug auf die Arbeit von Nigel Thrift (2007) und Manuel DeLanda (2002) und wird im Folgenden dem Konzept der Intensivierung gegenübergestellt. In »Non-Representational Theory« führt Thrift das Gegensatzpaar »extensification« und »intensification« ein, um die Überführung von intensiven Dynamiken in vergleichbare und zählbare Blöcke und vice versa zu beschreiben (2007). DeLanda adressiert die Wechselwirkung zwischen »extensive and intensive properties« in »Intensive Science and Virtual Philosophy« (2002): »comparing the relation between topological and metric spaces to that between intensive and extensive properties: the latter are divisible in a simple way, like lengths or volumes are, while the former, exemplified by properties like temperature or pressure, are continuous and relatively indivisible« (DeLanda 2002: 45). DeLanda interessiert sich vor allem für die Übergänge von intensiven zu extensiven Zuständen, die im Folgenden als Extensivierung adressiert werden sollen: »in which an undifferentiated intensive space (that is, a space defined by continuous intensive properties) progressively differentiates, eventually giving rise to extensive structures (discontinuous structures with definite metric properties)« (2002: 27).

produktive Tätigkeit verstanden, die zur Wertschöpfung beiträgt (Toffler 1980, Norman/Ramirez 2000, Arvidsson 2006). In der zweiten Hälfte des 20. Jahrhunderts konnte daher eine Differenzierung von Techniken der KonsumentInnenforschung beobachtet werden. Unternehmensführung, so argumentiert Thrift, ist zu einer Tätigkeit mit hoher Informationsintensität avanciert (2005), die auf ständigen Feedback-Loops von Informationen über KonsumtInnen, Märkte, aber auch unternehmensinternen Prozessen basiert (Lury 2004). Mit der zunehmenden Bedeutung von sozialen Netzwerken haben Unternehmen erkannt, dass NutzerInnen online große Mengen an Daten über ihre Präferenzen, Interessen und Konsumgewohnheiten veröffentlichen, die bisher nur über Marktforschung zugänglich waren. Anders als Marktforschungsdaten sind Informationen aus sozialen Netzwerken nicht in einem Forschungskontext entstanden, sondern stellen transaktionale Daten dar, die durch Alltagsaktivitäten entstehen. Während das Hauptinteresse von Web Analytics in der Hit Economy die Auswertung von Seitenaufrufen war und die Link Economy sich auf Verlinkungspraktiken und Suchmaschinenoptimierung konzentriert, gilt der zentrale Fokus der Like Economy so genannten Community Insights sowie der Konversations- und Reputationsanalyse (Lury/Moor 2010). Untersucht werden im Social Media Monitoring einerseits die Inhalte und Themen sozialer Interaktionen, aber auch affektive Stimmungen und so genannte Sentiments (Arvidsson 2011): die positive, neutrale oder negative Einstellung zu einem Thema. Die Einführung des Like-Buttons kann also einerseits als Versuch gelesen werden, Webnutzung sozialer zu gestalten, andererseits aber als Reaktion auf ein zunehmendes Unternehmensinteresse an der Analyse von Sentiments verstanden werden.[8] Der Zusammenfall von ökonomischem Mehrwert, Daten und sozialer Interaktion ist daher kein neues Phänomen, wird jedoch im Kontext der Like Economy durch die performative, datenintensive Infrastruktur des Open Graphs und des Like-Buttons in einem immer größeren Maßstab ermöglicht.

Doch der Like-Button metrifiziert nicht nur intensive Reaktionen und Stimmungen, er hat selbst intensive und produktive Kapazitäten. Facebook fordert Webmaster auf, den Button in ihre Webseite zu integrieren und der Plattform damit externen Webspace zur Verfügung zu stellen – mit der Aussicht, dass jedes Like weitere Aktivitäten und Traffic nach sich zieht, da es einem ausgewählten Freundeskreis präsentiert wird (Facebook + Media 2010). Aber auch innerhalb von Facebook ist das Anklicken eines Like-Buttons als Angebot zur weiteren Interaktion zu verstehen, welches im Newsfeed des eigenen Netzwerks erscheint und zu weiteren Likes, Kommentaren oder Aktivitäten auffordert. Jedes Like von Webinhalten wird mit der affektiven Erwartung getätigt, eine Gegenreaktion zu erhalten. Diese Dynamiken adressiert Facebook mit der Funktion der Benachrichtigungen, einem kleinen roten Fähnchen am oberen

8 | Vgl. auch den Beitrag von Mark Andrejevic in diesem Band.

Rand der Website, dass sofort alle Reaktionen auf eigene Aktionen dokumentiert und eine affektiv aufgeladene Infrastruktur schafft.

In diesem Sinne ermöglicht die Quantifizierung von Intensitäten die Produktion neuer Intensitäten. Quantifikation und Qualifikation von sozialer Interaktion fallen im Like-Button zusammen und bringen sich gegenseitig hervor. Diese Vermischung wird von Nigel Thrift (2007) als Qualkulation bezeichnet, als Metrifizierung, die selbst performative Kapazitäten besitzt. Zahlen und Zähler sind in diesem Kontext keine diskreten Einheiten, sondern haben performative Potentiale (Thrift 2007). Mit dem Konzept der Qualkulation adressiert Thrift eben jene »increasing tendency to frame number as quality, in the sense that calculations are so numerous and so pervasive that they show up as forces rather than discrete operations« (Thrift 2007: 100).

Auch für Webmaster und aus der Sicht von Facebook selbst haben die Like-Buttons produktive und performative Eigenschaften, die über die reine Metrifizierung von Affekten hinausgehen. Like-Button-Zähler registrieren und zeigen jedes Like, jeden Kommentar und jedes Share, welche ein Artikel oder eine Webseite hervorgerufen hat. Je höher die Zahl, desto höher das affektive Interesse an dem Artikel – und damit die Wahrscheinlichkeit, weitere Likes und Kommentare zu erzielen. Sobald sie anonymisiert sind, ermöglicht die Umwandlung von affektiven Reaktionen in Blöcke von Daten, sie an Webmaster oder an externe Unternehmen weiterzugeben oder zu verkaufen.[9] Die Extensivierung von Affekten durch Likes überführt diese in tauschbare kommerzielle Objekte mit multipler Produktivkraft. Die Anzahl der Likes kann nicht als bloße Repräsentationen der Aktivitäten von NutzerInnen verstanden werden, sondern muss als nicht-repräsentativ oder mehr-als-repräsentativ im Sinne von Thrift (2007) gedacht werden, da sie soziale Interaktion nicht nur erfassen, sondern auch selbst hervorbringen.

Was hervorgebracht wird, sind zum Teil weitere Aktivitäten, aber auch Veränderungen der Profile der Facebook-NutzerInnen, die in der Interaktion mit ihren Kontakten entstehen. Laut danah boyd zeichnen sich soziale Netzwerke dadurch aus, dass soziale Beziehungen selbst durch belanglose Interaktionen aufrecht erhalten werden (boyd 2009). Profil-Identitäten, aber auch Netzwerke sind in diesem Sinne nicht gegeben und statisch, sondern müssen konstant performativ hergestellt werden. Der Open Graph und die einfache Integration von externen Webinhalten eröffnen neue Ressourcen für solch performative Aktivitäten. Durch das Veröffentlichen von interessanten, relevanten oder ironischen Webinhalten stellen die NutzerInnen ein Bild von sich her, welches durch die Interaktion mit anderen auch sozial hervorgebracht wird. In diesem Prozess

9 | Aus technischer Perspektive heißt dies jedoch nicht, dass eine Identifizierung einzelner NutzerInnen durch Zusammenführung von Daten ausgeschlossen werden kann (Gürses/Danezis 2011).

spielen Zahlen und numerische Werte ebenso eine performative Rolle wie qualitative Kommentare (Venn 2010, Manning 2010). Denn die Anzahl der eigenen Likes, die Anzahl der rot aufleuchtenden Benachrichtigungen sind Quantifizierungen mit affektiven Qualitäten. Erzeugt ein geteilter Link oder eine Statusnachricht keine Likes und keine Benachrichtigungen, so erzeugt sie keine Resonanz im eigenen Freundeskreis. Information und Daten können in diesem Kontext als affektiv verstanden werden und mit Bezug auf Gilbert Simondon sogar als »information as in-formation«. In der Like Economy fungieren numerische Werte als Entitäten, die Profile produzieren: »Beyond information as quantity and information as quality, there is what one could call information as intensity« (Simondon 2005: 242, übersetzt in Venn 2010).

Extensivierung und Intensivierung stellen daher zentrale Elemente der Like Economy dar. Denn nur über die Extensivierung von Affekten und sozialer Interaktion können diese in wirtschaftlich verwertbare Daten verwandelt werden und gleichzeitig weitere Aktionen hervorrufen. Dieses Wechselspiel situiert damit einen Teil des wirtschaftlichen Werts von Datenflüssen in der Zukunft, da jedes Like weitere Likes hervorrufen kann.

AKTUELLER UND POTENTIELLER MEHRWERT IN DER LIKE ECONOMY

Im Verlauf dieses Artikels wurde gezeigt, wie Facebook anhand von Social Plugins ins gesamte Web expandiert und eine datenintensive Infrastruktur schafft, die nicht nur soziale Interaktion hervorbringt, sondern diese gleichzeitig in Daten umwandelt. Diese Prozesse wurden als Like Economy bezeichnet und in Bezug auf die Hit Economy und die Link Economy kontextualisiert. Mit Fokus auf die digitale Infrastruktur und die entstehenden Datenflüsse wurde die These aufgestellt, dass Facebooks Like Economy zu einer gleichzeitigen De- und Rezentralisierung von digitalen Räumen beiträgt. Dezentralisierend, da die Social Plugins externe Webseiten und Facebook zu relational verknüpften Räumen ohne klare Grenzen, aber mit topologischen Qualitäten machen. Rezentralisierend, da nur Facebook uneingeschränkten Zugang zu allen generierten Daten hat und durch die in den Like-Buttons installierten Cookies potentiell alle WebnutzerInnen zu NutzerInnen von Facebook werden. Als wesentliche Triebkraft der Datenproduktion wurde das Wechselspiel von Intensivierung und Extensivierung angeführt, da Like-Buttons affektive, qualitative Reaktionen in vergleichbare Zahlenwerte überführen, die wiederum weitere affektive Reaktionen hervorrufen können. Der Like-Button und der Like-Zähler wurden als nicht-repräsentative und performative Objekte diskutiert, die Interaktionen im digitalen Raum gleichzeitig ermöglichen, materialisieren, kalkulieren und multiplizieren. Das Wechselspiel zwischen Erfassung und Hervorbringung prägt, so argumentiert der Artikel, zwei Ebenen in der Like Economy: Einerseits schafft es eine Strukturverfasstheit von digitalen Räumen, die diese sowohl de- als auch rezentralisiert. Anderseits erlaubt es, intensive Affekte in tauschbare Objekte zu verwandeln, die sich selbst exponentiell vervielfältigen. Der Artikel hat eine medienspezifische Perspektive auf die Plattform entwickelt und analysiert digitale Räume und technische Infrastruktur des Open Graph als zentrale Produktivkräfte der Like Economy. Like-Button und der Open Graph ermöglichen die konstante Erfassung wirtschaftlich wertvoller Datenflüsse im Hintergrund einer Oberfläche, die sich als soziales Web präsentiert, in der Sozialität jedoch mit Informationsgehalt und Messbarkeit zusammenfällt.

In einem letzten Schritt eröffnet der Artikel eine kritische Zukunftsperspektive auf die Like Economy und argumentiert, dass sie eine kalkulationsintensive Infrastruktur schafft, in der ökonomischer Mehrwert zunehmend in der Zukunft und in positiven Affekten liegt.

Die Like Economy produziert ein Umfeld, in dem das Verhalten von NutzerInnen permanent detailliert erfasst und gleichzeitig in die Zukunft projiziert wird: »to capture the outlines of a world just coming into existence, one which is based on continuous calculation at each and every point along each and every line of movement« (Thrift 2007: 89). Der Mehrwert der produzierten Daten liegt dabei zum Teil in den Datenflüssen selbst, zum Teil in dem, was noch zu erwarten ist. Erstens sind soziale Aktivitäten im Kontext von Facebook sowie auf externen Webseiten mit Facebook-Plugins nicht als abgeschlossene, diskrete Akte zu verstehen, sondern als fortlaufende Prozesse, die weitere Aktivitäten nach sich ziehen. Im Kontext dieser Erwartung erhält zwar jedes Like, jeder Kommentar im Zähler den Wert 1, hat potentiell aber den Wert ≥1 da es weitere Aktivitäten produzieren kann. Zweitens ist relevant, wie Facebook die gewonnenen Daten in Zusammenarbeit mit Kooperationspartnern wie Bing oder Tripadvisor einsetzt. Ziel von Instant Personalization ist, Webinhalte anhand der Präferenzen des Freundeskreises vorzusortieren. Während Google Suchergebnisse anhand vorheriger Suchen und potentieller Individualinteressen filtert und Amazon sich für seine Kaufempfehlungen auf die Kaufentscheidungen aller NutzerInnen beruft, basiert Facebook seine Empfehlungskultur auf die Aktivitäten von spezifischen Freundeskreisen. Zwar bietet Facebook noch keinen Like-basierten Such- und Sortieralgorithmus, trägt aber zu einer sozial qualifizierten Ergänzung bestehender Algorithmen bei Instant-Personalization-Partnern bei.

In diesem Sinne liegt der Wert der erhobenen Daten unter anderem darin, Web-NutzerInnen zu zeigen, was sie mögen könnten, bevor sie es selber wissen. Die entstehende Empfehlungskultur basiert, so die These, auf Dynamiken der Prämediatisierung[10] im Sinne von Richard Grusin (2010a). Prämediatisierung

10 | Der Begriff der Prämediatisierung stellt keine offizielle Übersetzung des englischen Originalausdrucks »Premediation« dar, ist jedoch an die deutsche Nutzung des

ist die affektive Vorwegnahme bestimmter Handlungen und Entwicklungen, die diese damit wahrscheinlicher machen als andere. Grusin beschreibt Prämediatisierung oder englisch »premediation« als »production of a collective affective orientation towards a particular future« (Grusin 2010a: 48). Während das Konzept ursprünglich als Reaktion auf das mediale Klima nach dem 11. September in den USA entwickelt wurde, sieht Grusin Prämediatisierung inzwischen als immer häufigeres Strukturmerkmal von digitalen Medien, zum Bespiel bei Google Instant (Grusin 2010b). Google Instant vervollständigt Suchanfragen automatisch und zeigt schon während des Eintippens Suchergebnisse an. Anstatt also das Internet anhand festgelegter Suchergebnisse vorzustrukturieren, strukturiert Google Instant bereits die Suche selbst vor – und ermöglicht laut Grusin »the premediation of everything«: »Google's aim is no longer to remediate the web through search, but to mobilize the individual and collective affectivity of anticipation that marks the premediated everyday of the 21st century« (Grusin 2010b). Die Like Economy trägt zur Prämediatisierung von Web-Erfahrung anhand von Aktivitäten des Freundeskreises bei. Der wirtschaftliche Wert von Likes und ihren Datenflüssen liegt also hauptsächlich nicht in der Gegenwart, sondern in der Zukuft: »In other words, value increasingly arises not from what is but from what is not yet but can potentially become, that is from the pull of the future, and from the new distributions of the sensible that can arise from that change« (Thrift 2007: 31).

Während partizipative Webökonomien bisher vor allem in Bezug auf die Beziehung zwischen Plattformen und NutzerInnen untersucht worden sind, in Hinblick auf die kollektive Produktion von Inhalten, als Formen freier Arbeit, Überwachung oder gar Ausbeutung, bietet der medienspezifische Ansatz eine ergänzende Perspektive an. Webmaster und Kooperationspartner werden als zentrale Akteure eingeführt, die als KoproduzentInnen der datenintensiven Infrastruktur fungieren. Vor allem Webmaster tragen dazu bei, das gesamte Web mit Facebook zu verknüpfen und die Datenerhebungspraktiken der Plattform zu maximieren. Ihre zunehmend zentrale Rolle wirft neue Fragen zur Verantwortung von Webmastern in der Like Economy auf. Mit der Einführung des Open Graph und der Social Buttons kann eine kritische Auseinandersetzung mit Facebook und seinem Wirtschaftsmodell sich nicht mehr nur auf die Plattform und ihre Beziehung zu NutzerInnen konzentrieren, sondern muss Webmaster als KoproduzentInnen mitdenken. Als Reaktion auf diese Verantwortung wurden bereits alternative Like-Buttons entwickelt, die zum Beispiel ohne Cookies auskommen. Die umfassende Infrastruktur des Open Graphs macht es zudem für Web-NutzerInnen immer schwieriger, *nicht* an der Like Economy teilzunehmen. Jeder Seitenaufruf kann potentiell einen Facebook-Cookie akti-

Begriffs »Remediatisierung« für Jay David Bolters und Richard Grusins Konzept der »Remediation« angelehnt.

vieren und egal ob Web-NutzerInnen ein Facebook-Profil besitzen oder nicht, kann ihr Surf-Verhalten jederzeit Daten für die Plattform produzieren.

Die Tatsache, dass Facebook trotz großen Interesses davon absieht, einen Button für negative Affekte, den Dislike- oder »Gefällt-mir-nicht«-Button anzubieten (Sawens 2010), eröffnet schlussendlich die Frage, was für ein Web die Like Economy ermöglicht. Obwohl ein Dislike-Button durchaus mit der Erfassung von positivem als auch negativem Sentiment im Sinne der Social-Media-Forschung übereinstimmen (Lury/Moor 2010) und genau wie der Like-Button mehr Aktivitäten erzeugen würde, bietet Facebook nur positiv konnotierte Empfehlungen an. Damit schafft die Like Economy ein Umfeld, in dem NutzerInnen sich gegenseitig Webinhalte und Aktivitäten empfehlen, aber nicht mit einem Klick kritisieren oder kontrovers verlinken können. Offiziell begründet Facebook das Ausbleiben des Dislike-Buttons mit der Befürchtung, dass NutzerInnen den »Gefällt mir nicht«-Button vermehrt für Mobbing im Netz einsetzen würden (Sawers 2010). Dennoch kann diese Entscheidung auch wirtschaftliche Dimensionen haben. Für Webmaster und Instant-Personalization-Partner hat dies den Vorteil, dass ihre Inhalte nur positive Resonanz erhalten können und dass Facebook-Links positive Links darstellen und Facebook-Traffic Empfehlungstraffic ist. Für Facebooks Data-Mining-Prozesse ist es wertvoller zu wissen, was NutzerInnen mögen und zu konsumieren bereit sind, als was sie ablehnen oder kritisch betrachten. Die Abwesenheit des Dislike-Buttons schafft, so vermutet Rogers (2011), ein »Happy Web«, das von positiven Affekten und Aktivitäten bestimmt ist und in dem es keine Möglichkeit der Kritik per Mausklick gibt.[11]

Statt die Aktivitäten von NutzerInnen als Form von immaterieller oder freier Arbeit zu verstehen, hat dieser Artikel die Rolle der technischen Infrastruktur betont, die es ermöglicht, Affekte, Näheverhältnisse und damit das Leben selbst, »life itself«, in wirtschaftlich verwertbare Blöcke von Daten zu verwandeln (Lazzarato 2004). Affekte und soziale Beziehungen sind nicht per se ökonomisch verwertbar, da sie intensiv und nicht direkt messbar sind. Es ist die technische Infrastruktur, die ermöglicht, sie in quantitative und aggregierbare Likes zu überführen, die tausch- und verwertbar sind. In diesem Sinne konterkariert die Like Economy die Ambition von Facebook, Weberfahrung sozialer zu gestalten, da Sozialität zunehmend mit Messbarkeit und Datenproduktion zusammenfällt und positive Affekte statt kontroverser Auseinandersetzung fördert.

Dieser Artikel ist eine Adaption des englischen Originaltexts »The Like Economy«, der gemeinsam mit Anne Helmond, Digital Methods Initiative, Universität von Amsterdam verfasst wurde.

11 | Vgl. auch den Beitrag von Geert Lovink in diesem Band.

Literatur

Arvidsson, Adam (2006): Brands. Meaning and Value in Media Culture, London: Routledge.

Arvidsson, Adam (2011): General Sentiment: How Value and Affect Converge in the Information Economy, in: Social Science Research Network vom 19. April 2011. Unter: http://papers.ssrn.com/sol3/papers.cfm?abstract_id=1815031 (zuletzt aufgerufen am 29.7.2011).

Arvidsson, Adam/Colleoni, Elanor (2011): Value in Informational Capitalism and On the Internet. A Reply to Christian Fuchs, in: Social Science Research Network vom 28. Februar 2011. Unter: http://papers.ssrn.com/sol3/papers.cfm?abstract_id=1772975 (zuletzt aufgerufen am 29.7.2011).

Badiou, Alain (2006): Number and Numbers, Cambridge: Polity Press.

Barnet, Emma (2010): Tim Berners-Lee Criticises Facebook's »walled garden«, in: The Telegraph vom 22. Oktober 2010. Unter: http://www.telegraph.co.uk/technology/facebook/8151101/tTim-Berners-Lee-criticises-Facebooks-walled-garden.html (zuletzt aufgerufen am 29.7.2011).

Beer, David/Burrows, Richard (2010): Consumption, Prosumption and Participatory Web Culturs: An Introduction, in: Journal of Consumer Culture 10:3, S. 3-12.

Benkler, Jochai (2006): The Wealth of Networks, New Haven: Yale University Press.

boyd, danah (2010): Social Network Sites as Networked Publics: Affordances, Dynamics, and Implications, in: Zizi Papacharissi (Hg.), A Networked Self: Identity, Community, and Culture On Social Network Sites, London: Taylor & Francis, S. 39-58.

Claburn, Thoma (2009): Web 2.0 Summit: Facebook Bets On Wisdom Of Friends, in: InformationWeek vom 21. Oktober 2009. Unter: http://www.informationweek.com/news/internet/web2.0/showArticle.jhtml?articleID=220900041 (zuletzt aufgerufen am 29.7.2011).

Clough, Patricia Ticineto/Halley, Jean (2007): The Affective Turn. Theorizing the Social, Durham and London: Duke University Press.

D'Alessio, Dave (1997): Use of the World Wide Web in the 1996 US Election, in: Electoral Studies 16:4, S. 489-500.

DeLanda, Manuel (2002): Intensive Science and Virtual Philosophy, London: Continuum.

DeLanda, Manuel (2006a): A New Philosophy of Society. Assemblage Theory and Social Complexity, London: Continuum.

DeLanda, Manuel (2006b): Deleuzian Social Ontology and Assemblage Theory, in: Martin Fuglsang/Bent Meier Sorensen (Hg.), Deleuze and the Social, Edinburgh: Edinburgh University Press, S. 250-267.

Deleuze, Gilles/Guattari, Felix (1997): Tausend Plateaus. Kapitalismus und Schizophrenie, Berlin: Merve.

Duffy, Simon (Hg.) (2006): Virtual Mathematics. The Logic of Difference, Bolton: Clinamen Press.

Facebook + Media (2010): The Value of a Liker, in: Facebook and Media vom 29. September 2010. Unter: http://www.facebook.com/notes/facebook-media/value-of-a-liker/150630338305797 (zuletzt aufgerufen am 29.7.2011).

Facebook Statistics (2011), siehe unter: www.facebook.com/press/info.php?statistics (zuletzt aufgerufen am 29.7.2011).

Farber, Dan (2007): Facebook's Zuckerberg Uncorks the Social Graph, in: ZNet vom 24. Mai 2007. Unter: http://www.zdnet.com/blog/btl/facebooks-zuckerberg-uncorks-the-social-graph/5156 (zuletzt aufgerufen am 29.7.2011).

Fitzpatrick, Brad (2007): Thoughts on the Social Graph, siehe unter: http://bradfitz.com/social-graph-problem/ (zuletzt aufgerufen am 29.7.2011).

Fuchs, Christian (2010): Labor in Informational Capitalism and on the Internet, in: The Information Society 26, S. 179-196.

Gelles, David (2010): Facebook's Grand Plan for the Future, in: Times Magazine vom 3. December 2010. Unter: http://www.ft.com/cms/s/2/57933bb8-fcd9-11df-ae2d-00144feab49a.html (zuletzt aufgerufen am 29.7.2011).

Gerlitz, Carolin (2009): Made by Many. Tracing and Mapping the Affective Topologies of Brands, Präsentation auf der Changing Cultures – Cultures of Change Konferenz in Barcelona am 12. Dezember 2009.

Gibson, David/Kleinberg, Jon/Raghavan, Prabhakar (1998): Inferring Web Communities From Link Topology, in: Proceedings Of the Ninth ACM Conference On Hypertext and Hypermedia: Links, Objects, Time and Space, S. 225-234.

Gorbis, Marina (2011): Ain't Gonna Work on Arianna's Farm No More, siehe unter: http://www.iftf.org/SocialProduction vom 1. Mai 2011 (zuletzt aufgerufen am 29.7.2011).

Grusin, Richard (2010a): Premediation: Affect and Mediality After 9/11, New York: Palgrave Macmillan.

Grusin, Richard (2010b): Google and the Premediation of Everything, in: Premedation Blog vom 9. September 2010. Unter: http://premediation.blogspot.com/2010/09/google-and-premediation-of-everything.html (zuletzt aufgerufen am 29.7.2011).

Gürses, Seda/Danezis, George (2011): Illusion der Kontrolle. Ein kritischer Blick auf den technischen Datenschutz, in: Heinrich-Böll-Stiftung (Hg.), #public_life. Digitale Intimität, die Privatsphäre und das Netz, Berlin, Heinrich-Böll-Stiftung, S. 87-97.

Halpin, Harry/Tuffield, Mischa (2010): A Standards-Based, Open and Privacy-Aware Social Web, in: W3C Incubator Group Report vom 6. Dezember

2010. Unter: http://www.w3.org/2005/Incubator/socialweb/XGRsocialweb-20101206 (zuletzt aufgerufen am 29.7.2011).

Himel, Alex (2011): Real-Time Analytics for Social Plugins, in: Facebook Developers Blog vom 8. März 2011. Unter: https://developers.facebook.com/blog/post/476 (zuletzt aufgerufen am 29.7.2011).

Iskold, Alex (2007): Social Graph: Concepts and Issues, in: ReadWriteWeb vom 12. September 2007. Unter: http://www.readwriteweb.com/archives/social_graph_concepts_and_issues.php (zuletzt aufgerufen am 29.7.2011).

Kinsey, Mark (2009): Keeping Count Of Sharing Across the Web, in: The Facebook Blog vom 26. Oktober 2009. Unter: http://ja-jp.facebook.com/blog.php?post=165161437130 (zuletzt aufgerufen am 29.7.2011).

Lash, Scott/Urry, John (1987): The End of Organized Capitalism, Cambridge: Polity Press.

Lazzarato, Maurizio (2004): From Capital-Labour to Capital Life, in: Ephemera 4:3, S. 187-208.

Lury, Celia/Moor, Liz (2010): Brand Valuation and Topological Culture, in: Melissa Aronczyk/Devon Powers (Hg.), Blowing Up the Brand, New York: Peter Lang Publishing, S. 22-52.

Massumi, Brian (2002): Parables for the Virtual: Movement, Affect, Sensation, Durham, N.C.: Duke University Press.

Manning, Erin (2010): Always More than One: The Collectivity of a Life, in: Body & Society 16:1, S. 117-127.

Normann, Richard/Ramirez, Rafael 2000: From Value Chain to Value Constellation: Designing Interactive Strategy, in: Harvard Business School Press (Hg.), Managing the Value Chain, Harvard Business Review, Massachusetts: Harvard Business Press, S. 185-220.

Pearlman, Leah (2009): I Like This, in: The Facebook Blog vom 10. Februar 2009. Unter: http://blog.facebook.com/blog.php?post=53024537130 (zuletzt aufgerufen am 29.7.2011).

Rogers, Richard (2002): Operating Issue Networks On The Web, in: Science as Culture 11:2, S. 191-214.

Rogers, Richard (2005): Old and New Media: Competition and Political Space, in: Theory & Event, 8:2.

Rogers, Richard (2009): The End of the Virtual: Digital Methods, siehe unter: http://www.govcom.org/rogers_oratie.pdf (zuletzt aufgerufen am 29.7.2011).

Rogers, Richard (2011): Plenumsdiskussion »Power and Empowerment« auf der MiT7 Unstable Platforms: The Promise and Peril of Transition am Massachusetts Institute of Technology, 14. Mai 2011.

Roosendaal, Arnold (2010): Facebook Tracks and Traces Everyone: Like This!, in: Social Science Research Network vom 30. November 2010. Unter: http://papers.ssrn.com/sol3/papers.cfm?abstract_id=1717563 (zuletzt aufgerufen am 29.7.2011).

Ross, Joshua-Michéle (2009): John Hagel on The Social Web, in: O'Reilly Radar vom 24. Oktober 2009. Unter: http://radar.oreilly.com/2009/10/john-hagel-on-the-social-web.html (zuletzt aufgerufen am 29.7.2011).

Sawens, Paul (2010): Facebook Dislike Button: Why it Will Never Happen, in: The Next Web vom 10. Oktober 2010. Unter: http://thenextweb.com/socialmedia/2010/10/10/facebook-dislike-button-why-it-will-never-happen (zuletzt aufgerufen am 29.7.2011).

Serres, Michel (1995): Conversations on Science, Culture, and Time, Ann-Arbour: University of Michigan Press.

Siegler, M.G. (2010): »I Think Facebook Just Seized Control of the Internet«, in: Techcrunch vom 21. April 2010. Unter: http://techcrunch.com/2010/04/21/facebook/ (zuletzt aufgerufen am 29.7.2011).

Simondon, Gilbert (2005): L'individuation à la lumière des notions de forme et d'information, Grenoble: Millon.

Scholz, Trebor/Hartzog, Paul (2011): Toward a Critique of the Social Web, in: Re-Public. Unter: http://www.re-public.gr/en/?p=201 (zuletzt aufgerufen am 29.7.2011).

Terranova, Tizianna (2004): Network Culture: Politics for the Information Age, London: Pluto.

Thrift, Nigel (2005): Knowing Capitalism, London: Sage Publications.

Thrift, Nigel (2007): Non-Representational Theory: Space, Politics, Affect, London: Routledge.

Toffler, Alvin (1980): The Third Wave, London: Pan in Association with Collins.

Venn, Couze (2010): Individuation, Relationality, Affect: Rethinking the Human in Relation to the Living, in: Body Society 16, S. 129-161.

Walker, Jill (2002): Links and Power: The Political Economy Of Linking On the Web, in: Proceedings Of the Thirteenth ACM Conference On Hypertext and Hypermedia: HYPERTEXT '02, S. 72-73.

Zuckerberg, Mark (2008): Facebook Across the Web, in: Facebook Blog vom 04. Dezember 2008. Unter: http://www.facebook.com/blog.php?post=41735647130 (zuletzt aufgerufen am 29.7.2011).

Zuckerberg, Mark (2010): Building the Social Web Together, in: The Facebook Blog vom 21. April 2010. Unter: http://www.facebook.com/blog.php?post=383404517130 (zuletzt aufgerufen am 29.7.2011).

Nur die Ähnlichkeit unterscheidet uns

DIRK BAECKER

Facebook ist Soziologie für jedermann. Ich logge mich ein und bin nach wenigen Tagen nicht nur mit meinen Freunden verknüpft, sondern habe auch begriffen, dass diese Freunde genauso wie ich selbst in einem Netzwerk agieren. Erstaunt verfolge ich, wie ich mit den Freunden meiner Freunde in Verbindung trete und wie die Anlässe dazu gleichsam nachwachsen. Ich entwickle Absichten und Interessen, die ich nicht hätte, wenn ich nicht einige dieser Verbindungen für attraktiv halten würde und andere mit halbwegs brauchbaren Gründen abzulehnen wünschte.

Facebook ist Soziologie für jedermann auch in der Hinsicht, dass ich online sowohl mehr Zeit habe, mich auf Kontaktangebote anderer einzulassen, als auch mehr Zeit brauche, um abzuwarten, ob sich andere auf meine Angebote einlassen. Diese Zeit ist reine Beobachtungszeit. Ich nutze sie unwillkürlich, um zu überlegen, was ich wirklich will, wie ernst es mir ist und wie viel ich selbst aufs Spiel zu setzen bereit und von mir preiszugeben beziehungsweise über mich zu verheimlichen bereit bin. Während ich meine Kontakte beobachte, solche, die mich bedrängen, und solche, auf die ich vergeblich warte, beobachte ich mich, bringe ich mich in Form und Stellung und lerne ich, dass ich ohne Kontakte nichts bin.

Facebook ist Soziologie für jedermann aber auch nicht zuletzt deshalb, weil ich hier hautnah erfahre, dass Kommunikation nur weitergeht, wenn ich es schaffe, sie in der Schwebe zu halten, das heißt, wenn ich es schaffe, die Reaktion des anderen nicht vorwegzunehmen und auch mich selbst nicht allzu sehr festzulegen. Könnte man die Protokolle der Facebook-Kommunikation lesen, würde man feststellen, dass in ihnen sehr vieles uneindeutig bleibt. Wer mit der Soziologie nicht vertraut ist, würde diesen Teil der Facebook-Kommunikation für oberflächlich und nichtssagend halten. Tatsächlich jedoch handelt es sich bei diesem Teil um den wichtigsten und schwierigsten Teil der Kommunikation überhaupt, um ihre Anbahnung, um das Ködern eines Kontaktes, um das Ausprobieren eines Themas, um Vorschläge eines Themenwechsels, um Versuche, sich unauffällig wieder zurückzuziehen.

Im Alltag offline haben wir es mit denselben Kommunikationsdynamiken zu tun. Aber hier haben wir weder die Zeit noch die Protokolle, um sie zu beobachten. Von Angesicht zu Angesicht ist der unmittelbare Interaktionsdruck zu groß, als dass wir es uns leisten könnten, des Interaktionsgeschicks gewahr werden zu können, mit dem wir ihm auch hier aus dem Weg gehen. Wir überlassen dieses Geschick der Situation, mit der wir halb unbewusst besser umzugehen verstehen als bewusst. In Facebook jedoch entblättert sich uns diese Situation über einen ganzen Bildschirm.

Eine Soziologie für jedermann verändert die Gesellschaft, indem sie sie auf den Punkt bringt. Ich erkenne Strukturen, schätze ihre Reichweite ab und verändere sie, von denen mir weder am Arbeitsplatz noch beim Einkaufen, Sport oder Kinobesuch, noch beim Radiohören, Zeitunglesen oder Fernsehschauen etwas aufgefallen war. Facebook ist wie eine Selbsthilfegruppe für alle. Ich erkenne, dass ich nicht allein bin, sondern dass es ganz viele gibt, die genauso sind wie ich. Das kann mich zu einer politischen Bewegung ermutigen; das kann mich auch erschrecken und zu neuen Bemühungen um meine eigene Individualisierung herausfordern.

Wir kennen das, wenn wir unwillkürlich in einem Restaurant oder in einer Fußgängerzone Gespräche am Nachbartisch oder zwischen Passanten belauschen, von denen wir den Eindruck haben, dass wir in einer ähnlichen Situation dasselbe gesagt hätten und es daher mit unserer Einzigartigkeit nicht so sehr weit her sein kann. Diese ganz isolierten Eindrücke konnten wir vernachlässigen, solange sie so isoliert auftraten. In Facebook haben wir diesen Eindruck laufend. Vermutlich laden Facebook und andere »soziale Netzwerke« deshalb so sehr zur Pflege von Spontaneität, wenn nicht von Idiosynkrasien ein, weil wir diesen Eindruck ebenso unwillkürlich abzuschütteln versuchen. Aber er lässt sich nicht abschütteln. Wir haben nur die Wahl, uns von Facebook wieder abzumelden (aber wer tut das schon?) oder uns auf diese Erkenntnis unserer Ähnlichkeit und Vergleichbarkeit mit so vielen anderen einzulassen.

Facebook ist der Beweis für die ebenso ökonomische wie soziologische Theorie eines Gary S. Becker, der davon ausgeht, dass die Menschen in der Tat alle dieselben Präferenzen haben. Sie alle wünschen sich Distinktion und Anerkennung, Freunde, Reputation und Macht, Wissen, Gnade und Hoffnung, Begegnungen und Abenteuer sowie Erlösung von ihren Schmerzen. Sie unterscheiden sich nur in den Mitteln, die ihnen zur Verfügung stehen, um sich diese Wünsche zu erfüllen. Die einen haben viele Freunde, aber kein Geld, andere haben die Macht, aber kein Wissen, und wieder andere haben Geld, aber keine Anerkennung, und manche verpassen schlicht die Gelegenheit. Die einen verwirklichen sich in ihren Briefmarken, andere in ihren Kindern, wieder andere in den Reisen, die sie unternehmen. Die Mittel unterscheiden sich, doch die Ziele und damit auch die Präferenzen bleiben gleich. Der Rest ergibt sich daraus, wie man das, was man hat, verwendet, um das, was man nicht hat, zu kompensieren, um schließlich genau das zu erreichen, was alle haben wollen, auch wenn es dann ganz anders aussieht. Jeder bemüht sich, Zeit, Ressourcen und soziales Umfeld so zu variieren und zu kombinieren, bis die eigenen Wünsche als erfüllt gelten können. Die einen müssen dafür eine Partei gründen, den anderen genügt das Umstellen einer Blumenvase und wieder andere verlassen sich auf die Erziehung ihrer Kinder. Nur der Weise, sagen die Buddhisten, ist fade und verweigert so den Unterschied.

Facebook ist eine Übung in Abstraktion. Ich sehe nichts als die konkretesten Details, und weil sie so konkret sind und weil es so viele davon gibt, erkenne ich schließlich das Muster, das für alle dasselbe ist. Blitzschnell ergeben sich daraus die mächtigsten politischen Bewegungen und ebenso schnell ist der Markt, auf den ich mich gestern noch verlassen habe, heute schon wieder woanders. Facebook bewegt die Tautologie der Gesellschaft; und die Tautologie der Gesellschaft bewegt Facebook. Zwischen der Logik des Selben und der Logik des Verschiedenen lässt Facebook nur den Unterschied des Details. Die Gesellschaft beginnt zwischen zwei Polen zu oszillieren. Der eine Pol ist die dauernde Erregung durch sich selbst, ohne die Möglichkeit, vorherzusehen, worin sie sich äußern wird. Und der andere Pol ist die unendliche Beruhigung darüber, dass jeder Unterschied nur ein Unterschied ist, verknüpft mit allem anderen.

Von der Freundschaft in Facebook

Mediale Politiken sozialer Beziehungen in Social Network Sites

RALF ADELMANN

»O meine Freunde, es gibt keinen Freund«
(Aristoteles zugeschrieben)

»These people on Facebook, they're not your friends«
(William Shatner)

DIMENSIONEN DER FREUNDSCHAFT

Am Ende der Episode »The white asparagus triangulation« (Episode 9, 2. Staffel) der US-amerikanischen Sitcom THE BIG BANG THEORY (CBS, 2007–) ändert Sheldon, der Mitbewohner und Freund von Leonard, dessen Facebook-Status in »Leonard Hofstadter is in a relationship«. Damit wird ein typischer Serienplot über eine sich anbahnende romantische Freundschaft zwischen Stephanie und Leonard sowie die damit verbundenen und narrativ nutzbaren Unsicherheiten in einen definitiven Zustand von Null oder Eins überführt. Durch den Eingriff Sheldons wird die Beziehung in einen klaren Status gebracht. Über diese Manipulation in seinem Facebook-Profil erfährt Leonard im Kreise seiner Freunde durch seine Nachbarin Penny, die mit ihrem aufgeklappten Laptop und der geöffneten Facebook-Seite von Leonard in dessen Wohnung eintritt. Sofort entsteht unter den anwesenden Freunden Leonards eine Diskussion, welche Konventionen bei der Änderung des Facebook-Status in einer romantischen Beziehung zu beachten sind. Das vermeintliche Vorpreschen von Leonard durch das Statusupdate in Facebook wird von allen Freunden als destruktiv für eine Liebesbeziehung beurteilt. Nachdem Sheldon als der eigentliche Verursacher entlarvt ist, bemerkt Penny auf ihrem Laptop folgende Aktualisierung: »Oh, wow. She just updated her Facebook status«; und Howard, ein weiterer Freund von Leonard, liest vor: »Stephanie Barnett is in a relationship with Leonard Hofstadter.« Nach der vorhergehenden kontroversen Debatte unter den anwesenden Freunden ist Leonard nun von der schnellen Entwicklung seiner Liebesbeziehung auf Facebook angenehm überrascht: »Really? Oh, look at that. I have a girlfriend.«

Anfang November 2010 erklärt Jimmy Kimmel in seiner Late Night Show Jimmy Kimmel Live! (ABC, 2003–) den 17. November zum National UnFriend Day: »Friendship is a sacred thing, and I believe Facebook is cheapening it!« Jimmy Kimmel zeigt in seiner Show die Facebook-Seite einer Nutzerin, die mehr als 500 Freunde auflistet und deren aktuelle Nachrichten Belanglosigkeiten wie konsumierte Getränke, Monatswechsel oder Außentemperaturen ihrer Aufenthaltsorte mitteilen. Dagegen beschwört Kimmel die wenigen ›wahren‹ Freunde im Leben und die Zerstörung dieser wertvollen sozialen Beziehungen durch den massenhaften Gebrauch des Freundschaftsbegriffes in Facebook. Dementsprechend mahnt der Schauspieler William Shatner in einem Videoclip zum National UnFriend Day, dass die Menschen in Facebook nicht unsere Freunde sind (siehe Eingangszitat).

Diese beiden Beispiele[1] der televisuellen Reflexion von Freundschaft in Facebook deuten auf eine vielfältige Problematisierung dieser Praxen in Diskursen über soziale Beziehungen hin. Auf den ersten Blick fallen die kritischen Anmerkungen zur Quantifizierung von Freundschaft, die Kommentare zu den sich durch das Internet negativ verändernden Strukturen sozialer Beziehungen sowie der verklärte Rückbezug zu einem zeitlosen Konzept der Freundschaft auf. Mit den Social Network Sites erfährt Freundschaft andere individuelle sowie gesellschaftliche Bedeutungen, und die Aushandlungsprozesse dieser anderen Bedeutungen tauchen in den Medien ebenso auf wie in sozialen Kontexten. Nicht zu vergessen ist in diesem Zusammenhang, dass ein erklärtes Ziel des Social Web im Allgemeinen und von Facebook im Besonderen die ›Pflege‹ von Freundschaften ist. »Facebook helps you connect and share with the people in your life« steht auf der Homepage als Mission des Unternehmens. Der Erfolg von Facebook und anderen ähnlichen Plattformen liegt demnach gleichermaßen in einem Gefühl des sozialen und medialen Defizits begründet: heutige Freundschaften können nicht mehr Face-to-Face, über Telefon, über E-Mail usw. erhalten werden. Die Social Network Sites tragen Anteile dieser freundschaftlichen Beziehungen mit und entwickeln eine mediale Rhetorik der Unverzichtbarkeit. Ohne Facebook hätte Leonard vielleicht noch immer keine Freundin. Damit zeichnen sich drei Ebenen des Freundschaftsdiskurses ab, die analytisch getrennt werden können, sich aber in den Praxen der Freundschaft stetig vermischen. Die erste Ebene besteht aus der intersubjektiven Dimension von Freundschaft mit ihren Ritualen und Wertzuschreibungen. Die zweite Ebene liegt in der Medialisierung von Freundschaft, indem Medien Form, Struktur oder Sicht-

1 | Beide Beispiele sind willkürlich ausgewählt; allein im Fernsehen ließen sich viele weitere Thematisierungen der Freundschaft in Social Network Sites wie die South Park-Folge »You have 0 friends« (Episode 4, 14. Staffel; Comedy Central, 1997–) finden.

barkeit von Freundschaft bestimmen. Die dritte Ebene umfasst ein weites Feld von soziopolitischen Dimensionen der Freundschaft, das mehr als ein zeitloses, individualistisches Konzept ist.

Dass ›Entfreunden‹ zu einer (a)sozialen Aktivität in Jimmy Kimmels Facebook-Satire wird, lässt die Dimension der medialen und sozialen Transformationen erkennen, die offensichtlich mit den Social Network Sites verbunden sind. Das Löschen von Freunden aus einer Liste erscheint nur als ein Löschen von Einträgen in Datenbanken. Die Pflege der Freundschaft reduziert sich auf Datenbankpflege. Kimmel irrt zwar, wenn er glaubt, dass die Freundschaft in Facebook keine emotionale Komponente hat, keine ›richtige‹, keine ›wahre‹ Freundschaft ist. Doch die medialen Thematisierungen von Freundschaft in Social Network Sites, wie Jimmy Kimmels National UnFriend Day, dokumentieren eindrücklich die Sorge um die Veränderungen der gesellschaftlichen und individuellen Konventionen, die sich um Freundschaft aufgebaut haben. Das Konzept Freundschaft gerät (wieder einmal) in Bewegung, andere mediale Formen bringen andere Formen der Freundschaft hervor. Soziale Beziehungen sind mediale Beziehungen und medialisierte Diskurse über soziopolitische Vorstellungen, Wünsche oder Projektionen von Freundschaft.

Vor diesem Hintergrund ist Freundschaft nicht einfach eine private Verbindung zweier Menschen. Von Aristoteles (1985) bis Derrida (2000) hat sie in der »Politik der Freundschaft« eine gesellschaftliche Dimension. Während die Debatte über Facebook häufig auf die Verschiebung oder Vermischung von Öffentlichkeit und Privatheit fokussiert wird, bilden Freundschaft und ihre mediale Form wichtige Elemente der Konstruktion und Produktion von sozialen Praxen, von Gemeinschaften und Gesellschaften. Somit verbinden sich in den Social Network Sites Fragen nach medialen, sozialen und politischen Zurichtungen des Begriffs und der Möglichkeitsbedingungen von Freundschaft, die wiederum Effekte in den medialen, sozialen und politischen Praxen generieren.

In seinem Buch »Politik der Freundschaft« greift Derrida auf Basis des voranstehenden und Aristoteles zugeschriebenen Zitats bestehende Konzepte von Freundschaft an. Beispiele sind das Konzept des »Bruders« oder die Idee der Demokratie als Gemeinschaft der Freunde. Freundschaftskonzepte werden dem Politischen ausgesetzt und vor diesem Hintergrund fragt Derrida nach einer anderen Politik (Derrida 2000: 10); er verweist dabei auf die Zahl der Freunde als Ausgangspunkt des Politischen: »Wie viele sind wir? – Kommt es darauf an? Zählt das?« (ebd.: 17). An einer anderen Stelle schreibt Derrida über die Effekte des Zählens,

> »weil die Quantifikation singulärer Einzelner stets eine der politischen Dimensionen der Freundschaft, des Politisch-Werdens einer Freundschaft gewesen sein wird, die vielleicht nicht schon politisch ist, nicht durch und durch, nicht von Anbeginn, nicht ihrem Wesen nach politisch« (ebd.: 47).

In diesem Sinne verkörpern Social Network Sites durch die Konzentration vieler Nutzer in einen Rahmen von intersubjektiven Beziehungen, von medialisierter Sozialität und von größeren sozialen Strukturierungen diese Plattformen des Politisch-Werdens als einen ›Nebeneffekt‹.

Die Dynamik, der Prozess, das Werden und die Quantifizierung kehren als stetig gestellte Fragen in Derridas Konzeption der Freundschaft wieder und sind als strukturierende Gesichtspunkte der medialen Form der Freundschaft in die hier entwickelten Überlegungen eingeflossen. Die Frage nach den medialen Politiken der Freundschaft greift die Pluralisierungsbewegung in Derridas Denken auf, ohne seine Methode und seine philosophisch-politische Problematisierung in allen Details zu teilen.

Im Folgenden wird diesen Transformationen und Effekten der Politiken der Freundschaft nachgegangen, indem Freundschaft auf ihre mediale Formung und Fundierung befragt wird. Zuerst geht es um eine breite Kontextualisierung des Freundschaftskonzeptes, das eine dynamische Geschichte und Gegenwart vorweist und nicht als statischer Wertekanon betrachtet werden kann. Danach stellt sich die Frage nach der Besonderheit der Freundschaftskonzepte in Social Network Sites. Auffallend häufig problematisiert wird die Quantifizierung von Freundschaftsverhältnissen, die nach Derrida die politische Dimension einführt. Tausend Freunde sind für Jimmy Kimmel undenkbar: »You can't have a thousand friends«; und doch ist es in Facebook möglich (wenn auch nicht die ›Normalität‹). Mit dieser Problematisierung der Quantifizierung werden Normen und Normalitäten in Frage gestellt. An dieser Quantifizierung sozialer Beziehungen hängen demnach Fragen der qualitativen Veränderung von Freundschaft in Facebook. Am Ende wird in Anlehnung an Derridas Politik der Freundschaft bei den medialen Politiken der Freundschaft zu überprüfen sein: Wie verändern sich Freundschaften mit den Social Network Sites? Welche Bedeutung kommt der Medialität von Freundschaft zu? Wie wirken sich massenhaft genutzte Plattformen der Freundschaft auf die soziopolitischen Prozesse aus?

Elemente der Freundschaft werden in der Formularstruktur, »I like«-Buttons, Bildern und Newsfeeds der Social Network Sites eingefangen und damit erfasst, zählbar und tauschbar. Freundschaft wird eher als Prozess und als stete Aktualisierung im Social Web erfahren – so kommt Leonard zu seiner Freundin. Aber soziale Beziehungen gehen nicht vollständig in den Social Network Sites auf; stets existieren parallel dazu andere Politiken der Freundschaft, wie Jimmy Kimmel mit seinem National UnFriend Day in Erinnerung gerufen hat.

Freund-Werden und Freund-Bleiben

Wenn Jimmy Kimmel in seiner *Late Night Show* von der ›wahren‹ Freundschaft spricht, dann unterstellt er eine ahistorische Idee von Freundschaft, verbunden mit ewigen Werten. Diese dominante Politik der Freundschaft (als eine von vielen) rekapituliert der Kulturhistoriker Jost Hermand (2006: 1ff.) in den antiken und mittelalterlichen Theorien über die freundschaftliche Beziehung, die neben der ewigen Geltung der unterstellten Qualitäten einer Freundschaft mithin durch gelegentliche Versuche der Typisierung von Freundschaftsbeziehungen geprägt sind.

Mit der Renaissance und der späteren Aufklärung entwickeln sich dynamischere Vorstellungen dieser besonderen sozialen Beziehung, die jeweils in bestimmte Politiken der Freundschaft im Sinne Derridas (2000) eingebunden werden können (vgl. Eichler 1999: 219). Beispiele für eine Ideologisierung des Freundschaftsbegriffs treten in der politischen Kollektivierung durch den »Genossen« (Hermand 2006: 2) oder durch die Verbindung von »Freund« mit dem »Bruder« hervor (Derrida 2000: 10). Seit Mitte der 1970er Jahre konstatiert Hermand einen Trend zur Ich-Bezogenheit und gegen die Kollektivierungsideologien, die mit der allzu politischen Seite des Freundschaftsbegriffes unmittelbar verknüpft sind. In neoliberalen und postmodernen Gesellschaftskonzepten steht das Individuum nicht mehr für soziale Bewegungen zur Verfügung und Freundschaft wird in den »Bereich des Intersubjektiven« abgedrängt (Hermand 2006: 4), der dann in jener spezifischen Politik der Freundschaft wenig gesellschaftliche und politische Relevanz erlangt. Aus dieser Perspektive bieten Social Network Sites zunächst einmal Gelegenheit zu einer vorgeblich wert- und ideologiefreien Kollektivierung in einer Ich-zentrierten Kultur. Dass Freundschaft heute nichts bedeuten muss, weist somit die besondere Qualität dieser Version einer intersubjektiven Verbindung aus.

Eine historische Analogie zu medialen freundschaftlichen Praxen und ihrer potentiellen Bedeutungslosigkeit entdeckt Sherry Turkle (2011: 181) im viktorianischen Ritual der aufwendig gestalteten, fotografischen »calling cards«, die Besucher hinterließen, wenn sie nicht im Haus eines anderen empfangen wurden. Die zurückgelassene Karte repräsentierte zumindest die Möglichkeit späterer näherer Bekanntschaft oder Freundschaft. Die Analogie zu den Anfragen und medialen Aushandlungsprozessen der Freundschaft in Social Network Sites endet zwar mit dieser Funktionalität, aber die Potentialität einer sozialen Beziehung prinzipiell zu gestatten und über einen (bestimmten) Zeitraum offenzuhalten ist ein Element medienhistorischer Erfahrung, die sich beispielsweise im ›Anruf‹ der Telefonpraxis fortsetzt.

Während das soziale Netzwerk im 19. Jahrhundert stark durch die gesellschaftliche Stellung des Einzelnen geregelt war, können die Nutzer heute eigene Regeln für ihre sozialen Beziehungen aufstellen, indem sie zum Beispiel alle als Freunde im Sinne von Fans aufnehmen oder nur die Freunde, mit denen sie auch Offline Kontakt haben. Diesen Unterschied zu anderen medialen Politiken der Freundschaft macht Turkle deutlich: »Facebook is a world in which fans are ›friends‹. But of course, they are not friends. They have been ›friended‹. That makes all the difference in the world [...]« (Turkle 2011: 182). Die Aktivität des Befreundens (»friended«) erlangt in den Social Networks Sites eine viel größere Bedeutung als der stabile Zustand des Freund-Seins, der auf der Ebene des Intersubjektiven an zentraler Stelle steht. Auf den sozialen Internetplattformen werden die Netzwerke der Freundschaft sichtbar, die Statusveränderungen werden protokolliert und die Prozesse des Freund-Werdens vollziehen sich in Kommunikationsakten.

Auf der Basis empirischer Befunde aus den ersten Jahren der Social Network Sites lässt sich diese These von der Prozesshaftigkeit der Freundschaft erhärten. In den Anfangsjahren von Facebook (2004-2007) waren die Nutzer schon durch bestehende Offline-Communitys zumindest schwach miteinander verbunden, bevor sie in Facebook aktiv wurden. Insbesondere die College-Communitys in den USA stellten die aktivsten Facebook-Nutzer. Durch diese geografische Verbundenheit suchten die Nutzer häufig nach schon bekannten Personen aus dem gleichen College: »Facebook serves a geographically-bound user base« (Ellison/Steinfield/Lampe 2007: 1162). Laut diesen ersten Studien diente Facebook im Kontext der Colleges als eine weitere (mediale) Form der Akkumulation von sozialem Kapital. Wurde in den frühen Anekdoten über Social Network Sites noch häufig behauptet, dass der Aufenthalt in der ›virtuellen‹ Welt des Social Web zum Verlust von Freundschaften und zur Vereinsamung führen würde (vgl. ebd.: 1164f.), so schrieben die angesprochenen wissenschaftlichen Untersuchungen mit ihren empirischen Ergebnissen gegen das gesellschaftliche Vorurteil an, Facebook zerstöre Sozialbeziehungen im Offline.

Die zahlreichen empirischen Untersuchungen zu Jugendlichen und ihren Aktivitäten in Social Network Sites, die seitdem durchgeführt wurden, bestätigen eine gewisse Tradition der Homogenität bei der Gemeinschaftsbildung (vgl. boyd 2010). Ähnliches Alter, gleicher Wohnort, ähnlicher Musikgeschmack usw. präfigurieren die Freundschaftsverbindungen in Facebook, MySpace, Friendster usw. Gegen diese Gleichförmigkeit arbeitet eine andere Politik der Freundschaft, die mit den Vorstellungen und Idealen eines neutralen und egalitären Internets eng verflochten ist. Anfang der 1990er Jahre vertrat Howard Rheingold mit seiner Beschreibung der »virtuellen Gemeinschaft« die Idee, dass im Internet und seinen sozialen Netzwerken Menschen jenseits ihres Offline-Status eine Plattform vorfinden, auf der sie neue soziopolitische Formen erproben können (Rheingold 1994).

Mit den Social Network Sites kommen theoretisch neue Möglichkeiten der Gemeinschaftsbildung in Betracht. Wünsche und Utopien sozialen Seins scheinen im medialen Umbruch realisierbar. Inwieweit sie sich jedoch in den Praxen des Social Web durchsetzen werden, bleibt trotz den stetigen Rufen nach neuen Faktoren und Formen der Vergemeinschaftung noch abzuwarten. Wie lange wird die Erinnerung an Facebook, YouTube oder Twitter und ihre jeweiligen soziopolitischen ›Revolutionen‹ in die Zukunft reichen? Doch was sich grundlegend ändert, sind nicht unbedingt die sozialen Zusammensetzungen, sondern die medialen Praxen, die zu solcher Gemeinschaftsbildung führen. Auf der Ebene der soziopolitischen Dimensionen wird Freundschaft zu einer umstürzlerischen Praxis, die in das Werden, in die Zukunft investiert, wie sie Derrida bei Nietzsche konstatiert (Derrida 2000: 53).

Trotz dieser potentiell revolutionären Politik der Freundschaft zeigen die bisherigen Studien wenig Veränderung der in den Anfangsjahren von Facebook festgestellten Homogenität der jugendlichen Gemeinschaften. Ganz im Gegenteil wirken die sozialen Internetaktivitäten sogar als Verstärker einer größeren Differenzierung und Abtrennung dieser Gemeinschaften: »Teens often use social media to make or develop friendship, but they do so almost exclusively with acquaintances or friend of friends« (boyd 2010: 89). Soziale und mediale Praxen der Jugendlichen unterscheiden nicht mehr zwischen Offline und Online. Die Freunde sind die Freunde, unabhängig von ihrer medialen Präsenz. On- und Offline-Beziehungen sind eins und dadurch vielleicht aber auch anders (vgl. Turkle 2011: 157ff.). In diesen Verschiebungen liegt das Potential einer Re-Definition von sozialen Beziehungen und die Dynamik des Freundschaftsbegriffes findet ihren Ausdruck in Offline/Online-Phänomenen.

Soziale Dynamik

Weitet sich der Blick auf das Social Web, so stellen sich 2011 die sozialen Kontexte der Nutzer bei Facebook anders dar, weil die Social Network Sites ein größeres Publikum anziehen. Bunz (2008) bezeichnet sie sogar als den »Mainstream des Internets«, in dem sich die Massen treffen. Der Anteil der Nutzer im College-Alter (18-24 Jahre) bleibt zwar weiterhin signifikant hoch, aber am schnellsten wachsen die Nutzerzahlen bei den über 30-Jährigen (vgl. Karl/Peluchette 2011: 214). Dadurch lösen sich diese Netzwerke stärker von ihren geografischen Lokalisierungen, von ihrer Verbindung mit bestimmten Institutionen und Orten. Mit der Universalität der Nutzung muss die Homogenität der partikularen Freundschaftsbeziehungen in Social Network Sites nicht unbedingt verschwinden.

Aber wie sieht es bei der Spezifik des sozialen Milieus aus? Die Offline/Online-Bindungen werden weiterhin durch Social Network Sites erhalten und verstärkt, es kommen weitere nicht auf Offline-Bindungen basierende Gemeinschaften zustande. Facebook und andere Sites entwickeln eine kritische Masse, deren soziale Dynamik sich nun über gesellschaftliche Inklusions- und Exklusionsprozesse beschreiben lässt. Facebook-Abstinenz wird in bestimmten Communitys zu einer hypothetischen Option, da sie mit der Exklusion aus dieser Community zu vergleichen ist. Freundschaft ist neben einer intersubjektiven Zuschreibung erneut zu einem gesellschaftlich relevanten Phänomen geworden. Diese Politik der Freundschaft verschiebt ihre gesellschaftliche Funktion ins Ökonomische: Die Social Network Sites verkaufen ihre Nutzer an die Werbeindustrie, wie dies zuvor schon das Fernsehen erfolgreich durchgeführt hat. Das medial sichtbare Netzwerk der Freunde etabliert einen ökonomischen Wert, der im Handel mit Nutzerprofilen bestimmt wird. Mit Bunz lässt sich diese Politik der Freundschaft folgendermaßen charakterisieren: »Das Problem ist, dass die Ökonomisierung der Freundschaft eben nicht heißt, dass die Freundschaft dabei verschwindet« (Bunz 2008: 55); sie ist nur eine andere Freundschaft, die sich nach anderen Regeln und Konventionen modellieren lässt. Eine Freundschaft, die über das Soziale hinaus auch im Ökonomischen produktiv wird.

Als soziale Bindung auf der Ebene des Intersubjektiven besitzt Freundschaft relativ wenige Normierungen und festgelegte Konventionen, was sie für die Dynamiken und Prozesse des Sozialen anfälliger macht. Diese Offenheit der Freundschaft bringt Eichler zu seiner etwas zu optimistischen Sicht: »In der Regel weiß jeder genau, wer sein Freund ist« (Eichler 1999: 223). Sicherlich könnte eine andere Politik Freundschaft weniger optimistisch definieren. In Social Network Sites weiß der Nutzer zwar noch genauer (die konkrete Anzahl), wie viele Freunde er hat, aber die Kriterien der Freundschaft sind noch relativer und vielfältiger im Vergleich zu Offline-Freundschaften geworden. Im Social Web lassen sich Freundschaften durch mediale Sichtbarmachung besser beobachten; es existiert ein neues Verhältnis von Nähe und Distanz. Die freundschaftliche Verbindung gestaltet sich aufgrund der Aktualisierung und Verfügbarkeit des Social Web als eine fast permanente; die Intensität variiert innerhalb einer großen Bandbreite. Eine Freundin oder ein Freund in Facebook zu sein, gewinnt die mediale Form strukturell analog zu der einer Zuschauerin oder eines Zuschauers des Fernsehens, analog zu einem Teilnehmer des Telefonnetzes usw. Die mediale Inklusion und ihre Praxen tragen das Dynamische und das Prozesshafte der Freundschaft in Facebook.

WIE VIELE SIND WIR?

In Problematisierungen und Diskussionen zur Quantifizierung von Freundschaft erscheinen immer wieder Verweise auf »Dunbar's Number«. Für die Frage nach der Quantifizierung eines bereits mit vielen Qualitäten überfrachteten Konzeptes der Freundschaft ist »Dunbar's Number« eine Zahl zum Einstieg in das »Nennen, aufzählen, auszählen, abzählen« (Derrida 2000: 17) der Politiken der Freundschaft.

Der Anthropologe Robin Dunbar argumentiert in seinen Veröffentlichungen zu sozialen Beziehungen bei Primaten und Menschen, dass es zwischen der Größe des Neocortex (Bereich der Großhirnrinde) und der Größe sozialer Gruppen einen Zusammenhang gibt:

»This relationship between the neocortex and group size in the nonhuman primates raises an obvious question. What size of group would we predict for humans, given our unusual large cortex? Extrapolating from the relationship for monkeys and apes gives a group size of about 150 – the limit on the number of relationships that humans can have, a figure that is now graced by the title Dunbar's Number« (Dunbar 2010a: 24).

Mit diesem Richtwert von 150 Menschen in einer Gruppe, einem Freundschaftsverband, einer Gemeinschaft, mit denen wir eine soziale Beziehung eingehen können, verbinden sich diskrete Aussagen über die Qualitäten dieser Beziehungen. Die Freundschaften in Social Network Sites sind nach Dunbars Aussage nur bis in diesen Bereich von 150 Mitgliedern von Vertrauen und sozialer Verpflichtung gekennzeichnet (Dunbar 2010a: 22). Darüber hinaus kann es für die einzelnen Individuen kein tiefergehendes Wissen über die anderen Individuen der Gruppe geben. Die Personen auf der Freundesliste sind dann im Lichte dieser biologistisch-anthropologischen Position nicht Freunde aus sozialer Verbundenheit.

Dunbar geht aber noch weiter, indem er behauptet, dass dieses Wissen über die anderen Individuen einer Gruppe nur mit der Ko-Präsenz von Freunden im selben Raum verbunden ist und nicht durch die Freundschaftsbande in Social Network Sites ersetzt werden kann: »These digital developments help us keep in touch, when in the past a relationship might just have died; but in the end, we actually have to get together to make a relationship work« (Dunbar 2010b). In Dunbars Konzept findet sich als seine Politik der Freundschaft das zuvor erwähnte ahistorische Freundschaftskonzept, das die zahlenmäßige Begrenzung nicht nur biologistisch über die Gehirngröße, sondern auch sozial über ›ewige‹ Qualitäten von Freundschaft bestimmt. Das Verblüffende und Bemerkenswerte an dieser Politik der Freundschaft liegt in der Verflechtung von Zahlen und wertenden Kriterien in einer Definition sozialer Beziehungen. Vor diesem Hintergrund erklärt sich die Popularität des Ansatzes im Zusammenhang mit Social Network Sites. »Dunbar's Number« gibt eine Norm der Anzahl der Freunde vor, die mit den tatsächlichen Normalisierungen der Freundeszahlen im Social Web verglichen werden kann. Mit den zuvor erläuterten Dynamiken im Freundschaftskonzept eröffnen sich weitere Perspektiven auf dessen historische Wandelbarkeit und mediale Formung. In den Social Network Sites treten bestimmte Funktionen des Austausches stärker in den Vordergrund, so dass die medialen Seiten von Freundschaften zum Tragen kommen, in denen Rückgriffe wie die Dunbars auf ›klassische‹ Qualitäten von Freundschaft unnötig sind. Die verschiedenen Qualitäten entstehen in medialen Prozessen des Freund-Werdens und existieren nicht als unveränderliche, externe Wertzuschreibungen.

PHATISCHE FREUNDSCHAFTEN

Einen Versuch, qualitative Verschiebungen zu fassen, findet sich in Vincent Millers Konzept einer phatischen Kultur des Social Web (Miller 2008). In direkter Abgrenzung zu statischen Freundschaftswerten basiert Millers phatisches Kulturkonzept auf Andreas Wittels Überlegungen zu Netzwerk-Sozialität: »Es geht um eine Sozialität, die auf Individualisierung gründet und zutiefst in Technologie eingebettet ist; sie ist informationell, kurzlebig aber intensiv und wird durch eine Angleichung von Arbeit und Spiel charakterisiert« (Wittel 2006: 184). Die bei Wittel entworfene Dynamik einer ständigen Produktion und Reproduktion von Sozialität in Kombination mit einem Beziehungsmanagement zur Mehrung des sozialen Kapitals (ebd.: 185) greift Miller auf, indem er gegen die Zugehörigkeit zu einer Gemeinschaft die Mechanismen der Inklusion/Integration und Exklusion/Desintegration in sozialen Netzwerken setzt (Miller 2008: 390).

Damit verliert Vertrauen – als die in vielen Freundschaftskonzepten angenommene Voraussetzung von Freundschaft – die soziale und mediale Basis und wird durch das gemeinsame Ziel der Erhaltung eines sozialen Netzwerks ersetzt. Freundschaft wird dadurch kollektiviert, aber in anderer Weise als in den politischen Utopien des 19. und 20. Jahrhunderts. Social Network Sites bringen eine informationelle Sozialität (Wittel 2006: 180) hervor, die nicht unbedingt auf gegenseitigem Verständnis und einer bedeutungsvollen Kommunikation beruhen muss.

Die ephemere Kommunikation des Freund-Bleibens misst sich nicht an ihrer inhaltlichen Tiefe, sondern an ihrer Vernetzung durch kurze Kontakte oder Nachrichten (Miller 2008: 390). Die phatischen Kommunikationen der Social Network Sites betonen das Verbunden-Sein, den Prozess der Kommunikation, die Form der Kommunikation und weniger die intersubjektiven Prozesse, ihre kognitiven Auswirkungen oder ihre Inhalte. Facebook thematisiert selbst die Debatte über die Anzahl der Freunde, um unter anderem mit Verweis auf eigene Statistiken und übernommene wissenschaftliche Ansätze herauszustellen, dass es verschiedene Grade freundschaftlicher Beziehung gibt und phatische Kommunikationen im Sinne von Miller (2008), wie zum Beispiel »News Feeds« oder »RSS readers«, durchaus einen großen Anteil in Facebook einnehmen:

»Facebook and other social media allow for a type of communication that is somewhat less taxing than direct communication. Technologies like News Feed and RSS readers allow people to consume content from their friends and stay in touch with the content that is being shared. This consumption is still a form of relationship management as it feeds back into other forms of communication in the future« (Facebook Data Team 2009).

Die Politik der Freundschaft ist in der Selbstbeschreibung von Facebook eine durch Beobachtungsdaten angereicherte und auf die Vielfältigkeit der (zukünftigen) kommunikativen Formen gerichtete. In den phatischen Kommunikationen stehen die Zahl der Verbindungen, die Repräsentation dieser Verbindungen und die mediale Form im Vordergrund. Die fast inhaltsleeren Kommunikationen bestätigen das Verbunden-Sein an sich, das die Freundschaft oder das Netzwerk der Freunde begründet. Häufig ist diese Verbindung ein einziger Akt, ab jetzt Fan einer bestimmten Seite auf Facebook zu sein, die dann regelmäßig und automatisiert mit den Nutzern in Verbindung tritt. Soziopolitisch betrachtet, schaffen Netzwerke phatischer Kommunikationen das Territorium und die Grenzen von Gemeinschaften oder gesellschaftlichen Formationen.

Ein ähnliches Beziehungsmanagement zeichnet ebenso das Konzept »connected presence« von Christian Licoppe (2004) aus. Nicht mehr der bedeutungsvolle einzelne Kommunikationsakt zählt, sondern die vielen kleinen medialen Gesten der Kommunikation, die Verbundenheit signalisieren. Freundschaft ist damit von jeder Semantik befreit und in die dynamische Struktur ihrer medialen Formen eingeschrieben. Als Beispiel für diese medialen Gesten nennt Miller Microblogging-Dienste wie Twitter, in denen das Verbunden-Sein über den Inhalten steht: »The point of twitter is the maintenance of connected presence, and to sustain this presence, it is necessarily almost completely devoid of substantive content« (Miller 2008: 369). Die Politik der Freundschaft wandert von den Inhalten zu den medialen Formen ihrer Existenz. Die Geschichten am Lagerfeuer können gestrichen werden; die semantische Aufladung ist dem Kommunikationsakt untergeordnet; Freundschaft ist dadurch determiniert, dass alle wissen, das sie nicht Nicht-Verbunden sind.

In dieser ›Flucht‹ in die mediale Form des Verbunden-Seins vermutet Turkle gleichzeitig ein ›Unbehagen‹ über die Feinmaschigkeit der Kommunikationsakte und die buchhalterische Ordnung in den Social Network Sites. Neue Ängste der Exklusion entstehen in dem Moment, wenn soziale Beziehungen zu reinen Verbindungen werden (Turkle 2011: 13ff.). Je dichter das Netz der Verbindungen gesponnen wird, umso gefestigter zeigt sich die Freundschaft. Dies stellt aber jeweils nur eine Momentaufnahme dar. Bestätigt der ausgesandte, soziale Ping nicht die Verbindung, entsteht sofort das ›Unbehagen‹ über den aktuellen sozialen Status.

ZÄHLEN DER FREUNDE

Das Zählen der Freunde, der Kommentare, der Gruppen usw. bringt das Soziale in eine weitere numerische Ordnung von Listen, Rankings und Hierarchien. Konkrete Beispiele finden sich auf den verschiedensten Ebenen der Social Network Sites: Auf MySpace eine Top 8 der besten Freunde zu erstellen (vgl. Dalsgaard 2008: 10, DeScioli et al. 2011). In Social Games die erfolgreichsten Mitspieler ermitteln. Die Anzahl der Freunde als soziale Reputation gelten lassen.

In einem sozialwissenschaftlichen Experiment hat Sonja Utz (2010) festgestellt, dass die soziale Attraktivität von Profilen in Social Network Sites nicht wesentlich vom eigenen Profil und seinen Inhalten abhängig ist. Viel wichtiger war den Probanden des Experiments erstens die Anzahl der Freunde und zweitens die Zusammensetzung der Freunde in einem Profil. Damit hat Utz nachgewiesen, dass die Popularität und Reputation nicht auf die gleiche Weise in Face-to-Face-Kommunikationen wie in Social Network Sites erstellt werden: »To make a good impression, it is not enough to carefully construct one's profile; it is also wise to carefully select one's friends« (ebd.: 329). Diese Ergebnisse deuten auf die mediale Transformation des Freundschaftsbegriffes hin: Nicht die ›inneren‹ Werte eine Person, nicht die sorgfältige Identitätsarbeit der Profilpräsentation, sondern das relationale soziale Netzwerk, die Freundschaftslisten führen zur sozialen Attraktivität. Die Attraktoren im Prozess des Freund-Werdens sind immer die anderen. Dabei war in der experimentellen Situation nur der Zugang zu den eingestellten Fotos der Freunde freigeschaltet. Die Profile, in denen die Fotos eine wichtige Rolle spielen, werden demnach nur wirksam bei der Einschätzung der Nutzer, die dieses Profil als Freund ausweisen.

In diesen Befunden steckt auch eine überraschende soziometrische Aussage: Die Attraktivität einer Person für Beobachter in Facebook nimmt nicht dadurch zu, dass sie immer mehr Freunde anhäuft. In einer Studie haben Stephanie Tom Tong et al. (2008) herausgefunden, dass der Scheitelpunkt der höchsten Attraktivität bei Freundeszahlen auf Profilseiten um die 300 liegt. Davor nimmt die Attraktivität der Profile zu und danach ab (die entsprechende Kurve hat eine Hufeisenform). Die befragten Beobachter äußerten in der Studie Zweifel an zu hohen Freundeszahlen; mehr als 300 Freunde wirken unglaubwürdig und verdächtig. Interessant wäre eine jährliche Wiederholung dieser Studie, um historische Veränderungen in der Einschätzung der Anzahl von Freunden auf Facebook rekonstruieren zu können. Aber auch an der Studie von Tong et al. (2008) wird schon evident, dass es einen Zusammenhang zwischen der Quantifizierung der Freundschaft und ihrer Qualität gibt. Die Popularität und somit die Attraktivität eines Individuums im Social Web ist bei einer bestimmten Anzahl an Freunden am größten.

Zur Quantifizierung der Freundschaft lässt sich abschließend festhalten, dass in Facebook und anderen sozialen Netzwerken in Anlehnung an einen Begriff von Bettina Heintz »Vergleichskommunikationen« stattfinden (vgl. Heintz 2010). In der Studie von Tong et al. (2008) bringen diese Vergleichskommunikationen die qualitativen Merkmale in die Freundeszahlen hinein, indem die Anzahl der Freunde unter anderem mit dem Charakter und der Glaubwürdigkeit korrelieren. Heintz konstatiert ein generelles Defizit bei der Untersuchung der »Alltagspraxis von Vergleichen« (Heintz 2010: 163). Social Network Sites kreieren solche Praxen des Vergleichs, weil sie Freundschaft quantifizieren und in Beziehungssysteme wie Listen, Rankings oder Tags umwandeln. Entscheidend für den Ansatz von Heintz ist, dass Vergleiche als kommunikative Phänomene und nicht als kognitive Akte behandelt werden: »Sozial anschlussfähig sind Vergleiche erst dann, wenn sie kommuniziert werden« (ebd.). In Bezug auf Social Network Sites kann ergänzt werden: und wenn sie strukturell nahegelegt werden. Vergleichskommunikation kann somit implizit als Praxis der Nutzer vonstattengehen, ohne dass eine Statistik, Website, Grafik oder Ähnliches existiert.

Die Formalisierung der Profile und die Quantifizierung von Elementen wie der Freunde, Aktualisierungen, Bilder usw. ermöglichen Vergleichskommunikationen aufgrund dieser strukturellen Eigenschaften der Social Network Sites. Entgegen der Annahme von Heintz, dass Vergleichskommunikationen neben ihrer Aufzeichnung und ihrer Verbreitung einen Bereich der öffentlichen Kommunikation mit anonymem und im Prinzip unbegrenztem Publikum benötigen (ebd.: 166), zeigen soziale Netzwerke, dass Vergleichskommunikationen als Politiken oder als Anschlusskommunikationen funktionieren können und nicht in einer (bürgerlichen) Öffentlichkeitssphäre stattfinden müssen. Die öffentliche Debatte über die Frage, wie viele Freunde in Facebook zulässig sind und ab welcher Zahl es unglaubwürdig wird, ist dadurch selbstverständlich nicht ausgeschlossen.

In Bezug auf die Frage nach der Freundschaft wird die strukturelle Implementierung von Vergleichskommunikationen in Social Network Sites am eindrücklichsten, weil Freundschaft plötzlich einem numerischen und visuellen Vergleich ausgesetzt ist, wie das Experiment von Utz (2008) gezeigt hat. Die Politiken der Freundschaft sind deshalb im Social Web immer medial, aber werden nicht immer in Medien oder Öffentlichkeiten sichtbar. Das Formularwesen der Profilseiten erzeugt die notwendigen strukturellen Vergleichsebenen und ermöglicht dadurch Anschlusskommunikationen. Allgemeiner gesagt ist die Datenbank als mediale Form zugleich die konzeptuelle Basis von Social Network Sites und die strukturelle Voraussetzung für Vergleichskommunikationen. Wie diese Datenbankstrukturen auf der Oberfläche repräsentiert sind, kann in diesem Zusammenhang vernachlässigt werden. Die strukturelle Quantifizierung und Relationierung in Social Network Sites prägt deren mediale Politiken der Freundschaft.

Politiken einer Verbindung

Vergleichskommunikationen führen zurück zur Frage nach den soziopolitischen Dimensionen der Freundschaft, die Derrida in »Politik der Freundschaft« kontinuierlich neu stellt. Abschließend lassen sich einige Grundzüge der medialen Politiken der Freundschaft in Social Network Sites festhalten.

Derridas Ansatz, zuerst nach dem Politischen der Freundschaft zu fragen, verweist direkt auf die gesellschaftliche Dimension medialer Politiken. Welche gesellschaftlichen Veränderungspotentiale stecken in den Milliarden Freundschaftsverhältnissen in Social Network Sites? Was geschieht, wenn Freundschaft sich nicht auf eine wertgetränkte ›Bruderschaft‹, sondern auf Kommunikationsakte bezieht, deren Existenz wichtiger ist als deren Inhalt? Auf der gesellschaftlichen Ebene können diese Fragen gestellt werden, auch wenn die Antworten eventuell in die Zukunft geschoben werden müssen. Die Rede von den ›Facebook-Revolutionen‹ ist eher ein Indiz für die Validität dieser Fragen als eine Antwort auf dieselben.

Generell fällt die Zentralität von Information gegenüber Emotionen im Diskurs über die gesellschaftliche Funktion des Internets auf: »Was wissen andere über mich?« Einmalig in ihrer Geschichte findet die Sozialwissenschaft Datenmaterial über soziales Verhalten in einem Medium vor, das sie unmittelbar ihren Methoden und Analysen aussetzen kann. Die frühere, wissenschaftliche Unfassbarkeit von Freundschaft scheint in den Datenspuren dinglich zu werden, an beschreibbarer Form zu gewinnen. Die soziale Beziehung Freundschaft gewinnt durch die Beobachtungsdaten des Internets an Kontur und an Flexibilität. Beispielsweise verwenden DeScioli et al. (2011) mehr als zehn Millionen Freundschaftsentscheidungen in MySpace, um sozialwissenschaftliche Hypothesen zur Freundschaft zu testen. Solche Untersuchungen und ihre Ergebnisse fließen in die medialen Politiken der Freundschaft ein, die über die Zahl, die Größe des empirischen Materials, gesellschaftliche Dimension erlangen. Vermeintlich verändern sich nicht nur die Gesellschaften, sondern das Wissen über das Gesellschaftliche ändert sich im gleichen Maße. Diese epistemische Politik der Freundschaft transformiert dann nicht nur die Konzepte von Freundschaft, sondern auch die wissenschaftliche Theoriebildung über Freundschaft.

Freundschaft wird in Facebook und anderen sozialen Netzwerken zu einem beliebten Beobachtungsinstrument – und nicht allein der Wissenschaft. Die Nutzer möchten von ihren Freunden beobachtet werden. Die Beobachtung ist Element der medialen Praxen in Social Network Sites, die Verbunden-Sein realisieren. Die Politiken der Freundschaft ergänzen die Teilnahme durch die Beobachtung im selben Medium. Im Internet kann man nicht Nicht-Beobachten. Teilnahme und Beobachtung verschmelzen in den phatischen Kommunikationen unmittelbar miteinander. Die Freundschaften im Social Web entstehen und werden in ihrer Entstehung und in ihrem Verlauf beobachtet. Teilnahme/Beobachtung wird zu einer Praxis, die mit der Anzahl, der Menge oder der Masse an Freunden unter die Bewusstseinsschwelle sinken kann. Für die medialen Politiken der Freundschaft bleiben sie auch im Unbewussten wirksam. Freund-Werden und Freund-Bleiben sind Prozesse, die automatisiert und wiederholbar sein müssen. Die Ebenen des Intersubjektiven und des Medialen lassen sich in den Praxen der Freundschaft nicht mehr trennen. Die einzelnen Kommunikationsakte können als Arbeit am Konzept der Freundschaft verstanden werden.

Ethnografische Studien belegen zum Beispiel den Willen zur Beobachtung: »Both Shamika and Carmen [zwei Teilnehmerinnen der Studie, R.A.] have accepted that they're being watched. That's part of why they like Facebook in the first place – they want the attention of being watched by people that they know and like« (boyd 2011: 506). Die Handlungsmacht über die eigene Beobachtung wird im strukturell gleichberechtigten System der Freundschaftsbeziehungen in Social Network Sites erst ermöglicht. Das Beobachtbare hat Anteil am Prozesshaften und Dynamischen der Freundschaft in Facebook. Beobachtungen sind im Moment ihrer Ausführung schon veraltet, unterliegen einer Aufmerksamkeitsökonomie, deren Beschleunigung in Freundschaftsbeziehungen die Wiederholung (und manchmal das Neue) benötigt. Stets kann die Beobachtung erneuert werden, gibt es ein medial organisiertes Begehren nach sich wiederholenden und neuen Beobachtungen. Die automatisierten Aktualisierungen sind in die mediale Form der Social Network Sites eingebunden; sie müssen nicht die Sorge der Nutzer sein. Aufwendige Benachrichtigungssysteme halten die Verbindung zu den Ereignissen oder den sinnleeren Kommunikationsakten im Freundschaftsnetzwerk.

In meinem Seminar über Praxen des Internets ergab ein Brainstorming unter den TeilnehmerInnen folgende Schlagwörter: »... unbewusste Handlungen ... Automatisierung ... Gleichzeitigkeit ... Nebenbei-Wissen ... Habitualisierung ... Bereitschaft zur Kommunikation ... Häufigkeit ... Checken ... Teilen ...«. Aufgerufen wurden in diesen Schlagwörtern einige der bewussten und unbewussten Praxen, die in die medialen Politiken einfließen und die sie formen. Diese Praxen erfordern in Bezug auf die Freundschaft, ihre Offline- und Online-Elemente zusammen zu denken und sie gegeneinander abzuwägen. Die Potentiale der Rationalisierung, die in der Quantifizierung und Beobachtbarkeit von Freundschaft stecken, arbeiten nicht gegen psychische und intersubjektive Mechanismen der Freundschaftsbildung. Stattdessen versuchen die medialen Politiken der Freundschaft beides zu versöhnen, indem sie den emotionalen und kognitiven Bestandteilen der Freundschaft eine Plattform auf den Profilseiten der sozialen Netzwerke bieten. Die Profilseiten entwerfen auf ihrer Oberfläche ein kohärentes Subjekt, ›vollständig‹ mit Äußerungen seines emotionalen und psychischen Zustandes, das jedoch längst in die Tabellenstruktur der zugrunde liegenden Datenbanken aufgeteilt und sortiert ist. Die einzelnen Splitter des Subjektes in den Datenbanken setzen sich auf der Repräsentationsebene der Nutzeroberflächen zu einem scheinbar kohärenten Subjekt zusammen. Diese ›Vollständigkeit‹ ist nur im Imaginären der medialen Form erreichbar – sie bildet eine weitere Politik der Freundschaft. Der Nutzer selbst wird von den Oberflächen des Social Web als Freund und als Mitgestalter angesprochen (vgl. Massanari 2010), um in diese Politik zu investieren.

Die Freundschaft hat kein Zentrum, kein Subjekt, keine Kognition und keine Emotion in ihren medialen Politiken. Sennett setzt in seiner pessimistischen Sicht auf den gesellschaftlichen Austausch von Intimitäten ganz auf die Enthüllung von Emotionen und Selbstoffenbarung:

»Eine destruktive Gemeinschaft entsteht dort, wo die Menschen glauben, daß sie ihre Empfindungen voreinander enthüllen müssen, um emotionale Bindung herzustellen. Diese Bindung beruht auf einer Kollektivpersönlichkeit, die sie durch wechselseitige Selbstoffenbarungen hervorbringen« (Sennett 2008: 459).

In den medialen Politiken der Freundschaft entsteht weniger eine »Kollektivpersönlichkeit« durch die »wechselseitigen Selbstoffenbarungen« als durch die wechselseitigen Selbstvernetzungen. Ob diese Entwicklungen in eine »Kollektivpersönlichkeit« münden müssen, kann im Sinne von Derrida bezweifelt werden. Die Vernetzung und ihre sich wiederholenden Aktualisierungen werden eher zur ›Währung‹ in sozialen Beziehungen.[2]

Am Ende lässt sich die Klage von Schopenhauer über die Äußerlichkeiten der Freundschaft ins Positive, ins Produktive wenden: »Wie Papiergeld statt des Silbers, so kursieren in der Welt statt der wahren Achtung und der wahren Freundschaft die äußerlichen Demonstrationen und möglichst natürlich mimisierten Gebärden derselben« (Schopenhauer 1999: 147). Die medialen Politiken der Freundschaft greifen nicht die Ersetzungslogik des »statt« auf. Die Demonstrationen der Freundschaft auf den Social Network Sites erkunden andere Wege sozialer Bindung, vielleicht in einem ähnlichen und potentiell globalen Rahmen wie das Papiergeld. Ihre »Gebärden« und Praxen erweitern das Ensemble freundschaftlichen Werdens oder Bleibens und zirkulieren in den Medialitäten der Social Network Sites.

Literatur

Aristoteles (1985): Nikomachische Ethik, Hamburg: Meiner.

boyd, danah (2010): »Friendship«, in: Mizuko Itō/Sonja Baumer/Matteo Bittanti (Hg.), Hanging Out, Messing Around, and Geeking Out: Kids Living and Learning With New Media, Cambridge (Mass.): MIT Press, S. 79-115.

2 | Vgl. den Beitrag von Carolin Gerlitz in diesem Band.

boyd, danah (2011): »Dear Voyeur, Meet Flaneur... Sincerly, Social Media«, in: Surveillance and Society 8 (4), S. 505-507.

Bunz, Mercedes (2008): »Herr, Knecht, Feind, Freund. Soziale Netzwerke und die Ökonomie der Freundschaft«, in: DEBUG, Magazin für elektronische Lebensaspekte 120, S. 54/55.

Dalsgaard, Steffen (2008): »Facework on Facebook: The Presentation of Self in Virtual Life and Its Role in the US Elections«, in: Anthropology Today 24 (6), S. 8-12.

Derrida, Jacques (2000): Politik der Freundschaft, Frankfurt a.M.: Suhrkamp.

DeScioli, Peter et al. (2011): »Best Friends: Alliances, Friend Ranking, and the MySpace Social Network«, in: Perspectives on Psychological Science 6 (1), S. 6-8.

Dunbar, Robin (2010a): How Many Friends Does One Person Need? Dunbar's Number and Other Evolutionary Quirks, London: Faber and Faber.

Dunbar, Robin (2010b): Robin Dunbar: We Can Only Ever Have 150 Friends at Most... Interview von Aleks Krotoski. Unter: http://www.guardian.co.uk/technology/2010/mar/14/my-bright-idea-robin-dunbar vom 14.03.2010 (zuletzt aufgerufen am 27.07.2011).

Eichler, Klaus-Dieter (1999): »Zu einer ›Philosophie der Freundschaft‹«, in: Klaus-Dieter Eichler (Hg.), Philosophie der Freundschaft, Leipzig: Reclam, S. 215-241.

Ellison, Nicole B./Steinfield, Charles/Lampe, Cliff (2007): »The Benefits of Facebook ›Friends‹: Social Capital and College Students' Use of Online Social Network Sites«, in: Journal of Computer-Mediated Communication 12 (4), S. 1143-1168.

Facebook Data Team (2009): Maintained Relationships on Facebook. Unter: http://www.facebook.com/note.php?note_id=55257228858&ref=mf vom 09.03.2009 (zuletzt aufgerufen am 27.07.2011).

Heintz, Bettina (2010): »Numerische Differenz. Überlegungen zu einer Soziologie des (quantitativen) Vergleichs«, in: Zeitschrift für Soziologie 39,3, S. 162-181.

Hermand, Jost (2006): Freundschaft: Zur Geschichte einer sozialen Bindung, Köln: Böhlau.

Karl, Katherine/Peluchette, Joy (2011): »›Friending‹ Professors, Parents and Bosses: A Facebook Connection Conundrum«, in: Journal of Education for Business 86 (4), S. 214-222.

Licoppe, Christian (2004): »Connected Presence: The Emergence of a New Repertoire for Managing Social Relationships in a Changing Communications Technoscape«, in: Environment and Plannning: Society and Space 22, S. 135-156.

Massanari, Adrienne L. (2010): »Designing for Imaginary Friends: Information Architecture, Personas and the Politics of User-Centered Design«, in: New Media & Society 12 (3), S. 401-416.

Miller, Vincent (2008): »New Media, Networking and Phatic Culture«, in: Convergence 14, S. 387-400.

Rheingold, Howard (1994): Virtuelle Gemeinschaft. Soziale Beziehungen im Zeitalter des Computers, Bonn et al.: Addison-Wesley.

Schopenhauer, Arthur (1999): »Freundschaft und Egoismus«, in: Klaus-Dieter Eichler (Hg.), Philosophie der Freundschaft, Leipzig: Reclam, S. 147-149.

Sennett, Richard (2008): Verfall und Ende des öffentlichen Lebens. Die Tyrannei der Intimität, Berlin: BvT.

Tong, Stephanie Tom et al. (2008): »Too Much of a Good Thing? The Relationship Between Number of Friends and Interpersonal Impressions on Facebook«, in: Journal of Computer-Mediated Communication 13 (3), S. 531-549.

Turkle, Sherry (2011): Alone Together. Sociable Robots, Digitized Friends, and the Reinvention of Intimacy and Solitude, New York: Basic Books.

Utz, Sonja (2010): »Show Me Your Friends and I Will Tell You What Type of Person You Are: How One's Profile, Number of Friends, and Type of Friends Influence Impression Formation on Social Network Sites«, in: Journal of Computer-Mediated Communication 15, S. 314-335.

Wittel, Andreas (2006): »Auf dem Weg zu einer Netzwerk-Sozialität«, in Andreas Hepp et al. (Hg.), Konnektivität, Netzwerk und Fluss. Konzepte gegenwärtiger Medien-, Kommunikations- und Kulturtheorie, Wiesbaden: VS Verl. für Sozialwiss., S. 163-188.

Dividuen des Facebook

Das neue Begehren nach Selbstzerteilung

Gerald Raunig

> »Wenn dich dein rechtes Auge zum Bösen verführt, dann reiß' es aus und wirf es weg! Denn es ist besser für dich, dass eines deiner Glieder verloren geht, als dass dein ganzer Leib in die Hölle geworfen wird. Und wenn dich deine rechte Hand zum Bösen verführt, dann hau' sie ab und wirf' sie weg! Denn es ist besser für dich, dass eines deiner Glieder verloren geht, als dass dein ganzer Leib in die Hölle kommt« (Mt 5: 29-30).

Jesus sitzt am Berg, er hält seine erste große Rede. Sie ist eine Anrufung der Nächstenliebe, aus den strengen Geboten des Alten Testaments heraus entwickelt, eine Erfüllung dieser Gebote, zugleich ein Neubeginn. An die Stelle der Androhung der Vergeltung setzt Jesus den Anspruch, auch noch die andere Backe hinzuhalten. Das ist die extreme Moral der Nächstenliebe: Wenn es um das konkrete Auge geht, lautet die Forderung nicht mehr »Aug' um Aug'!«, sondern »reiß' es aus und wirf es weg!«. Keineswegs eine Abschwächung der Härten der alten Schrift, sondern eine radikalisierende Zuspitzung: von der Rache, von der strafenden Gerechtigkeit, von der Vergeltung der Gewalt durch Gewalt zur Selbstverletzung, Selbstzerstückelung, *Selbstzerteilung.*

Dies ist es, was Facebook *auch* ist: neben einem Mittel zur Selbstpräsentation, Kommunikation und manischen Zurschaustellung des Lebens, neben einem Brennpunkt zukünftiger Social-Media-Blasen, neben einem Tool für Facebook- und Twitter-Revolutionen, neben einem unlöschbaren Gedächtnis von Millionen: ein Medium des Bekenntnisses, ja des Bekenntniszwangs, und in diesem Sinne ein Medium nicht bloß der Mit-Teilung, sondern auch der Selbstzerteilung.

Nietzsche: Moral als Selbstzerteilung

> »Dass in der Selbstverleugnung, und nicht nur in der Rache, etwas Großes liege, musste der Menschheit erst in langer Gewöhnung anerzogen werden [...]« (Friedrich Nietzsche: Menschliches, Allzumenschliches, I.3.: 138).

In einem Aphorismus schreibt Friedrich Nietzsche im Winter 1876/1877, dass das, was er »Zerbrechen seiner selbst« nennt, eigentlich als Lust, als »sehr hoher Grad der Eitelkeit« zu verstehen ist:

> »Die ganze Moral der Bergpredigt gehört hierher: der Mensch hat eine wahre Wollust darin, sich durch übertriebene Ansprüche zu vergewaltigen und dieses tyrannisch fordernde Etwas in seiner Seele nachher zu vergöttern. In jeder asketischen Moral betet der Mensch einen Teil von sich als Gott an und hat dazu nötig, den übrigen Teil zu diabolisieren« (MA I.3.: 137).

Es ist die Logik des Bekenntnisses, des Geständnisses, der Beichte, die die Menschen die Teilung verinnerlichen, die Unterwerfung in die Selbstunterwerfung übergehen lässt. Und dieser Übergang ist nur möglich dadurch, dass die Selbstzerteilung mit einem Begehren zusammen in Erscheinung tritt.

Moralische Einheit

»Menschliches, Allzumenschliches« ist die erste größere Abhandlung Nietzsches zur Moral. Das zweite Hauptstück des ersten Bands betitelt Nietzsche »Zur Geschichte der moralischen Empfindungen«. »Moralische Empfindungen« – das hat er schon im ersten Hauptstück klargestellt – sind »Ströme mit hundert Quellen und Zuflüssen« (MA I.1.: 14). Sie sind Komplexe, die immer auch andere Stimmungen *miterklingen* lassen. Es ist die Moral, d.h. bei Nietzsche in der Hauptsache: die *christliche* Moral, die diese zusammen-, jedoch keineswegs übereinstimmenden moralischen Empfindungen als Einheit erscheinen lässt. Erst die christliche Moral vereinheitlicht die Mannigfaltigkeit der moralischen Empfindungen: »Auch hier, wie so oft, verbürgt die Einheit des Wortes nichts für die Einheit der Sache« (MA I.1.: 14). Die Sache selbst, die mannigfaltigen moralischen Empfindungen, sind eine Vielheit, zerstückelt erst und vereinigt zur Einheit durch den stetigen Strom von Norm und Normalisierung der pastoralen Regierung.[1]

---

1 | Ich verwende den Foucault'schen Begriff der Pastoralmacht und jenen der pastoralen Regierung nicht nur mit Bezug auf die ersten Jahrhunderte des Christentums in der Spätantike und im frühen Mittelalter, sondern – mit Foucault – in einem weiteren

Moralische Substanz

Mehr noch, die christlichen Diskurse der Moral erdenken und erzeugen nicht nur eine »Einheit der Sache«, sondern auch ihre substantielle Unveränderlichkeit. Nietzsche verhöhnt »die blöden Maulwurfsaugen«, die »nichts als immer das gleiche sehen«, immer die gleichen, unveränderlichen, unbedingten Substanzen: »Der Urglaube alles Organischen von Anfang an ist vielleicht sogar, dass die ganze übrige Welt eins und unbewegt ist« (MA I.1.: 18). Solcher Konstruktion von Substanz und Unveränderlichkeit stellt Nietzsche die radikale Gewordenheit der Moral und ihr andauerndes Werden entgegen: »Alles auf dem Gebiet der Moral ist geworden, wandelbar, schwankend, alles ist im Fluss [...]« (MA I.2.: 107).

Moralische Gemeinschaft

»Moralisch, sittlich, ethisch sein heißt Gehorsam gegen ein altbegründetes Gesetz oder Herkommen haben« (MA I.2.: 96). Der Philologe Nietzsche hält sich einigermaßen streng an die Etymologie der Moral aus den lateinischen *mores*. Der *mos* als Gesetz, das eher auf einem Herkommen als auf einem Übereinkommen in der Produktion eines konkret Allgemeinen beruht, deutet schon die notwendige Bedingung der Verinnerlichung der Moral an. Doch wie entsteht genau dieser Gehorsam oder das »Gebundensein an ein Herkommen, Gesetz«? Nietzsche bindet das Herkommen an den »Zweck der Erhaltung einer *Gemeinde*, eines Volkes« zurück. »Ebenso zwingt eine Gemeinschaft von Individuen jedes einzelne zur selben Sitte« (MA I.2.: 97). Die Loslösung aus dem Herkommen ist »gefährlich, für die *Gemeinschaft* noch mehr schädlich als für den einzelnen«, und je älter das Herkommen ist, je mehr sein Ursprung in Vergessenheit gerät, desto mehr Ehrfurcht erweckt es, bis es schließlich heilig wird, zur »Moral der Pietät«.

Es entsteht aber auch eine innere »Ordnung der Güter« und dadurch ihre interne Hierarchisierung und Abstufung (MA I.2.: 42). Moral wird als Struktur der »Gemeinde der Guten« eingeführt, als sicherer »Boden der herrschenden Stämme und Kasten«. Erst auf diesem Boden wird zwischen Gut und Böse unterschieden, wird diese Unterscheidung zwischen Gut und Böse produziert, kann etwas wie »Gemeingefühl« – und zwar von Anfang an als Kriterium der Dankbarkeit, der Vergeltung und des Ausschlusses, durch die die Einzelnen miteinander verflochten und untereinander verpflichtet sind – entstehen. Die-

Sinn, der auch hinführt zu den Phänomenen, die er Gouvernementalität und Biomacht nennt. Wichtig ist dabei erstens, dass der *pastor*, der Hirte, zugleich die gesamte Herde und die Einzelnen führt, zweitens, dass diese Form der Regierung Individuen produziert, drittens, dass sie zur Selbstregierung anleitet.

ser durch Mitgefühl wie Feindschaft wohl geordneten Schichtung von Kasten gegenüber steht ein wildes Durcheinander. Die nicht durch den Unterschied von Gut und Böse geordnete Masse will Nietzsche an diesem Punkt nur als »Haufen unterworfener, ohnmächtiger Menschen«, eine »Masse wie Staub« verstehen. So entsteht das duale Bild von einer pastoralen Gemeinschaft der Guten und ihrem ungeordneten, rohen und nicht zu einem Gemeinwesen tauglichen Außen (MA I.2.: 45).

Das moralische Individuum

Als einen von vielen konstitutiven Trugschlüssen aus der Welt der Moral problematisiert Nietzsche auch das Individuum und zeigt, wie es mit ein bisschen Fantasie seine Totalität und Identität auf der Zeitachse verlieren könnte. Er betont den Moment der zeitlichen Veränderung und damit die Konstruiertheit eines unveränderlichen Charakters und der Unveränderlichkeit des Individuums überhaupt. Dass der Charakter unveränderlich erscheine, sei der Tatsache geschuldet, »dass während der kurzen Lebensdauer eines Menschen die einwirkenden Motive nicht tief genug ritzen können, um die aufgeprägten Schriftzüge vieler Jahrtausende zu zerstören«. Nietzsches Denkaufgabe besteht daran anknüpfend in der Vorstellung, dass ein 80.000 Jahre alter Mensch immerhin einige Individuen umfassen müsste, die sich nacheinander entwickelten und einen »absolut veränderlichen Charakter« aufwiesen (MA I.2.: 41).

Im Aphorismus über »Die drei Phasen der bisherigen Moralität« (MA I.2.: 94) beschreibt Nietzsche, wie der Mensch sich zuerst vom augenblicklichen auf das andauernde Wohlbefinden besinnt und damit nützlich und zweckmäßig wird, dann sich gemeinsamen Empfindungen unterordnet und nach einem Prinzip der Ehre handelt und schließlich, »auf der höchsten Stufe der *bisherigen* Moralität«, zum Gesetzgeber der Meinung wird: »[E]r lebt und handelt als Kollektiv-Individuum.« Im darauffolgenden Aphorismus 95 zur »Moral des reifen Individuums« wird vor diesem Hintergrund ganz in der Tradition Max Stirners das streng persönliche Handeln emphatisch gegen das Unpersönliche als Kennzeichen der moralischen Handlung gesetzt. »Aus sich eine ganze *Person* machen« bedeutet vor allem, nicht aufgrund von »mitleidigen Regungen und Handlungen« für die Mitmenschen zu arbeiten, sondern nur so weit als »wir unsern eigenen höchsten Vorteil in dieser Arbeit finden«.

Das moralische Dividuum

Moral ist schließlich für Nietzsche die »Selbstzerteilung des Menschen« – so auch der Titel des Aphorismus 57. In den für diese Logik der Teilung des Selbst angeführten Beispielen geht es durchwegs um ein Begehren der Selbstzerteilung, allerdings unter den Bedingungen des pastoral regierten Individuums (spezifisch: des 19. Jahrhunderts) und seiner höchst gegenderten Besonderheiten. Nietzsche imaginiert etwa einen Autor, der sich seine Vernichtung durch einen anderen Autor wünscht, der »dieselbe Sache deutlicher darstelle und die in ihr enthaltenen Fragen ohne Rest beantworte«, oder das »liebende Mädchen«, das »die hingebende Treue ihrer Liebe an der Untreue des Geliebten bewähren« möchte, oder den Soldaten, der »wünscht, dass er für sein siegreiches Vaterland am Schlachtfeld falle«, oder die Mutter, die dem Kind jenen Schlaf schenkt, den sie sich selbst entzieht (MA I.2.: 57).

Diese Beispiele versteht Nietzsche nun nicht in der moralischen Logik der Selbstlosigkeit einfach als »unegoistische Zustände«, sondern dadurch bedingt, »dass in all diesen Fällen der Mensch *etwas von sich*, einen Gedanken, ein Verlangen, ein Erzeugnis mehr liebt als *etwas anderes in sich*, dass er also sein Wesen *zerteilt* und dem einen Teil den anderen zum Opfer bringt«. Der Drang zur Teilung entsteht weder aus Selbstlosigkeit noch aufgrund von Zwang. Der Mensch zerteilt freiwillig seine – als solche vorausgesetzte – individuelle Ganzheit und bringt dem einen Teil einen anderen zum Opfer. Kein äußerer Zwang ruft diese Selbstzerteilung hervor, sondern ein Begehren.

Es ist gerade dieser Aphorismus Nietzsches zur Moral als Zerteilung des Selbst, an dem ein merkwürdiger Begriff seinen ersten starken neuzeitlichen Auftritt hat.[2] Nietzsche beendet den Aphorismus mit dem Satz: »In der Moral behandelt sich der Mensch nicht als *individuum*, sondern als *dividuum*« (ebd.).

Was bedeutet es, dass ein Mensch sich nicht als unteilbar, sondern als teilbar versteht? Was bedeutet es, dass neben das naturalisierte Selbstverständnis als Individuum die Möglichkeit des Dividuums tritt? Rein sprachlich scheint das Dividuum zunächst logische Voraussetzung und Gegenteil des Individuums. Über Nietzsche und seine Opposition des Vorbilds eines »reifen Individuums« und des sich selbstzerteilenden Dividuums hinaus lässt sich dieses Paar im Paradigma der pastoralen Regierung allerdings als durchaus verträglich verstehen. Das Individuum wird in der Moral produziert, als Ungeteiltes und Unteilbares angerufen und neigt umso mehr zur »Selbstzerteilung«. Individuum und Dividuum sind also keineswegs so gegensätzlich, wie es scheint. Vielmehr sind Individuierung und Dividuierung zwei Strategien pastoraler Macht, die einander ergänzen: Die Produktion von Individuen geht einher mit ihrer (Selbst-)Zerteilung. Diese Erkenntnis wirft schließlich auch einiges Licht auf jenen solitären und dunklen Satz von Novalis, der schon 1798/1799 das Dividuum wiederentdeckt hat. In der Sentenz Nr. 952 von »Das allgemeine Brouillon« schreibt Novalis: »Das ächte Dividuum ist auch das ächte Individuum.«

2 | Zum mittelalterlich-scholastischen Gebrauch des lateinischen Begriffs *dividuum* vgl. Raunig 2010a.

Moral und Unterwerfung

Zunächst scheint es nur die Alternative der Unterwerfung oder der gefährlichen Loslösung aus der Moral zu geben. Doch Nietzsche ist schon klar, dass es mindestens zwei Modi der Unterwerfung gibt: »ob man mit Mühe oder gern sich [...] unterwirft« (MA I.2.: 96). Diese beiden Modi der Unterwerfung entstehen nicht voneinander getrennt, sie stehen im Verhältnis, und sie unterliegen auch der verändernden Bewegung vom einen zum anderen. Eine dieser Bewegungen besteht in der Gewöhnung an die Unterwerfung unter das Herkommen, unter die Sitten: »Wohl aber nimmt man wahr, dass alle Sitten, auch die härtesten, mit der Zeit angenehmer und milder werden, und dass auch die strengste Lebensweise zur Gewohnheit und damit zur Lust werden kann« (MA I.2.: 97).

Aus Zwang und reiner Unterwerfung entsteht durch Gewöhnung, Normalisierung und Naturalisierung »freier Gehorsam«:

»Der Moralität geht der Zwang voraus, ja sie selber ist noch eine Zeitlang Zwang, dem man sich, zur Vermeidung der Unlust fügt. Später wird sie Sitte, noch später freier Gehorsam, endlich beinahe Instinkt: dann ist sie wie alles lang Gewöhnte und Natürliche mit Lust verknüpft [...]« (MA I.2.: 99).

Es ist nicht mehr nur die Drohung des Ausschlusses auf der Ebene der Gemeinschaft, sondern ein dividueller Mechanismus des Einschlusses und der Selbstzerteilung, der die Pastoralmacht bedingt. Die pastorale Struktur der Moral beruht zunehmend weniger auf Regierung durch Repression denn auf der Anleitung zur freiwilligen und »selbstbestimmten« Zerteilung des Selbst, zugleich auf einem Begehren, das diese Selbstzerteilung herbeisehnt und herbeiführt.

FOUCAULT: MIT-TEILUNG UND GESTÄNDNIS

»Auf Grund der ihm immanenten Machtstruktur kann der Geständnisdiskurs nicht mehr von oben und aus dem souveränen Willen eines Herrn kommen [...], sondern von unten, als geforderte, willfährige Rede, die unter gebieterischem Zwang die Siegel der Zurückhaltung und des Vergessens sprengt« (Foucault 1983: 66).

Michel Foucault ist als Mitherausgeber der französischen Nietzsche-Ausgabe nicht ganz unbeeindruckt von den Ansichten Nietzsches über die Funktionen von Moral und Askese im Christentum geblieben.[3] Er kann von jenen protopoststrukturalistischen Positionen ausgehen, die wir bei Nietzsche schon vor-

3 | So erklärt Foucault in einem seiner letzten Interviews auf die Frage, ob es sich bei seinen letzten Büchern nicht um eine neue Genealogie der Moral handle: »Wäre da nicht

finden,[4] dehnt sie jedoch in den Vorlesungen und Büchern seiner letzten Lebensjahre auf weitgehende historische und philologische Forschungen aus. Zuerst in der Moderne, dann im Mittelalter, dann in der Antike vertieft er vor allem jene Aspekte der Moral, die über Repressionselemente hinaus die spezifischen Weisen der Subjektivierung, Selbstsorge und Selbstregierung betreffen.

Im zweiten Band von »Sexualität und Wahrheit« führt Foucault jene theoretische Stoßrichtung schließlich explizit aus: Er wolle erklären, welche Probleme ihn dazu geführt hätten, »statt einer von den Verboten ausgehenden Geschichte der Moralsysteme eine von den Selbstpraktiken ausgehende Geschichte der ethischen Problematisierungen zu schreiben« (Foucault 1989: 21). Vor der begrifflichen Folie einer »Ästhetik der Existenz« sollte es darum gehen, die Modulierungen der Moral zu verfolgen, die in den Praktiken der Befragung und Formung des Selbst entstehen. Den letzten Teil der Einleitung von »Der Gebrauch der Lüste« widmet Foucault einer genauen Beschreibung der Formen und Verhältnissetzungen von »Moral und Selbstpraktik« (ebd.: 36-45).

Auch Nietzsche hatte Moral nicht als einseitig bestimmt durch Gesetz und Unterwerfung verstanden, er entwarf schon eine Skala der Moral zwischen Zwang und Begehren; doch was bei ihm noch als Entwicklung vom Zwang über den »freien Gehorsam« zum »Instinkt« auftrat, mithin als Bewegung von der Repression und dem Zwang zur Unterordnung hin zum Begehren der Selbstzerteilung, erscheint bei Foucault als veränderliche, aber komplementäre Komponenten der Pastoralmacht in Form von Verhaltenscodes und Subjektivierungsweisen.

»Insgesamt kann sich also eine Handlung, um moralisch genannt zu werden, nicht auf einen Akt oder eine Reihe von Akten beschränken, die einer Regel, einem Gesetz oder einem Wert entsprechen. Gewiss enthält jede moralische Handlung ein Verhältnis zu dem Wirklichen, in dem sie sich abspielt, und ein Verhältnis zu dem Code, auf den sie sich bezieht; aber sie impliziert auch ein bestimmtes Verhältnis zu sich; dieses ist nicht einfach ›Selbstbewusstsein‹, sondern Konstitution seiner selber als ›Moralsubjekt‹, in der das Individuum den Teil seiner selber umschreibt, der den Gegenstand dieser moralischen Praktik bildet, in der es seine Stellung zu der von ihm befolgten Vorschrift definiert, in der es sich eine bestimmte Seinsweise fixiert, die als moralische Erfüllung seiner selber gelten soll; und um das zu tun, wirkt es auf sich selber ein, geht es daran, sich zu erkennen, kontrolliert sich, erprobt sich, vervollkommnet sich, transformiert sich« (ebd.: 39f.).

---

der gewichtige Titel und die grandiose Prägung, die Nietzsche ihm gegeben hat, so würde ich ja sagen« (Foucault 2005: 904).

4 | Zum Verhältnis von Nietzsche und dem französischen Poststrukturalismus des späten 20. Jahrhunderts vgl. Nowotny/Raunig 2006. Für eine Repolitisierung und Aktualisierung dieses Verhältnisses vgl. passim Lorey/Nigro/Raunig 2011.

Die Konstituierung seiner selbst als Moralsubjekt geht nun weit darüber hinaus, eine durch die Moral strukturierte Konstituiertheit des Subjekts festzustellen. Konstituierung seiner selbst als Moralsubjekt bedeutet die kontinuierliche Modulation des Selbst, die als Subjektivierungsweise auf die Moralcodes zurückwirkt. Konstituierung seiner selbst verweist aber auch auf das zunehmende Gewicht maschinischer Komponenten. Neben den Formen kodifizierter Moral etablieren sich in einem widersprüchlichen und konfliktuellen Prozess ethiko-ästhetische Selbstpraktiken. Zum Modus der Unterwerfung unter einen moralischen Staatsapparat kommt die maschinische Indienstnahme als selbstregierende Bedienung sozialer wie technischer Maschinen.[5]

Schon im ersten Band von »Sexualität und Wahrheit« beschreibt Foucault anhand der Erforschung von medizinischen Prüfungen, psychiatrischen Untersuchungen, pädagogischen Berichten und familiären Kontrollen der Sexualität im 18. und 19. Jahrhundert eine neue Machtform, die vor allem auf unterschiedlichen neuen Formen von Bekenntnis und Geständnis beruht: »[S]ie verlangt einen Austausch von Diskursen durch Fragen, die Geständnisse abzwingen, und durch Bekenntnisse, die die Verhöre übersteigen« (Foucault 1983: 48). Gegen das, was Foucault die Repressionshypothese nennt, bringt er die Intensität des Geständnisses ins Spiel, und damit verbunden das unhintergehbare Verhältnis von Macht und Lust: »Die Macht funktioniert als eine Sirene, die die Fremdheiten, über denen sie wacht, heranlockt und zum Appell ruft« (ebd.: 49).

Die christliche Moral verbindet als Pastoralmacht im Bekenntnis-Zwang die Geständnispflicht mit dem Begehren zu gestehen. Sie kann sich auf eine lange Genealogie der Geständnispraktiken seit dem Hochmittelalter berufen. Foucault fasst ihre Anfänge so zusammen:

»Regelung des Bußsakraments durch das Laterankonzil von 1215, die darauf folgende Entwicklung der Beichttechniken, in der Strafjustiz Rückgang der Klageverfahren, Verschwinden der Schuldbeweise (Eid, Duell, Gottesurteil) und Entwicklung von Vernehmungs- und Ermittlungsmethoden, Kompetenzerweiterung der königlichen Verwaltung bei der Verfolgung von Vergehen auf Kosten der privaten Vergleichsverfahren, Einsetzung der Inquisitionsgerichte – all das hat dazu beigetragen, dem Geständnis eine zentrale Rolle in der Ordnung der zivilen und religiösen Mächte zuzuweisen« (ebd.: 62).

Seit diesen mittelalterlichen Umwälzungen hat sich die Macht als zum Geständnis lockende Sirene vervielfältigt, sie lockt von allen Seiten, sie streut ihre Klänge aus über alle gesellschaftlichen Strata. Sie lockt auch mit der Verheißung, dass wir in deren Veröffentlichung unsere innersten Geheimnisse entziffern könnten:

---

5 | Zur Unterscheidung von sozialer Unterwerfung und maschinischer Indienstnahme sowie zu einer Entwicklung von Félix Guattaris Maschinenbegriff vgl. Raunig 2008.

»Die Verpflichtung zum Geständnis wird uns mittlerweile von derart vielen verschiedenen Punkten nahegelegt, sie ist uns so tief in Fleisch und Blut übergegangen, dass sie uns gar nicht mehr als Wirkung einer Macht erscheint, die Zwang auf uns ausübt; im Gegenteil scheint es uns, als ob die Wahrheit im Geheimsten unserer selbst keinen anderen ›Anspruch‹ hegte als den, an den Tag zu treten [...]« (ebd.: 63).

Das ist die für uns zentrale Aussage der Bekenntnis-Theorie Foucaults, von der aus wir – ohne Foucault eine diesbezügliche Prophezeiung der technologischen und psychosozialen Entwicklung zu unterstellen – auch eine klare Perspektive auf die Problematik heutiger Social Media finden.

Die Idee einer Wahrheit, die »im Geheimsten unserer selbst« nur darauf wartet, ans Licht zu treten, begründet auch die ubiquitäre Propaganda der Transparenz. Ihr vorrangiges Verfahren ist die Verbindung eines identitären Selbst und seiner Wahrheit, die geradezu aus dem Dunkeln treten *muss*; ihre Erkenntnis liegt darin, »dass es, wenn ihr das nicht gelingt, nur daran liegen kann, dass ein Zwang sie fesselt oder die Gewalt einer Macht auf ihr lastet, woraus folgt, dass sie sich letzten Endes nur um den Preis einer Art Befreiung wird äußern können« (ebd.). Hier kommt es zu einer Art Umkehr der Perspektive auf die Macht: Statt eine mannigfaltige Macht am Werk zu sehen, die mittels Anrufung zum Bekennen fungiert und ständig ein Begehren zu bekennen produziert, wird Macht als homogener Block der potenziellen Unterdrückung des Bekenntnisses verstanden. Das Bekenntnis, im Gegensatz dazu, hat befreiende Wirkung, es verhilft aus dem Schweigen, setzt die Wahrheit frei. Die Selbstzerteilung nimmt hier vor allem die exzessive Form der bekennenden Mitteilung an.

Foucault hat darauf hingewiesen, dass dieser Mechanismus der Umkehr keineswegs neu ist, sondern ein ursprüngliches Verhältnis von Wahrheit und Freiheit wieder aufruft, mit dem sich die politische Philosophie lange schon beschäftigt: Immer wieder muss sie darauf hinweisen, dass »die Wahrheit weder von Natur aus frei noch der Irrtum unfrei ist, sondern dass ihre gesamte Produktion von Machtbeziehungen durchzogen ist« (ebd.: 64). Nicht dass es keine Sprachverbote, keine Zensur gegeben hätte und gibt – es ist die Umkehr der Perspektive auf die Macht, die auf den Fetisch der Transparenz, die Enthüllung des Selbst, die Mitteilung als dividualisierende Selbstzerteilung hinaus will und zugleich die Macht in ihrer mannigfaltigen Form verhüllt.

FACEBOOK: MASCHINISCHES ANHÄNGEN UND BEKENNTNISZWANG

»Facebook ermöglicht es dir, mit den Menschen in deinem Leben in Verbindung zu treten und Inhalte mit diesen zu teilen.«[6]

»Man muss schon dieser inneren List des Geständnisses vollkommen auf den Leim gegangen sein, um der Zensur, der Untersagung des Sagens und Denkens eine grundlegende Rolle beizumessen; man muss sich schon eine reichlich verdrehte Vorstellung von der Macht machen, um glauben zu können, dass von Freiheit alle jene Stimmen reden, die seit so langer Zeit das ungeheuerliche Gebot unserer Zivilisation wiederkäuen, sagen zu müssen, was man ist, was man getan hat, wessen man sich erinnert und was man vergessen hat, was man verbirgt und was sich verbirgt, woran man nicht denkt und was man nicht zu denken denkt« (Foucault 1983: 64).

Der Jesus der Bergpredigt erzieht zu einer maschinischen Selbstpraktik, die zur Selbstzerteilung und zur bekenntnishaften Mit-Teilung führt. Facebook ermöglicht es mir, diese maschinischen Praktiken der Teilung einen weiteren Schritt ihrer Vollendung näherzubringen. Jenes »ungeheuerliche Gebot unserer Zivilisation«, »sagen zu müssen, was man ist, was man getan hat, wessen man sich erinnert und was man vergessen hat, was man verbirgt und was sich verbirgt, woran man nicht denkt und was man nicht zu denken denkt«, ist bei Facebook bestens aufgehoben. Mit einer Einschränkung: Was nicht zutrifft, ist der äußere Zwang, der im Wort »müssen« steckt. Es dreht sich vielmehr um ein Bekennen-*Wollen*, um ein *Begehren* der Mit-Teilung.

Wir befinden uns in einer Situation, in der das Private und das Öffentliche ununterscheidbar geworden scheinen. Theorien der Implosion des alten Gegensatzes von privat und öffentlich sind allerdings keineswegs neu. Ich nenne hier nur drei von vielen Ansätzen, die Thesen dieser Art vertreten:

1. Als zentrales Konzept des Liberalismus ist Privatheit nur kombiniert mit Eigentum zu haben, d.h. eine Ausnahme, jenseits derer das Verhältnis von Privatem und Öffentlichem zur Irrelevanz tendiert. Der französisch-italienische Philosoph und Soziologe Maurizio Lazzarato formuliert diese Argumentationslinie folgendermaßen: »For ›pastoral power‹ or ›biopolitics‹, ›privacy‹ or ›private life‹ never existed, except for the rich. The only actual private thing in modernity is private property« (Lazzarato 2010: 20).

2. Im Kontext der zweiten Frauenbewegung machten feministische TheoretikerInnen und KünstlerInnen in den frühen 1970er Jahren mit dem Slogan »The personal is the political« unter anderem auch darauf aufmerksam, dass der Dualismus öffentlich/privat seit der Antike einer doppelten patriarchalen

6 | Zentraler Facebook-Slogan, hier in der Version der Site http://de-de.facebook.com/ (zuletzt aufgerufen am 23.07.2011).

Logik folgt. Das Insistieren auf das Persönliche als Politisches verweist auf diese doppelte Logik des Ausschlusses und versucht zugleich, gerade in der Veruneindeutigung auch eine emanzipatorische Komponente zu forcieren.

3. Schließlich weisen postoperaistische TheoretikerInnen seit den frühen 1990er Jahren darauf hin, dass die Sphäre der Öffentlichkeit sich zusehends vom Politischen in die Bereiche der Produktion bewege, sich somit in einem spezifischen Sinn »entpolitisiert«. So spricht etwa Paolo Virno in seinem 1994 veröffentlichten Essay »Virtuosismo e rivoluzione«[7] davon, dass die Produktion die Struktur der Öffentlichkeit annehme, indem sie zunehmend die Modulation der sozialen Kooperation übernehme. Während soziale Kooperation, Koordination und Kommunikation sich nur mehr im Bereich der Arbeit abspielen, verschwindet die Dimension von Öffentlichkeit als Sphäre des politischen Handelns. Zugleich sehen Virno und andere allerdings in einem Moment des »Privaten« eine Chance der Politisierung: nämlich im Öffentlichwerden des Denkens, des *Nous*, des Intellekts, im Entstehen eines öffentlichen Intellekts, eines *general intellect* – ich würde vorschlagen: eines transversalen Intellekts.

Vor dem Hintergrund dieser vielfachen Implosion des Privaten und des Öffentlichen taucht *privacy* als Begriff zunehmend in der begrenzten, defensiven Bedeutung des Datenschutzes auf. Im Bereich der Social Networks erwächst hier ein neuer Diskurs über den drohenden *Verlust* von *privacy*. Es beginnt bei dem Phänomen der Speicherung persönlicher Daten. *Privacy* soll hier eine Antwort auf die Frage geben, wie diese Daten vor dem Zugriff anderer geschützt werden: zunächst vor der staatlichen Repression gegenüber Einzelnen, dann aber auch vor der Inwertsetzung der akkumulierten persönlichen Daten durch kommerzielle Akteure. Angesichts des zunehmenden Überhandnehmens von staatlichen Überwachungsprogrammen wie auch des kommerziellen Missbrauchs persönlicher Daten sind das ernst zu nehmende Probleme; es sind aber zugleich auch kaum variierte Wiederholungen jener einseitigen Verfallsnarrative, wie sie in immer neuen Kombinationen entweder den Verfall des Öffentlichen oder jenen des Privaten beklagt haben. Und diese Narrative unterschreiten oft selbst das Niveau der alten, überwachungsgesellschaftlichen Science-Fiction-Motive aus »1984« oder »Brave New World«.

Jenseits der Datenschutz-Diskurse oder vielmehr parallel zu ihnen gewinnt die »innere List des Geständnisses« eine neue Brisanz. Was heißt es, wenn ein Begehren um sich greift, das keineswegs den Verfall des Privaten beklagt, sondern gerade mit der freiwilligen Aufgabe jeder Privatheit zu kokettieren scheint? Was heißt es, wenn in Social Media die Leute nicht einfach nur gezwungen sind, ihre Daten zu veräußern, und das sogar für die ökonomischen Zwecke anderer, sondern wenn sie geradezu einen Zwang zur »Ent-privatisierung« ent-

7 | Die deutsche Übersetzung dieses Aufsatzes ist erschienen als »Virtuosität und Revolution. Die politische Theorie des Exodus«, in: Virno 2010: 33-78.

wickeln? Am Beispiel Facebook: Die Probleme des Geschäftsmodells Facebook liegen nicht nur in der Ausbeutung unbezahlter Arbeit, in der kolportierten Identifizierung von NutzerInnen für WerbekundInnen oder in der Opazität der *privacy-policy* und der *privacy*-Einstellungen von Facebook. Die unterbelichtete Seite des Social Networking ist das Begehren, sich öffentlich mitzuteilen, seine Daten (mit-)zu teilen, sich selbst zu teilen.

Dieses neue Begehren nach Dividualität beruht zunächst und erstens auf dem Drang ans Licht der virtuellen Sozialität, auf einer Dringlichkeit der Sichtbarkeit, die zusammenhängt mit einer neuen Vorstellung von Privatheit als Defizienz. Der Begriff des Privaten trägt freilich die Defizienz schon immer in sich, den Mangel, das Beraubt-Sein; in der Antike war es ein Mangel an Amt, ein Mangel an Öffentlichkeit, ein Mangel an Möglichkeit, politisch zu handeln. In der Sozialität von zeitgenössischen Social Media wird Privatheit zum Problem, weil sie Unsichtbarkeit, weil sie die Entkoppelung vom Lebensnerv der sozialen Netze impliziert. Der Soziologe Felix Stalder beschreibt diese Angst vor dem digitalen Verschwinden als Kehrseite des Versprechens authentischer Kommunikation in sozialen Netzwerken:

»In order to create sociability in the *space of flows* people first have to make themselves visible, that is, they have to create their representation through expressive acts of communication. [...] There are both negative and positive drivers to making oneself visible in such a way: there is the threat of being invisible, ignored and bypassed, on the one hand, and the promise of creating a social network really expressing one's own individuality, on the other« (Stalder 2010: 82).

Statt also das authentische Selbst in der Privatheit zu vermuten, wird es in der expressiven Praxis des Geständnisses im sozialen Netzwerk gesucht: »Privacy in the networked context entails less the possibility to retreat to the core of one's personality, to the true self, but more the danger of disconnection from a world in which sociability is tenuous and needs to be actively maintained all of the time« (ebd.: 83).

Nicht mehr eine kleine Anzahl von Autoritätspersonen sind AdressatInnen des maschinischen Geständnisses, denen in einem dezidiert persönlichen Verhältnis gestanden wird, sondern eine zunehmend größere, oft zur Unüberschaubarkeit tendierende Anzahl von »Freunden«. Dieses Verhältnis bleibt eines der Steuerung zwischen dem selbstidentifizierenden Selbst und seiner Wahrheit – Foucault hat auch darauf schon hingewiesen:

»Seine Wahrheit wird weder von der erhabenen Autorität des Lehramts noch von der Überlieferung verbürgt, sondern durch die Bindung, die wesentliche diskursive Verbindung des Sprechenden mit dem, wovon er spricht. Umgekehrt liegt die Herrschaft nicht mehr bei dem, der spricht [...], sondern bei dem, der lauscht und schweigt; nicht mehr bei dem, der weiß und antwortet, sondern bei dem, der [...] nicht als Wissender gilt« (Foucault 1983: 66).

Die oft unüberschaubare und schweigende Mehrheit der »Freunde« beherrscht die Szene. Die Wirkung des Wahrheitsdiskurses – auch darauf hat Foucault hingewiesen, ohne Facebook zu kennen – ist allerdings eher bei denen zu finden, die etwas über sich gestehen.

Pastorale Machtverhältnisse produzieren nicht nur Individuen, »unteilbare« Teilchen, die unaufhörlich individualisiert werden; sie produzieren auch Dividualität. Die »Teilung« funktioniert also allgemein, wie auch im spezifischen Beispiel von Facebook, nicht – oder nicht nur – im Sinne der unerlaubten Inbesitznahme persönlicher Daten durch staatliche und ökonomische AkteurInnen, sondern im Begehren der Datenproduzierenden nach Dividualisierung, in einer Art des freiwilligen Teilens, der selbst-bestimmten Selbstzerteilung.

Auf Nietzsches Skala vom »Zwang« über den »freien Gehorsam« zum »Instinkt« sind wir also ziemlich weit in die Richtung dessen gerutscht, was Nietzsche »Instinkt« nennt, was er erstens mit Gewöhnung, also Naturalisierung und Normalisierung, und zweitens mit Lust verbindet. Diese zwei Aspekte sind in der Praxis von Facebook direkt miteinander verkoppelt: Die Gewöhnung an das maschinische Anhängen verkettet sich mit dem maschinischen Begehren. Maschinisches Anhängen korreliert gewiss auch mit *Ab*hängigkeiten, doch die Ambiguität der *Bedienung* von Maschinen bleibt aufrecht: Wir bedienen die Maschine Facebook, indem wir uns ihr unterwerfen, unsere Daten teilen und uns selbst zerteilen, und zugleich bedienen wir die Maschine Facebook, indem wir virtuos unsere Leben formen, auf uns selbst spielen und uns mit-teilen.

Nietzsche hatte geschrieben: »In der Moral behandelt sich der Mensch nicht als *individuum*, sondern als *dividuum*.« Über hundert Jahre danach heißt es bei Gilles Deleuze: »Die Individuen sind *dividuell* geworden [...]« (Deleuze 1993: 258). Mit diesem Satz erläuterte Deleuze 1990 in seinem »Postskriptum über die Kontrollgesellschaften« den Übergang von den Disziplinar- zu den Kontrollgesellschaften.[8] Disziplinargesellschaften sind geprägt durch einschließende Formen mit relativ klaren Grenzen, Kontrollgesellschaften dagegen durch sich ständig verformende Formen. Zeichnen sich Disziplinar-Regime durch die Zählung der individuellen Körper aus, so ist die Signatur der Kontrollgesellschaft die »Chiffre eines ›dividuellen‹ Kontroll-Materials«. Statt um die Disziplinie-

8 | In diesem kurzen Aufsatz beschränkt sich Deleuze auf eine relativ lineare Abfolge von Disziplinar- und Kontrollgesellschaften und verzichtet auf eine komplexe Problematisierung der Anhäufung von disziplinar- und kontrollgesellschaftlichen Komponenten. Bei genauerem Hinsehen muss der Satz »Die Individuen sind *dividuell* geworden« aber wohl in dem Sinne gelesen werden, dass zur Produktion von Individuen die Dividualisierung hinzukommt. Vgl. Raunig 2010b.

rung der Körper geht es hier um »ein Gas«, das die Individuen »durchläuft und in sich selbst spaltet«. »Die Individuen sind *dividuell* geworden, und die Massen Stichproben, Daten, Märkte oder ›Banken‹« (Deleuze 1993: 257-262).

Facebook beansprucht beide Aspekte: das Dividuell-Werden der Individuen, ihre Selbstspaltung, Selbstzerteilung, und die Datenbanken, die durch das Mit-Teilen der Daten erst entstehen. Der Erfolg von Facebook basiert darüber hinaus auf der Ideologie der befreienden Wirkung des Bekenntnisses und auf der Figur der Privatheit als Defizienz, darauf, dass das maschinische Geständnis nicht Zwang, sondern Begehren, Lust, mit Nietzsche »Eitelkeit« impliziert, schließlich auf der ambiguen Verkettung zwischen dem Anhängen an den Maschinen und dem maschinischen Begehren zu bekennen.

Vor diesem mannigfaltigen Hintergrund können wir abschließend die Frage des Widerstands in Zeiten des dividuellen Begehrens aufwerfen. Es kann hier weder um große Programmentwürfe noch um Handlungsanweisungen gehen, vielmehr um eine erste Erörterung, welchen Spuren vielleicht eher gefolgt werden könnte und welchen eher nicht. Wie die meisten Analysen die aktuellen Begehrensstrukturen und Subjektivierungsweisen in sozialen Netzwerken unterschätzen, so sind auch Widerstandsvorstellungen auf deren Basis oft unterkomplex. Steht der drohende Missbrauch privater Daten im Vordergrund, mag es naheliegen, auf die Idee der radikalen Verweigerung von individueller Expression und Kommunikation zu kommen; sie hat aber nicht nur den Charme, sondern auch die Problematik von Retro-Perspektiven, etwa den abgestandenen Bildern vom Rückzug des Künstlers in die Klause oder des Forschers in den Elfenbeinturm. Big-Brother-Awards sind auch sicher eine lustige Sache, aber sie dezimieren die oben angedeutete Komplexität auf die Diabolisierung von spezifischen Staaten, Konzernen oder gar nur einzelnen Personen. Und wenn erzürnte NutzerInnen für den 31. Mai 2010 den Quit-Facebook-Day ausriefen, dann war das auch nur deswegen eine nicht völlig erfolglose mediale Strategie, weil sie nicht im Mindesten an die Ströme des Begehrens heranreichte, die Facebook zu einem derartigen Rattenfänger machen.

Es gilt also, einseitigen Perspektiven auf *privacy* als Defizienz und Beschränkung ebenso wie auf eine gefährdete und zu verteidigende Privatheit ein komplexeres Bild entgegenzusetzen: eines, das 1. auch im neoliberalen Setting weder die patriarchale Logik der Anrufung des Privaten und des Öffentlichen übersieht noch einer romantischen Verklärung der Möglichkeiten von Social Media anheimfällt, das 2. die Komponente der Subjektivierung und der Involviertheit der begehrenden Subjekte berücksichtigt und das schließlich 3. auf diesem Weg auch geeignete Dispositive des Widerstands zu entwickeln in der Lage ist, im ständigen Austausch konzeptueller und sozialer Maschinen.

Hierin, in der Überlegung, von zeitgenössischen Subjektivierungs- und Existenzweisen auf mögliche Formen maschinischen Widerstands zu schließen, findet sich auch ein wesentlicher Grund, warum Foucault sich am Ende seines Lebens exzessiv und nur scheinbar paradox mit den Subjektivierungsweisen in der Antike auseinandersetzte – auf der Suche nach historischen Praxen des Widerstands, der *parrhesia* und des (philosophischen und künstlerischen) Aktivismus, deren Aktualisierung noch immer ansteht. Die Dividuen des Facebook sind nicht einfach Sklaven der Maschine oder Untergebene eines Unternehmens. Aber anstatt die simplen Slogans von der Facebook-Revolution nachzuplappern, müssen wir uns fragen, wie die technischen Maschinen mit den sozialen Maschinen zusammenwirken können, um unsere Formen maschinischer Bedienung nicht mehr (nur) als Indienstnahme durch soziale und ökonomische Apparate wirken zu lassen, sondern als virtuose Bedienung neuer Technologien wie Organisationsformen. Statt immer aufs Neue den Sirenen der Pastoralmacht zu verfallen, statt der Bergpredigt durch neue Medien neues Leben einzuhauchen, ist es an der Zeit, ethiko-ästhetische Existenzweisen zu entwickeln, die den Modus der Selbstregierung modulieren und widerständige Subjektivierungsweisen erfinden. Dafür mag dann alles probate Material zur Aktualisierung aufgehäuft werden, meinetwegen auch mit Foucault die Selbstpraktiken der Antike:

»Von der Antike zum Christentum geht man von einer Moral, die im Wesentlichen Suche nach einer persönlichen Ethik war, zu einer Moral als Gehorsam gegenüber einem System von Regeln über. Und für die Antike interessierte ich mich, weil aus einer ganzen Reihe von Gründen die Idee einer Moral als Gehorsam gegenüber einem Kodex von Regeln jetzt dabei ist zu verschwinden, bereits verschwunden ist. Und diesem Fehlen einer Moral entspricht eine Suche, muss eine Suche entsprechen, nämlich die nach einer Ästhetik der Existenz« (Foucault 2005: 905).

LITERATUR

Deleuze, Gilles (1993): Postskriptum über die Kontrollgesellschaften, in: ders., Unterhandlungen, Frankfurt a.M.: Suhrkamp, S. 254-262.

Foucault, Michel (1983): Der Wille zum Wissen. Sexualität und Wahrheit 1, 14., durchges. u. korr. Aufl., Frankfurt a.M.: Suhrkamp.

Foucault, Michel (1989): Der Gebrauch der Lüste. Sexualität und Wahrheit 2, Frankfurt a.M.: Suhrkamp.

Foucault, Michel (2005): Eine Ästhetik der Existenz, in: ders., Dits et Ecrits. Schriften, Vierter Band, Frankfurt a.M.: Suhrkamp, S. 902-909.

Lazzarato, Maurizio (2010): »*Pastoral Power*«. *Beyond Public and Private*, in: Open 19, S. 18-32.

Lorey, Isabell/Nigro, Roberto/Raunig, Gerald (Hg.) (2011): *Inventionen 1*, Zürich: Diaphanes.

Nowotny, Stefan/Raunig, Gerald (2006): »Nietzscheanissimo. Für eine kritisch-produktive Nietzsche-Aneignung in poststrukturalistischer Manier«, in: *Grundrisse* 19, S. 40-49.

Raunig, Gerald (2008): Tausend Maschinen. Eine kleine Philosophie der Maschine als sozialer Bewegung, Wien: Turia+Kant.

Raunig, Gerald (2010a): Etwas mehr als das Commune. Dividuum und Condividualität, in: Grundrisse 35, S. 26-34.

Raunig, Gerald (2010b): Im Modus der Modulation, in: Unbedingte Universitäten (Hg.), Was passiert? Stellungnahmen zur Lage der Universität, Zürich: Diaphanes, S. 55-63.

Stalder, Felix (2010): *Autonomy and Control in the Era of Post-Privacy*, in: Open 19, S. 78-86.

Virno, Paolo (2010): Exodus, Wien: Turia+Kant.

Facebook: Das Assessment-Center der alltäglichen Lebensführung

Carolin Wiedemann

»Was machst du gerade?«, lautet die wichtigste Frage auf Facebook. Während die Dokumentation des Alltags in der TV-Show *Big Brother* Ende der 1990er Jahre noch provokant wirkte, ist es mittlerweile für die meisten jungen Leute selbstverständlich, das eigene Leben täglich begutachten und bewerten zu lassen – vor möglichst vielen Zuschauern oder in diesem Fall »Freunden«. Ausgehend von der Beobachtung, dass es auf Facebook vor allem darum geht, möglichst sichtbar und attraktiv zu sein, verfolge ich die These, dass diese Selbstdarstellungen eine neue Form des »Brandings« darstellen. Doch wie äußert sich dies konkret auf der Website? Und wie lässt sich das Phänomen des »Selfbrandings« gesellschaftlich einordnen? Betrachtet man Facebook im Kontext gegenwärtiger gesellschaftlicher Bedingungen, drängt sich der Vergleich zu Formen des unternehmerischen Selbst auf, wie es im Rahmen aktueller Gouvernementalitätsdebatten thematisiert wird. Im Folgenden soll daher Facebook aus einer gouvernementalitätsanalytischen Perspektive unter die Lupe genommen werden.[1] Wie auch in anderen jüngeren Studien, die sich an Foucaults Konzept orientieren, wird die Analytik der Gouvernementalität damit fruchtbar gemacht für eine Untersuchung des Subjektivierungsregimes in einem bestimmten Bereich unserer gegenwärtigen Gesellschaft.[2] Um herauszufinden, wie die Social Networking Site die Handlungen der UserInnen vorstrukturiert und welche Form der Rationalisierung sie dabei vornimmt, wird zunächst die »leere« Seite analysiert. Hier interessieren mich die Optionen, die den UserInnen geboten werden, und die Anweisungen, die Facebook dazu gibt, sich auf eine ganz bestimmte Art und Weise zu verhalten. Diese Anleitungen von Facebook, die als

---

1 | Der folgende Artikel basiert teilweise auf der veröffentlichten Magisterarbeit »Selbstvermarktung im Netz. Eine Gouvernementalitätsanalyse der Social Networking Site Facebook« (Wiedemann 2010).

2 | Vgl. Rose 1997, Bröckling/Krasmann/Lemke 2000, Opitz 2002, 2004, Bröckling 2004, 2007, Pieper 2005, Reckwitz 2006.

»Anrufungen« im Sinne Althussers[3] verstanden werden können, werden außerdem eingeordnet in einen bestimmten historischen Kontext. Die Analyse des UserInnen-Subjekts, das von Facebook implizit vorausgesetzt wird, ermöglicht die Situierung der Wissenstechniken auf der Social Networking Site, die Handlungen erwartbar machen und normalisieren. So wird die Art, wie Facebook die UserInnen anleitet, in den Kontext der Aspekte gestellt, auf die Foucault bei der Analyse der Entstehung des modernen Staates, der modernen Gouvernementalität, verweist – und auf welche eine Analytik der »Gouvernementalität der Gegenwart« (Bröckling/Krassmann/Lemke 2000) eingeht, wenn sie die Etablierung eines neuen Leitbildes aufzeigt, von dem im weiteren Verlauf expliziter die Rede sein wird: das unternehmerische Selbst. Im vorliegenden Artikel wird Gouvernementalitätsanalytik als spezielle Machtanalytik zur Untersuchung von Facebook und Gouvernementalität als eine spezifische Art moderner Machtmechanismen präsentiert, um zu klären, inwiefern die nahegelegten Anwendungs-Szenarien auf Facebook gegenwärtigen gesellschaftlichen Bedingungen und deren Leitbild, dem unternehmerischen Selbst, entsprechen. Diese Analyse kann somit als ein Erklärungsmodell für den Erfolg von Facebook dienen und beantworten, warum sich in den letzten Jahren gerade ein Angebot wie Facebook entwickeln und derart durchsetzen konnte. Im Folgenden wird zunächst geklärt, inwiefern Facebook als Regierungs- *und* Anwendungsprogramm gelten kann und warum jene Perspektive hilfreich ist, gerade um die gesellschaftliche Etablierung von Facebook zu erörtern. Die anschließende Analyse des Interface von Facebook orientiert sich an vier Hauptachsen: An der Selbstdarstellung im Rahmen der Profilbildung, an den Dokumentationstools im Anwendungsbereich, an der Aufmerksamkeit für die Vernetzungsmöglichkeiten/»Freundschaften« und an den Feedbackschleifen durch die »Freunde«. Zum Abschluss wird auf die Spannungen zwischen dem Interface und den UserInnen verwiesen, auf das Potential, das darauf basiert, dass Programme und Praktiken sich nie vollständig entsprechen.

Producing Subjectivity

Werden Foucaults Überlegungen zur Gouvernementalität und deren Fortführung in den Governmentality Studies auf Facebook übertragen, lässt sich die Social Networking Site als ein »Regierungsprogramm« untersuchen. Gouvernementalität bezeichnet die Art und Weise, wie Menschen heutzutage geführt werden bzw. angeleitet werden, sich selbst zu führen, sich zu verhalten, die »Art und Weise, mit der man das Verhalten der Menschen steuert« (Foucault 1979:

3 | Den Begriff der »Anrufung« führt Louis Althusser (1977) ein, um zu beschreiben, wie das gesellschaftliche Subjekt diskursiv produziert wird.

261)[4] – ganz ohne Zwang. So führt auch Facebook das Verhalten der UserInnen, es strukturiert deren Handeln, indem es sie dazu anleitet, sich auf eine ganz bestimmte Art und Weise zu verhalten, bestimmte Aspekte des Selbst und des eigenen Lebens sichtbar zu machen, bestimmte Dinge zu äußern. Die Frage: »Was kann ich heute sehen und was kann ich heute sagen?« (Deleuze 1987: 168) lässt sich im Foucault'schen Sinne als die Frage nach der Subjektivierung verstehen. Was sicht- und was sagbar ist, hängt vom jeweiligen historisch spezifischen Macht/Wissen-Nexus ab. Durch die Möglichkeit, die verschiedenen Machtverhältnisse und Wissensformen, also die Rationalitäten, nach denen regiert wird, nach denen die Menschen aufeinander einwirken, gemeinsam zu analysieren (vgl. Foucault 1979: 261), kann der Gouvernementalitätsbegriff in Bezug auf Facebook in erster Annäherung als Äquivalent der Logik von Subjektivierungsprozessen gelten. Es geht im Folgenden darum, das »Subjektivierungsregime« auf Facebook zu erforschen, den »Computerrahmen«, der den UserInnen vorgibt, welches Verhalten als adäquat und erwartbar anzusehen ist (vgl. Renz 2007: 42f.)[5], die spezifischen Rationalitäten, auf deren Basis es die UserInnen zu einem bestimmten Verhalten auffordert, zu analysieren. Diese Form der Analytik wendet sich dabei keinen empirisch beobachtbaren Entitäten zu, sondern der Frage, wie Individuen als Personen adressiert werden. Die »Anrufungen« geben die Form an, in die hinein sich Subjekte entwickeln sollen (vgl. Althusser 1977). Bröckling zufolge erfasst diese gesellschaftliche Erzeugung der Subjekte durch sprachliche Mittel die paradoxe Aufforderung,

4 | Als Foucault den Begriff der Gouvernementalität in der 4. Sitzung der Vorlesung »Sicherheit, Territorium, Bevölkerung« von 1978 zum ersten Mal formuliert, wendet er sich damit zunächst nur den Regierungstechniken zu, die der Bildung des modernen Staates unterlegt sind. Mit dem Begriff der Gouvernementalität benennt er anfangs das im 18. Jahrhundert installierte Machtsystem, das »als Hauptzielscheibe die Bevölkerung, als wichtigste Wissensform die politische Ökonomie und als wesentliches technisches Instrument die Sicherheitsdispositive hat« (1978: 162). In den folgenden Vorlesungen wandelt sich die Bedeutung des Begriffs. Der Blick wird nun nicht mehr nur auf staatliche Modalitäten gelenkt. So sagt er zum Beispiel auch in einem Interview: »Unter Regierung verstehe ich die Gesamtheit der Institutionen und Praktiken, mittels deren man die Menschen lenkt, von der Verwaltung bis zur Erziehung« (1996: 118ff.).

5 | So definiert auch der Kommunikationswissenschaftler Höflich (1996, 2003) die »virtuelle Gemeinschaft« im Hinblick auf den gemeinsamen Gebrauch von Medien und gemeinsam geteilte Regeln: »Nicht eine wie immer geartete innige Verbundenheit, sondern eine dem Gebrauch zugrunde liegende regelgeleitete Praxis ist der kleinste gemeinsame Nenner, an dem ›virtuelle Gemeinschaften‹ theoretisch festzumachen sind. Konstitutionsmerkmal ›virtueller Gemeinschaften‹ sind ferner nicht exzeptionelle, sondern gemeinsame, normativ festgelegte und damit erwartbare Gebrauchsweisen« (Höflich 2003: 70).

zu werden, was man schon ist, und steht somit für das Zusammenspiel von Unterwerfung und Selbstkonstitution des Subjekts (vgl. Bröckling 2007: 27).[6] Dabei geht es also nicht mehr um eine spiegelhafte Verdopplung, der das Subjekt gleichzukommen hat, sondern darum, die Spur des Subjektes, d.h. sein Auftauchen, zu einem Netz aus Daten zu verdichten (vgl. Bunz 2001). Mit dem flexibilisierten Subjekt wird der Eintritt in die Kontrollgesellschaft markiert, die Deleuze als Ausgang der Foucault'schen Forschungen beschrieben hat und in der die ständige Kontrolle die Disziplinierung ablöst. Als freies, zur Selbstregierung fähiges Wesen wird das Individuum adressiert, das seine Freiheit und sich selbst aber auf eine bestimmte Art und Weise regieren möge. Möge, nicht muss. Facebook funktioniert nur, weil die UserInnen die Struktur beständig ohne Zwang nutzen, (re)produzieren und erweitern.

Das Verhalten der UserInnen auf Facebook wird im Folgenden somit zwar nicht gesondert untersucht, jedoch implizit mit in den Blick genommen: Die Betrachtung des Interfaces beinhaltet auch die Perspektive auf die Praktiken, also auf den Gebrauch von Facebook, weil sich Facebook erst durch die Nutzung entwickeln und etablieren konnte.

ProdUsing Facebook

Die zweidimensionale Bildschirmoberfläche wird durch die Anrufung der UserInnen nämlich um eine Dimension erweitert: Sie reagieren auf diese Anleitungen von Facebook, also beispielsweise darauf, ein bestimmtes Formular zur Profilbildung auszufüllen, um überhaupt weiter auf andere Benutzeroberflächen von Facebook gelangen zu können – und wenn sie nicht reagieren, wenn sie partout nicht so reagieren, wie sie angerufen werden, dann reagiert Facebook wiederum darauf. So wurde zum Beispiel der anfangs dominante Appell, sich »authentisch« zu präsentieren, wie auch die damit verbundene Option, andere UserInnen, die sich nicht »authentisch« präsentieren, zu »melden«, also beim Unternehmen »Facebook« zu denunzieren, mittlerweile[7] in den Hintergrund versetzt. Programme übersetzen sich niemals bruchlos in individuelles Verhalten; »[...] sich ihre Regeln anzueignen, heißt immer auch, sie zu modifizieren« (Bröckling 2007: 40). Die Technologien des Selbst sind Teil der Subjektivierung

6 | Butler meint dagegen, Althussers Begriff der Anrufung stehe für ein Modell der souveränen interpellativen Rede, in dem das Element der Unterwerfung, des *assujetissements* dominant sei (vgl. Butler 2001: 11). Foucaults Vorstellung der Subjektivierung stellt in diesem Sinne eine Erweiterung des Althusser'schen Modells dar.

7 | In meiner früheren Facebook-Analyse war dies noch eine der wichtigen Optionen zur wechselseitigen Sanktionierung, die den UserInnen häufiger und an auffälligeren Stellen auf der Seite vorgeschlagen wurde (vgl. Wiedemann 2010).

auf Facebook, sie konstituieren dabei überhaupt erst die Social Networking Site Facebook, (re)produzieren ihre Rationalität, transformieren oder intensivieren sie. Auf Facebook werden diese Technologien des Selbst durch dessen spezifische Beschaffenheit, durch die »intermediale und flexible Kopplung zwischen Praktiken, Apparaten und Programmen« (Stauff 2005: 249)[8] in einer Weise repräsentiert, die Foucaults Beschreibung erstaunlich – das Internet kannte er schließlich noch gar nicht – nahe kommen: Foucault definierte damit Technologien, die »[...] ›Individuen‹ ermöglichen, mit eigenen Mitteln bestimmte Operationen mit ihren Körpern, mit ihren eigenen Seelen, mit ihrer eigenen Lebensführung zu vollziehen, und zwar so, dass sie sich selber transformieren, sich selber modifizieren« (Foucault 1993: 35f.). Entsteht auf Facebook nicht auch andauernd Neues, produzieren die UserInnen nicht auch selbst neue Formen der Subjektivität? Wenn Facebook für die folgende Analyse als Programm in der gegenwärtigen Gouvernementalität gilt, vor deren Hintergrund Subjektivierung nicht nur ein »entworfen werden«, sondern auch ein »(sich) entwerfen« ist, dann kann die Untersuchung des Interface nur als ein Schritt von mehreren gelten.

In der folgenden Gouvernementalitätsanalyse werden die Elemente des Interface analysiert, die seit Anbeginn zur Basis des Angebots gehören, die sich durchgesetzt haben. Auf jene Anrufungen von Facebook, denen die UserInnen mehrheitlich nachzukommen scheinen, konzentriert sich die Untersuchung, ohne dabei das wechselseitige Konstitutionsverhältnis von Programmen und Praxen zu negieren.

PROFILING

»Drücke dich aus: Richte dein Facebook-Profil ein. Nachdem du jetzt dein Konto erstellt hast, kannst du dein Profil ausfüllen. Mithilfe deines Profils kannst du deine Interessen, Aktivitäten und weitere Informationen mit den Personen teilen, mit denen du dich auf Facebook verbindest. Mithilfe deines Facebook-Profils kannst du dich selber repräsentieren und deinen Freunden mitteilen, was in deinem Leben passiert.«[9]

Die Erstellung eines »Kontos« bezeichnet den Vorgang der Registrierung bei Facebook. Wie der anleitende Text oben besagt, werden die künftigen UserInnen direkt nach dem Beitritt dazu aufgefordert, sich ein »Profil« zu erstellen, was sie mit einer mehrteiligen Prozedur der Datenerfassung konfrontiert, die

8 | Was Markus Stauff (2005) für das Fernsehen als neue Strukturen aufzeigt, weist parallele Züge dessen auf, was wichtige Rationalitätsaspekte des Internets waren: Feedback und Interaktivität.

9 | Unter: http://www.facebook.com/help/?guide=set_up_profile (zuletzt aufgerufen am 25.05.2011).

ihnen zunächst wenig Spielraum lässt. Sie werden dazu aufgefordert, gewisse persönliche Daten in standardmäßig vorgegebene Erfassungsmasken einzutragen. In den Feldern dieses E-Formulars[10] sollen verschiedene Angaben gemacht werden, und das auf eine bereits bestimmte Art und Weise.

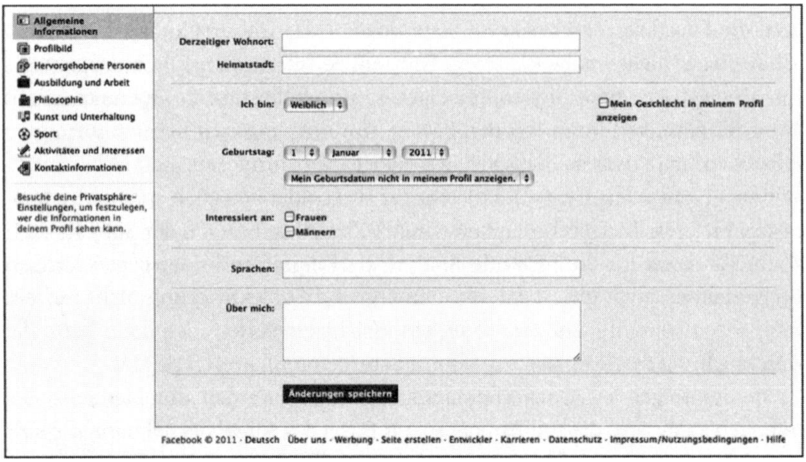

Abbildung 1: »Info«-Formular – »Allgemeines«[11]

Diese Form der Profilbildung enthält Wissenstechniken, die sowohl auf binären Unterscheidungen beruhen (z.B. die Geschlechtszugehörigkeit) und mit quantitativen Skalierungen arbeiten (z.B. hierarchische Ranking-Techniken unter den Kategorien »Kunst und Unterhaltung« mit Lieblingsbüchern etc.) als auch zur Erstellung qualitativer Profile auffordern (z.B. das Aufzeigen kreativer Fähigkeiten und Begabungen in ›freien‹ Datenfeldern), worauf weiter unten genauer eingegangen werden soll. Dem Standardisierungsprinzip wird scheinbar widersprochen durch die Anrufung der UserInnen als Individuen, die sich in »über mich« frei und einzigartig artikulieren können. Doch auch die Möglichkeit, die eigene Individualität unter Beweis zu stellen, bleibt schon allein durch die formale Vorgabe eines Kastens für alle gleichermaßen beschränkt.

Das Profiling, die Profilbildung auf Facebook, gleicht einem Modell der Evaluation, der Prüfung von Persönlichkeitsmerkmalen, das in der Eignungsdiagnostik im unternehmerischen Feld angewendet wird. Diese Formen der Selbstbeschreibung, zu welchen Facebook die UserInnen anruft, indem diese eben z.B. standardisierte Kataloge von typisierten Merkmalen über sich selbst

10 | Ein E-Formular ist ein standardisiertes Mittel zur Datenerfassung, -ansicht und -aufbereitung in elektronischer Form (vgl. Reichert 2008b: 95).

11 | Unter: http://www.facebook.com/profile.php?id=1403643888#!/editprofile.php (zuletzt aufgerufen am 25.05.2011).

ausfüllen und diese den anderen UserInnen, also der Community, vorlegen, um den eigenen Profilkatalog wie von einer Jury kommentieren zu lassen, entsprechen Verfahren der Evaluation, wie sie in verschiedenen Bereichen des Managements eingesetzt werden (vgl. Bröckling 2000: 131). In postfordistischen Gesellschaften, in denen der Abbau des Wohlfahrtsstaates und die Prekarisierung der Lebensverhältnisse kaum mehr irritieren, scheint die »Veralltäglichung von Testverfahren und das ungeheure Interesse des Publikums, sich einer freiwilligen Messung von Persönlichkeitsstrukturen, Begabungsprofilen, Kompetenzmustern und Risikofaktoren zu unterziehen« wie »eine gesellschaftlich geforderte Strategie der Selbstoptimierung« (Lemke 2004: 123).

Der eigene Profilkatalog wird erstellt, als handle es sich um ein Anschreiben, einen Lebenslauf für eine Bewerbung. Zur Bewerbungsmappe gehört auch das Foto – so werden die UserInnen auch dazu aufgefordert, ein Foto von sich hochzuladen.

»*Lächle, du bist auf Facebook*
Ein Profilbild erleichtert es deinen Freunden, dich zu erkennen, vor allem, wenn du einen weitverbreiteten Namen hast. Darüber hinaus bietet das von dir ausgewählte Bild eine weitere Möglichkeit, deine Persönlichkeit gegenüber Freunden und Familie auszudrücken. Wenn du ein Profilbild auswählst, empfehlen wir dir ein Bild zu nehmen, das dich am besten repräsentiert. Wenn du dir unsicher bist, was das bedeutet, dann sieh dir die Profilbilder von deinen Freunden an, um herauszufinden, wie sie sich präsentieren. Denke daran, dass du dein Profilbild jederzeit ändern kannst (genauso, wie den Rest deiner Informationen).«[12]

Facebook vermittelt den UserInnen den Eindruck, es sei selbstverständlich, sich der Community auf mindestens einem Foto zu zeigen. Die Anleitung, Fotos hochzuladen, ist mit der Aufforderung verbunden, sich sowohl zu »erkennen« zu geben als auch die eigene »Persönlichkeit« auszudrücken. Innerhalb der Rahmenbedingungen lässt die Seite den UserInnen den Spielraum, selbst zu entscheiden, wie viele Fotos sie dafür benötigen und vor allem, welche Art von Bildern sie »am besten repräsentieren« – im Vergleich mit den Fotos anderer UserInnen sollen sie sorgfältig selektieren. Schönheit und Körperlichkeit sind omnipräsent, gerade weil sie zu geronnenen, festen Bildern werden, die den Körper zum Teil eines konkurrenzorientierten Marktes machen.[13] Dafür müssen die UserInnen Bilder von sich selbst mit den Augen einer Jury betrachten,

12 | Unter: http://www.facebook.com/help/?guide=set_up_profile (zuletzt aufgerufen am 25.05.2011).

13 | Eine ähnliche Aussage macht Eva Illouz in ihrem Buch »Gefühle in Zeiten des Kapitalismus« vor dem Hintergrund der Analyse von Online-Partner-Suchdiensten (vgl. ebd. 2004: 123). Siehe auch den Beitrag von Geert Lovink im vorliegenden Band.

zu Models oder SchauspielerInnen und gleichzeitig zu deren AgentInnen werden und über ihren Körper, ihr Gesicht mit den anderen vergleichbar sein. Die Erinnerung daran, dass das Profilbild jederzeit geändert werden kann, kommt dem Appell gleich, regelmäßig ein neues Foto zu präsentieren, damit der Wettbewerb weitergeht.

So gemahnt auch der Knopf »Profil bearbeiten« die UserInnen fortwährend, die »Arbeit« an der eigenen Darstellung nie abzuschließen. Die neoliberale Rationalität der gegenwärtigen Gouvernementalität adressiert die Subjekte als UnternehmerInnen ihrer Selbst, die ihres eigenen Glückes Schmied sind, dem Glück schon selbst auf die Sprünge helfen und deshalb fortwährend an sich bzw. ihrem »Humankapital« arbeiten müssen (vgl. Foucault 1979: 334ff.).

Das E-Formular der Profile stellt ein einheitliches Muster der Beschreibung der Mitglieder dar, was somit als Basis der wechselseitigen Betrachtung, Differenzierung und Beurteilung dient. Dabei werden die UserInnen zur steten Kontrolle der »Qualität« des eigenen Profils im Verhältnis zu denen der anderen angerufen. Konkurrenzsituationen, die in fordistischen Gesellschaften ein eher eingrenzbares Feld der Beschäftigung betrafen, erstrecken sich immer mehr über dieses hinaus in andere Bereiche des Lebens. So kann die Anrufung der UserInnen zur andauernden Selbstevaluation im Spiegel der anderen Facebook-Mitglieder als Ökonomisierungs- und Standardisierungsinstrument in postfordistischen Gesellschaften gedeutet werden.

Dokumentation

Während die Profilbildung durch die elektronischen Raster und vorgegebenen Selbstbeschreibungsmöglichkeiten zur homogenisierenden Erfassung aller UserInnen führt, ermöglicht dagegen der Anwendungsbereich den UserInnen, sich als einzigartig und besonders aufmerksamkeitswürdig darzustellen. Sobald die UserInnen auf Facebook ihr Profil angelegt haben, werden sie sowohl auf der Startseite als auch auf ihrer eigenen Profilseite mit diesem Kasten konfrontiert:

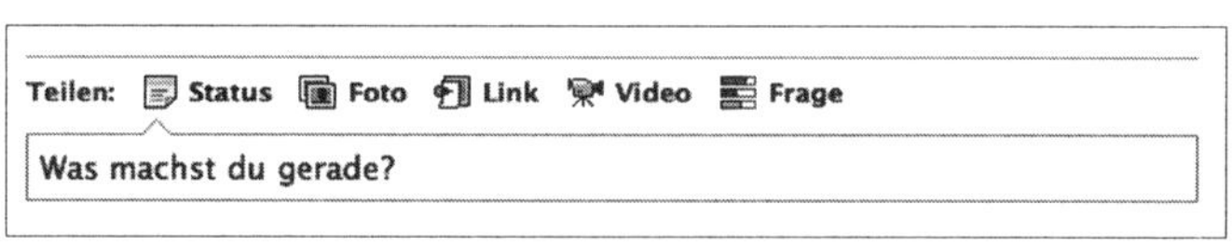

Abbildung 2: Zentrales Feld – Aktivitätsabfrage[14]

14 | Unter: http://www.facebook.com/ (zuletzt aufgerufen am 25.05.2011).

Die Frage nach ihrer aktuellen Beschäftigung setzt voraus, dass die UserInnen gerade »etwas machen«. Notieren sie das in dem weißen Feld und drücken den Button »Posten«, erscheint diese Notiz auf den Pinnwänden der »Freunde«, die diese Funktion nicht abgeschaltet haben. Es wird suggeriert, die eigene Beschäftigung sei für andere von Interesse, müsse mitgeteilt werden. Der Kasten verschwindet nicht, sobald sie gepostet haben, was sie gerade machen – etwas Neues muss »gemacht« werden. Die andauernde Berichterstattung über ihre jeweilige Beschäftigung können sie durch die Optionen erweitern, Links, Fotos oder Videos hinzuzufügen oder Fragen zu stellen. Der Bereich »Fotos« umfasst sowohl die Möglichkeit, beständig neue Fotos aus dem Alltag oder dem Urlaub zu präsentieren, als auch, ein »Profilbild« zu wählen.

Der Häufigkeit der Bedienung dieser Anwendungen ist dabei keine Grenze gesetzt. »Lade Fotos von Deinem Handy hoch« – der Imperativ drückt die Anrufung der UserInnen aus, sich selbst durch das Fotoobjektiv andauernd zu beobachten und diese Beobachtung der eigenen Community vorzulegen.

Die Anleitung zum Hochladen von Fotos und Videos entspricht der andauernden Anrufung der UserInnen als aktive Subjekte, die ihre Aktivität auch ununterbrochen unter Beweis stellen. Und die Facebook-UserInnen werden nicht nur »draußen«, sondern auch im Netz zur Partizipation, Eigeninitiative und Aktivität aufgerufen: So ermöglicht das »Teilen« von Links, auch alles, was die UserInnen im Netz »erleben«, den anderen Facebook-Mitgliedern permanent mitzuteilen. Die Art, wie Facebook die UserInnen adressiert, gleicht den Subjektivierungs-Mechanismen der postdisziplinaren Gesellschaften, die nicht darauf basieren, dass ein Souverän die Individuen oder ein Fabrikchef seine Arbeiter überwacht und diszipliniert, sondern darauf, dass die freien Subjekte sich selbst regieren bzw. registrieren und sichtbar machen. Ohne dass es eine Personalabteilung, ein Einwohnermeldeamt oder die Polizei fordern würde, werden personenbezogene Daten als Antworten auf »Was machst Du gerade?«, Fotos, Videos und Links als Spur, die die UserInnen auf Facebook hinterlassen, geführt und aufgeführt. Die eigene Spur wird der Community angepriesen, wird zum endlosen Projekt – es soll schließlich niemals abgeschlossen sein, denn »[i]n einem Kontroll-Regime hat man nie mit irgend etwas abgeschlossen« (Deleuze 1993: 251). Das »Kontroll-Regime« bezeichnet hierbei die permanente Aufforderung zur Selbstkontrolle, zur Kontrolle des Projekts »Ich«.

Kontrollierte Kreativität ist gefragt, um die eigenen Daten täglich strategisch in das »Selfbranding« fließen zu lassen. So können die UserInnen ihr eigenes Leben verstehen als eine Art Fernsehserie, für deren Fortsetzung sie täglich eine hohe ZuschauerInnenquote mobilisieren sollen. In der Gouvernementalität im Postfordimus, die das Leitbild der SelbstunternehmerInnen fordert, gilt: »Der Unternehmer ist kreativ, und der Kreative ist Unternehmer« (Reckwitz 2006: 516f.). Deshalb gilt auch für die Repräsentation, das »Selfbranding« auf Facebook, was für die unternehmerischen Subjekte außerhalb des Cyberspace

Geltung hat: »In dem Maße, in dem heute jeder gehalten ist, in allen Lebenslagen als Unternehmer in eigener Sache zu handeln, wird auch die Mobilisierung der Innovationspotenziale privatisiert und individualisiert« (Bröckling 2004: 142). In dem begrenzten Rahmen des Anwendungsbereichs werden die UserInnen dazu angerufen, sich als einzigartig, eben als anders als die anderen, zu beschreiben. Nonkonformismus wird zum Differenzmerkmal, und zugleich muss dieses Differente markttauglich sein (vgl. Reckwitz 2006: 520). Das erfordert Techniken der Selbstformung, die die Einzelnen »nicht in ein Korsett genormter Pflichten einschnüren, sondern seine Kräfte entfesseln und ihn zugleich so flexibel machen, dass er der Konkurrenz stets einen Schritt voraus ist« (Reichert 2008b: 136).

Doch was bedeutet »einen Schritt voraus sein« auf Facebook? Was gilt als erstrebenswert auf Facebook? Nach welchen Kriterien wird evaluiert und optimiert?

VERNETZUNG

Die gegenwärtige Gouvernementalität wird durch die »Ökonomisierung des Sozialen« bestimmt (vgl. Bröckling/Krassmann/Lemke 2000). Jene stellt sich auf Facebook wie auch in anderen Sphären, die durch eine kontinuierliche Ausweitung visueller Repräsentationen gekennzeichnet sind, als eine »Ökonomie der Aufmerksamkeit« (Franck 1998) dar.

Den UserInnen auf Facebook wird ständig nahegelegt, ihr Profil zu aktualisieren, zu evaluieren, ihre Daily-Doku zu optimieren – die Aufmerksamkeitsökonomie basiert auf Neuheit und Differenz. Doch um überhaupt wahrgenommen werden zu können, müssen die UserInnen auf Facebook »Freunde« haben, sie müssen vernetzt sein.[15] Die Profile der UserInnen sind auf Facebook nicht automatisch für die ganze Community sichtbar, sondern nur für die Mitglieder, die als »Freunde« registriert wurden.[16] Die Anrufungen der UserInnen zielen zu einem großen Teil auf deren möglichst umfangreiche Sichtbarkeit ab – sichtbar sind die UserInnen aber nur für Freunde. Somit passen die andauernd präsentierten Anleitungen von Facebook, sich mit anderen UserInnen

15 | Wer im Cyberspace nicht vernetzt, also nicht verlinkt ist, existiert quasi gar nicht: »[...] wenn man einen ›Nichtwerker‹ (›notworker‹) hätte, der sich selbst ›performt‹, ohne verlinkt zu sein, würde er unsichtbar bleiben. Ohne die richtigen Links und Tags ist man inexistent. Darum wird die Selbst-Performance mit der Verlinkung identisch« (Lovink 2008: 316).

16 | Dies stellt eine Eigenart von Facebook dar, die den UserInnen im Hinblick auf andere Communitys wie z.B. StudiVZ, wo alle Profile zunächst für alle sichtbar sind, den Anschein von mehr Datenschutz und Privatsphäre vermittelt.

»anzufreunden«, zur Logik der Sichtbarmachung, des »Selfbrandings«. Folgendes Feld bleibt am Rand der jeweils geöffneten Facebook-Seite bestehen und erinnert die UserInnen somit andauernd daran, dass sie noch weiter »anfreunden« müssen:

Abbildung 3: Andauernde Freunde-Suchmaschinerie[17]

Klicken die UserInnen darauf, werden sie weitergeleitet zu einer scheinbar endlosen Liste von Facebook-UserInnen, »Personen, die Du vielleicht kennst«, die ihnen feilgeboten werden – all jene UserInnen, deren »Freundeskreis« mindestens eine Überschneidung bietet, werden hier mit Profilbild als potentielle »Freunde« angeboten.

Je größer der eigene »Freundeskreis« auf Facebook, desto mehr UserInnen wird man selbst immer wieder als potentielle(r) neue(r) »FreundIn« präsentiert. Je mehr »Freunde« man hat, desto mehr Leute, die auch noch nicht zum eigenen Kreis gehören, nehmen einen samt Foto und Namen wahr, die Sichtbarkeit kann gesteigert werden.

Die stete Aufforderung, »Freunde« zu finden, neue »Freunde« per E-Mail zu Facebook einzuladen oder über den »Freundefinder« nach Personen zu suchen – all diese Aufforderungen, die in entsprechenden Feldern überall auf Facebook präsent sind, egal auf welcher Ebene sich die UserInnen befinden, vermitteln ihnen, es sei »gut«, möglichst vielen Personen »Freundschaftsanfragen« zu schicken, möglichst viele Facebook-»Freunde« und somit auch möglichst viel »Publikum« zu haben.[18] »So geht es bei der Herstellung von Aufmerksamkeitsbindung primär darum, Aufmerksamkeit in statistischen Quantitäten zu bündeln und demonstrativ zu visualisieren, um den eigenen Marktwert zu steigern« (Reichert 2008a: 9).

Das Subjekt wird vor dem Hintergrund der neoliberalen Rationalität[19] als ein *homo oeconomicus*, als ein ökonomisches Subjekt konstituiert, »[...] das sein gesamtes Leben marktwirtschaftlichen Kalkulationen, die ihm sagen, in welche persönlichen Vermögen investiert werden muss« (Opitz 2004: 150) unterwirft, um seinen Marktwert und dafür seine Sichtbarkeit zu steigern.

---

17 | Unter: http://www.facebook.com/?sk=h (zuletzt aufgerufen am 25.05.2011).

18 | So verschickt Facebook auch E-Mails, in denen potentielle »Freunde« präsentiert werden, an die UserInnen, die mehr als zwei Wochen ihren Facebook-Account nicht besucht haben.

19 | Die Rationalität (neo)liberaler Gouvernementalität basiert Foucault zufolge auf dem Verdacht, es werde zu viel regiert bzw. zu viel eingegriffen (vgl. ebd. 1979: 29). Die Regierung der Individuen besteht nun darin, deren Freiheit zu garantieren und Angebote zu machen, Möglichkeiten aufzuzeigen, Verfahrensweisen nahezulegen, diese Freiheit auf eine ganz bestimmte Weise zu nutzen. Das heißt, dafür Sorge zu tragen, dass die Individuen ihre Freiheit in einer bestimmten Form gebrauchen: nämlich unternehmerisch.

»Ein ökonomisches Subjekt ist ein Subjekt, das, streng genommen, unter allen Bedingungen seinen Profit zu maximieren, das Verhältnis zwischen Gewinn und Verlust zu optimieren versucht; im weiteren Sinn: ein Subjekt, dessen Verhalten durch die Gewinne und Verluste beeinflusst wird, die ihm entsprechen« (Foucault 1979: 358).

Auf Facebook drückt sich die stete Profitmaximierung im »Gewinn« an neuen »Freunden« aus, die für noch mehr Sichtbarkeit und Aufmerksamkeit sorgen. Das Kommunikationsdispositiv des Postfordismus bezieht sich nicht mehr auf die Verfügung über und die Bereitstellung von bestimmten Informationen, die jetzt im Überfluss angeboten werden, sondern vielmehr auf die Beanspruchung von Zeit und Aufmerksamkeit, die schließlich knapp ist in Anbetracht der Fülle der Informationen (vgl. Dorer 1997: 252).

Der Geist des Postfordismus entspricht nicht mehr der hierarchischen Struktur der Industriegesellschaft, und es geht ihm auch nicht mehr darum, Produktionsfaktoren wie Arbeit, Kapital und natürliche Ressourcen zu mehren. Vielmehr tritt in postfordistischen Gesellschaften das qualitative Vermögen in den Vordergrund, die Kombination und die Ausnutzung eben dieser Produktionsfaktoren über Kommunikation zu optimieren (vgl. Lazzarato 1998: 39ff.). Jedes noch so vergnügliche Geplauder auf Facebook scheint vor dem Hintergrund der Veränderungen des Arbeitsmarktes in den letzten drei Jahrzehnten wie eine ökonomische Option.

Dadurch dass für die ganze Facebook-Community sichtbar ist, welche Facebook-»Freunde« die UserInnen jeweils haben, gilt der eigene Freundeskreis nach außen hin auch als Erkennungszeichen. Diese Überlegung schränkt die vorhergehenden Feststellungen, Facebook würde den UserInnen vermitteln, »Je mehr Freunde, desto besser«, teilweise ein: So soll zwar möglichst viel »angefreundet« werden, aber wohl überlegt, mit wem. Der Stil der Performance der »Freunde« ist gleichermaßen ein Distinktionsmerkmal wie er auch wiederum als Anrufung weiter wirkt.[20]

Auf der »Freunde«-Seite werden die UserInnen dann auch dazu angeleitet, ihre Facebook-»Freundschaften« anhand von Listen zu »verwalten«[21]:

20 | So schreibt auch danah boyd über den Gebrauch der SNS: »For better or worse, people judge others based on their associations: group identities form around and are reinforced by the collective tastes and attitudes of those who identify with the group« (boyd 2008: 13).

21 | Unter: http://www.facebook.com/help/?page=768 (zuletzt aufgerufen am 25.05. 2011).

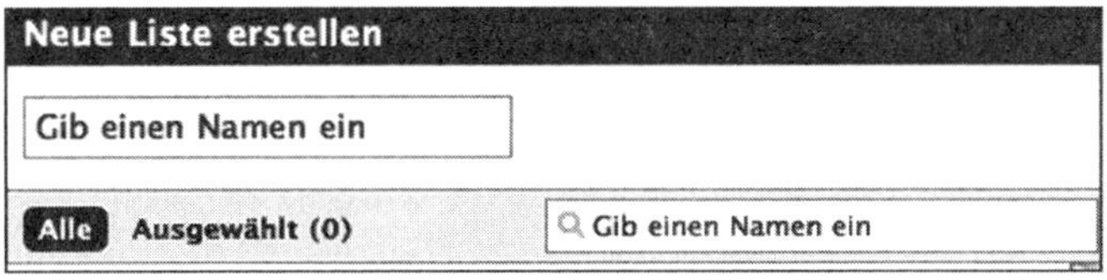

Abbildung 4: »Listen« zur Unterteilung der »Freunde«[22]

Menschen verwalten – das entspricht der Anrufung zur Regierung der Selbstregierung und der Regierung des Freundeskreises. Facebook fordert die UserInnen dazu auf, die »Freunde« auf verschiedene Listen aufzuteilen, denen bestimmte Namen zuzuordnen sind. Die UserInnen können ihre Kontakte rationalisieren und auf deren Effizienz hin prüfen. Gleichzeitig wird ihnen angeboten, eine hierarchische Anordnung vorzunehmen, um zu bestimmen, welche Personen welche Informationen ihres Profils sehen dürfen. Die UserInnen wissen, dass alle ihre »Freunde« auch sie in entsprechenden Listen hierarchisieren und bewerten können. Die UserInnen werden dabei als ManagerInnen ihres Freundeskreises angerufen, den sie strategisch verwalten sollen, was wiederum der postfordistischen Gouvernementalität entspricht, in der sich Aufmerksamkeits-, Beziehungs- und Arbeitsmärkte wie bereits erwähnt zunehmend vermischen.

Je stärker die UserInnen vernetzt sind, desto größer wird ihre Sichtbarkeit. Da aber gleichzeitig auch die Fülle an Informationen wächst, die sichtbar sind, wird es umso wichtiger, aktiv zu sein. Denn es sind immer diejenigen UserInnen auf den »Pinnwänden« der »Freunde« an erster Stelle präsent, die als letztes etwas »gemacht« und das auf Facebook dokumentiert haben. Innerhalb dieser sich wechselseitig verschränkenden Rahmenbedingung stehen sich zunehmender Überfluss an Information, also an angebotenen Freunden, und zunehmende Knappheit an Aufmerksamkeit gegenüber.[23]

Wie wird sichergestellt, dass einem tatsächlich Aufmerksamkeit zuteilwird? Dafür bietet Facebook den UserInnen bestimmte Interaktionsmöglichkeiten, wie die andauernden Update-, Beobachtungs- und Kommentarfunktionen.

22 | Unter: http://www.facebook.com/?sk=h (zuletzt aufgerufen am 25.05.2011).

23 | Diese Zusammenhänge werden vor allem in Ramón Reicherts Artikel »Die Konstellation von Wissenstechniken und Selbstpraktiken im Web 2.0« (2008a) ausführlich erörtert, wobei sich diese Aussagen nicht konkret auf Facebook beziehen.

Feedback

Die gouvernementalen Modi der Gegenwart schaffen Subjekte, die die Anrufung als unternehmerisches Selbst verinnerlicht haben. Um nicht zu scheitern, bedarf es ständiger Anstrengung, die immer wichtigeren Soft Skills andauernd zu präsentieren, eines andauernd kommunizierten Selbstbrandings, mit dem die UserInnen sich der Community als aktiv und attraktiv anpreisen. Facebook-»Freunde« dienen dabei immer gleichzeitig als Jury sowie als Publikum: Die Evaluation des eigenen Selbst ist nämlich nur durch andauernde Kommunikation, durch ein andauerndes Feedback möglich. Die UserInnen bekommen umso mehr Feedback, je mehr »Freunde« sie haben, ein kreatives Selbstbranding dient wiederum dazu, »Freunde« zu gewinnen. Auf Facebook braucht das unternehmerische Selbst »Freunde«, die als Feedback-Kontrolle dafür sorgen, dass die Selbst-Evaluation unabgeschlossen bleibt.

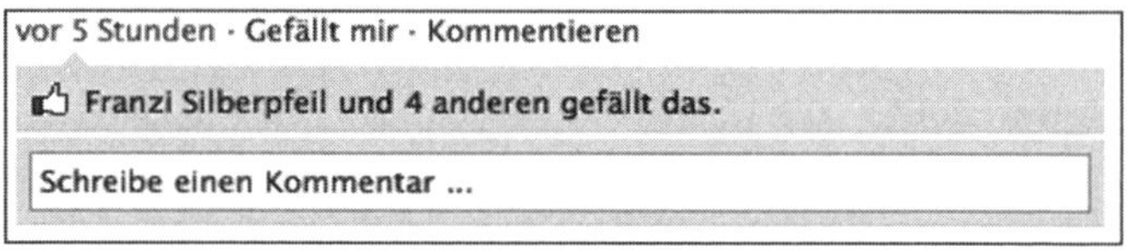

Abbildung 5: Kommentarfunktion[24]

Klicken die UserInnen auf den Link »4 anderen«, erfahren sie, welche anderen UserInnen für sie den nach oben zeigenden Daumen gewählt haben, indem deren Profilbilder und Namen erscheinen. So fordert Facebook die UserInnen andauernd dazu auf, sich gegenseitig vor Publikum zu bewerten, was in Form von Symbolen sofort unter jedem neuen Content für die ganze Community sichtbar und schnell erfassbar ist:

Abbildung 6: Symbole für Kommentare und Bewertungen[25]

Diese computerbasierten Systemschleifen vermehren die Selbstbeobachtungspositionen und die Archivierungstechniken und ermöglichen, dass sich die UserInnen in allen Stadien ihrer biografischen Selbstdarstellung gegenseitig beobachten können. So unterstützen die Rückkoppelungssysteme auf Facebook die Praktiken der evaluativen Selbstbeobachtung. Die Struktur von Facebook gleicht dem Modell eines demokratischen Panoptismus insofern, als dass sie ein nicht hierarchisches Prinzip reziproker Sichtbarkeit repräsentiert, was an die 360-Grad-Feedback-Prozesse in Unternehmen erinnert: »Die Funktion

24 | Unter: http://www.facebook.com/?sk=h (zuletzt aufgerufen am 25.05.2011).

25 | Unter: http://www.facebook.com/?sk=h (zuletzt aufgerufen am 25.05.2011).

der Fremdbeobachtung liegt in der Nötigung zur Selbstreflexion, die wiederum zu verbesserter Selbststeuerung führen soll« (Bröckling 2003: 85)[26].

Marc Andrejevic zufolge wird der begutachtende Blick von den UserInnen dabei derart internalisiert, dass eine »self-inciting spiral of productivity« (Andrejevic 2005: 485) entsteht. So ist der Effekt, dass die UserInnen verinnerlichen, »produktiv« zu sein, und dabei immer noch produktiver werden, sich selbst, ihr Leben, noch stärker dokumentieren und evaluieren, noch mehr Fotos und Videos hochladen, also noch kreativer werden, und immer noch mehr Freundschaftsanfragen verschicken, immer noch mehr kommunizieren.

Die Beobachtungs-, Informationssammlungs- und Auswertungsoptionen auf Facebook korrespondieren mit der gesellschaftlichen Entwicklung hin zur zunehmenden Etablierung von Überwachungsmethoden in öffentlichen Sphären, die der neoliberalen Rationalität zunächst zu widersprechen scheint. Doch die gegenwärtigen gouvernementalen Machtmodi implizieren Disziplinarmechanismen (vgl. Foucault 1978: 820), die über die Anrufungen verinnerlicht werden und ohne Souverän funktionieren. Und genauso wie es letztlich egal wird, ob im Panopticon ein Wächter im Turm ist, ist es auch unwichtig, ob überhaupt jemand den Film ansieht, den eine Überwachungskamera aufzeichnet oder wer und ob jemand liest, was die UserInnen »gerade machen« – wichtig ist, dass der von den UserInnen generierte Content in jedem Fall Gegenstand von Klicks, Rankings, Kommentaren, Repostings oder Tags werden *kann*. Die permanente Möglichkeit des Feedbacks lässt die UserInnen von Facebook ihre Webcam, ihr Kameraobjektiv freiwillig auf sich selbst richten.

Das verweist auf den entscheidenden Unterschied zwischen Facebook und der Gefängnismetapher: Jene lässt sich zwar auf die Überwachungskamera übertragen, angesichts derer die Individuen nicht wissen, ob sie beobachtet werden, es aber nicht ausschließen können und sich deshalb möglichst angepasst verhalten. Auf Facebook aber funktioniert die Disziplinierung anders: Auch hier geht es zwar um die Möglichkeit, beobachtet zu werden und sich dementsprechend konform, also aktiv und attraktiv, unterhaltsam für das potentielle Publikum zu verhalten. Auf Facebook setzen sich die UserInnen jedoch ohne Zwang der Möglichkeit aus, beobachtet zu werden. Solange sie auf Facebook nichts posten, nicht aktiv sind, oder sich gar nicht erst zu UserInnen machen, können sie ausschließen, durch die Community beobachtet zu werden. Erst aber der Blick der Kamera, die Möglichkeit, beobachtet zu werden, die andauernde Sichtbarkeit optimiert das Selfbranding, das die gegenwärtige Gouvernementalität von ihnen fordert. Vor drei Jahren lautete der Titel einer Dokumentation

26 | Ähnlich formuliert es auch Oswald Neuberger: »Weil man stets und von allen gesehen wird, muss man sich günstig präsentieren; die Folge: impression management, Ästhetisierung, Identitätsarbeit« (Neuberger 2000: 73).

über die »Digital Natives« auf Arte: »Google zeigt mich, also bin ich.«[27] Das panoptische Schema ist derart ausgebreitet, dass die UserInnen die Webcam andauernd freiwillig auf sich richten und den BeobachterInnen-Blick zu brauchen scheinen, um sich als Subjekt zu konstituieren. So stellt auch Foucault fest: »Das panoptische Schema ist dazu bestimmt, sich im Gesellschaftskörper auszubreiten [...]; es ist dazu berufen, im Gesellschaftskörper zu einer verallgemeinerten Funktion zu werden« (Foucault 1977: 267).

Die Überwachungsprozeduren im Kontext von Facebook sind ambivalent, insofern sie eben nicht mehr nur Unterwerfung, Disziplinierung und Kontrolle, also Fremdführung bedeuten, sondern gleichzeitig auch der Selbstführung der Subjekte bedürfen. »Jeder ist nicht nur zugleich Produzent und Konsument, Sender und Empfänger, Schreiber und Kommentator. Jeder ist auch Kontrolleur und Kontrollierter zugleich, jeder steht im Zentrum und an der Peripherie« (Reichert 2008b: 106).

Diese Gegebenheiten verweisen auf das doppelte Potential, das schon in den modernen Anrufungen der Subjekte vorhanden ist:[28] Die Feedback-Schleifen und Dokumentationstools existieren, weil die UserInnen die Struktur beständig nutzen, (re)produzieren und erweitern. Facebook-Profile bilden Anrufungen der gegenwärtigen Gouvernementalität ab und bringen neue Formen von Individualität hervor.

Spannungen

Fast zeitgleich zu seiner Analyse der Regierungskünste wendet Foucault sich »der antiken Kultur des Selbst« zu und beschreibt in deren Rahmen Selbsttechniken, die er als »Sorge um sich« und »Ästhetik der Existenz« definiert. Wie schon anfangs erwähnt, sind die Technologien des Selbst konstitutiver Teil des gouvernementalen Subjektivierungsmodus: Auch das Programm Facebook wäre ohne die UserInnen, ihre Praktiken, ihre Selbsttechniken nicht existent. Foucault behauptet zwar, der »zeitgenössische Selbstkult« stehe den antiken

---

27 | Unter: http://video.google.de/videoplay?docid=3830105622633984618# (zuletzt aufgerufen am 06.06.2011).

28 | Albrechtslund (2008) setzt sich ebenfalls mit der Ambivalenz dieser Überwachungsmöglichkeiten auseinander, geht dann aber weiter und greift den Befreiungsdiskurs rund um das Web 2.0 affirmativ auf: »This changes the role of the user from passive to active, since surveillance in this context offers opportunities to take action, seek information and communicate. Online social networking therefore illustrates that surveillance – as a mutual, empowering and subjectivity building practice – is fundamentally social.« Somit beschreibt er die gegenseitigen Überwachungsmöglichkeiten als reine Ermächtigungsstrategien der UserInnen.

Praktiken diametral entgegen (Foucault 2007: 210). Doch die Gestaltungsimperative und -möglichkeiten auf Facebook erinnern sehr wohl an seine Beschreibungen der »Ästhetiken der Existenz« (ebd.: 217),

> »mit denen sich die Menschen nicht nur die Regeln ihres Verhaltens festlegen, sondern sich selber zu transformieren, sich in ihrem besonderen Sein zu modifizieren und aus ihrem Leben ein Werk zu machen suchen, das gewisse ästhetische Werte trägt und gewissen Stilkriterien entspricht« (Foucault 1986: 15f.).

Gegenwärtig sind die Techniken der »Regierung-seiner-selbst«, die der gouvernementalen Abrichtung entsprechen, und die Techniken der ästhetischen »Beziehung-seiner-selbst-zu-sich« miteinander verwoben (vgl. Menke 2003, Münte-Goussar 2011). Das Zusammenspiel der scheinbar gegensätzlichen Anforderungen an die UserInnen macht auch die Ambivalenz des Programms Facebook aus. Dort werden bestimmte Technologien des Selbst systematisch angereizt und schließlich durch die Verfahren innerhalb der Feedbacksysteme kontinuierlich gesteigert – und transformiert:

Facebook fordert und fördert unternehmerische Subjekte, die sowohl marktförmig angepasst und konkurrenzorientiert als auch kreativ und kommunikativ sind. Die Ambivalenz des gouvernementalen Subjektivierungsmodus wird dabei verstärkt durch die Spannung zwischen den beiden »postmodernen Supercodes, der des Ästhetischen und der des Marktförmigen«, wie Reckwitz (2007: 110) sie nennt. Im Rahmen der vorliegenden Untersuchung wurde dem Supercode des Ästhetischen (Anrufung als Kreativsubjekte) der des Sozialen hinzugefügt, da dieser den Aspekt der Kommunikativität erfasst. Das Marktförmige bzw. Konkurrenzorientierte kann als eine Unterwerfung unter eine neoliberale Rationalität und dadurch als deren Verstärkung analysiert werden, die Elemente der Kreativität und Kommunikativität verweisen dagegen auf die Überschüsse an Soziabilität, von denen Tsianos et al. (2008) bezüglich des postindustriellen Verwertungssystems sprechen. In den postfordistischen Produktionsverhältnissen fiele ein Überschuss an Soziabilität an, der soziale Regulation destabilisiere, weil er nicht kompatibel sei mit dem geläufigen System der Messbarkeit der Arbeitskraft (vgl. ebd.: 253). »Produktivität ist nicht das Resultat des reinen Austauschs von Information und wissensbasierter Interaktion, sondern die Schöpfung eines indeterminierten Überschusses an informellen, affektiven, Welt machenden Verbindungen« (Tsianos/Papadopoulos 2006). Dabei entsteht eine Spannung, die weniger einen dialektischen Prozess darstellt, als eine stetige Bewegung bewirkt (vgl. ebd.) – jene Spannung, die im Rahmen des Konzepts der Gouvernementalität zwischen den Programmen und den Praktiken besteht. So werden auch auf Facebook die Anrufungen der UserInnen stetig herausgefordert und verschoben: Durch die verschiedenen Supercodes, die Teil des gouvernementalen Subjektivierungsmodus sind, können die Spannungen zwischen den Programmen und Praktiken ins Schwingen kommen, die wiederum das scheinbar statische Interface dynamisch und performativ machen und es somit in den Praktiken situieren, die es generiert. Von diesen Überlegungen ausgehend muss eine weitere Untersuchung von Facebook und anderen Social Networking Sites

»die Bewegungsmomente der Transformationsprozesse im Kontext neuer vernetzter Produktionspraktiken menschlicher und nicht-menschlicher Akteure und innovativer Technologien sowie die damit stattfindenden widerständigen Formen der Subjektivierungs- und Kollaborationsprozesse« (Pieper 2007: 239)

in den Blick nehmen. Eine solche Untersuchung würde Facebook-UserInnen berücksichtigen, die zum Beispiel Pseudonyme und »Profilbilder« verwenden, die sie nicht erkennbar machen, überhaupt keine Bilder hochladen oder sich mehrere Accounts, mehrere SprecherInnen-Positionen, zulegen, die die E-Portfolios kaum ausfüllen und Facebook nur nutzen, um den weitläufigen Kreis von »Freunden«, die neuen Öffentlichkeiten über kulturelle und politische Veranstaltungen zu informieren oder Meldungen zu posten, die in endlosen Feedbackschleifen mobilisierende Diskussionen auslösen. Eine solche Perspektive verweist auf die widerständigen Formen gegen die Anrufung als unternehmerisches Selbst auf Facebook, auf Praktiken, die individualisierende Profitlogiken durchkreuzen und peu à peu spürbare Modifikationen des Programms bewirken können.

LITERATUR

Albrechtslund, Anders (2008): Online Social Networking as Participatory Surveillance, in: First Monday, Vol. 13, No. 3. Unter: http://www.uic.edu/htbin/cgiwrap/bin/ojs/index.php/fm/article/viewArticle/2142/1949 (zuletzt aufgerufen am 25.05.2011).

Althusser, Louis (1977): Ideologie und ideologische Staatsapparate, im gleichnamigen Band, Hamburg/Berlin: VSA, S. 108-153.

Andrejevic, Marc (2004): Little Brother is Watching: The Webcam Subculture and the Digital Enclosure, in: Nick Couldry/Anna McCarthy (Hg.), MediaSpace: Place, Scale, and Culture in a Media Age, New York: Routledge.

boyd, danah (2008): Why Youth (Heart) Social Network Sites: The Role of Networked Publics in Teenage Social Life, in: David Buckingham (Hg.), Youth, Identity, and Digital Media. The John D. and Catherine T. MacArthur Foundation Series on Digital Media and Learning, Cambridge, MA: The MIT Press, S. 119-142.

Bröckling, Ulrich (2000): Totale Mobilmachung. Menschenführung im Qualitäts- und Selbstmanagment, in: Ulrich Bröckling/Susanne Krasmann/Thomas Lemke (Hg.), Gouvernementalität der Gegenwart. Studien zur Ökonomisierung des Sozialen, Frankfurt a.M.: Suhrkamp, S. 131-167.

Bröckling, Ulrich (2003): Das demokratisierte Panopticon. Subjektivierung und Kontrolle im 360°-Feedback, in: Axel Honneth/Martin Saar, Michel Foucault, S. 77-93.

Bröckling, Ulrich (2007): Das unternehmerische Selbst. Soziologie einer Subjektivierungsform, Frankfurt a.M.: Suhrkamp.

Bunz, Mercedes (2001): Das Subjekt und das Netz. Zu einer Politik der Sichtbarkeit, Vortrag auf der Tagung »Das Unsichtbare. Medien, Spuren, Verluste?« – Hyperkult, Universität Lüneburg, Juli 2001. PDF unter: http://www.mercedes-bunz.de/theorie/subjekt-und-netz/ (zuletzt aufgerufen am 25.05.2011).

Butler, Judith (2001): Psyche der Macht. Das Subjekt der Unterwerfung, Frankfurt a.M.: Suhrkamp.

Caldwell, John T. (2002): New Media/Old Augmentations: Television, the Internet, and Interactivity, in: Anne Jerslev (Hg.), Realism and »Reality« in Film and Media, Kopenhagen: Museum Tusculanum Press, S. 253-274.

Deleuze, Gilles (1987): Foucault, Frankfurt a.M.: Suhrkamp.

Deleuze, Gilles (1993): Unterhandlungen 1972-1990, Frankfurt a.M.: Suhrkamp.

Dorer, Johanna (1997): Das Internet und die Genealogie des Kommunikationsdispositivs. Ein medientheoretischer Ansatz nach Foucault, in: Andreas Hepp/Rainer Winter (Hg.), Kultur – Medien – Macht. Cultural Studies und Medienanalyse, Opladen: Westdeutscher Verlag, S. 247-257.

Foucault, Michel (1977): Überwachen und Strafen. Die Geburt des Gefängnisses, Frankfurt a.M.: Suhrkamp.

Foucault, Michel (1978): Sicherheit, Territorium, Bevölkerung. Geschichte der Gouvernementalität I, Frankfurt a.M.: Suhrkamp.

Foucault, Michel (1979): Die Geburt der Biopolitik. Geschichte der Gouvernementalität II, Frankfurt a.M.: Suhrkamp.

Foucault, Michel (1986): Der Gebrauch der Lüste. Sexualität und Wahrheit 2, Frankfurt a.M.: Suhrkamp.

Foucault, Michel (1993): Technologien des Selbst, in: Luther, Martin H. et al. (Hg.), Technologien des Selbst, Frankfurt a.M.: Suhrkamp, S. 24-62.

Foucault, Michel (1996): Der Mensch ist ein Erfahrungstier. Gespräch mit Ducio Trombadori, Frankfurt a.M.: Suhrkamp.

Foucault, Michel (2007): Zur Genealogie der Ethik: Ein Überblick über die laufende Arbeit, in: Defert, Daniel/Ewald, François (Hg.), Michel Foucault: Ästhetik der Existenz. Schriften zur Lebenskunst, Frankfurt a.M.: Suhrkamp, S. 191-219.

Franck, Georg (1998): Ökonomie der Aufmerksamkeit. Ein Entwurf, München/Wien: Carl Hanser.

Höflich, Joachim R. (1996): Technisch vermittelte interpersonale Kommunikation. Grundlagen, organisatorische Verwendung, Konstitution »elektronischer Gemeinschaften«, Opladen: Westdeutscher Verlag.

Höflich, Joachim R. (2003): Mensch, Computer und Kommunikation. Theoretische Verortungen und empirische Befunde, Frankfurt a.M.: Lang.

Honneth, Axel/Saar, Martin (Hg.): Michel Foucault. Zwischenbilanz einer Rezeption, Frankfurt a.M.: Suhrkamp.

Illouz, Eva (2004): Gefühle in Zeiten des Kapitalismus, Frankfurt a.M.: Suhrkamp.

Lazzarato, Maurizio (1998): Immaterielle Arbeit. Gesellschaftliche Tätigkeit unter den Bedingungen des Postfordismus, in: Thomas Atzert (Hg.), Umherschweifende Produzenten, Berlin: ID, S. 39-52.

Lemke, Thomas (2000): Neoliberalismus, Staat und Selbsttechnologien. Ein kritischer Überblick über die »governementality studies«, in: Politische Vierteljahresschrift, Jg. 41, Nr. 1, S. 31-47.

Lemke, Thomas (2004): Test, in: Leviathan. Zeitschrift für Sozialwissenschaft, Jg. 32, Band 1, S. 119-124.

Lessig, Lawrence (2006): Code: Version 2.0, New York: Basic Books.

Lovink, Geert (2008): Zero Comments, Bielefeld: transcript.

Menke, Christoph (2003): Zweierlei Übung. Zum Verhältnis von sozialer Disziplinierung und ästhetischer Existenz, in: Axel Honneth/Martin Saar, Michel Foucault, S. 283-299.

Münte-Goussar, Stephan (2011): Ambivalente Selbst-Techniken: Portfolio, Ökonomisierung, Selbstbestimmung, in: Torsten Meyer/Kerstin Mayrberger/Stephan Münte-Goussar/Christina Schwalbe (Hg.), Kontrolle und Selbstkontrolle. Zur Ambivalenz von E-Portfolios in Bildungsprozessen, Wiesbaden: VS Verlag, S. 225-249.

Opitz, Sven (2004): Gouvernementalität im Postfordismus, Hamburg: Argument.

Pieper, Marianne (2007): Biopolitik – Die Umwendung eines Machtparadigmas, in: Pieper, Marianne et al. (Hg.), Empire und die biopolitische Wende. Die internationale Diskussion im Anschluss an Hardt und Negri, Frankfurt a.M. (u.a.): Campus Verlag, S. 215-244.

Reckwitz, Andreas (2006): Das hybride Subjekt. Eine Theorie der Subjektkulturen von der bürgerlichen Moderne zur Postmoderne, Weilerswist: Velbrück.

Reckwitz, Andreas (2007): Die Moderne und das Spiel der Subjekte, in: Thorsten Bonacker/Andreas Reckwitz (Hg.), Kulturen der Moderne. Soziologische Perspektiven der Gegenwart, Frankfurt a.M./New York: Campus, S. 97-118.

Reckwitz, Andreas (2008): Subjekt, Bielefeld: transcript.

Reichert, Ramón (2008a): Die Konstellation von Wissenstechniken und Selbstpraktiken im Web 2.0. Online verfügbar unter: http://www.kakanien.ac.at/beitr/emerg/RReichert1.pdf (zuletzt aufgerufen am 25.05.2011).
Reichert, Ramón (2008b): Amateure im Netz. Selbstmanagement und Wissenstechniken im Web 2.0, Bielefeld: transcript.
Renz, Florian (2007): Praktiken des Social Networking. Eine kommunikationssoziologische Studie zum online-basierten Netzwerken am Beispiel von openBC (XING), Boizenburg: Verlag Werner Hülsbusch.
Stauff, Markus (2005): »Das neue Fernsehen«. Machtanalyse, Gouvernementalität und digitale Medien (= Medien'Welten. Braunschweiger Schriften zur Medienkultur, Band 2), Münster: LIT.
Tsianos, Vassilis/Papadopoulos, Dimitris (2006): Prekarität: eine wilde Reise ins Herz des verkörperten Kapitalismus. Oder: wer hat Angst vor der immateriellen Arbeit? Unter: http://eipcp.net/transversal/1106/tsianospapadopoulos/de (zuletzt aufgerufen am 06.06.2011).
Tsianos, Vassilis et al. (2008): Escape Routes. Control and Subversion in the Twenty-First Century, London: Pluto Press.
Wiedemann, Carolin (2010): Selbstvermarktung im Netz. Eine Gouvernementalitätsanalyse der Social Networking Site »Facebook«, Saarbrücken: Universaar.

Anonymität und die Krise des multiplen Selbst

Geert Lovink

> »Der Mensch ist am wenigsten er selbst, wenn er für sich selbst spricht. Gib ihm eine Maske, und er wird dir die Wahrheit sagen« (Aphorismus von Oscar Wilde, den sich Julian Assange zum Motto gewählt hat).

> »Sich selbst los werden. Keine Identität mehr wollen. Ohne Gesicht. Abtauchen. Anonym werden. Ununterscheidbar. Keine Anerkennung mehr wollen – wie der Nebel zu sein, nicht mehr identifizierbar, Tier sein lassen. Eine Formel zu finden, um unwahrnehmbar zu werden. Wollen Sie?« (Knowbotic Research, Hacking the City, MacGhillie in Essen).

In »Gregs Tagebuch« von Jeff Kinney von 2007 finden wir folgenden Eintrag:

»In der Schule kamen wir heute alle zusammen und sahen uns den Film *It's Awesome to Be Me* an, den sie uns jedes Jahr zeigen. Dieser Film handelt davon, dass man glücklich sein muss mit dem, was man ist, und dass man nichts an sich ändern soll. Ehrlich gesagt, meine ich, dass das eine echt doofe Botschaft für Kinder ist, besonders für die an meiner Schule.«

Für viele Menschen stellt das Internet einen lebendigen Austausch von Argumenten und Dateien dar. Wir unterhalten uns über Skype, versenden Bilder, fragen den Wetterbericht ab und laden Software herunter. Erst mit dem Aufkommen der Blogosphäre um 2003/2004 wurde das Internet mit Selbstdarstellungen überschwemmt. Es bildete sich eine Kultur der »Selbstpreisgabe«. Soziale Netzwerke, die kurz darauf entstanden, lösten eine kollektive Besessenheit mit dem »Identitätsmanagement« aus. Insbesondere die massive Nutzung von Facebook führte zu einer Identitätskrise von bislang unbekannten Dimensionen, die um die Frage kreist, wer wir sind und wie wir uns online darstellen sollten. Im Zeitalter der sozialen Medien suchen wir nicht die Externalisierung eines anderen möglichen Selbst, sondern die des wahren Selbst tief in uns. Aber hier geht es nicht um Seelensuche – was als Adressbuch begann, um verlorene

Freunde und Schulkameraden wiederzufinden, hat sich zur gewaltigen Eigenwerbung gewandelt: »Es ist ja so toll, Ich zu sein.«

In einem Interview mit der niederländischen Tageszeitung NRC Handelsblad bemerkte die Porträtfotografin Rineke Dijkstra, zwischen 2005 und 2010 hätten Europäer, insbesondere Jugendliche,

»zwei Gesichter entwickelt: ein privates, dem man ansieht, wie sie sich wirklich fühlen, und ein öffentliches Gesicht für die Außenwelt, das sie in YouTube und Facebook perfektionieren. Das öffentliche Gesicht scheint an Bedeutung zu gewinnen, als ob es ein Instinkt ist, es aufzusetzen, eine evolutionäre Entwicklung, um zu überleben.«[1]

Die Verwirrung um das, was wir sind und wie viel wir über unser Privatleben und unsere persönlichen Meinungen preisgeben sollen, nimmt zu, genauso wie der wachsende Druck, »man selbst zu sein«, zunehmend mit dem sozialen Konformismus in Konflikt gerät. Wenn es stimmt, dass die Unterscheidung zwischen dem Realen und dem Virtuellen schwindet und dass offline und online ineinander übergehen, heißt dies dann auch, dass wir im Internet nicht mehr so tun können, als seien wir jemand anderes? Und wenn die Privatsphäre bedroht ist, wie unterscheiden wir dann zwischen privat und öffentlich? Was ist »das Selbst« eigentlich noch in einer Gesellschaft, in der Millionen nach Einzigartigkeit streben, doch von identischen Wünschen gesteuert werden? Vielleicht stellt der Begriff der »Massenanonymität« einen möglichen Ausweg dar.

Das alte Internet ermöglichte multiple Identitäten

Alles begann so harmlos in den letzten Jahren des Kalten Krieges. Die erste Internetgeneration, die hinter den Mauern des akademischen Betriebs so gut geschützt war, wählte einen beliebigen Nutzernamen, und das Ergebnis war eine wilde Hippiekultur, die sich im Usenet und in Mailboxen tummelte. Die frühe Cyberkultur beseelte der gemeinsame Wunsch, jemand anderes zu werden. In »Leben im Netz« von 1995 beschreibt Sherry Turkle, wie sich die Übernahme einer anderen Persönlichkeit online therapeutisch auswirken konnte. Seinerzeit wurden Computernetzwerke als Vehikel genutzt, um der »offiziellen Wirklichkeit« zu entkommen, eine alternative Zukunft zu entwerfen sowie den Körper zu verstärken und das Bewusstsein zu erweitern. Das Festival »Burning Man«, Energydrinks, George Gilder, Ray Kurzweil und »Mondo 2000« verkörperten als kulturelle Landmarken die Werte der ersten Bewohner des Internets. Damals, in den aufregenden 1990er Jahren, war der Gegner nicht mehr die So-

---

1 | »Kwetsbaarheid is niks voor mij«. Interview mit Rineke Dijkstra von Hans den Hartog Jager, in: NRC Handelsblad, 07. Dezember 2010.

wjetunion, sondern der träge Konzern, in dem Angestellte aus den Vororten auf die Befehle von oben warteten. Im Gegensatz dazu stand das Internet für die Umverteilung der Macht – mit seiner flexiblen, sich ständig verändernden Offenheit gegenüber der Welt, auf der Hut vor der kontrollfixierten Orwell'schen Institution. Fast ein Jahrzehnt lang beherrschte das Internetremake des Flower-Power-Selbst die Wahrnehmung der Außenwelt, wie sie durch die »alten« Print- und Rundfunkmedien vermittelt wurde. Die technolibertäre Utopie war ein starkes Mem. Sie verschaffte künftigen Generationen die Vorstellung vom Internet als Instrument der persönlichen Freiheit, ein Konzept, das eher früher als später mit dem bürokratischen Sicherheitsregime des Web-2.0-Zeitalters kollidierte.

Die Kultur der weißen männlichen Außenseiter, der man auf Internetseiten wie Slashdot begegnet, verbindet noch immer obsessives Spielen und Hacken mit einem ironischen postideologischen Medienkonsum. Auch die Benutzung von Aliasnamen in Online-Spiel-Communitys ist noch immer weitverbreitet. Diesen Subkulturen ist das techno-mittelalterliche Rollenspiel genauso wichtig wie kryptografische Software, die ihre Angehörigen vor staatlicher Zudringlichkeit schützt. Hier herrscht eine coole und gelassene Einstellung von höchster Distanz. Das multiple Selbst wird nicht als Akt der Befreiung verstanden, sondern schlicht als technologische Gegebenheit vorgestellt. Was diese Subkulturen miteinander verbindet, ist ihre Distanz sowohl gegenüber der alten »Hochkultur« wie gegenüber politisch korrekten Projekten, die sich Phänomenen wie Klasse, Gender, Rasse, Ökologie und imperialen Kriegen widmen. Innerhalb dieser Techno-Kulturen wird das Selbst als fundamentale Lüge begriffen (ich bin nicht ich), als ein Antagonismus, dessen man sich vor langer Zeit schon hätte entledigen müssen. Wenn man tausend Leben hat, kann man leicht zu einer anderen Identität wechseln. Es gibt kein wahres Selbst, nur eine endlose Reihe austauschbarer Masken. Ein Relikt dieses pionierhaften Glaubenssystems ist die oft gehörte Behauptung in technischen Kreisen, so etwas wie Privatleben gebe es nicht – das interessiere niemanden. Stattdessen kann sich die entkernte Persönlichkeit aufs endlose Spiel einlassen.

Die hedonistischen Dotcom-Exzesse um die Jahrtausendwende fanden ein jähes Ende in der Finanzkrise von 2001 und in den Terrorattacken des 11. September. Der Krieg gegen den Terror würgte das Verlangen nach einer ernsthaften Parallelkultur eines »zweiten Selbst« ab und ließ stattdessen eine globale Überwachungs- und Kontrollindustrie entstehen. Auf diesen Angriff auf die Freiheit reagierte das Web 2.0 taktisch mit kohärenten, singulären Identitäten, die mit den Daten der Polizei wie der Sicherheits- und Finanzinstitutionen übereinstimmten. Dank dieser Ideologie des »Vertrauens«, die »Walled Gardens« und für den E-Commerce sichere Online-Malls anbietet, ermöglicht es das preiswerte, zentralisierte Cloud Computing, dass man gefiltertes Material bekommt und »die Sachen, die einen interessieren, alle an einem Ort« hat[2] – einem Ort, an dem der normale Nutzer seine Freunde treffen kann und vor dem wilden, anarchischen Netz mit seinen Viren, Spam-Mails und Online-Betrügereien geschützt ist. Statt gegen die Macht der Konzerne Widerstand zu leisten und nach staatlicher Regulierung zu rufen, gaben sich die Techno-Libertären selbstbewusst: Wir stehen auf der richtigen Seite der Geschichte. Ihre privaten Daten werden nicht gegen Sie verwendet werden. Es wird keinen Tag des Jüngsten Gerichts geben, keine zweite Machtergreifung mehr. Entweder haben wir schon seit Jahrzehnten unter dem Zeichen des Großen Bruders gelebt, ohne zu merken, dass die Übernahme bereits vor einer Ewigkeit geschah, oder der Wechsel des Regimes an Behemoth, den wir alle fürchten, wird nie stattfinden.

FACEBOOK NORMALISIERT: SEI DU SELBST!

In Facebook gibt es keine Hippie-Aussteiger, sondern nur ein pathologisches Ausmaß des Bekenntnisses zum echten Selbst, das Hand in Hand mit der Annehmlichkeit geht, sich nur unter Freunden in einer sicheren, kontrollierten Umgebung zu befinden. Es gibt auch keine Punks, keine kriminalisierte migrantische Straßenkultur. Unterschiedliche Wahlmöglichkeiten werden nur so lange zelebriert, wie sie sich auf eine Identität beschränken. Mark Zuckerberg, CEO von Facebook, hat es so formuliert: »Zwei Identitäten zu haben ist ein Zeichen für einen Mangel an Integrität.«[3] Dazu der Risikokapitalgeber Peter Thiel: »Bei Facebooks Rivale MySpace geht es darum, dass man ein Hochstapler im Internet ist – jeder könnte ein Filmstar sein.« Thiel hält es für »sehr gesund, dass die echten Menschen über die falschen Menschen gesiegt haben«[4].

---

2 | Werbeformulierung von Flipboard für das iPad: »dein personalisiertes, soziales Magazin«.

3 | Siehe zum Beispiel Michael Zimmer unter: http://michaelzimmer.org/2010/05/14/facebooks-zuckerberg-having-two-identities-for-yourself-is-an-example-of-a-lack-of-integrity/ und danah boyd unter: http://www.zephoria.org/thoughts/archives/2010/05/14/facebook-and-radical-transparency-a-rant.html (zuletzt aufgerufen am 23.07.2011).

4 | Wall Street Journal, 11. Oktober 2010. Ein weiteres Beispiel findet sich in den LEGO Profil Servicebedingungen: »Als Inhaber eines LEGO Profils erklärst du dich damit einverstanden, dass du nicht mehr als ein Benutzer-Konto anlegen wirst, und dass die Benutzung unsittlicher Namen, die Verletzung religiöser Gefühle, sowie die Verwendung generell obszöner und ungebührlicher Sprache und Bilder nicht toleriert wird. Es ist untersagt, die Spiel-, Chat- oder Mail-Umgebungen von LEGO.com zu manipulieren, ungemäßer Benutzung zu unterziehen sowie Software oder den Programmiercode von LEGO.com zu verändern.«

Infolgedessen ist die Freiheit sehr begrenzt, sich online auf vielfache Weise darzustellen. Soziale Netzwerke im Internet, die dieses Streben nach Sicherheit (eine einzige Identität) in Verbindung mit unserem persönlichen Verlangen nach Bequemlichkeit vorwegnahmen, bieten ihren Nutzern begrenzte, benutzerfreundliche Wahlmöglichkeiten, private wie berufliche Daten der Welt mitzuteilen. In ihrer Filmkritik von *The Social Network* (David Fincher, 2010) äußert sich Zadie Smith verächtlich über die Normalität von Facebook, wie sie von dessen Gründern, diesen autistischen Computernerds, definiert wird. »Vielleicht wird das ganze Internet einfach wie Facebook: gespielt fröhlich, vorgetäuscht freundschaftlich, voller Eigenlob, routiniert verlogen.« Die Generation Web 2.0 verdiene etwas Besseres. »Facebook ist der Wilde Westen des Internets, gezähmt für die Vorstadtfantasien einer Vorstadtseele.« Smith fragt sich, ob wir nicht gegen diese Befriedung ankämpfen müssten. »Wir sollten online leben. Es sollte außergewöhnlich werden. Doch was für ein Leben ist das? Treten Sie mal kurz von Ihrer Facebook-Mauer zurück: Sieht es nicht plötzlich ein wenig lächerlich aus? *Ihr* Leben in *diesem* Format?«[5]

Sollten wir nach einem Ausweg aus diesem begrenzten Szenarium suchen? Sollten wir alle einfach wieder einmal spielerisch anonym werden? Bevor wir uns ein paar mögliche Exit-Strategien ansehen, müssen wir die Entstehung des modernen Selbst begreifen und warum es so unbekümmert das begrenzte soziale Milieu von Web 2.0 unterstützt hat.

Dem öffentlichen Druck, sich der Anonymität zu enthalten, kann man sich nicht ohne ein besseres Verständnis des »Selbstmanagement« widersetzen, wie es sich in Online-Portfolios, Partnersucheseiten und Facebook manifestiert.[6] Im Zeitalter von Web 2.0 ist der Drang zur Selbstverwirklichung tief in der Gesellschaft verwurzelt. Der israelischen Soziologin Eva Illouz zufolge ist das moderne Selbst eine autonome Einheit, die unfähig ist, sich aufzuwerten, da sie in soziale und politische Strukturen verstrickt ist. Soziale Medien seien nur als die jüngste Inkarnation dieser Institutionen zu verstehen. In ihrem 2007 erschienenen Buch »Cold Intimacies« veranschaulicht Illouz, wie der Kapitalismus sich zu einer »emotionalen Kultur« gewandelt hat, im Gegensatz zur landläufigen Ansicht, dass Kommodifizierung, Lohnarbeit und profitmotivierte Aktivitäten »kalte« und kalkulierte Beziehungen erzeugen. Sie beschreibt die Entstehung des »emotionalen Kapitalismus« innerhalb einer öffentlichen Sphäre, die mit der Offenlegung des Privatlebens gesättigt ist (und umgekehrt: die »heiße Distanz«). Durch die Dienstleistungsindustrie wird der Affekt ein essenzieller Aspekt des wirtschaftlichen Verhaltens – und ein Modegegenstand der zeitgenössischen Theorie. Illouz zufolge »ist es praktisch unmöglich, die Rationali-

5 | Smith, Zadie (2010): Generation Why?, in: New York Review of Books 25, S. 57-60.

6 | Eine gute Einführung in diese Selbstmanagement-These enthält Reichert, Ramón (2008): Amateure im Netz, Bielefeld: transcript.

sierung und Kommodifizierung des Selbstseins von der Fähigkeit des Selbst zu unterscheiden, sich selbst zu gestalten und zu helfen und sich auf die Beratung und Kommunikation mit anderen einzulassen«[7]. Es entsteht ein Narrativ, sagt Illouz, das nach Selbstverwirklichung strebt und das sich auf institutionellen und halböffentlichen Schauplätzen wie dem Selbsthilfesektor und den Online-Plattformen abspielt. »Die Verbreitung und Beharrlichkeit dieses Narrativs, das wir kurz als Narrativ der Anerkennung bezeichnen können, hängt zusammen mit den Interessen sozialer Gruppen, die im Markt, in der bürgerlichen Gesellschaft und innerhalb der institutionellen Grenzen des Staates operieren.« Illouz betont, dass es immer schwerer wird, zwischen unserem beruflichen und unserem privaten Selbst zu unterscheiden. Im vernetzten Konkurrenzkontext der Arbeit sind wir darauf trainiert, uns als die Besten, Schnellsten und Schlauesten darzustellen. Gleichzeitig sind wir uns bewusst, dass das nur ein künstliches, erfundenes Bild von uns ist und dass unser »wirkliches« Selbst anders ist, ein Unterschied, mit dem Prominente seit Jahrzehnten zu kämpfen haben. Dieser Unterschied ist von entscheidender Bedeutung, wenn wir nach intimen Beziehungen oder Partnern für unser Leben online Ausschau halten. Auf Dating-Seiten etwa suchen die Menschen nach authentischen Erfahrungen, selbst wenn, laut Illouz, die Technik, derer sie sich bedienen, die verzweifelt gesuchte Intimität nur zerstört.

In einem Skype-Interview, das ich mit Illouz machte, betonte sie die langfristige Entkopplung des Privatlebens von der Privatsphäre. Sie sagte:

»Wir sollten nicht der Technik die Schuld am Verlust des Privatlebens geben. Die Pornofizierung der Kultur und das politisch-ökonomische Drängen nach zunehmender Transparenz des Privatlebens nehmen seit Jahrzehnten zu, und das Internet hat diese Trends nur institutionalisiert.«

Illouz zufolge stellt das Vernetzen durch Internetseiten wie Facebook zwei Formen des sozialen Kapitals zur Schau:

»Es zeigt, dass man geliebt wird und mit wem wir verbunden sind. Mit der eigenen Position in der Hierarchie anzugeben ist natürlich nicht nur ein modernes Phänomen. Wir könnten die gegenwärtige Angst vor sozialen Netzwerken als Wiederkehr des für das späte 19. Jahrhundert typischen Motivs des liberal-bourgeoisen Subjekts verstehen, das von den Massen auf den Straßen der Welt der Industrie überwältigt wird. In der Moderne ging und geht es noch immer ebenso sehr darum, die Grenzen zwischen hoch und niedrig, öffentlich und privat zu ziehen, wie sie zu verwischen. Der Ruf nach mehr Regulierung und Kontrolle verbindet sich oft mit kulturellen Ängsten vor dem Nieder-

7 | Illouz, Eva (2007): Cold Intimacies: The Making of Emotional Capitalism, Cambridge: Polity Press.

reißen von Grenzen. Diese Reaktion ist normal. Wir sollten uns daran erinnern, dass das Patrouillieren an den Grenzen eine Kultur am Leben erhält.«

Ausbruchsversuch 1: Durchkreuzung der libidinösen Ökonomie von Facebook

Es könnte drei Möglichkeiten geben, der Maschinerie der Eigenwerbung zu begegnen. Zum einen könnten wir ihre Selbstverständlichkeit durchbrechen. Wenn wir über die dunkle Seite des positiven Denkens sprechen, ist das ein erster Schritt, uns vom Massenwahn des »Smile or Die« zu erholen und wirkungsvoller als über das Fehlen eines »Dislike«-Buttons in Facebook oder über die eindimensionale Darstellung von Beziehungen zu witzeln, bei der »Freunde gewinnen« die einzige Option ist. In ihrem 2009 erschienenen Buch »Smile or Die. Wie die Ideologie des positiven Denkens die Welt verdummt« zeigt Barbara Ehrenreich auf, dass mit der gnadenlosen Forderung nach positivem Denken die Probleme »bewusster Selbsttäuschung, samt einem ständigen Bemühen, unangenehme Möglichkeiten und ›negative‹ Gedanken zu unterdrücken oder auszuklammern«[8] einhergehen. Im Zusammenhang mit sozialen Netzwerken im Internet können wir zwar nicht sagen, dass die optimistische Voreingenommenheit die »Bereitschaft« untergräbt und »Katastrophen beschwört« (wie Karen Cerulo meint), doch tatsächlich nivelliert sie die Alltagserfahrung, indem sie komplexere Gefühle ausklammert. Zweideutigkeiten sind nicht erlaubt. Leichtsinniger Optimismus schließt geradezu die Möglichkeit aus, die Regeln in Frage zu stellen. Wir müssen diese neuen Beschränkungen mit Hilfe »einer pharmakologischen Kritik der libidinösen Ökonomie« studieren, von der der französische Philosoph Bernard Stiegler spricht.[9] Reduzierte Wahlmöglichkeiten steuern und desensibilisieren schließlich die Nutzer, die, positiv gesehen, dann diese Plattformen auf der Suche nach besseren Alternativen verlassen

8 | Ehrenreich, Barbara (2010): Smile or Die. Wie die Ideologie des positiven Denkens die Welt verdummt, München: Kunstmann, S. 5.

9 | Stiegler, Bernard (2010): For a New Critique of Political Economy, Cambridge: Polity Press, S. 41. In den derzeitigen interaktiven Dialogsystemen stellen Facebook und Twitter Fragen wie: »Was machst du gerade?« und »Was gibt es Neues in der Welt?« Brian Solis hat dies kritisiert: »Es interessiert doch niemanden, was du gerade tust. Trinkst du gerade eine Tasse Kaffee? Gehst du gerade zu Bett? Stehst du gerade auf? Behalte es für dich! Die Frage, die du beantworten solltest, lautet: ›Was regt dich an?‹ oder ›Was hast du heute gelernt?‹« Unter: http://www.briansolis.com/2009/11/on-twitter-what-are-you-doing-is-the-wrong-question (zuletzt aufgerufen am 23.07.2011). Statt zu antworten, sollten wir, ganz im Geist von Joseph Weizenbaum, den Prozess selbst umkehren: Die Nutzer sollten zu fragen beginnen.

werden. Für den Rest der Welt wäre es kein Problem, wenn fröhliche Amerikaner nur einander mit ihrer optimistischen Folklore belästigen würden. Doch diese Designprinzipien werden ja gerade bei Software angewandt, die Milliarden weltweit nutzen. Am besten lehnen Sie dies ab, melden sich ab und löschen Ihr Nutzerprofil.

Das Selbst als kreativ und kenntnisreich Handelnder sitzt aus dem einfachen Grund in der Falle, weil es kein eines, wahres Selbst gibt, das wir absolut entschleiern müssen. Jenseits der binären Teilung in Selbst und Andere, wie Zygmunt Bauman gesagt hat, ist das fraktionalisierte Selbst auch hoch fiktionalisiert, selbstzerstörerisch und illusionär.[10] Selbst bei Facebook, unter »Freunden«, spielen wir Theater, tun wir so, als würden wir uns selbst spielen. Dies ist kein Akt der »Selbstbeherrschung«, sondern vielmehr eine technische Übersetzung von Daten, um den banalen Alltag zu übertönen. Allein schon die Anzahl paradoxer Erfahrungen ist ein Beweis dafür, dass es kein einzelnes Wesen gibt, und daher sollten wir uns fragen, warum wir noch immer eine Synthese vollziehen müssen. Eine Vielfalt von Plattformen und Funktionalitäten erlaubt, dass sich verschiedene Facetten des Selbst entwickeln, solange sie sich an gesellschaftliche Normen halten und einander nicht offen widersprechen. In sozialen Netzwerken geht es nicht darum, etwas als Wahrheit zu bestätigen, sondern vielmehr um die Herstellung von Wahrheit durch endloses Klicken. Als Ausweg genügt das Bekenntnis »Ich bin nicht, der ich bin«. Es ist ein Schritt in die richtige Richtung – der moderne Mensch als jemand, der sich selbst (neu) zu erfinden versucht.

AUSBRUCHSVERSUCH 2: GRENZEN DES WACHSTUMS FORDERN

Ein anderer Ausweg besteht darin, das Konsumverlangen abzubauen, das in erster Linie die Maschinerie der Eigenwerbung antreibt. Nach diesem Argument ist die Vermarktung des Selbst nicht so sehr ein narzisstisches Unterfangen, das darauf abzielt, die eigenen inneren Bedürfnisse zu befriedigen, sondern sie wird vielmehr primär vom schnellen Konsum von Objekten außerhalb von uns angetrieben, vom unaufhaltsamen Trieb, immer mehr zu sammeln – von Freunden und Liebhabern bis zu Markenprodukten, Dienstleistungen und anderen quasi exklusiven kurzlebigen Erfahrungen. Es ist mittlerweile verlockend geworden, sich nicht anzumelden, und das liegt zum Teil an der skrupellosen Art und Weise, wie der Facebook-Algorithmus den Kontakt zu potentiellen neuen Nutzern herstellt, etwa über importierte E-Mail-Adressbücher, indem er die Adressaten auffordert, Ihr »Freund« zu werden. Das ist das naive Modell ewi-

10 | Bauman, Zygmunt (1999): The Self in a Consumer Society, in: The Hedgehog Review 1, S. 35-40.

gen Wachstums, wie es Facebook oder Twitter promoten und das Sie unaufhörlich anhand Ihrer Menge von Tweets bemisst. Demnach ist ein tweetloses Leben kein Leben.

Drei australische Publikationen von 2005 bis 2007 befassen sich mit dieser spezifischen Unzufriedenheit in Hyperkonsumgesellschaften, die von Schulden, Überarbeitung und damit zusammenhängenden Krankheiten angetrieben werden. Obwohl keiner der drei Autoren explizit das Web 2.0 untersucht, könnten die Mechanismen, die sie beschreiben, durchaus den Kult der Selbstpreisgabe erklären, mit seinen eingebauten Algorithmen, immer mehr »Freunde« zu sammeln. Zunächst einmal können soziale Medien als Erzeuger wie als Symptom dessen verstanden werden, was Clive Hamilton 2005 mit einem Kunstwort als »Affluenza« bezeichnete – der Überfluss, der krank macht. In seinem Buch »Affluenza. When Too Much is Never Enough« hat Hamilton diese Krankheit so definiert: 1. »das flaue und ungestillte Völlegefühl, das daraus entsteht, wenn man mit den anderen mithalten will. 2. Eine Epidemie von Stress, Überarbeitung, Verschwendung und Verschuldung. 3. Eine unhaltbare Abhängigkeit vom Wirtschaftswachstum.«[11] Wir erleben, wie die sozialen Medien den McLifestyle weiter beschleunigen, während sie sich gleichzeitig als Kanal ausgeben, der die in unseren Gefängnissen des Komforts sich aufbauende Spannung ableitet.

In ihrem 2007 erschienenen Buch »Blubberland. The Dangers of Happiness« spielt die Architekturkritikerin Elizabeth Farrelly Variationen des Themas »Affluenza« durch. Laut Klappentext will ihre Kritik am westlichen Lebensstil »die Punkte zwischen Konsumdenken, Ballungsraum, Fettleibigkeit, Depression, Protzbauten, Nachhaltigkeit und Sehnsucht verbinden«. Wenn wir einen allgemeinen Rahmen für soziale Medien suchen, dann ist dies eine der möglichen Richtungen. »Speck ist ungenutzte Energie, an sich weder gut noch schlecht, aber bebend vor Potenzial, jeder Ersatz oder Überschuss, die Freizeit tagsüber.«[12] Da gibt es auch noch die physischen Seifenblasen der Supermall, des Allradantriebs, der Megakirchen der Pfingstbewegung, des Heimkinos und des MP3-Players. Wir wollen alles, und zwar jetzt. Handschmeichlerische Geräte wie das Smartphone voller Apps leiten uns durch formlose urbane Räume, während sie uns schmerzlich daran erinnern, wer wir sein sollen. »Groß ist schön« führt zu Diabetes, Depressionen und Verzweiflung. Farrelly schreibt, dass »die (virtuelle) Schale wie die Höhle ebenso sehr Falle wie Schutzschild ist. Je dicker die Maske, desto mehr schließt sie uns ein, wobei sie gerade die Interaktion verhindert, die wir brauchen, um das Trauma zu heilen.«[13] Farrellys

11 | Hamilton, Clive/Denniss, Richard (2005): Affluenza. When Too Much is Never Enough, Sydney: Allen & Unwin.

12 | Farrelly, Elizabeth (2007): Blubberland. The Dangers of Happiness, Sydney: UNSW Press.

13 | Ebd., S. 136.

Kritik an der verbauten Umwelt lässt sich ohne weiteres auf die Medien übertragen, die vorgeben, dass wir getrennt zusammenleben.

Das 2006 erschienene Buch »The Triumph of the Airheads and the Retreat from Commonsense« der Journalistin Shelley Gare nimmt die Kritik von Keen, Carr und Lanier an den »neuen Medien als Popkultur« vorweg. In diesen Teflonzeiten schwärmen »Hohlköpfe« für Luxusmarken; sie lesen nicht viel außer Hochglanzmagazinen und Selbsthilfebüchern, »die sie für Jargon, Slang und Managementsprech so empfänglich machen«[14]. Sie sind frei von jedem Selbstzweifel und so von sich selbst besessen, dass sie ignorieren, wie die öffentlichen Infrastrukturen um sie herum zerbröckeln. Stell dir vor, du könntest all diese Steuergelder nur für dich haben!, sagen sie sich. »Die Kinder der Echtzeitrevolution« können nicht über die nächsten fünf Minuten hinausdenken. Sie verstehen nicht den Unterschied zwischen etwas und nichts und haben gelernt, es sei ihr Recht, zu allem ihre Meinung zu äußern. Laut Gare »hat die Theorie oberste Priorität im Hohlkopfuniversum«, und »die Theorie liegt zwar oft falsch, doch Hohlköpfe haben das Gedächtnis von Goldfischen, und darum ist es ihnen egal und sie müssen sich im Nachhinein keine Sorgen machen«. Gare wettert gegen den postmodernen Relativismus, der die Bildungsstandards reduzierte. Sie warnt vor den langfristigen Auswirkungen, wenn Stil über Substanz oder PR-Botschaften über Fachwissen gestellt werden. Prägnant beschreibt Shelley Gare den Geisteszustand des frei schwebenden Subjekts, das ständig ohne Sinn, Zweck oder Engagement surft, checkt und updatet.

Eine moralistische Zeitgeistkritik wie die von Hamilton, Farrelly und Gare lässt sich leicht abtun als mürrisches Herumnörgeln an den kontaktfreudigen, »nüchternen« Babyboomern, die in den Spiegel der Mainstreammedien starren, die sie unaufhörlich zitieren. Doch im Kontext der »Netzkritik« ist diese Zeitgeistkritik wichtig, weil sie einen außerakademischen kulturellen Rahmen bietet, mit dessen Hilfe sich nicht nur die Architektur, sondern auch der Erfolg der sozialen Medien verstehen lässt. Wie? Böse zu sein ist doch immer viel mehr sexy als gut zu sein, doch eine Gesellschaft, die den Überblick verloren hat, wie Gare anmerkt, ist nicht so sehr böse als »dumm, gedankenlos und unverantwortlich«. Und zwar total. Die sozialen Medien haben die Sprachlosigkeit, wie sie durch Reality-TV und Shows wie *Big Brother* verbreitet wird, nur noch weiter verstärkt. Wenn wir die zornigen Auslassungen dieser Autoren gegen solche leeren Kulturangebote gegen den Strich lesen, gelangen wir zu einer nicht moralisierenden Analyse als Ausweg aus der Konsumfalle.

---

14 | Gare, Sherry (2006): The Triumph of the Airheads, Sydney: Park Street Press, S. 11.

AUSBRUCHSVERSUCH 3: ANONYMITÄT UND WERDEN

Die dritte Möglichkeit, die Selbstdarstellung und Selbstpreisgabe abzubauen, besteht darin, das Phänomen Anonymität im heutigen Kontext neu zu überdenken. Wie können wir uns Anonymität nicht als einen erreichbaren kategorischen Zustand, sondern als eine Möglichkeit vorstellen, eine Energie der Metamorphose zurückzugewinnen, als Verlangen, ein anderer zu werden? Doch in der politischen Sphäre, erklärt man uns, haben wir überhaupt nicht mehr das Recht auf vollkommene Anonymität. 2009 verkündete der damalige deutsche Innenminister Thomas de Maizière in seinen »14 Thesen zu den Grundlagen einer gemeinsamen Netzpolitik der Zukunft«: »Der freie Bürger zeigt sein Gesicht, nennt seinen Namen, hat eine Adresse [...]. Eine schrankenlose Anonymität kann es [...] im Internet nicht geben.« Einen perfekten Überblick über die Kultur der Selbstpreisgabe finden wir bei Facebook. In einer lebhaften Debatte fragte die deutsche Internetseite Carta ihre Leser, ob es so etwas wie das Recht auf Anonymität gebe. Journalisten machen Schlagzeilen, wenn sie gewisse Identitäten enthüllen, während sie in anderen Fällen ihre anonymen Quellen schützen müssen. Es gibt Verhaltenskodizes zur Regelung dieser Fälle, aber wie steht es um die Rechte von Bürgern, die das Internet nutzen?

Was würde aus dem demokratisierten Selbst werden, wenn Wahlentscheidungen veröffentlicht würden? Wäre das nicht der Augenblick, in dem sich das Selbst teilen und ein Double kreieren würde? Der amerikanische E-Demokratie-Aktivist Steven Clift ist besorgt über »die grundlegende Vergiftung von lokaler Demokratie und von Gemeinschaften durch Online-Zeitungen mit anonymen Kommentaren«[15]. Für Clift ist die Verwendung echter Namen in lokalen Auseinandersetzungen ganz entscheidend. Dennoch ist nicht klar, wie wir mit denen umgehen würden, die unsere (politisch korrekte) auf Konsens basierte Kultur in Frage stellen. In einem System, das darauf abzielt, den Ausbruch von Nonkonformismus zu verhindern, werden offene Persönlichkeiten und fließende Identitäten nur mit dem Gesetz in Konflikt kommen. Die meisten Nutzer fühlen sich ohnehin nicht wohl bei einer parallelen Existenz; sie wollen sie selbst bleiben und sich in der schweigenden Mehrheit verstecken, während sie sich an informellen Dialogen innerhalb des Walled Garden beteiligen. Ich bin kein anderer Mensch – daher weiß Facebook nur zu gut, wie es seinen Erfolg bei über einer halben Milliarde Nutzern Anfang 2011 nutzt und erklärt. Doch unter gewissen kritischen politischen Umständen kann die Nutzung von Facebook durch Aktivisten zu einer Reaktion von Thermidorianern führen.[16]

15 | Unter: http://groups.dowire.org/groups/newswire/message/topic/6Qhy7BTkLXGXArl6uCarxs (zuletzt aufgerufen am 07.03.2011).

16 | Unter: http://en.wikipedia.org/wiki/Thermidorian_Reaction (zuletzt aufgerufen am 07.03.2011).

Dennoch gibt es ein Jahrzehnt nach dem 11. September 2001 noch immer Hochburgen, die verschiedene Varianten von Anonymität kultivieren, von Blogs, Wikipedia, P2P, Tor, Chatroulette bis zum Imageboard 4chan. Kurze, gehässige Bemerkungen sind schick und zunehmend anonym. Man kann diese Online-Kulturen ebenso gut als Ausdrucksformen von »Pseudonymität« interpretieren, die dem anderen Selbst einen respektablen Ruf unter einem konstanten Nutzernamen verschaffen, wie er zum Beispiel vom Wikipedia-Redakteur verwendet wird. Dieser »Zustand des Selbst« hat immer weniger Spielraum. Wir können uns zwar bei Second Life anmelden und den Avatar unserer Fantasien erstellen, indem wir eine virtuelle Welt nach unserem Geschmack entwerfen, doch solche Parallelidentitäten lassen sich nicht auf andere Zusammenhänge übertragen. Chatroulette hat schließlich seine Regeln geändert. Klatsch und Tratsch mag ja gesund sein, kann aber höchst gefährlich sein in Milieus, in denen jeder dem anderen nachspürt. Während die alte, aber noch immer den Mainstream verkörpernde Internetideologie behauptete, ein sicherer Raum für die Redefreiheit zu sein, beweist die Wirklichkeit nach dem 11. September, dass es sich anders verhält. Raffinierte Verfolgungstechniken, wie sie von polizeilichen Ermittlern und Sicherheitsdiensten verwendet werden und die die Internetprotokolladressen des Nutzers identifizieren, zerstören erfolgreich jede Online-Anonymität. Während sich Standort und Identität von Nutzern leicht ermitteln lassen, hält die überwiegende Mehrheit der Internetbewohner das Netz noch immer für einen unkontrollierten Spielplatz, auf dem man alles sagen kann, was man möchte.

»Wir sind anonym. Wir sind Legion. Wir vergeben nicht. Wir vergessen nicht. Rechnet mit uns« (Anonymous).

Damit entsteht ein gefährliches Szenarium. Kollektives Selbstbewusstsein kann zu ernsthaften Fehleinschätzungen führen, etwa als die Gruppe, die sich selbst Anonymous nennt, die »Operation Payback« organisierte, eine Solidaritätskampagne für WikiLeaks, die die Internetseiten von Mastercard, PayPal und Visa zum Absturz bringen wollte. Nach der Veröffentlichung der Depeschen von US-Diplomaten im Dezember 2010 leiteten Anhänger von Anonymous DDoS-Attacken gegen Internetseiten von Banken ein, die die Konten von WikiLeaks gesperrt hatten. Eine Sicherheitsseite berichtete: »Zum ersten Mal handelten Personen mit minimalen technischen Kenntnissen wie professionelle Hacker und beteiligten sich an der Massenvernichtung technischer Infrastrukturen.«[17] Oft luden junge und unerfahrene Nutzer Software auf ihren Computer (so genannte Botnets), und ihre Identität (IP-Adresse) war für die Behörden leicht zu ermitteln. Ein Poster, das ursprünglich auf 4chan erschien, warnte jeden, der sich in IRC-Kanälen von Anonymous aufhielt oder das LOIC-Tool für DDoS-

17 | Unter: http://www.netforttechnologies.com/ (zuletzt aufgerufen am 28.12.2010).

Attacken herunterlud und verwendete, dass die Strafverfolger seine IP-Adresse ermitteln könnten.

Die Leute hinter der »Operation Payback« ließen sich leicht aufspüren. »Wenn du eine Presseerklärung im Namen von Anonymous versendest und die identifizierbaren Metadaten in der PDF-Datei belässt, kannst du dich kaum noch vor der Polizei verstecken. Jemand namens Alex Tapanaris hat diesen unfassbaren Fehler begangen.«[18] Solche Geschichten stehen exemplarisch für die Kluft zwischen Sicherheitshackern der alten Schule (um Gruppen wie 2600 und CCC), die DDoS-Attacken skeptisch gegenüberstehen, und der nihilistischen Popkultur von 4chan, die sich ausdrücklich von der Hackernomenklatura distanziert. Was wir hier erleben, ist eine Reprise der Debatten Ende der 1990er Jahre zwischen Programmierern und Aktivisten über die Strategien von »Hacktivisten«, die diesmal jedoch in einem viel größeren Maßstab geführt werden. Am Ende ist auch WikiLeaks selbst nicht anonym.[19] Die »Operation Payback« offenbart, wie schwierig es ist, der Online-Massenkultur grundlegende Sicherheitsprobleme pädagogisch zu vermitteln. Die Gruppe Anonymous mag ja als geheimnisvolle Bewegung sexy sein, doch warum interessiert sie sich nicht für die Anonymität ihrer Mitglieder und Unterstützer? Wir können diese Frage umgekehrt auch Hackern stellen: Wäre es nicht klüger, zuzugeben, dass es keine absolute Anonymität mehr gibt – falls es sie je gegeben hat? Es gibt eben Risiken, wenn man sich auf Akte zivilen Ungehorsams einlässt. Der weißrussisch-amerikanische Netzkritiker Evgene Morozov nannte die DDoS-Attacken »einen legitimen Ausdruck von Widerspruch«[20]. Das mag ja der Fall sein, auch wenn

18 | Jay Hathaway, WikiLeaks Infowar Update – Assanges Freilassung auf Kaution durch schwedischen Einspruch verzögert, Anonymous rechnet mit Verhaftungen, ins Netz gestellt am 14. Dezember 2010. Unter: www.urlesque.com/2010/12/14/wikileaks-infowar-assange-bail-anonymous-arrests/ (zuletzt aufgerufen am 23.07.2011).

19 | In einer Online-Befragung durch Leser des Guardian schrieb WikiLeaks-Gründer Julian Assange: »Ursprünglich habe ich mich für das Unternehmen sehr darum bemüht, kein Gesicht zu haben, weil ich nicht wollte, dass Egos bei unseren Aktivitäten eine Rolle spielen. Dies stand in der Tradition der französischen anonymen reinen Mathematiker, die unter dem kollektiven Allonym Bourbaki schrieben. Doch das führte rasch zu einer ungeheuer ablenkenden Neugier, wer sich dahinter versteckt, wie dazu, dass irgendwelche Leute behaupteten, uns zu vertreten. Letztlich muss jemand gegenüber der Öffentlichkeit verantwortlich sein, und nur eine Führung, die bereit ist, öffentlich Mut zu beweisen, kann Quellen ehrlicherweise vorschlagen, Risiken für das größere Gute einzugehen. In diesem Prozess bin ich der Blitzableiter geworden. Jeder Aspekt meines Lebens zieht ungebührliche Angriffe auf sich, aber als eine Art Ausgleich wird mir auch ungebührliche Anerkennung zuteil.«

20 | Unter: http://neteffect.foreignpolicy.com/posts/2010/12/16/should_we_ban_sit_ins_because_crazy_people_abuse_them_too (zuletzt aufgerufen am 23.07.2011).

virtuelle Sit-ins vielleicht nicht den gleichen legalen Status wie Streiks oder Demonstrationen haben. Die Frage stellt sich aber doch, ob anonymer Protest wirklich ein grundlegendes Bürgerrecht ist. Wenn Wahlen anonym bleiben – eines der Argumente gegen zweifelhafte elektronische Wählmaschinen –, welche Aktionen ermutigen uns dann, aufzustehen und unsere Meinung öffentlich zu äußern? Oder ist dies zu gefährlich geworden, wie wir es in heutigen autoritären Regimes erleben?

OUT OF SYNC: ONLINE UND OFFLINE KLAFFEN ZEITLICH AUSEINANDER

Indem wir die Selbstverständlichkeit von Facebook und seinem Algorithmus des »Freundefindens« in Frage stellen, tun wir bereits einen ersten Schritt hin zur Ablehnung von konzernkontrollierten sozialen Medienplattformen: »Ich möchte lieber nicht.« Der nächste Schritt könnte darin bestehen, neue Manifestationen kollektiven anonymen Handelns aktiv zu gestalten: »Ich muss anonym werden. Um präsent zu sein.«[21] Anonymität als wahrhaftes Spiel kann eine notwendige Täuschung sein, die Sie vor der Idee des wahren Selbst bewahrt, das Facebook als Ihre einzige Option empfiehlt. Wir sollen glauben, dass es hinter der Maske kein wahres Gesicht gebe, oder uns vielmehr fragen, was die Maske verbirgt, statt was ihr Träger darstellt. Demgegenüber müssen wir klarmachen, dass das Internet potentielle Manifestationen für die Selbstdarstellung und das kreative Spiel bietet.

Es genügt nicht mehr, ein Verfassungsrecht für eine anonyme Wahl zu verlangen. Trolle, Zombies und andere Pseudopersonen vereinigen sich in Bewegungen wie Anonymous. Egal, ob man Proteste für WikiLeaks oder gegen Scientology organisiert – der Ausgangspunkt ist der Gedanke, dass »Sichtbarkeit und Transparenz nicht mehr nur Zeichen für demokratische Offenheit sind, sondern vielmehr administrativ zur Verfügung stehen«. Wie hängen öffentliche Sichtbarkeit und strategische Camouflage in einem Online-Kontext zusammen? Werden wir »zwischen der Hyperpräsenz einer Maske und optischer Redundanz oszillieren«[22]? Was können wir tun, um unsichtbar, nicht wahrnehmbar zu werden? Dazu Matthew Fuller: »Dies impliziert die Erzeugung einer umgekehrt strukturellen Kopplung zwischen dem, was als ungesehen existiert, und dem, was noch blind dafür ist, eine wechselseitige Entfaltung von Unempfindlichkeit, in der beides voneinander wegdrängt.« Fuller nennt

21 | Broeckmann, Andreas/Knowbotic Research (Hg.) (2010): Opaque Presence. Manual of Latent Invisibilities, Zürich: Diaphanes.

22 | Ebd., S. 148. Auch das Tiqqun-Zitat stammt aus diesem Buch.

dies die »Ästhetik unempfindlicher Dinge«[23]. Dieser Strategie des Aufgehens im Hintergrund widersetzt sich die Burka als künstlerisches Mittel zur Einmischung in den öffentlichen Raum. Die Burka erweist sich als ultimative Provokation der westlichen Transparenz als Kulturideal und Norm des universalen Lebensstils.[24]

1929 schrieb Virginia Woolf in »Ein eigenes Zimmer«: »Ich wage zu vermuten, dass Anon, die so viele Gedichte schrieb, ohne sie zu signieren, oft eine Frau war.« Im Kontext der sozialen Medien stellt sich die Frage, wie sich Offline-Handlungen in die Gleichung integrieren lassen, ohne aus der realen Welt die nächste snobistische Welle zu machen. Können die existierenden Plattformen nur im Schatten künftiger Ereignisse genutzt werden? Netzwerke leisten die Vorarbeit durch ihre »weak ties« – genau darin sind sie gut. Ihre Rolle in der Echtzeitkommunikation wird überschätzt, sobald die Ereignisse stattfinden. Wenn alles so funktionierte, hätten Netzwerke längst die Erosion existierender Machtstrukturen in Gang gesetzt. Was wird geschehen, wenn wir einmal die Angst vor Überwachung und Kontrolle verlieren? Wird anonymes Handeln, wie das Abstimmen bei öffentlichen Wahlen, nicht mehr nötig sein, weil diese Informationen durch andere Mittel öffentlich zur Verfügung gestellt werden? Oder sollten wir vorsichtig sein und den Maskenball als vorübergehenden Ausnahmezustand betrachten?

Englische Version erscheint in: Lovink, Geert (2012) Networks Without a Cause. A Critique of Social Media. Cambridge, *UK: Polity Press. Mit freundlicher Genehmigung des Autors.*

LITERATUR

Bauman, Zygmunt (1999): »The Self in A Consumer Society«, in: The Hedgehog Review 1, S. 35-40.

Broeckmann, Andreas/Knowbotic Research (Hg.) (2010): Opaque Presence. Manual of Latent Invisibilities, Zürich: Diaphanes.

Ehrenreich, Barbara (2010): Smile or Die. Wie die Ideologie des positiven Denkens die Welt verdummt, München: Kunstmann.

Farrelly, Elizabeth (2007): Blubberland. The Dangers of Happiness, Sydney: UNSW Press.

Gare, Sherry (2006): The Triumph of the Airheads, Sydney: Park Street Press.

23 | Ebd., S. 44.

24 | Ebd., S. 44.

Hamilton, Clive/Denniss, Richard (2005): Affluenza. When Too Much is Never Enough, Sydney: Allen & Unwin.

Hartog Jager, Hans den (2010): »Kwetsbaarheid is niks voor mij«. Interview mit Rineke Dijkstra, in: NRC Handelsblad vom 07.12.2010.

Illouz, Eva (2007): Cold Intimacies: The Making of Emotional Capitalism, Cambridge: Polity Press.

Reichert, Ramon (2008): Amateure im Netz, Bielefeld: transcript.

Smith, Zadie (2010): Generation Why?, in: New York Review of Books 25, S. 57-60.

Stiegler, Bernard (2010): For a New Critique of Political Economy, Cambridge: Polity Press.

Facebooking

What You Book is What You Get – What Else?

Susanne Lummerding

Woraus sich die aktuelle Bedeutung von Facebook ableitet, erschließt sich nicht zuletzt über die Frage nach den Kategorien, Differenzkonstruktionen/Grenzziehungen und Normierungen (und etwaige Verschiebungen), um die es geht, wenn von einem enormen Einfluss sozialer Netzwerke auf gesellschaftliche Entwicklungen die Rede ist. Kurz gesagt: Was wird wie verbucht und was ist wie buchbar? Und wie konstituiert sich in diesem Zusammenhang »Subjekt« – als differenziertes und situiertes? Die Beobachtung, dass Facebook – als Website zum erstellen und Betreiben sozialer Netzwerke – mittlerweile nicht nur gegenüber anderen sozialen Netzwerkplattformen marktführend ist, sondern vor allem bereits seit geraumer Zeit Google – als marktdominierende Internet-Suchmaschine – in ihrem ökonomischen wie gesellschaftlich-kulturellen Stellenwert überholt,[1] bietet einen Ansatzpunkt für eine Reihe von Fragen, die auf komplexe Weise weit über die Ebene von Marktbeherrschung und Monopolbildung, Speicherung und Vermarktung personenbezogener Daten, aber auch über die Ebene spezifischer Veränderungen im Suchverhalten von Usern oder spezifischer Grenzverschiebungen (z.B. medientechnischer Grenzen, oder Unterscheidungen wie privater gegenüber öffentlichen Sphären) hinausgehen. Denn verändert sich qualitativ tatsächlich Wesentliches, wenn Empfehlungen von ›Freunden‹ wichtiger werden als eine algorithmisch gereihte Liste von Suchergebnissen? Was gerät in den und was aus dem Fokus, wenn von einer Verlagerung der Bedeutung eines *informational web* (auch: Web 1.0) hin zu einem *social web* (Web 2.0) – repräsentativ vertreten durch die jeweiligen *key player* (Google einerseits, Facebook andererseits) – die Rede ist?[2]

---

1 | Google kontert seit Juli 2011 mit einem eigenen sozialen Netzwerk: Google+. Unter: https://plus.google.com/ (zuletzt aufgrufen am 20.07.2011).

2 | »There is a very fundamental shift going on from the information Web to the social Web«, so Facebook-Vorstandsmitglied Sheryl Sandberg im Oktober 2009, zitiert in Claburn (Claburn, Tomas: Web 2.0 Summit: Facebook Bets On Wisdom Of Friends,

Die Frage ist also nicht nur, ob sich über das bereits Verbuchte hinaus auch anderes buchen ließe oder ob jeder Eintrag notwendig »verknackt« (*booked*)/ verhaftet bleibt im Rahmen des »Buchs«, jedes Überschreiten bzw. Unterlaufen der Geschäftsbedingungen oder Stylesheets eine Gelbe Karte (*booking*) oder Sperre riskiert – ob sich also Neukonfigurierungen der Buchungsbedingungen denken ließen und wie die Funktion der Buchmacher_innen[3] (*bookies*) zu verhandeln wäre. Vielmehr ist vor allem zu fragen, was (Ver-)Buchen bedeutet – das heißt zuallererst, nach den Voraussetzungen der Herstellung von ›Etwas‹, als unterschieden von ›etwas Anderem‹ zu fragen. Die Frage nach den Voraussetzungen der Herstellung von ›Etwas‹ – ›Etwas‹, was bewertet, gelistet, hierarchisch geordnet, übermittelt und vermarktet werden kann – ist von Bedeutung insofern, als sie die Definition der Parameter des Intelligiblen betrifft und damit die Modelle, Repräsentationsformen und Relationen, die unser Verständnis von Wirklichkeit und Identität formen/in-formieren.

BOOKED (»VERKNACKT«)?

Die Entwicklung von Facebook – »A Tale of Sex, Money, Genius and Betrayal« (Mezrich 2009)[4] – ist zunächst im Kontext einer Genealogie der Operationalisierung relationaler Daten zu sehen, in der die Verlagerung von einer Operationalisierung gewerteter Links (maßgeblich repräsentiert durch Googles PageRank-Algorithmus) hin zu einer Operationalisierung gewerteter sozialer Beziehungen (maßgeblich repräsentiert durch das TrustRank-Prinzip[5] oder

in: InformationWeek, 21 October 2009. Unter: http://www.informationweek.com/news/internet/web2.0/showArticle.jhtml?articleID=220900041 [zuletzt aufgrufen am 01.06.2011]).

3 | Meine Verwendung des seitens Queer Studies und Transgender-Positionen befürworteten Unterstrichs (*underscore*) an Stelle des Binnen-I als gender-reflektierende und einer Identitätslogik gegenüber kritische Schreibweise begründet sich damit, dass diese Schreibweise Differenzen auf eine Weise sichtbar macht, die eine Festschreibung auf binäre Strukturen in Frage stellt, indem sie auf ein ›Dazwischen‹ verweist, welches gleichzeitig unbenennbar bzw. un-ein-deutig bleibt.

4 | Mezrichs Buch zur Entstehungsgeschichte von Facebook bildete auch die Grundlage für David Finchers Film *The Social Network* (2010). Mezrich, Ben (2009): The Accidental Billionaires – The Founding of Facebook – A Tale of Sex, Money, Genius and Betrayal, New York: Doubleday.

5 | Gyöngyi, Zoltán/Garcia-Molina, Hector/Pedersen, Jan (2004): »Combating Web Spam with TrustRank«, Proceedings of the International Conference on Very Large Data Bases, S. 576-587. Unter: http://www.vldb.org/conf/2004/RS15P3.PDF (zuletzt aufgerufen am 20.07.2011).

Facebooks Open-Graph-Protokoll und Social Plugins) gemeinhin als grundlegender Paradigmenwechsel nicht nur für die Strukturierung der Datenbestände und Suchverfahren im Web, sondern für Wissensgenerierung und Kommunikation bzw. Vergesellschaftung generell betrachtet wird. Um die Bedeutung dieser Entwicklung für die oben formulierten epistemischen und politischen Fragen zu analysieren, lohnt ein Blick auf die »wechselvolle Geschichte einer Methode, die allen heutigen Suchmaschinen zugrunde liegt: Die Bestimmung der Autorität eines Datensatzes über seine Verlinkung – und die mit dieser Methode verbundenen sozialen Visionen« (Mayer 2009: 64).

Für aktuelle Netzwerkmodelle und die Bestimmung von Autoritätsrelationen in sozialen wie informatorischen Strukturen spielte zum einen die von Jakob Levi Moreno seit Beginn des 20. Jahrhunderts entwickelte »Soziometrie«, die eine präzise Erfassung so genannter sozialer Atome (Individuen) und soziodynamischer Gesetze gewährleisten sollte, eine wegbereitende Rolle. Diese Methode verknüpfte Moreno mit dem politischen Ziel einer »soziometrischen Revolution« im Sinne einer Selbstermächtigung aller Individuen[6] (Moreno 1953, 1967). Wesentlich für den Einfluss dieser Methode auf unterschiedliche Ansätze und Verfahren der Bewertung, Indexierung und Darstellung informatorischer und sozialer Strukturen bis heute war deren Mathematisierung. Als ebenso nachhaltig bedeutsam für aktuelle Modelle sozialer und informatorischer Netzwerke erwiesen sich zum anderen bibliometrische Verfahren zur Erfassung und Klassifizierung von Wissen – maßgeblich repräsentiert durch den Scientific Citation Index. Der von Eugene Garfield 1963 erstmalig veröffentlichte Scientific Citation Index (SCI) war von Anfang an als automatisiertes Evaluierungsinstrument und universale »Hypersuchmaschine« (Garfield 2000) konzipiert, die nicht Inhalte misst, indexiert und bewertet, sondern deren Referenzpunkte bzw. Reputation. Der so genannte *impact factor* des SCI, eine Zitationsmessung und -wertung, wird ungeachtet anhaltender Kritik nach wie vor als vorherrschendes Messinstrument für wissenschaftliche Produktivität herangezogen. Was dabei kontinuierlich mitreproduziert wird, ist nicht zuletzt ein dem SCI zugrunde liegendes Objektivitätsideal des 19. Jahrhunderts, dem der SCI durch eine automatisierte Bewertung wissenschaftlicher Forschung unabhängig von individueller Bewertung gerecht zu werden beansprucht. Verbunden damit ist eine Vorstellung von Wissen als potentiell erfassbare Totalität diskreter, also ein-deutig definierbarer und klar voneinander abgrenzbarer und somit quantifizierbarer Entitäten. Soziometrische und bibliometrische/informetrische Verfahren der Erfassung gewerteter Wissensbestände und sozialer Strukturen bildeten – mit ihren zentralen Prinzipien der Funktionalisierung von Zitation als Quantifizie-

6 | Im Unterschied zur Idee einer Optimierung von Individuen für ein System war Morenos Ansatz vielmehr auf eine Optimierung einer je konkreten Situation für Individuen als Teil einer Gruppe ausgerichtet.

rung sozialer Beziehungen, der Idee ein-deutiger Identität, objektiven Wissens und objektiver Mess- und Bewertungsverfahren und daraus abgeleiteten Vernetzungs-, Sichtbarkeits- und Optimierungsparadigmata – eine entscheidende Basis für die Entwicklung sowohl von Internet-Suchmaschinen wie Google als auch sozialer Netzwerkplattformen wie Facebook.[7]

Nicht erst das zeitgleich mit dem Auftreten von Facebook 2004 entwickelte TrustRank-Verfahren, das das bis dahin dominierende und für die marktbeherrschende Stellung von Google ausschlaggebende PageRank-Verfahren modifizierte – dem Ranking-Algorithmus wird nunmehr eine handverlesene Liste von seitens der jeweiligen Suchmaschinen-Betreiber_innen als ›vertrauenswürdig‹ befundenen Web-Adressen zugrunde gelegt – ist als ein für Facebook entscheidendes Mess-, Bewertungs- und Ordnungsprinzip zu sehen. Denn bereits das PageRank-Verfahren, das Ende der 1990er Jahre von Lawrence Page, Sergey Brin, Rajeev Modwani und Terry Winograd entwickelt wurde, um »Ordnung ins Web« zu bringen (Page/Brin et al. 1999),[8] weist mit seinem Ranking-Algorithmus das auch für Facebook zentrale Prinzip der Bemessung der Relevanz (von Suchergebnissen bzw. ›Freunden‹) auf Basis der Verlinkungsstruktur (einer Webseite bzw. eines Profils) auf. Diese link-topologische Methode löste vorherige, z.B. bei Altavista angewandte ›inhalts‹-bezogene, d.h. auf Dokumenteneigenschaften wie Häufigkeit und Verortung der Suchbegriffe beruhende Methoden ab. Gemessen und gewertet wird die Verlinkungsstruktur einer Webseite, wobei jedes Zitat eine nach der ›Wichtigkeit‹ der Herkunftsseite bemessene Gewichtung (einen PageRank) erhält. Ähnlich wie in Verfahren Sozialer Netzwerkanalyse lassen sich also *key player* und Cluster-Bildungen identifizieren.

7 | Suchmaschinenentwickler_innen wie Lawrence Page, Sergey Brin oder Jon M. Kleinberg referieren explizit auf mathematisierte soziometrische Verfahren (vor allem auf die mathematischen Formalisierungen von Morenos Ansatz durch Leo Katz und Charles Hubbell) sowie auf bibliometrische Prinzipien und Ansätze der Sozialen Netzwerkanalyse. Page/Brin/Modwani/Winograd 1999; siehe dazu auch Mayer 2009 sowie Donner 2010.

8 | Der an eine Operationalisierung von Wissen und sozialen Beziehungen geknüpfte Anspruch einer Regulierung und Optimierung von Informationsressourcen manifestiert sich auch bereits in der Kybernetik. Die Basis dieses Anspruchs ist auch dort ein an die Vorstellung von Berechenbarkeit geknüpfter Informationsbegriff und ein Verständnis sozialer Beziehungen als Kommunikationsverbindungen, als messbare Größen, denen die Idee widerspruchsfreier Eindeutigkeit zugrunde liegt. Vgl. Wiener, Norbert (1961): Cybernetics. Second Edition: Or the Control and Communication in the Animal and the Machine, New York: MIT Press. Siehe dazu Dotzler, Bernhard (2002) (Hg.): Norbert Wiener. Futurum Exactum. Ausgewählte Schriften zur Kybernetik und Kommunikationstheorie, Wien/New York: Springer.

Während einerseits – wie etwa im Fall von Googles Ranking-Algorithmen oder auch des SCI – vorgeblich objektives Qualitäts-Ranking letztlich auf Bekanntheit und Beliebtheit basiert, zielt andererseits – im Fall von Facebook (oder seit Juli 2011 auch von Google+) – eine vorgeblich objektive ›Abbildung‹ von Bekanntheit und Beliebtheit ebenso auf einen Statusgewinn mittels Quantifizierung gerankter Beziehungen: In beiden Fällen ist Bekanntheit und Beliebtheit gleichbedeutend mit Qualität und Relevanz. Weil auch auf Facebook nicht alle Referenzen den gleichen Wert zugeordnet bekommen bzw. nicht alle ›Freunde‹ den gleichen Status erhalten, sondern dieser je nach erteiltem Vertrauen unterschiedlich hoch ist, findet sich in Facebook folglich ein dem TrustRank vergleichbares Prinzip. Bereits hier wird also deutlich, dass sich ein so genanntes *informational web* keineswegs von einem *social web* trennen lässt bzw. die Operationalisierung von Wissen und jene sozialer Beziehungen in engem Zusammenhang stehen. In beiden Fällen werden soziale Beziehungen in Ranking-Verfahren mit der Setzung einer Referenz gleichgesetzt und durch Hyperlinks sichtbar gemacht. Die Voraussetzung dieser Sichtbarmachung und Quantifizierung sozialer Beziehungen ist Vereindeutigung, also die Definition diskreter, d.h. eindeutig umgrenzter und voneinander abgegrenzter Entitäten. Als Operationalisierung gewerteter Referenzen kann dieses Rating- und Rankingsystem als ein Netz von Ver- und Absicherungen verstanden werden. Denn die fortgesetzte Reproduktion der Vorstellung eindeutiger und damit mess- und wertbarer Entitäten ist auf Wertsteigerung und Statusgewinn ausgerichtet und damit auf die Herstellung und Absicherung wiederum einer diskreten, messbaren Einheit (als distinkt gegenüber anderen Einheiten). Diese Vorstellung einer Kohärenz (von Identität wie von Bedeutung und Gemeinschaft) erfüllt also – wiewohl uneinlösbar und in diesem Sinn phantasmatisch – eine konstituierende Funktion. Phänomene wie Zitierkartelle oder Suchmaschinenoptimierung (SEO) erscheinen nur als logische Konsequenz der an diese, dem Ranking-Verfahren zugrunde liegenden Prämissen geknüpften neoliberalen Vernetzungs-, Sichtbarkeits- und Optimierungsparadigmen.

WYBIWYG – What You Book Is What You Get

Die von Suchmaschinen wie von sozialen Netzwerkplattformen – maßgeblich Facebook – vorgenommene Personalisierung (über Cookies, Click Tracks, Web History, bzw. über so genannte Social Plugins wie Facebooks »Like Button« und die Open-Graph-API-Programmierschnittstelle in Verbindung mit den Standard-Login-Informationen und durch unzählige miteinander verlinkte Dienste zur Datenerfassung) ermöglicht eine Klassifizierung von Profilen und Gruppen, um sie gezielt adressieren zu können (mit Vorschlägen für Suchergebnisse, beworbene Produkte/Dienstleistungen etc. oder ›Freunde‹/Gruppen). Dieses

»soziale Sortieren« (Lyon 2002) bedeutet eine Zuordnung von definierten Einzelprofilen zu definierten Gruppen, basierend auf den metrisch erfassten ›Präferenzen‹. Diese ›Personalisierung‹ ist dadurch determiniert, dass sie jene Aspekte verstärkt und reproduziert, die zuallererst von einer Suchmaschine bzw. einer Netzwerkplattform erfasst und anhand von intransparenten Annahmen, die dem Personalisierungs-Algorithmus eingeschrieben sind, interpretiert werden können. Eine derart personalisierte »Ordnung« des Webs wirft nicht nur die Frage auf, was es bedeutet, wenn Nutzer_innen eine Vorstellung von Welt und Wirklichkeit angeboten bekommen, die von anderen auf der Basis proprietären Wissens als für sie/ihn relevant und geeignet erachtet wurde, sondern verdeutlicht vor allem die Konsequenzen einer Definition von Nutzer_innen als ein-deutige Identitäten mit einem ebenso klar definierbaren Bezugssystem.

Auf diese Weise wird also eine ›Optimierung‹ der Suche und Kommunikation ermöglicht, die von diesem errechneten Muster abweichende Ergebnisse minimiert und damit anstelle von Antagonismus, Herausforderung, Perspektivwechsel und Unvorhersehbarkeit eine Reproduktion des immer Gleichen begünstigt (Singer 2011, Stalder/Mayer 2009, Donner 2010: 109). Kritiker_innen wie Eli Pariser und Jaron Lanier sprechen in diesem Zusammenhang von »Filter-Blasen« (Pariser 2011) oder »Echokammern« (Lanier 2010), in denen Nutzer_innen sich verhaftet (›verknackt‹) finden. Dass die Personalisierung, die für eine den Nutzer_innen dienende ›Optimierung‹ sorgt, zugleich vor allem Vermarktbarkeit (z.B. für personalisierte Werbung), also Wertschöpfung für die Betreiber_innen (z.B. Facebook) gewährleistet, ist keinesfalls auf einen Nebenaspekt zu reduzieren. Entgegen dem Slogan von Facebook: »Facebook ermöglicht es dir, mit den Menschen in deinem Leben in Verbindung zu treten und Inhalte mit diesen zu teilen«[9] geht es weniger um »Inhalte« als vielmehr um Wertung und Ranking – von Suchergebnissen ebenso wie von Nutzer_innen. Die Akkumulation sozialen Kapitals (Statusgewinn) und finanziellen Kapitals (Marktwertsteigerung) sind also in Form einerseits sozialer und andererseits vor allem finanzieller Wertschöpfung eng verknüpft. Umso mehr ist nochmals nicht nur grundlegend zu fragen, was unter welcher Voraussetzung wie verbucht wird, sondern vor allem, was genau ›verbuchen‹ bedeutet.

Booking Something

Mit dem Begriff »Facebook«, der auf Universitäts- und College-Jahrbücher (so genannte »Facebooks«) verweist, verbindet sich das Versprechen, Facebook biete ein umfassendes Verzeichnis ›verbuchter‹ Profile ›sozialer Atome‹, die – im Unterschied zur anfänglichen Facebook-Konzeption und nach sukzessiven

9 | Unter: http://de-de.facebook.com/ (zuletzt aufgerufen am 07.06.2011).

Expansionsschritten – nicht mehr auf die Exklusivität einer spezifischen Ivy League Universität (Harvard), nicht mehr auf Universitäten und Highschools und auch nicht mehr auf eine spezifische Nation (USA) beschränkt sind, sondern potentiell alle erfassbaren Freundeskreise einschließen. Dies würde – vermittelt über Open Graph bzw. die Verlinkung potentiell aller externer Webseiten mit Facebook, im Besonderen über Funktionen wie Adressbuchimport oder »Freundefinder« – quasi auf ein ›Facebooking Everyone/-thing‹ hindeuten, vergleichbar dem, was Siva Vaidhyanathan in seiner Kritik an Googles Universalanspruch »the Googlization of Everything« nennt (Vaidhyanathan 2010). Ein derartiger Universalanspruch wird allerdings nicht allein durch seine prinzipielle Uneinlösbarkeit und auch nicht allein durch das Prinzip Facebook selbst konterkariert,[10] sondern nicht zuletzt durch Praktiken der Nutzer_innen.

Ungeachtet der expliziten Aufforderung von Facebook (im Unterschied zu anderen sozialen Plattformen), sich mit realen Namen und Personendaten bei Facebook anzumelden (ein »Konto« zu eröffnen), wird dieser Aufforderung keineswegs immer Folge geleistet. ›Verstöße‹ dieser Art, genauer, der bloße Verdacht darauf, werden von Facebook geahndet, indem etwa Profile mit für Facebook ungewöhnlich scheinenden Namen ohne Überprüfung gesperrt bzw. gelöscht werden, auch wenn es sich dabei nicht selten um reale Namen handelt.[11] In vergleichbarer Weise ging auch Google in seinem als Konkurrenz zu Facebook seit Juli 2011 eingerichteten sozialen Netzwerkdienst Google+ gegen das Hacker_innen-Netzwerk Anonymous vor, indem es deren Google+-Accounts sofort nach deren Anmeldung sperrte.[12] Dieses rigide Verfahren in

10 | Abgesehen von der Paradoxie der Formulierung einer ›Totalität‹ (eines ›Alle‹), deren für die Formulierung notwendige Grenzziehung wiederum den Anspruch von Totalität selbst untergräbt, bietet sich im Fall von Facebook schon deshalb unmöglich ein ›umfassendes‹ Bild – weder von Subjekten noch deren sozialer Umgebung, weil es sich um ein Verzeichnis gewerteter und hierarchisch gereihter diskreter (d.h. vorgeblich eindeutiger) Größen handelt, das per definitionem im Widerspruch zur konstitutiven Uneindeutigkeit und Exzessivität von Identität und Bezüglichkeit und damit auch von Sozialität steht. Bemerkenswert ist in diesem Zusammenhang auch, dass Facebook auf die neue Konkurrenz durch Google+ mit der Sperre des Adressbuch-Exports reagiert. Siehe dazu Diener, Andres: http://www.faz.net/artikel/C30833/soziale-netzwerke-auch-mittdreissiger-moegen-es-gesiezt-zu-werden-30463880.html (zuletzt aufgerufen am 20.07.2011).

11 | Siehe: Moses, Asher (2008): Banned for Keeps on Facebook for Odd Name, in: The Sydney Morning Herald, September 25. Unter: http://www.smh.com.au/news/technology/biztech/banned-for-keeps-on-facebook-for-odd-name/2008/09/25/1222217399252.html (zuletzt aufgerufen am 07.06.2011).

12 | Auch der Start der von Anonymous im Juli 2011 initiierten Social-Network-Seite Anon+ wird durch Attacken behindert. Unter: http://www.anonplus.com (zuletzt auf-

Bezug auf Regelverstöße erklärt sich nicht zuletzt durch die oben genannten Vermarktungsinteressen (z.B. hinsichtlich personalisierter Werbung, die auf Identifizierbarkeit und auf der Ableitbarkeit errechenbarer Verhaltens- und Präferenzenmuster basiert), die Facebook durch ›falsche‹ Daten bedroht sieht. Wenn daher Facebook-Vorstandsmitglied Sheryl Sandberg betont: »Facebook is where you are yourself, your authentic self on the Web [...]. You're able to engage with marketers the way you would with your friends« (Sheryl Sandberg, zitiert in Claburn 2009), dann ist hier zur Debatte stehende ›Bonität‹ – im Sinne eines TrustRank – also durchaus auch als eine finanzökonomische zu verstehen.

Die Minimierung von Unsicherheiten und von Uneindeutigkeit ist also für den Anspruch einer Operationalisierung von Wissen und sozialen Beziehungen sowie einer Regulierung und Optimierung von Informationsressourcen, in der weniger Inhalte denn soziotechnische Verbreitungsmuster relevant sind, unverzichtbar. Die Basis dieses Anspruchs ist auch dort ein an die Vorstellung von Berechenbarkeit geknüpfter kybernetischer Informationsbegriff und ein Verständnis sozialer Beziehungen als Kommunikationsverbindungen, als messbare Größen, denen die Idee widerspruchsfreier Eindeutigkeit zugrunde liegt. Dem entspricht nicht nur die im Juni 2011 von Facebook in zahlreichen Ländern freigeschaltete Gesichtserkennungs-Funktion, die – ohne die Nutzer_innen zu fragen oder zu informieren – automatisch für alle hochgeladenen Fotos Namen von Nutzer_innen zuordnet und vorschlägt, womit zudem eine paradoxe Koppelung der Online-Idenität mit einer staatsbürgerschaftlich definierten kohärenten Identitätsdefinition erfolgt.[13] Schon für die Registrierung auf Facebook ist die Angabe einer sexuellen Identität zwingend, wobei ausschließlich zwei Optionen (»männlich« oder »weiblich«) zur Verfügung stehen und maximal eine von beiden gewählt werden kann. Auch die 2008 von der Facebook-Produktmanagerin Naomi Gleit formulierte Forderung einer Verwendung »ordentlicher«, eindeutig und binär gegenderter Pronomina zur Beschreibung von Nutzer_innen-Aktivitäten in Feeds (also z.B. »himself« oder »herself« statt »themself«) entspricht diesem Prinzip (Gleit, zit. in McCarthy 2008).

Die Definition diskreter Punkte innerhalb eines Netzwerks, die diese nicht nur als gegeben präsentiert, sondern zur funktionalen Voraussetzung hat, bildet die Grundlage der Quantifizierung sozialer Beziehungen. Für eine Kritik der aus einer solchen Operation resultierenden Naturalisierungen stellt sich die

gerufen am 20.07.2011). Siehe auch: http://derstandard.at/1310511570664/anon-plus-Anonymous-kuendigt-eigenes-soziales-Netzwerk-an; oder http://www.zdnet.de/news/41554993/anonymous-entwickelt-facebook-alternative-fuer-hacker.htm (zuletzt aufgerufen am 20.07.2011).

13 | Siehe den Eintrag auf heise.de vom 07.06.2011. Unter: http://www.heise.de/newsticker/meldung/Facebook-erkennt-Gesichter-1256586.html (zuletzt aufgerufen am 07.06.2011).

Frage nach den logisch-strukturellen Voraussetzungen je konkreter Bedingtheiten und nach einer Berücksichtigung von Kontingenz als Konstitutiv jeglicher Herstellung von Bedeutung als solcher sowie nach der Notwendigkeit von Differenzierung als solcher. Denn Differenzierung ist nicht als deskriptiver Akt der Unterscheidung bereits ›gegebener‹, von der Unterscheidung selbst unabhängiger Identitäten (im Sinn diskreter, also eindeutiger und klar abgrenzbarer Entitäten) zu verstehen, sondern als Prozess der Herstellung von Identität. Identität ist Folge, nicht Grundlage einer Differenzierung – und gerade in diesem Sinn Realität.[14] Differenzkonstruktionen wie Gender-, ethnische, soziale, Alters- oder andere Zuordnungen sind in diesem Sinn nicht als bloß gesellschaftlich-kulturell überformte Referenzen auf vorgängige ›Gegebenheiten‹ zu verstehen.[15] Vielmehr bringt der Prozess der Wahrnehmung und der Vermittlung, also der Herstellung von Bedeutung, das jeweilige ›Etwas‹ hervor. Dies bedeutet nicht, dass es keine Realität gäbe, sondern dass es keinen ›unvermittelten‹ Zugang zu einer etwaigen ›außer-sprachlichen‹ Realität gibt, also keinen Zugang, der nicht bereits sprachlich, d.h. über Prozesse der Differenzierung, vermittelt wäre.[16]

Eine anhand der Kategorien Gender und Geschlecht (als paradigmatischem Feld binär codierter gesellschaftlicher Segregation) verhandelte Kritik an vereindeutigenden Zuschreibungen ist daher nicht allein als Identitätskritik zu verstehen, sondern vor allem als Kritik eines Denkens in absoluten und eindeutig umgrenzten Größen – und schon allein in diesem Sinn keineswegs etwa auf Fragen der sexuellen Identität, der Sexualität oder auf eine Kritik von Heteronormativität lediglich im Sinne von Sex und Gender reduzierbar. Vielmehr erlaubt eine auf diesen Gender-Begriff referierende genauere Betrachtung hegemonialer Vorstellungen von Identität/Realität eine kritische Analyse des konstitutiven Ineinandergreifens unterschiedlicher Macht- und Wissensproduktionen wie etwa Sexuierungs-, Rassisierungs-, Nationalisierungs- und Klassifizierungsmechanismen sowie der epistemisch-politischen Rolle entsprechender Authentizitäts- und Legitimitätskategorien für die Generierung und Strukturierung von Wissen und Gesellschaft. Nur über die Konstruktion der ›Andersheit‹ eines ›Anderen‹ kann ›Etwas‹ als existent behauptet werden. ›Etwas‹ kann somit immer

14 | In welcher Weise sich aus einer differenzierten Kritik von Identitätslogik eine Argumentation des Moments einer Anfechtbarkeit von Realitätskonstruktionen und die Entwicklung einer entsprechenden Ethik entwickeln lässt, habe ich an anderer Stelle ausführlich diskutiert (Lummerding 2005: 113-149, 241-273).

15 | Für einen anti-essentialistischen Begriff von Geschlecht, der theoretisch wie politisch entscheidend über Judith Butlers Konzeption von sex/gender hinausgeht, insofern er nicht auf eine diskursive Konstruktion reduziert ist, sondern die Voraussetzung jeglicher diskursiver Konstruktion fokussiert, ohne auf Vorstellungen prädiskursiver Vorgängigkeiten zu rekurrieren, siehe Lummerding 2005: 97-180, sowie Lummerding 2011.

16 | Vgl. dazu ausführlich Lummerding 2005: 97-180, sowie dies. 2009 und 2011.

nur eine bedingte, niemals eine absolute Größe sein. Das heißt, die Unmöglichkeit, Bedeutung zu schließen bzw. zu fixieren,[17] weist nicht nur jedes Existenzurteil bzw. jede Konstruktion von Identität als notwendig phantasmatische aus. Vielmehr bedeutet sie vor allem auch den Grund, weshalb jede Übersetzung in eine ›Binarität‹, in gegensätzliche symbolische Einschreibungen, scheitern muss – insofern Binarität zwei erschöpfende Totalitäten implizieren würde, was per definitionem unmöglich ist.

Die konstitutive Unmöglichkeit einer Schließung/Fixierung von Bedeutung/Identität als latente Bedrohung je spezifischer Identitätskonstruktionen erfordert entsprechende Bewältigungsstrategien, um die Illusion verlässlicher Fixpunkte bzw. vermeintlicher ›Garantien‹ für die jeweilige Identitäts- und Realitätskonstruktion aufrechtzuerhalten, diese also abzusichern. Versicherungs- bzw. Absicherungsstrategien als Versuche der Herstellung von Unhintergehbarkeiten/›Evidenzen‹ – sei es in Form verlässlicher, unanfechtbarer Identitäten, sei es in Form von ›Gemeinschaft‹ und Zugehörigkeit und damit immer auch von Grenzen und Ausschlüssen, sei es in Form einer Meta-Position – müssen demgemäß unaufhörlich erneuert werden – gerade *weil* die Herstellung einer gesicherten Bedeutung, ebenso wie die einer kohärenten Identität oder ›Gemeinschaft‹, als geschlossene Totalität per definitionem unmöglich ist – als Phantasma gleichwohl aber eine konstituierende Funktion der Kontingenzbewältigung erfüllt. Damit wird auch deutlich, weshalb Kontingenz als solche nicht determiniert, was sich auf der Ebene des Soziosymbolischen/der Politik[18] als Identität/Diversität einschreibt, sondern vielmehr begründet, weshalb sich das, was sich auf dieser Ebene einschreibt und damit als ›Realität‹ in je konkreten Bedingtheiten hergestellt wird, niemals etwas anderes sein kann als das vorläufige Resultat hegemonialer Auseinandersetzungen – und genau aus diesem Grund anfechtbar ist. Eine jeweilige Identitätskonstruktion ist in diesem Sinn Folge, nicht Voraussetzung einer Differenzierung bzw. eines Ins-Verhältnis-Setzens.

Aus dieser Perspektive lässt sich die Entstehungsgeschichte von Facebook nicht einfach bloß als hollywoodreifer Filmstoff oder Boulevardgeschichte über ein beliebiges Startup-Unternehmen lesen, sondern extrapoliert in plakativer

---

17 | Ähnlich der Unterscheidung, die Lacan mit dem Terminus des Realen im Unterschied zu Realität benennt. Vgl. Lacan, Jacques ([1964] 1978): Die vier Grundbegriffe der Psychoanalyse, S. 175f.; sowie: Lacan, Jacques (1988 [1970/1974]): Radiophonie. Television. Übers. Jutta Prasse/Heinrich Lühmann/Hans-Joachim Metzger, Weinheim/Berlin: Quadriga (frz. Or. in: Scilicet, 2-3, 1970/Paris: Seuil 1974), S. 55-98, 68f., 83ff.; vgl. dazu Lummerding (2005): Agency@?, S. 100-104, 124-126, 136-148, 151-181, 259-275.

18 | Zum Begriff des Soziosymbolischen und der Politik (als unterschieden vom Realen und dem Politischen) siehe Lummerding 2005: 164f., 267f.

Weise die Prinzipien des Ratings und Rankings und deren Effekte, aber vor allem deren fundierende Prämissen, nämlich eine Reihe von Differenzkonstruktionen, auf deren Basis überhaupt ›Etwas‹ gewertet und gereiht werden kann. Deshalb verdient der Umstand, dass Facebook nach dem (ebenfalls von Mark Zuckerberg entwickelten) Vorläufer Facemash[19], einer an Ratingseiten wie HotOrNot, AmIHot oder RateMyFace orientierten Website, entwickelt wurde, durchaus Beachtung. Diese Genealogie ist insofern interessant, als Facemash als taxonomisches Instrument zur Klassifizierung und Taxierung von – aufgrund von Fotos und Personendaten als ›weiblich‹ identifizierter – Harvard-Studierender hinsichtlich deren Dating-Marktwertes konzipiert war und sich auf Kriterien wie Exklusivität, soziales Kapital, Kohärenz und Zugehörigkeit stützte. Was hier in Form von Rankings (konsequent weitergeführt im Phänomen des Cybermobbings als ›Wertminderung‹/Entwertung) und Distinktionsmechanismen auf plakative Weise deutlich wird, ist die Funktion von Differenzierung – und in paradigmatischer Weise sexueller Differenzierung – nicht nur für die Konstituierung normierter/normalisierter Subjektpositionen, sondern auch von Gemeinschaft bzw. Gesellschaft über eine Grenzziehung gegenüber der Konstruktion eines ›Anderen‹ bzw. ›Außen‹. Über die hierarchisch (z.B. sexuell) differenzierte Segregation der jeweiligen Gemeinschaft, entsprechende Definitionen von Zugehörigkeit und Ausschlussstrategien und das Verhandeln der Werte und Normen sowie der davon abgeleiteten Machtrelationen definieren sich nicht nur die jeweiligen ›Außengrenzen‹ derselben, sondern auch die Auseinandersetzungen um deren Erhalt.

WHAT ELSE?

Wenn die Herstellung von Eindeutigkeit, Absicherung/Sicherheit und Totalität/Ganzheit (in einem absoluten Sinn) als phantasmatische Kohärenzkonstruktion zugleich (als temporäre Konstruktion) funktional und dem Prozess der Signifikation, also der Herstellung von Bedeutung/Identität, immanent ist, so stellt sich die Frage, auf welche Weise epistemisch wie politisch relevante Modelle von Handlungsfähigkeit denkbar wären, die nicht in einer reduzierenden Gleichsetzung von Demokratie mit Gemeinschaft (im Sinne einer klar abgrenz-

19 | Dass die Domain facemash.com 2010 für eine Summe von 30.000 US-Dollar versteigert wurde und zudem zahlreiche Spin-offs (z.B. http://www.facemash.com.au/) im Netz existieren, verweist nicht nur auf ein beträchtliches Interesse an entsprechenden sexistischen Angeboten, sondern auch mit dem auf http://hotornot.com/ formulierten ökonomischen Prinzip »The more people you rate, the more votings you will receive!« auf den Zusammenhang der Definition von Tauschwert, Wertschöpfung und (sexueller) Differenzierung.

baren, kohärenten Totalität, einer Akkumulierung von ›Freunden‹) verhaftet bleiben, sondern vielmehr eine Öffnung der Handlungs- und Denkspielräume ermöglichen. In diesem Sinne ist auch zu fragen, was es bedeutet, wenn gesellschaftliche Prozesse, deren Agenda gerade nicht die Idee von Identität als vereindeutigbarer, stabiler Totalität oder neoliberale Optimierungs- und Vereindeutigungsparadigmen propagiert, mit dem Begriff ›Facebookrevolutionen‹ zu fassen gesucht werden.

Dieses Problem der vereindeutigenden Erfassung wird z.B. überwiegend in der Medienberichterstattung über aktuelle Aufstände, zunächst in Ländern des so genannten Nahen Ostens, Nordafrikas und zuletzt auch Europas, deutlich. Bestrebungen in Richtung Vereindeutigung manifestieren sich hier als Versuche, einzelne *key player* der jeweiligen Protestbewegungen zu identifizieren, was in paradoxem Widerspruch zu den Ansprüchen steht, die diese Bewegungen repräsentieren und deren Akteure auch artikulieren: Unterschiedliche Sprecher_innen der Protestbewegungen sowohl im arabischen wie im europäischen Raum verweigern stets gegenüber Medienvertreter_innen Angaben zu persönlichen Daten oder Fotos mit dem Hinweis auf die dezentrale Struktur und die Agenda der Proteste und auf ihre eigene Position als variable Knotenpunkte in einem offenen Prozess.[20] Das in der Medienberichterstattung unaufhörlich manifestierte Begehren, eine Bewegung als eindeutig definierbare Totalität mit ebenso eindeutig definierbarem Zentrum, also zentrale Akteure, zu identifizieren – im Sinne einer Erfassung, Messung und Bewertung von ›Etwas‹ und vor allem einer potentiellen Vorhersage zukünftiger Prozessentwicklungen[21] – entspricht einem viel grundlegenderen Begehren; nämlich dem konstitutiven, gerade durch die Unmöglichkeit einer Festsetzung/Fixierung von Bedeutung unausgesetzt aufrechterhaltenen Begehren, genau diese Bedrohung von Eindeutigkeit durch die Wiederherstellung des Phantasmas von Kohärenz ›aufzuheben‹. Die darüber hergestellten Konstrukte der Vereindeutigung bleiben notwendig stets prekär und temporär. Interessant ist in diesem Zusammenhang, welche Positionen seitens der medialen Berichterstattung als *key player* verbucht werden: In Ägypten waren dies nicht etwa Mitbegründer_innen z.B.

20 | Vgl. dazu u.a. Ben Mhenni 2011: 8.

21 | Die ökonomische wie politische Bedeutung quantitativer Vermessung von Sozialität und Wissensproduktion und der damit angestrebten Ableitung zukünftiger Entwicklungen wird bereits anhand der informetrischen Verfahren lange vorausgehenden Ansätze der so genannten Sozialen Physik im 19. Jahrhundert deutlich. Bereits hier verknüpfen sich die Interessen von Versicherungsgesellschaften (im Hinblick auf Profit durch Wetten auf die Zukunft) und die Interessen von staatlichen Kontrollregimen (im Hinblick auf eine gesellschaftliche Norm bzw. ein Ideal gesellschaftlicher Ordnung) im Identifizieren von Abweichungen bzw. Risikogruppen zum Zweck der Operationalisierung/Regulierung. Vgl. dazu Donner 2010: 101f.

der »Jugendbewegung des 6. April« oder von Initiativen wie »We all are Khaled Said«, oder »Kifaya«, bzw. zahllose andere Involvierte, sondern der Google-Marketing-Direktor für den Nahen Osten, Wael Ghoneim, der eine der Webseiten verwaltete. In Tunesien wiederum richtete sich der mediale Scheinwerfer auf Mohammed Bouazizi als »Märtyrer der Revolution«, dessen Selbstverbrennung als politischer Akt der Selbstopferung und Auslöser der Proteste gesehen wurde. Unberücksichtigt blieben dabei sowohl die explizit dezentrale Struktur der Proteste als auch z.B. die Umstände sowie die Motive dieser Selbstverbrennung, die Zeugenaussagen zufolge keineswegs Ausdruck politischer Überzeugung, sondern ›gekränkter Männlichkeit‹ gewesen war.[22] Die Identifizierung zentraler Akteure als eindeutige Entitäten/Identitäten ebenso wie die Identifizierung einer klar benennbaren Grundlage im Sinne eines ›Ursprungs‹ der Proteste, die mit dem Label »Facebook-Revolution« scheinbar eindeutig erfasst ist, folgt also den gleichen Prinzipien widerspruchsfreier Eindeutigkeit, die entsprechend den oben skizzierten theoretisch-technologischen Genealogien letztlich auch der Funktionsweise von Facebook zugrunde liegen. Was hingegen damit völlig außer Acht gelassen wird, sind die epistemisch-politischen Potentiale, die sich über die Entwicklung dieser Proteste erschließen. Denn im Unterschied zu einer Idee von Gesellschaft und Gemeinschaft als zwar erweiterbare, aber stets klar abgrenzbare Totalität (z.B. ›Freunde‹ versus ›Nicht-Freunde‹), mit der systemerhaltende Ideale von Homogenität und Störungsfreiheit verbunden sind, verweisen die Proteste auf dezentrale und offene Formen des Ausverhandelns, die Un-Eindeutigkeit und Antagonismen anerkennen und beanspruchen.

Die aktuellen Proteste sind also weniger als Beleg dafür, was genuin Facebook zu leisten vermag, zu verstehen. Vielmehr verweist deren Verkürzung auf »Facebook-Revolutionen« zum einen auf die Limitiertheit technikdeterministischer Perspektiven und verhindert zum anderen ein Wahrnehmen der epistemisch-politischen Potentiale der damit benannten Artikulationen von Politik. Auch wenn Facebook und Twitter die Proliferation, Verabredung und Koordi-

22 | Die Behauptung, Bouazizi sei von einer Polizeibeamtin geohrfeigt, somit ein Mann durch eine Frau untragbar gedemütigt worden, wurde – ungeachtet der gegenteiligen Beweislage – vom noch amtierenden Staatspräsidenten Ben Ali dafür benutzt, die Protestierenden zu beschwichtigen, indem er eine monatelange Inhaftierung der Polizistin erwirkte, die erst nach dem Sturz des Präsidenten aufgehoben wurde. Der durch Zeugenaussagen belegte Sachverhalt, dass Bouazizis Selbstverbrennung keineswegs eine Ohrfeige, sondern ein Hinweis auf ein Parkverbot vorausging, änderte nichts an der Konstruktion Bouazizis als ›Märtyrer der Revolution‹. Demgegenüber betonen auch hier Akteure der Proteste, die Revolution sei größer als zwei Menschen (vgl. »Slipperman« [2011]: Zweifelhafte Helden der Revolution. Über Internet-Mobilisierungen und Selbstverbrennungen, in: GWR [graswurzelrevolution], Nr. 357, März 2011, Münster, S. 10) sowie Ben Mhenni 2011: 18-20.

nierung wesentlich begünstigen – und zwar als längst selbstverständlicher Teil der Alltagskommunikation – so bilden sie dennoch nicht die Voraussetzung der Protestbewegungen oder deren Wirkmächtigkeit.[23] Die Voraussetzungen für die Formierung von Protest liegen vielmehr in bereits stattfindenden Auseinandersetzungen und Diskursen nicht nur um spezifische gesellschaftliche Fragen, sondern vor allem um Definitionsmacht über das zu Verhandelnde ebenso wie über Verhandlungs-/Subjektpositionen und in Initiativen der politischen Artikulation (einschließlich der Entscheidung der räumlichen und zeitlichen Koordinaten der Versammlung und Aktion). Während Facebook unter anderem eine globale Reichweite lokaler Auseinandersetzungen begünstigt (vgl. Sassen 2004: 649-670/Ben Mhenni 2011), sind es öffentliche Plätze, an denen Protestkundgebungen und -versammlungen stattfinden, Beschlüsse gefasst und Forderungskataloge abgestimmt werden und nicht zuletzt eine politisch wirkmächtige Wahrnehmung von Präsenz generierbar ist. Entscheidend ist jedoch weniger eine fragwürdige Distinktion zwischen ›Realraum‹ und ›virtuellem Raum‹, sondern vielmehr das Ermöglichen und Beanspruchen agonaler Ausverhandlungsräume, nicht nur im Sinne des griechischen Agon als Versammlungsplatz, sondern vor allem im Sinne von Agon als notwendig offenen Prozessen des Ausverhandelns. Mit Chantal Mouffe (2000) ist deshalb der für einen agonalen Begriff des Politischen entscheidende Aspekt des Anerkennens der unaufhebbaren Inkohärenz jeder Artikulation und die daraus für jede spezifische Artikulation resultierende Verantwortung hervorzuheben. Auf der Basis einer Anerkennung von Antagonismus und Dissens (anstatt hegemonialer Imperative von Konsens und Finalisierung) lässt sich in diesem Sinne Öffentlichkeit nicht einfach auf das Gegenteil von Privatheit (etwa einer definierten ›Freunde‹-Gruppe) reduzieren, sondern ist vielmehr als das Ausverhandeln von Antagonismen und damit auch von Grenzmarkierungen zu verstehen. Gerade die Unmöglichkeit einer Fixierung (Vereindeutigung) von Bedeutung/Identität/Realität als Voraussetzung für Neu-Artikulationen impliziert, dass jede Artikulation bzw. jede Setzung als Entscheidung gerade in dem Sinn politisch ist, als sie sich auf keinen vorgängigen Referenten berufen kann, Legitimität also nie absolut oder endgültig, sondern nur im Sinne einer Verhandlungsposition innerhalb eines bestimmten Kontextes im Verhältnis zu anderen Interessen und Kräften besitzen kann – und somit grundsätzlich zur Debatte steht. Die Frage, was wie verbucht wird bzw. buchbar ist und welche Differenzkonstruktionen, Grenzziehungen und Normierungen bzw. Normalisierungen zukünftig mögliche Konstruktionen von Realität, Subjekt und Gesellschaft definieren, ist daher auch im Fall der aktuellen Protestbewegungen weder (technisch, poli-

23 | Daran, dass etwa Protestbewegungen gleichzeitig keineswegs automatisch z.B. zu einer demokratischen Öffnung der nach den Revolutionen instituierten Entscheidungsgremien vor allem auch für Frauen führen, ändert auch die Nutzung von Facebook nichts.

tisch oder historisch determiniert) vorwegzunehmen noch terminierbar. Vielmehr lässt sich gerade das Moment des Politischen in erster Linie durch das fortgesetzte Ausverhandeln der Prämissen ihrer Herstellung wahrnehmen und beanspruchen. Jede mögliche Artikulation von Politik/Realität ist unaufhebbar kontingent/bedingt, somit immer schon involviert in hegemoniale Prozesse – aber keineswegs spezifisch ›verknackt‹/*booked*.

LITERATUR

Bamyeh, Mohammed (2011): Kairo, Die Siegreiche. Zeichen und Wunder der Ägyptischen Revolution, in: Lettre International, Nr. 92, Frühjahr 2011, Berlin, S. 19-22.

Ben Mhenni, Lina (2011): Vernetzt Euch! (fr. Or.: *Tunesian Girl* – Blogueuse pour un printemps arabe, Indigène éditions, Montpellier), Berlin: Ullstein.

Claburn, Thomas (2009): Web 2.0 Summit: Facebook Bets On Wisdom Of Friends, InformationWeek, 21 October. Unter: http://www.informationweek.com/news/internet/web2.0/showArticle.jhtml?articleID=220900041 (zuletzt aufgerufen am 01.06.2011).

Coelho, Alexandra Lukas (2011): Generation Tahrir, in: Lettre International, Nr. 92, Frühjahr 2011, Berlin, S. 10-18.

Copjec, Joan (1994): Sex and the Euthanasia of Reason, in: Joan Copjec, Read my Desire. Lacan Against the Historicists, Cambridge,MA/London: The MIT Press, S. 201-236.

Donner, Martin (2010): Rekursion und Wissen. Zur Emergenz technosozialer Netze, in: Ana Ofak/Philipp von Hilgers (Hg.), Rekursionen. Von Faltungen des Wissens, München: Fink, S. 77-113.

Dotzler, Bernhard (2002) (Hg.): Norbert Wiener. Futurum Exactum. Ausgewählte Schriften zur Kybernetik und Kommunikationstheorie, Wien/New York: Springer.

Garfield, Eugene/Stevens, Leo (1965): Über den »Scientific Citation Index (SCI)« und verwandte Entwicklungen der jüngsten Zeit, in: Nachrichten für Dokumentation, Band 16, Nr. 3, S. 130-140. Unter: http://garfield.library.upenn.edu/papers/106.pdf (zuletzt aufgerufen am 01.06.2011).

Garfield, Eugene (2000): Eugene Garfield Celebrates a Birthday and a Career. Interview with Paula J. Hane, in: Information Today 17(10), November 2000. Unter: http://www.garfield.library.upenn.edu/papers/informationtoday11172000.html (zuletzt aufgerufen am 01.06.2011).

Gyöngyi, Zoltán/Garcia-Molina, Hector/Pedersen, Jan (2004): »Combating Web Spam with TrustRank«, Proceedings of the International Conference on Very Large Data Bases S. 576-587. Unter: http://www.vldb.org/conf/2004/RS15P3.PDF (zuletzt aufgerufen am 20.07.2011).

Lacan, Jacques (1987 [1973]): Die vier Grundbegriffe der Psychoanalyse. Das Seminar Buch XI. Übers. Norbert Haas, Weinheim/Berlin: Quadriga 1978, 1980, 3. Auflage (Les quatre concepts fondamentaux de la psychanalyse, Paris: Seuil).

Lacan, Jacques (1988 [1970/1974]): Radiophonie. Television. Übers. Jutta Prasse/Heinrich Lühmann/Hans-Joachim Metzger, Weinheim/Berlin: Quadriga (frz. Or. in: Scilicet, 2-3, 1970/Paris: Seuil 1974).

Lanier, Jaron (2011): You Are Not a Gadget, Harmondsworth: Penguin.

Lummerding, Susanne (2005): Agency@? Cyber-Diskurse, Subjektkonstituierung und Handlungsfähigkeit im Feld des Politischen, Wien/Köln/Weimar: Böhlau.

Lummerding, Susanne (2007): Ver-Mittlung und Diskretheit. Sex versus Gender – oder weshalb auch im Web 2.0 (n.n) kein Verhältnis zu haben ist, in: Marc Ries/Hildegard Fraueneder/Karin Mairitsch (Hg), DATING. 21: Liebesorganisation und Verabredungskulturen in der Informationsgesellschaft, Bielefeld: transcript, S. 125-139.

Lummerding, Susanne (2009): Surplus Enjoyment: You *Can* Make Something out of Nothing. The Real, the Political, and the Conditions of Production – on the Productivity of an Impossibility. Übers.: Wilfried Prantner/Catherine Kerkhoff-Saxon, in: Barbara Paul/Johanna Schaffer (Hg.), Surplus [Value] Queer. Visual Culture, Art, and Gender-Politics, Bielefeld: transcript, S. 211-222.

Lummerding, Susanne (2011): Signifying Theory_Politics/*Queer*?, in: María do Mar Castro Varela/Nikita Dhawan/Antke Engel (Hg.), Hegemony and Heteronormativity (in: Queer Interventions, hg. von Noreen Giffney/Michael O'Rourke), London: Ashgate, S. 143-168.

Lyon, David (2002) (Hg.): Surveillance as Social Sorting. Privacy, Risk and Automated Discrimination, London/New York: Routledge.

Mayer, Katja (2009): Zur Soziometrik der Suchmaschinen. Ein historischer Überblick der Methodik, in: Konrad Becker/Felix Stalder (Hg.), Deep Search. Politik des Suchens jenseits von Google, Innsbruck/Wien/Bozen: Studien Verlag, S. 64-83.

McCarthy, Caroline (2008): Facebook »Gender Policy« has Grammar in Mind, in: CNET, 27.6.2008. Unter: http://news.cnet.com/8301-13577_3-9978875-36.html (zuletzt aufgerufen am 08.06.2011).

Mezrich, Ben (2009): The Accidental Billionaires –The Founding of Facebook – A Tale of Sex, Money, Genius and Betrayal, New York: Doubleday.

Moreno, Jakob Levi (1967): Die Grundlagen der Soziometrie. Wege zur Neuordnung der Gesellschaft, Köln/Opladen: Westdeutscher Verlag.

Moses, Asher (2008): Banned for Keeps on Facebook for Odd Name, in: The Sydney Morning Herald, September 25. Unter: http://www.smh.com.au/

news/technology/biztech/banned-for-keeps-on-facebook-for-odd-name/2008/09/25/1222217399252.html (zuletzt aufgerufen am 07.06.2011).
Mouffe, Chantal (2000): The Democratic Paradox, London/New York: Verso.
Page, Lawrence/Brin, Sergey/Modwani, Rajeev/Winograd, Terry (1999): The PageRank Citation Ranking: Bringing Order to the Web, Stanford. Unter: http://ilpubs.stanford.edu:8090/422/ (zuletzt aufgerufen am 01.06.2011).
Pariser, Eli (2011): The Filter Bubble: What the Internet is Hiding from You, Harmondsworth: Penguin.
Sassen, Saskia (2004): Local Actors in Global Politics, in: Current Sociology 4/52, S. 649-670.
Singer, Natasha (2011): The Trouble With the Echo Chamber Online, The New York Times, 28.05.2011. Unter http://www.nytimes.com/2011/05/29/technology/29stream.html?_r=1&ref=facebookinc (zuletzt aufgerufen am 04.06.2011).
»Slipperman« (2011): Zweifelhafte Helden der Revolution. Über Internet-Mobilisierungen und Selbstverbrennungen, in: GWR (graswurzelrevolution), Nr. 357, März 2011, Münster, S. 10.
Stalder, Felix/Mayer, Christine (2009): Der zweite Index. Suchmaschinen, Personalisierung und Überwachung, in: Konrad Becker/Felix Stalder (Hg.), Deep Search. Politik des Suchens jenseits von Google, Innsbruck/Wien/Bozen: Studien Verlag, S. 112-131.
Vaidhyanathan, Siva (2010): The Googlization of Everything (And Why We Should Worry), University of California Press.
Wandler, Reiner (2011): Die Bewegung wird dezentral, in: taz (Die Tageszeitung), 29.05.2011, Berlin. Unter: http://www.taz.de/1/politik/europa/artikel/1/die-bewegung-wird-dezentral/ (zuletzt aufgerufen am 06.06.2011).
Meddeb, Abdelwahan/Stora, Benjamin (2011): Arabisches Erwachen. Die Wiederaneignung des Schicksals und eine sich öffnende Welt, in: Lettre International, Nr. 92, Frühjahr 2011, Berlin, S. 23-27.
Wiener, Norbert (1961): Cybernetics. Second Edition: or the Control and Communication in the Animal and the Machine, New York: MIT Press.

Facebook: Whose Side Are You On?

Anne Roth

Facebook gibt Daten seiner NutzerInnen nicht nur widerstandslos an Ermittlungsbehörden weiter, sondern lässt sich diesen Dienst auch bezahlen. Das muss nicht so sein: Twitter hat sich in so einem Fall anders verhalten. Können, sollen, dürfen politische AktivistInnen Facebook benutzen? Andersherum gefragt: Dürfen sie Facebook nicht benutzen?

Wenn ich erzähle, dass ich einen Facebook-Account und auch eine Facebook-Seite habe, blicke ich manchmal in irritierte Gesichter. Ausgerechnet ich, wo ich mich soviel mit Überwachung, mit politischen Verfahren gegen AktivistInnen beschäftige? Manche sind regelrecht beleidigt.

Als eine Bekannte aus Großbritannien mir vor ein paar Jahren enthusiastisch das erste Mal von Facebook erzählte, fand ich die Vorstellung fast abstoßend. Meine Privatsphäre in die Hände eines amerikanischen Unternehmens zu legen, um Bekannten ab und zu einen virtuellen Blumenstrauß zu schicken?

Kurze Zeit später stand mein Leben Kopf: Mein Freund, der Soziologe Andrej Holm, wurde am frühen Morgen des 31. Juli 2007 in unserer Wohnung mit dem Vorwurf festgenommen, er sei Terrorist.

Wir wussten zu diesem Zeitpunkt nichts von der seit einem Jahr laufenden Anti-Terror-Überwachung gegen ihn. Da wir in einer Wohnung wohnen, wurde ich mit überwacht. Wir erfuhren überhaupt erst mit dem Moment der Festnahme von dem Verfahren. Überwachung in Terrorismus-Verfahren bedeutet: Verdeckte Observation, Abhören der Telefone, später auch der Telefone am Arbeitsplatz und die der Partnerinnen der Beschuldigten (insgesamt sieben), Überwachung von E-Mail und Internet, so genannte »Kleine Lauschangriffe« (Aufzeichnen von in der Öffentlichkeit geführten Gesprächen mit Hilfe von Richtmikrofonen), GPS-Peilsender an Fahrzeugen, Videokameras vor und hinter den Wohngebäuden, Abfragen bei Behörden, der Deutschen Bahn, der Stasi-Unterlagenbehörde, bei Vermietern, Banken usw. usf.

Hintergrund war die Suche der Bundesanwaltschaft nach der »militanten gruppe« (»mg«), einer Gruppe, die seit Jahren in Deutschland Anschläge mit teilweise hohem Sachschaden beging. Die »mg« wurde als »Terroristische Vereinigung« eingestuft. Weil es über Jahre keine Festnahmen gab, suchte das Bundeskriminalamt (BKA) nach den Autoren der zahlreichen und langen Texte der »mg«. Über einen Datenbankabgleich, so das BKA, gerieten Andrej Holm und drei weitere Beschuldigte ins Visier der ErmittlerInnen.

Für Andrej endete die Geschichte glimpflich: Nach drei Wochen Untersuchungshaft wurde er entlassen, später entschied der Bundesgerichtshof, dass nie ein Haftbefehl hätte unterzeichnet werden dürfen. Es wurde noch drei Jahre weiter ermittelt; im Juli 2010 wurde das Verfahren gegen ihn eingestellt. Andere wurden zu jahrelangen Haftstrafen verurteilt.

Zu realisieren, dass eine Anti-Terror-Fahndung auf Andrej angesetzt war, hieß auch zu realisieren, dass unsere Privatsphäre praktisch nicht mehr existierte. Über Jahre wurde wahrscheinlich alles, was wir sprachen, was wir mit Computern schrieben, wohin wir gingen, mit wem wir telefonierten etc. aufgezeichnet und ausgewertet. Im Nachhinein die Kommentare der Ermittler zu Telefonaten zu lesen, die ich mit FreundInnen oder Verwandten führte, verursachte mir körperliche Übelkeit.

Zwei Monate nach dem Überfall des BKA auf unsere Wohnung begann ich über meinen Alltag mit der Terror-Fahndung zu bloggen. Ich wäre vorher nicht auf den Gedanken gekommen, mein Privatleben einer anonymen Öffentlichkeit zu präsentieren. Aber mein Privatleben gab es nicht mehr, also konnte ich es genauso gut für diejenigen Menschen aufschreiben, die uns mit mehr Sympathie – oder wenigstens echtem Interesse – begegneten, als es BKA und Bundesanwaltschaft (BAW) taten. Ich schrieb über verrückte Begründungen der Staatsanwaltschaft, über seltsames Verhalten verschiedener Geräte unseres Haushalts (meist der Telefone), über das Gefühl, dass »immer jemand dabei ist«.

Das Interesse war enorm – soweit ich weiß, hatte es vorher kein deutschsprachiges Blog gegeben, das gewissermaßen live aus der Perspektive der Überwachten über eine polizeiliche Überwachung berichtete.

Mich brachte das in die paradoxe Situation, ständig vor der Auflösung von Privatsphäre zu warnen und damit meine eigene aktiv auszuhöhlen. Der Widerspruch fiel anscheinend kaum jemandem auf, war mir aber sehr präsent. Als Facebook in Deutschland in genau dieser Zeit relevant wurde, stellte sich die Frage wieder: Nutze ich die Möglichkeiten, um mehr Menschen zu erreichen, oder halte ich mich an das, was ich anderen empfahl, nämlich soziale Netzwerke zu meiden (die ja nichts anderes sind als unkontrollierte Datensammlungen privater Unternehmen)? Ich beruhigte mich damit, dass bei mir nichts mehr zu retten war, was eine durchaus komfortable Situation war angesichts der Reize der virtuellen Vernetzung per Social Media.

Faktisch war der Nutzen begrenzt: Bis heute ist die Zahl derjenigen, die durch ihr »Like« oder Kommentare Interesse an der Facebook-Seite zu meinem Blog bekunden, nicht groß. Dafür gibt es mehrere mögliche Erklärungen: Menschen, die sich für die Themen meines Blogs – Überwachung, Polizei, Innenpolitik ganz allgemein – interessieren, sind Sozialen Netzwerken gegenüber besonders zurückhaltend. Vielleicht, weil sie die Datensammlungen privat wie politisch als Problem empfinden. Möglicherweise auch, weil ihnen bewusst ist, dass schon das Interesse für mein Blog dazu führen kann, dass sie selbst in den Fokus von Behörden geraten. Vielleicht ist das Thema zu sperrig für die gefühlte Leichtigkeit des Facebook-Alltags. Unter dem Strich bleibt: Es hat sich eher nicht gelohnt, meine Blog-Inhalte über Facebook zu verbreiten. Allerdings habe ich damit auch erst angefangen, als von der Ermittlung gegen Andrej Holm nicht mehr viel zu spüren war und auch das Interesse an meinem Blog selbst nachließ. Andere politische Kampagnen sind bei Facebook ausgesprochen erfolgreich, nicht umsonst gibt es inzwischen einen eigenen Begriff dafür: »Slacktivism« (rein virtueller Aktivismus).

Ist es legitim, öffentliches Interesse an der eigenen Betroffenheit dafür zu nutzen, die Hemmschwellen gegenüber Facebook aktiv abzubauen? Trotz aller Bedenken würde ich dazu Ja sagen, denn mein Beispiel zeigt auch, dass kritische Geister schlecht verführbar sind (glücklicherweise). Und bin dabei davon überzeugt, dass die, die den Schritt gemacht haben, auch politische Themen in ihrer Timeline finden sollten und ganz offensichtlich auch wollen.

In Deutschland nutzen die Behörden Facebook bisher wenig für Ermittlungen. Es ist aber deutlich, dass das Interesse für die neuen Möglichkeiten wächst. Es wird experimentiert: mit Fahndungsaufrufen, mit virtuellen Polizeirevieren, mit Bildabgleichen. Im Juli 2011 antwortete die Bundesregierung auf eine Kleine Anfrage der Linksfraktion, dass das BKA in den vergangenen zwei Jahren sechs sog. »Virtuelle Verdeckte Ermittler« in Sozialen Netzwerken eingesetzt sowie in vier Fällen von Anbietern nicht-öffentliche Daten erhalten habe (nach Länderpolizeien oder Nachrichtendiensten wurde nicht gefragt). Letzteres ist in den USA gang und gäbe. Es gibt eigene Formulare für Anfragen und festgelegte Preise, die von den Behörden für die Beantwortung zu zahlen sind – so haben die Netzwerke auch etwas davon. Dank umfangreicher Recherchen der Bürgerrechtsorganisation Electronic Frontier Foundation (EFF) sind mittlerweile die Existenz der Formulare und auch die Preise bekannt. Twitter hat Anfang des Jahres 2011 veröffentlicht, dass US-amerikanische Ermittler Daten abfragten, die Menschen zugeordnet wurden, die mit WikiLeaks zu tun hatten. Und hat sich bemüht, die Anfragen abzuwehren. Über Facebook ist bisher nichts dergleichen bekannt geworden.

»Making Connections«

Skizze einer net(h)nografischen Grenzregimeanalyse

Marianne Pieper, Brigitta Kuster und Vassilis Tsianos

»If I use Facebook to stay in contact with my family? – No, all you need is a mobile phone. At home, up there, they don't have anything except mobiles. Sometimes if you just beep them so that they can see from your area code, where you are and that you've done a step further. In Facebook I lastly recovered some friends that I have lost for years – now they live in Paris. Last year, after the Pagani camp I wanted to continue to Germany together with a friend. We traveled through Macedonia and Serbia until Hungary, where we split. We prepared everything, we had every part of the route as a copy from Google Earth with us, printed in Internet cafes. And we used GPS on our mobiles. My friend took a train to Germany, but he fell asleep and had to drop out in Vienna where they caught him. I was arrested in Hungary and brought to a camp for six weeks. They threatened me to remain detained for years if I won't leave the country voluntarily. So I decided to return to Greece. In Serbia the police stole all of my money and my mobile phone and together with many others I was brought to a cellar. Such a thing I didn't ever experience in Greece. When I finally arrived in Macedonia the police asked me if I was on my way to Serbia or to Greece. They showed me the path and even gave me some coins to make a phone call. I already spoke on the phone with a friend who through Evros came to Athens where he now lives. He tells me that actually it is very cheap in Evros, only 400$. And this is certainly linked to the fingerprint questions. If you try to make it through the islands it is much more difficult without being fingerprinted. That's why it is more expensive. In Evros you can pass without much money and without fingerprints« (Interview mit Sapik, Lesvos, 07.09. 2010).

Man kann Dutzende solcher empirischen Darstellungen sammeln, um ein reichhaltiges und differenziertes Bild der multimedialen »digitalen Umgebung« von grenzüberquerenden Akteur_innen zu beschreiben. Allerdings läuft man dabei Gefahr, mit diesem – aus der Feldforschung durch Inskription – narrativierten Bild des »connected migrant« (Diminescu 2008) nur die reaktive Seite des Agierens transnationaler Migrant_innen festzuhalten. Was man durch diese Forschung als Interesse an Migrant_innen produziert, ist nicht unbedingt im Interesse der transnationalen Migrant_innen. Man wird sich damit zufriedengeben, etwas über das Entkommen aus den Kellern zu erfahren, ohne weitere Fragen zu stellen über die spezifische Verortung dieser Keller und ihrer Beziehungen zu Kontroll- und Überwachungstechnologien. Mit unserer Forschung versuchen wir einen anderen Weg einzuschlagen, indem wir mit der von uns vorgeschlagenen Methode einer »net(h)nografischen Grenzregimeanalyse« Prozesse der Herstellung von Konnektivität und Kollektivität im Transit des *bordercrossings* untersuchen. Zunächst folgt eine Kritik der kommunikationswissenschaftlichen Forschungslandschaft.

Zur Kritik des Netzempirismus in der deutschsprachigen Forschung über digitale Netzwerke und Migration

Die Literatur über Migrationsnetzwerke boomt (um nur einige zu nennen: Hugo 1981, Boyd 1989, Massey et. al. 1993, Massey 1998, Collyer 2005, Haug 2000, 2008). Vergleichsweise wenige Publikationen bearbeiten dabei allerdings differenzierte Forschungen über digitale Netzwerke und transnationale Migration. Lange Zeit wurde – vor allem in der Medien- und Kommunikationsforschung – der *digital divide* oder zugespitzter ein *digital gap* herausgestellt, eine nahezu unüberbrückbare Distanz zu digitalen Medien, die durch soziale, kulturelle und ökonomische Ungleichheiten bedingt sei. Migrant_innen tauchen in dieser Forschung als benachteiligte Bevölkerungsgruppe auf, die sich generell durch fehlenden Zugang zu digitalen Netzwerken auszeichnet. Obwohl die internationale Debatte um Migration und Medien wie auch die Cultural Studies die populäre und avantgardistische Medienaffinität in den Projekten der Migration bereits seit langem anerkennen, stellen prominente Vertreter_innen der deutschsprachigen Forschung gegenwärtig noch immer mit Erstaunen »eine vergleichsweise gute mediale Ausstattung von Migrantenhaushalten« fest (Piga 2007 : 221). Aktuell laufende Projekte der Border Studies und der kritischen Migrationsforschung im Rahmen von MIG@NET[1] zeigen, dass transnationale Migrant_innen digitale Medien und digitale soziale Netzwerke im Prozess der Bewerkstelligung des *bordercrossings* und der Herstellung von Mobilität nutzen – viele von ihnen selbstverständlich, eine beachtliche Zahl geradezu virtuos. Gleichwohl hat die akademische Debatte diese neuen Alltagswelten bislang

1 | An dieser Stelle möchten wir uns bei unseren Freund_innen und Kolleg_innen aus dem MIG@NET-Projekt (www.mignetproject.eu/) bedanken, mit denen wir einen Großteil der Feldforschung gemacht haben, insbesondere bei Dimitris Parsanoglou, Nelli Kambouri und Olga Lafazani. Zudem möchten wir uns bei dem Netzwerk »welcome2europe« (www.w2eu.net/) und dem Netzwerk »Kritische Migrations- und Grenzregimeforschung« (www.kritnet.org) für Diskussionen und hilfreiche Hinweise bedanken.

nicht eingeholt. Im deutschsprachigen Raum fokussieren kommunikationswissenschaftliche Studien die Mediennutzung von Migrant_innen. Allerdings sind sie im Wesentlichen auf drei Stränge begrenzt, die exakt den Mainstreamtopoi der Migration und Ethnic Studies entsprechen. 1. Medien werden im Sinne der Segregationshypothese als »mediale Parallelgesellschaften« fokussiert – einschlägig ist hier der Topos der »medialen Ghettothese«; 2. Medien fungieren im Sinne der Integrationsthese als bevorzugte Mittler interkultureller Kompetenz; 3. Medien ermöglichen die Entstehung einer digitalen Diaspora oder von Orten transkultureller oder transnationaler Konnektivität im Sinne der Diaspora und Transnationalism Studies. In der Tat beginnt erst mit der Rezeption der Diaspora Studies eine konzeptionelle Neuausrichtung der Forschungsdesigns. Zu erwähnen sind hier etwa Androutsopoulos und Hinnenkamp (2001), die anhand einer Untersuchung über Code-Switching in der bilingualen Chat-Kommunikation herausarbeiten, wie wenig Gültigkeit das vielfach angenommene wechselseitige Abbildungsverhältnis von Online-Gemeinschaften in Ethnoportalen und Sozialstrukturen der Offline-Welt haben, oder die Studien von Andreas Hepp (2009, 2010), welche die Funktion von Medien als Mittel zum Überbrücken (*bridging*) und zur Bindung (*bonding*) in der Migration als einer Lebenssituation betonen, in welcher der kulturelle Wandel wichtigstes Merkmal des Alltags ist. Der von Uwe Hunger und Kathrin Kissau herausgegebene Forschungsband (2009) »Internet und Migration. Theoretische Zugänge und empirische Befunde« versammelt Beiträge aus der aktuellen deutschen Forschungslandschaft, die sich mit der »virtuellen Diaspora« von Migrant_innen beschäftigen. Darin präsentieren Andreas Hepp, Laura Suna und Stefan Welling Ergebnisse einer qualitativen Studie über »Die Aneignung digitaler Medien in der polnischen und russischen Diaspora«, in der es um die Bedeutung digitaler Medien im Hinblick auf deren Einbettung in weitere biografische und kulturelle Kontexte geht. Sie kommen zu dem Schluss, dass nicht die einzelnen Medien, sondern vielmehr eine transmediale Gesamtheit im Hinblick auf die Herstellung und Aufrechterhaltung transnationaler sozialer Beziehungen zählt. Urmila Goels »Vom Indernetzwerk zum Indienportal. Die Entwicklung eines virtuellen Raumes« befasst sich mit den unterschiedlichen virtuellen Räumen des »Indernet«, einem der bekanntesten so genannten Ethnoportale im deutschsprachigen Raum, das vor allem von Inder_innen der zweiten Generation genutzt wird. »Indernet« ist als direkte Reaktion auf die rassistische Rüttgerskampagne »Kinder statt Inder« initiiert worden. Zunächst ein Raum, in dem vor allem Othering- bzw. Rassismuserfahrungen diskutiert und Informationen über das zugeschriebene Herkunftsland »Indien« angeboten wurden, erfuhr das Portal einen Funktionswandel vom virtuellen identitätspolitischen Netzwerk zum kommerziellen »Indienportal«, wie die Studie demonstriert. Persönliche kommunikative Netzwerke als mediengestützte transnationale Handlungsräume (Handy und Internet) kommen im Beitrag der Medienwissenschaftlerin Caroline Düvel zur

Sprache. Fokussiert wird dabei weiterhin der Status als ethnische Minderheiten und die Vernetzung als Kontakt zu einem ursprünglichen Kulturkreis. Eine On- und Offline-Studie über ein spanischsprachiges Internetforum bzw. über die Integration des Internets ins Alltags- und Zusammenleben von Akteur_innen trotz großer Entfernung legt Heike Mónika Greschke (2009) vor. Die Autorin agiert an der Schnittstelle zwischen Migrations- und Medienforschung mit der Methode der *multi-sited ethnography* und kommunikationsanalytischer Verfahren. Sie verfolgt, wie sich soziale Aneignung und technologische Weiterentwicklung des Internets wechselseitig beeinflussen, und zeigt, welche neuen, globalisierten Formen von Sozialität dabei entstehen. »Beyond Imagined Community. Transnationale Medien und türkische MigrantInnen in Europa« ist der Titel eines bereits 2004 von Kevin Robins veröffentlichten Forschungsaufsatzes, der Benedict Andersons Begriff der »imagined communities« im Hinblick auf das Verständnis der Wirkungsweise transnationaler Medien in den transnationalen Medien- und Kommunikationswissenschaften kritisiert. Er illustriert am Beispiel türkischer Migrant_innen in Berlin, wie in der Diskussion über die ihnen digital oder via Satelliten zugänglichen Programme aus der Türkei die selbstverständliche Normalität einer postnationalen Identität dethematisiert wird. Robins verwehrt sich gegen die Gleichsetzung des Konsums türkischer Medien mit dem Eintritt in einen als national definierten medialen Identitätsraum und plädiert dafür, von unterschiedlichen Denk- und Erfahrungsräumen zu sprechen, die in der Medienrezeption aufgesucht bzw. als eine Erfahrung der Mobilität selbst produziert werden.

Die Problematisierung des national-territorialen Paradigmas in der Medienforschung, die insbesondere den neuen deterritorialen Formen von Medienkulturen, die mit der fortschreitenden Globalisierung der Medienkommunikation einhergehen, nicht gerecht werden könne, kommt vor allem in den Arbeiten von Andreas Hepp (2009, 2010) zum Tragen. Medienkulturen werden dabei als Kulturen definiert, deren Bedeutungsressourcen zwar primär, aber nicht ausschließlich durch technische Kommunikationsmedien vermittelt werden. Hepp plädiert dafür, Medienkulturen insgesamt als translokale Phänomene zu betrachten, um ihre kommunikative Konnektivität sowohl als territoriale wie auch als deterritoriale Bezüge analytisch fassen zu können (Hepp 2009: 23). Basis für eine transkulturell komparative qualitative Forschung sei eine Vergleichssemantik, welche die Existenz eines globalen Medienkapitalismus zum Ausgangspunkt nehme (ebd.). In dem 2010 erschienenen Band »Medienkulturen im Wandel« stellen Hepp et al. heraus, explizit keine Aussagen zum Verhältnis zwischen Medien und Integration ethnischer Minderheiten in nationale Aufnahmegesellschaften zu avisieren, sondern die Differenziertheit von diasporischen Medienkulturen erfassen zu wollen (Hepp et al. 2010: 263). Hepp et al. schlagen den Begriff des »medialen Migranten« vor, der das Ineinandergreifen unterschiedlicher Medien (»Medienumgebungen«, die ein Gesamtarrangement von sowohl kleinen Medien der personalen Kommunikation wie z.B. E-Mail, Telefon, Familienvideos als auch Massenmedien umfassen) im diasporischen Leben adressieren soll (Hepp et al. 2010: 265). Ausgehend von der Beobachtung, dass digitale Medien die Qualität der diasporischen Kultur als solcher verändern, begreifen Hepp et al. Kulturen der Diaspora insofern als Medienkulturen, als deren zentrale Ressourcen mittels Medienkommunikation verhandelt würden (Hepp et al. 2010: 265f.). Nicht ein spezifisches Medium ist also Ausgangspunkt der hier angewandten Forschungsperspektive, sondern die »charakteristischen medialen und kommunikativen Aneignungsmuster zur Artikulation sozialer Beziehungen« mittels Netzwerkanalyse (Düvel 2010: 282). Auch in den Debatten internationaler Migrationsforschung avancierte »the connected migrant« (Diminescu 2008) mittlerweile zu einer prominenten und vielfach diskutierten Figur. Allerdings richtet sich unser Untersuchungsfokus nicht auf eine so genannte »digital-diaspora« (Brinkerhoff 2009) als Ort des Konsums transnationaler Lebenswelten und Identitäten und auch nicht einfach auf den Aspekt der Mediennutzung bzw. die »medialen Umgebungen« (Hepp 2009). Denn die Annahme einer relativ machtneutralen digitalen Migrationsumgebung geht einher mit einer weit verbreiteten Medieneuphorie, welche die machtvollen Verwerfungen an der Schnittstelle von Informations- und Kommunikationstechnologien und der Gewalt ihrer Territorialisierungen übersieht (Sassen: 2002, Röhle: 2010). Vielmehr gilt es zu fragen, wie neue Formen vermachteter sozialer Beziehungen zwischen technischen Artefakten, Verkörperungen und Affekten als untrennbare Verbindungen in der Mobilität oder auch im Zuge einer partiellen Verrechtlichung des »Transits« arbeiten (Nyers 2006). Allerdings bleibt die Frage der Herstellung und Aufrechterhaltung von Konnektivität in der Mobilität und im Transit eines der Mysterien gegenwärtiger Migrationsforschung: Welches sind die Qualitäten solcher Konnektivitäten, welche Rolle spielen dabei die Affekte, d.h. das Affizieren und Affiziert-Werden, wie spielen die *agencements* aus Körpern, technologischen Artefakten von Kontrolle und Entkommen sowie das Begehren und die Affekte zusammen? Bei diesem Forschungsdesiderat, wie Konnektivität *in actu* arbeitet und »bewerkstelligt« wird und vor allem, wie sie sozial- bzw. kommunikationswissenschaftlich transkribiert und inskribiert werden kann, setzt unsere Analyse von Feldforschungsergebnissen an.

NET(H)NOGRAFISCHE GRENZREGIMEANALYSE

Im Rahmen des EU-Forschungsprojekts MIG@NET – Migration, Gender und digitale Netzwerke – untersuchen wir *bordercrossings*, d.h. Taktiken und Strategien der grenzüberschreitenden Mobilität transnationaler, undokumentierter

Migrant_innen.[2] Grenzen erweisen sich in diesem Zusammenhang nicht mehr als fixe geografische Demarkationslinien, sondern als Aushandlungsfelder und umkämpfte Territorien von »border zones« (Tsianos 2008, Tsianos/Karakayali 2010). Hier verdichten sich Regulationen, Kontrolltechnologien des europäischen Grenzregimes und die von den transnationalen Migrant_innen eingesetzten Technologien und Taktiken des *bordercrossings*, des Unterlaufens und des Entkommens zu »Assemblagen«. In diesen werden Affekte, Subjektivitäten und technische Artefakte der Kontrolle, aber auch die *social media* des »Entkommens« in den »verkörperten Erfahrungen« (Papadopoulos/Stephenson/Tsianos 2008) von Mobilität und ihrer Kontrolle transformiert. Insbesondere die Permanenz der Mobilität transnationaler Migrant_innen und damit die von uns adressierte Fluidität des Feldes verlangen nach einem Untersuchungsdesign, das sich gerade auf die Veränderung, die Prozesse des »Werdens« (Deleuze 1997: 317ff.) richtet. Dies erfordert Analysen und Instrumentarien, die *in actu* in der Lage sind, das Forschungsfeld und dessen Kontingenz in den Blick zu nehmen. Ausgangspunkt unserer Überlegungen ist eine gemeinsame Forschungspraxis zu Migrationspraktiken und -kontrollen im Rahmen des Forschungsnetzwerks »Transit Migration« (Forschungsgruppe TRANSIT MIGRATION 2007). Hier hatte unsere ethnografisch-soziologische Migrationsforschung uns immer wieder vor die Frage gestellt, wie wir die Migrations-»Ströme«, auf die wir trafen, konzeptualisieren sollten. Als handlungstheoretisch geschulte Sozialwissenschaftler_innen und Ethnograf_innen waren wir skeptisch gegenüber einer Objektivierung von Praktiken, als strukturalistisch geschulte Gesellschaftstheoretiker_innen wussten wir aber auch, dass man soziales Geschehen nicht als Resultante individueller Projekte denken sollte. Die bisherige Forschung zu transnationaler Migration lässt sich entlang eines solchen Struktur-Handlungs-Dualismus darstellen: Die einen betonen die subversive Kraft selbstbestimmer Migrationen, die anderen stellen Migrant_innen als Spielbälle nationalstaatlicher oder suprastaatlicher Mächte dar. Um diesem Dualismus zu entkommen, entwickelten wir das Konzept einer ethnografischen Grenzregimeanalyse (Tsianos/Hess 2010). Verbunden werden sollten damit einerseits ethnografische Methoden, die konkrete Praktiken von Akteuren und Aktanten fokussieren, und andererseits die sich durch diese Praktiken reproduzierenden und transformierenden Gefüge als Ensembles von Praktiken (Karakayali/Tsianos 2005).

2 | Michel de Certeau (1980: 90ff.) unterscheidet Strategien und Taktiken. Als Strategien bestimmt er Aktionen, die aufgrund des Innehabens eines »Macht-Ortes« (ebd.: 91) stattfinden können. Taktiken dagegen erscheinen als Kunst, »einen Coup zu landen«, als »Knalleffekte, Volltreffer und Risse in den Netzen eines Systems«, sie entfalten ihre Kraft aus einem Gespür für eine passende Gelegenheit, agieren ohne »eigenen Ort«, was ihnen Mobilität ermöglicht. Sie nutzen die Lücken der Überwachung, »wildern darin und sorgen für Überraschungen« (S. 89f.).

Dabei interessierte uns z.B., welche Gefüge von Kräfteverhältnissen im Feld es ermöglichen, dass auch »Ohnmacht« als Handlungsmacht fungieren kann. Mit dem Begriff des Regimes strebten wir an, ein postkonstruktivistisches Verständnis politischer Prozesse und ihrer Interaktionsverhältnisse mit den Bewegungen der Migration zu fassen. Methodisch folgt aus dieser Einsicht in die Materialität, Räumlichkeit und Lokalität eine dichte Orientierung an Praktiken, die dann nicht mehr als Materialisierung oder Emanation einer übergeordneten, globalen Struktur gefasst werden können. Der Begriff des Regimes verleiht dem Migrationsdiskurs eine kritische Note, denn in der Regel bezeichnet er eine transversale oder zu transzendierende Ordnung. Beide Effekte, derjenige der Konzeptionalisierung des Migrationsfeldes mit kritischer Valenz sowie derjenige seiner relativen semantischen Offenheit, hängen damit zusammen, dass der Begriff in unterschiedlichen Kontexten anwendbar ist und zugleich zwischen diesen Kontexten feldbezogene Austauschprozesse und semantische Verschiebungen ermöglicht. In diesem Beitrag erweitern wir den Begriff des Regimes bzw. der ethnografischen Regimeanalyse um eine affekttheoretische Dimension, die in bisherigen Analysen nicht fokussiert worden war, und verstehen – wie wir in diesem Beitrag ausführen werden – Migrationsregime als »agencements« im Sinne von Deleuze und Guattari (1992).

Ich[3] berichte aus unserer Feldforschung, einer »multi-sited-ethnography« (Marcus 1995), bei der wir sowohl die Vertreter_innen der Kontrollagenturen und NGOs interviewen, deren Aktionen beobachten und Wissensproduktionen analysieren als auch transnationale Migrant_innen und deren Mobilität im südosteuropäischen Raum begleiten, mit ihnen auf ihren weiteren Routen über das Internet in Kontakt bleiben, z.B. wenn sie digitale Technologien gezielt im *bordercrossing* einsetzen. Im Zentrum steht dabei die Frage, welche Bedeutung digitale Informationstechnologien (sowohl auf Seiten des Kontrollregimes als auch auf Seiten der transnationalen Migrant_innen) und die Produktion transnationaler Räume für die Biografien der Mobilität und die Austragung der Konflikte um den Schengen-Raum gewinnen. Social Media – wie Facebook, Twitter und Skype – agieren in diesem Zusammenhang als wirkmächtige Akteure in der Bewältigung des *bordercrossings*. Ich bezeichne diesen Teil unserer Forschung als »net(h)nografische« Grenzregimeanalyse. Mit diesem Neologismus und dieser spezifischen Schreibweise grenze ich mich von jenen bisher zirkulierenden Ansätzen einer »netnography« (Kozinets 2002, Füller et al. 2006) ab, die einen spezifischen Typus ethnografischer Forschung – vor allem die nichtteilnehmende Beobachtung – auf Online-Communities und deren Kommunikationsfluss anwendet, um Informationen über deren Konsument_innenverhalten zu ge-

3 | Wir benutzen im vorliegenden Beitrag verschiedentlich die Ich-Form, obwohl wir im Feld zu dritt gearbeitet haben, um die unumgängliche Verzerrung von Inskriptionen auf dem Weg ihrer wissenschaftlichen Publikation einigermaßen zu kontrollieren.

winnen. Im Gegensatz zu diesen Varianten des »lurking« (Greschke 2007), also des anonymen Beobachtens, präferiere ich in unserem Ansatz die Offenlegung unseres Anliegens gegenüber unseren Interaktionspartner_innen. Wir treten on- und offline mit ihnen in kommunikative Beziehungen ein. Damit versuchen wir, den zentralen ethischen und methodologischen Forschungsmaximen interpretativer Sozialforschung zu folgen (Hoffmann-Riem 1994: 29ff.). Im Gegensatz zur Online-Konsument_innenforschung beabsichtigen wir dabei nicht »Objektivität und Wiederholbarkeit«[4] der erhobenen Daten, sondern gehen davon aus, dass wir ein in der Mobilität entstehendes »situiertes Wissen« (Haraway 1995: 73) generieren, das technische Artefakte und das Agieren digitaler Medien einschließt. »Digitalisierung« bedeutet in den gegenwärtigen internationalen migrationstheoretischen Debatten nicht einfach eine zusätzliche Variable, die Migrationsstudien in Betracht zu ziehen hätten, sondern erfordert vielmehr Forschungsansätze, die nicht einfach den Gebrauch oder die Effekte digitaler Technologien im Zusammenhang mit dem Migrationsprozess untersuchen, sondern wie transnationale Mobilität und Subjektivitäten hergestellt und ermöglicht werden und wie im Zusammenspiel mit diesen Technologien Routen und Räume produziert werden. Das impliziert jedoch nicht, einem einfachen Technikdeterminismus zu folgen, sondern die entstehenden Amalgamierungen von technischen Artefakten, Technologien, Körpern, Diskursen und Affekten zu untersuchen, die neue Formen von Konnektivitäten und Verbindungen produzieren. In den folgenden Ausführungen werden wir diese Amalgamierungen untersuchen, die wir als »Assemblagen« (*agencements*) bezeichnen.

ASSEMBLAGEN DER MOBILITÄT

Bisherige Analysen der Mobilität weisen allzu häufig einen Bias auf: Viele skandalisieren monistisch das Elend der Opfer des Migrationsregimes. Andere dagegen fokussieren verengt das Kontrollregime, indem sie das »Ban-Opticon«[5]

---

4 | Der Soziologe Pierre Bourdieu (1997: 781) spricht polemisch vom »positivistischen Traum der perfekten epistemologischen Unschuld«, der die Generierung objektiver Daten begleite.

5 | Der Schengener Grenzraum und die Biometrisierung seiner Überwachungsapparate sind üblicherweise Gegenstand einer Kritik, die hinter der Fassade des »Governance of Migration«-Ansatzes die Wirklichkeit eines Exzeptionalismus lauern sieht, d.h. das Suchen und Finden eines permanenten Ausnahmezustandes an den buchstäblichen Rändern der Menschenrechte. Einer der bekanntesten Promoter dieses Exzeptionalismus der Migration und Securitization Studies ist Didier Bigo. Mit direktem Rekurs auf den Master-Exzeptionalismus von Giorgio Agamben formuliert er die These einer Versicher-

(Bigo 2006: 3ff.) und damit das Zusammenspiel von Wissensproduktionen und Überwachungsstrategien und -apparaturen in den Mittelpunkt ihrer Analysen stellen. Oder sie stilisieren transnationale Migrant_innen als heroisierte Akteur_innen einer »Globalisierung von unten« oder als »globale Liquide« bzw. »fluids« – wie John Urry (2003), bei dem alle Mobilitätsformen vom Tourismus bis zum transnationalen Terrorismus nebeneinander existieren. Bereits 1997 warnte der Kulturanthropologe James Clifford eindringlich vor der Konzeption einer unreflektierten »Nomadologie«, welche Metaphern der Reise, des Transits und der Mobilität gleichsam »machtblind« unisono für das Globalisierungszeitalter in Anschlag bringe. Ihm verdanke ich den Hinweis, wie mit Metaphern, Bildern und Narrationen von Subjektivitäten umzugehen wäre, ohne sie gleichmachend euphorisch zu homogenisieren (Clifford 1997: 33ff.).

Es ist Deleuze, der Simondons Begriff der Metastabilität zur Charakterisierung der Kontrollgesellschaft fruchtbar macht. Dabei rekurriert er auf Simondons Verständnis des Lebendigen:

»Gilbert Simondon sagt ganz richtig: ›Das Lebende lebt an der Grenze seiner selbst, auf seiner Grenze [...]. Die für das Leben charakteristische Polarität findet sich auf der Ebene der Membran; genau an dieser Stelle existiert das Leben auf wesentliche Weise, wie ein Aspekt einer dynamischen Topologie, die selbst jene Metastabilität enthält, aufgrund derer sie existiert. [...] Der ganze Inhalt des Innenraums steht topologisch mit dem Inhalt des Außenraums auf den Grenzen des Lebenden in Kontakt; in der Topologie gibt es tatsächlich keine Distanz; die ganze Masse lebendiger Materie im Innenraum ist aktiv in der Außenwelt auf der Grenze des Lebenden präsent. [...] *Die Tatsache, Teil des Innerlichkeitsmilieus zu sein, bedeutet nicht allein, drinnen zu sein, sondern auf der Innenseite der Grenze zu sein.* [...] Auf der Ebene der polarisierten Membran stoßen die innere Vergangenheit und die äußere Zukunft aufeinander.‹« (Deleuze 1989: 134f., Simondon 1964: 260-264, Hvh.i.O.).

Mobilität verstehe ich als destabilisierte Kollektivität. Dieses Verständnis bricht mit einem methodologischen Funktionalismus der Mobilität, also dem Konnektivitätsnexus von Subjekt, Zeit und Raum als eindeutige Territorialisierung, d.h. Verortungen des Sozialen. Damit meine ich jene intellektuelle Haltung, die mit einer Metaphorisierung von Mobilität als paradigmatischer Figur der Gegenwart (Urry 2000) die expressive Funktionalität einer Relevanzerzeugung für alle erdenklichen Mobilitätsphänomene konstruiert. Oder, um Simondons (2008) Begriff der asubjektiven Metastabilität für die Mobility und Border Studies fruchtbar zu machen: Mobilität ist die Metastabilität der Kontrollgesellschaft

heitlichung der Migration, die er mit seinem Neologismus des Ban-Opticons flankiert. Ihm zufolge stellt die Digitalisierung der europäischen Visapolitik den paradigmatischen Ort der Verkörperung des Banns, in der Form der Überwachung auf Distanz, dar.

(Tsianos 2008). Kollektivitäten der Mobilität lassen sich also nicht an Positionalitäten oder Ortsveränderungen bemessen, sondern an dem, was sie zunehmend in sich einbeziehen, als ein komplexes System ineinandergefalteter Interioritäten und Exterioritäten, an der wachsenden Reichweite ihrer Intensitäten (Cuntz 2008: 38). Selbst wenn sie als Formen der Dislozierung, d.h. als Formen der Entortung auftauchen (erzwungen durch Armut, Zwangsheteronormativierung, Krieg, Hunger, digitale Gefangenschaft, Finanzialisierungskrisen von Akkumulation), zielen diese nicht auf eine Relozierung im Sinne eines »Identisch«- oder Gleichwerdens. Kollektivitäten der Mobilität richten sich vielmehr auf eine »koevolutionäre Transformation« (Faßler 2009) der Konnektivität ihrer Differenzen, Individuationen und Modalitäten (Simondon 2009, Toscano 2006). Sie stellen eine Herausforderung und/oder Störung – z.B. als Datennebel (Terranova 2010) – des kontrollgesellschaftlichen Zugriffs auf Bevölkerungen dar, die primär über die proaktive Identifikation und Bewegungskontrolle des individuierbaren Subjekts bzw. seiner digitalen Spuren funktioniert. Denn die Person, die die Reise antritt, ist an deren Ende nicht dieselbe. Der von Behausungen eingenommene Raum ist nicht der angestrebte, die Dokumente verweisen nicht darauf, wer man ist oder war, sondern wer man im Verlauf der Reise wird. Man wird Viele. Reisen wird das Gesetz, Kollektiv-Werden wird der Code (Papadopoulos/Tsianos 2007).

Konnektivitätsassemblagen *in actu*

In diesem Prozess des Anders- und Kollektiv-Werdens fungieren digitale Medien als zentrale Akteure. Das Netz figuriert in gegenwärtigen theoretischen Debatten geradezu ubiquitär als paradigmatische epistemologische Metapher, mit der Emergenz und Selbstorganisation abgebildet werden sollen. Meist wird dabei jedoch nur ein Set von individuellen Entitäten und Verbindungslinien kartografiert. Konzeptionen der Netzwerkanalyse stehen vielfach in einer genealogischen Tradition von Leonard Eulers Grafentheorie, einer »Verbinde-die-Punkte-Mathematik« (Thacker 2009: 36), die in aller Regel mit einer statischen Topologie von Knoten und Verbindungslinien operiert. Die Problematik liegt – wie Eugene Thacker (2009) zu bedenken gibt – in einer Verräumlichung und Stillstellung der Darstellung eines weit komplexeren kontingenten Prozesses, in dem die Zeit als wesentliches Element zu berücksichtigen sei. Mit unserer Untersuchung haben wir uns – wie bereits angemerkt – von den quantifizierenden Konzepten einer Netzwerkanalyse distanziert, die lediglich *ex post*-Abbildungen von Relationen zu einem bestimmten Zeitpunkt kartografieren kann – und als »quantifizierbare, messbare Effekte« (Thacker 2009: 44) allenfalls eine Topologie des solchermaßen untersuchten Beziehungsgeflechts bietet. Mit unserer Net(h)nografy hingegen richte ich mein Augenmerk nicht auf die Analyse solcher »Netzwerkeffekte« (Thacker 2009: 44), sondern auf Assemblagen (*agencements*), in denen Affekte, »Netzwerkaffekte« (Thacker 2009: 44), als jene Elemente in Aktion treten, die Konnektivität (und deren Abbruch) erzeugen. Affekte sind – im Anschluss an Spinoza (1994: 110) – nicht gleichzusetzen mit Emotionen. Sie sind nicht an ein Individuum und dessen Gefühle gebunden. Vielmehr lassen sie sich als zirkulierende Kräfte oder Intensitäten beschreiben, als »Affektionen des Körpers, durch die die Wirkungskraft des Körpers vermehrt, vermindert, gefördert oder gehemmt wird, und zugleich die Idee dieser Affektionen« (ebd.). Affekte operieren im Modus der Konnektitivität, sie zirkulieren, erzeugen Dynamiken, produzieren Subjektivitäten und Mobilität. Sie operieren als – lebendige und dynamische – immanente Antriebskraft. Konnektivität ist somit kein »Status« (wie Thacker 2009: 33 behauptet), sondern entsteht in einem permanenten Prozess des Werdens, der zumeist einen Kontext oder zumindest einen Vorwand oder »Pretext« (Thacker 2009: 33) benötigt und auf einem Set von Gemeinsamkeiten – evtl. nur minimal kodifizierten Semantiken, wie wir an einem empirischen Beispiel zeigen werden – basiert, die eine Verbindung ermöglichen. Es ist also eine Analytik erforderlich, die empirische Untersuchungen von Bedingungen, Formen und Logiken der Konnektivität, der Konstituierung von Zugehörigkeiten, der Kooperation, der Wechselwirkung einer Vielzahl heterogener Akteur_innen und Aktanten, der Operationsmodi der Herstellung von Konnektivität, die Frage der Affekte und der Formierung von Grenzziehungsoperationen ermöglicht. Diese verlangt nach einem *in actu* einzusetzenden multiperspektivischen Instrumentarium, das zudem auch *ex post*-Analysen über bereits stattgefundene Prozesse der Konstituierung von Kollektivität umfasst. Zahlreiche Autor_innen (Latour 2007, De Landa 2006, Marcus/Saka 2006, Ong/Collier 2004, Sassen 2008) schlagen dafür – mit unterschiedlichen Konnotationen – den Begriff der Assemblage vor. Ich präferiere den Begriff der Assemblage im Sinne einer (sicherlich nicht ganz zulässigen) Übersetzung der von Deleuze und Guattari eingeführten Bezeichnung »agencement« (Deleuze 1996: 23, Deleuze/Guattari 1992). Wie John Philips (2006) anmerkt, sei die vielfach anzutreffende Übersetzung von Deleuze/Guattaris Begriff »agencement« durch den Begriff der »Assemblage« eigentlich keine glückliche Wahl. Deleuze/Guattari selbst verwenden den französischen Begriff »assemblage« selten, bzw. wenn sie sich darauf beziehen, dann in dem Sinne, dass unterschiedliche Elemente zusammengefügt und miteinander kombiniert sind – im Sinne von »ensemble« oder »association«. Ein »agencement« sei jedoch mehr als eine »assemblage«. Mit dem Begriff des »agencements« sei vielmehr ein Prozess des »Werdens«, ein aktives Zustandebringen von etwas Neuem gedacht. Genau in diesem Sinne möchte ich die Einführung von »agencement« in die deutschsprachige Diskussion um die »Assemblage« verstanden wissen. Zentral für die Verwendung des Begriffs ist nicht nur die Berücksichtigung einer aktiven Beteiligung von Artefakten und Dingen im Zusammenspiel einer Mannigfaltigkeit von »menschlichen und nicht-menschlichen Akteuren« (Latour 2000: 328), sondern auch die Analyse von Beziehungen und Wechselwirkungen, die diese miteinander verbinden, um etwas Gemeinsames/Kollektivität zu konstituieren. In diesem Zusammenhang gewinnen Intensitäten – wie Begehren und Affekte, Prozesse des wechselseitigen Affizierens und Affiziert-Werdens – eine unhintergehbare Bedeutung für Konnektivität, die Konstituierung von Kollektivität (Deleuze 1987: 65, Massumi 2010, Pieper/Panagiotidis/Tsianos 2011).

»Making Connections«

Am 27. August 2009 traf ich im Rahmen erster Feldforschungsrecherchen zum Projekt MIG@net zusammen mit dem Amnesty-International-Beauftragten in Mytilini (Lesbos/Griechenland) in einem zentralen Café eine Gruppe von fünf jungen Frauen im Alter von Anfang bis Mitte zwanzig aus unterschiedlichen afrikanischen Ländern (vor allem aus Somalia, Eritrea). Sie erzählten, einige von ihnen hätten bereits in Saudi Arabien und Dubai als Haushaltshilfen gearbeitet, sich aber wegen der »schlechten Bedingungen« entschlossen, nach Kanada zu migrieren, weil sie gehört hätten, dass es dort bessere Chancen und Arbeitsmöglichkeiten für sie gäbe. Die Frauen waren auf verschiedenen Wegen in die Türkei gelangt und hatten von dort aus mit Booten die EU-Grenze nach Griechenland passiert, eine Route, die zu dem damaligen Zeitpunkt von einer großen Zahl von Migrant_innen genutzt wurde. Dabei waren sie von Frontex-Booten ausfindig gemacht worden, hatten daraufhin ihr Boot zerstört, um schließlich nunmehr im Status der Schiffbrüchigen gerettet und im Lager Pagani auf Lesbos interniert zu werden. Hier seien sie – wie der Amnesty-Beauftragte ausführte – nach einer Frist von 38 Tagen wieder entlassen worden, mit der Auflage, in ihre Heimatländer zurückzukehren. Was in das gängige und in den Medien immer wieder erneut aufbereitete viktimisierende Klischee illegalisierter Migrant_innen nicht passte, war der Habitus der jungen Frauen. Sie boten keineswegs das Bild der von Elend, Ausbeutung und Unterdrückung oder von Wochen unzumutbaren Lagerlebens Gezeichneten. Vielmehr wirkten sie entschlossen und optimistisch. Gefragt, was sie nun als nächstes unternehmen wollten, antworteten sie, sie seien auf dem Weg ins Internetcafé, um ihren Facebook-Account zu checken, »making connections«, »making our route«. (Mittlerweile weiß ich über den Facebook-Kontakt einer Freundin, dass einige von ihnen zwar nicht – wie beabsichtigt – in Kanada, aber in Norwegen arbeiten.)

Dieses »making connections« durch die Nutzung von Social Media könnte man mit Rekurs auf Michel Foucault als Produktion »heterotoper Räume« innerhalb der vermachteten digitalen Netze beschreiben, also als Konstituierung von Räumen der Devianz und der Krise des Grenzregimes, die die Strukturen der Mobilitätskontrolle reflektieren.[6] Denn nach Foucault sind Heterotopien »Gegenplatzierungen oder Widerlager, in denen die wirklichen Plätze innerhalb einer Kultur gleichzeitig repräsentiert, bestritten oder gewendet sind« (Foucault 1990: 38); sie sind Orte (»lieux«), die außerhalb aller Orte liegen, aber geortet werden können und reale Plätze (»emplacements«) besetzen – am Computer in einem Internetcafé auf Mytiliny, im Chat mit der Welt – und sie lassen sich weder in ihrer eigenen Spezifik darstellen noch aus sich selbst heraus beschreiben oder identifizieren (Kuster 2011: 151ff.). Ihre Realität besteht weniger aus etwas, was sie *sind*, als vielmehr aus dem, was sie reflektieren und sprechen: eine gesellschaftliche Ordnung, die im Horizont ihrer ganz anderen Lokalisiertheit sichtbar wird, jedoch nicht als Utopie im Sinne der Transzendenz gegebener gesellschaftlicher Topografien, sondern im Sinne einer radikalen Immanenz (Foucault 1967). Die Immanenz, die hier zur Debatte steht, ist also der von der Behausung im Camp eingenommene Raum. Analog zu Foucaults Figur des Spiegels[7], den er als Bild für eine Art vermengte gemeinsame Erfahrung zwi-

6 | Der Begriff »Heterotopie« ist kein Neologismus von Michel Foucault, denn er besitzt in der pathologischen Anatomie bereits die medizinische Bedeutung einer anomalen Lage von Zellen. Doch erst mit der unbeabsichtigten Wirkungsgeschichte seines Radiovortrags vom 07. Dezember 1966 über das Konzept der Utopie haftet ihm die Aura eines Gründungsdokuments des Spatial Turns in den Sozialwissenschaften an. Die Heterotopie kam zum ersten Mal in seinem im Jahr 1966 erschienenen Buch »Die Ordnung der Dinge« als eine anomale Diskursmodalität, als ein »Nichtort der Sprache« vor, doch erst in seinem Radiovortrag im gleichen Jahr leitet er ihn von der räumlichen statt von der diskursiven Analyse ab. Mit dieser Verschiebung leitet er nicht nur eine neue Phase in seinem Lebenswerk ein, die mit dem Buch »Überwachen und Strafen« und der Figur des »Panoptikons« zu ihrem prominentesten Ausdruck kommt. Foucault begründet damit die konzeptionellen Konturen einer verräumlichten Machtanalytik, die in der anschließenden Rezeption des kritischen Geographen und Stadtplaners Edward Soja (»Thirdspace«, 1992) oder der feministischen Architekturtheoretikerin Daphne Spain (»Gendered Spaces«, 1992) überzeugend weitergedacht wurde (Tsianos 2009).

7 | »Ich glaube, daß es zwischen den Utopien und diesen grundsätzlich anderen Plätzen, diesen Heterotopien, zweifelsohne eine Art vermengter gemeinsamer Erfahrung gibt, welche diejenige des Spiegels wäre. Der Spiegel ist, nach allem, was wir wissen, eine Utopie, weil es ein Ort ohne Ort ist. Im Spiegel sehe ich mich dort, wo ich nicht bin, in einem unwirklichen Raum, der sich virtuell hinter der Oberfläche auftut; ich bin dort, wo ich nicht bin, als eine Art Schatten, der mir meine eigene Sichtbarkeit gibt, die mir erlaubt, mich dort zu sehen, wo ich abwesend bin - das ist die Utopie des Spiegels. Aber es ist auch eine Heterotopie, insofern der Spiegel tatsächlich existiert und an dem Platz, den ich einnehme, eine Art Umkehreffekt herbeiführt; mittels des Spiegels entdecke ich, daß ich an dem Ort abwesend bin, wo ich eigentlich bin, weil ich mich dort sehe. Mit diesem Blick, der in gewisser Weise auf mir ruht, aus den Tiefen dieses

schen den Utopien und den Heterotopien anführt (Foucault 1967), lese ich die mediale Erfahrung der jungen Frauen aus dem Camp. Denn in dem Moment, wo sie selbst von ihren Social Connections in Kanada adressiert werden, sehen sie sich virtuell sowohl dort, wo sie nicht sind, bei denen in Kanada, als auch tatsächlich hier an dem Platz am Computer, den sie einnehmen und der eine Art Umkehreffekt herbeiführt bei der Entdeckung, dass sie hier, wo sie sind, in dem Maße abwesend sind, als sie sich dort, bei denen in Kanada, vervielfacht sehen. Ich wird Viele. Dies entspricht der Macht einer Heterotopie, an einem einzigen tatsächlichen Ort mehrere untereinander inkompatible Räume und Plätze mit einzubeziehen, und der Idee einer Utopie als einem Ort ohne Ort. Das ist ein Allgemeinplatz, der aber an den Grenzen Europas ein spezifisches »agencement« von verorteter Immobilität auslöst. Es trägt die Potentialität einer Umcodierung, Verschiebung oder gar Außer-Kraft-Setzung des Grenzregimes in sich. So kann Internet und Mobiltelefonie Heterotopien der Mobilität anbahnen. Diese migrantischen raumkonstituierenden Praxen der Internetnutzung haben nachhaltige Konsequenzen sowohl für die Prozesse der Aushandlung von Grenzen als auch für die Prozessierung von Biografien mobiler Subjekte, die ohne Papiere transnational mobil sind: Chatrooms und Social Media – wie Facebook – aber auch die Kontaktadressen, die im Zuge der Mobilität an Punkten der Entschleunigung – wie dem Lager – getauscht und akkumuliert wurden (Panagiotidis/Tsianos 2007), versorgen die Migrierenden mit aktuellen Informationen über Routen, Möglichkeiten und Taktiken des Durchkommens, aber auch über mögliche Destinationen, die sich als besonders aussichtsreich für Arbeit und klandestines Leben oder den Erwerb eines Asylberwerber_innen-Status erwiesen haben – ein Wissensreservoir, das analog zu den restriktiven Praxen des Kontrollregimes beständiger Aktualisierung bedarf, um schneller zu sein als dessen gegenwärtiger Stand. Es fungiert als synchrones Differential, das die Lücken der aktuellen Kontrollregime und damit die Abstände zwischen (il)legitimen Orten neu bemisst (Kuster 2011: 154). Insofern haben sich Informationsaustausch und die Herstellung von Konnektivität als diachrone Vektoren migrantischer Mobilität erwiesen.[8]

---

virtuellen Raums, der auf der anderen Seite des Spiegels ist, komme ich wieder zu mir und beginne erneut, mein Augenmerk auf mich zu richten und mich, dort wo ich bin, wiederzuerschaffen. Der Spiegel funktioniert wie eine Heterotopie in dem Sinne, daß er diesen Platz, den ich in dem Augenblick, in dem ich mich im Spiegel betrachte, einnehme, gleichzeitig vollkommen wirklich macht in Verbindung mit dem ganzen Raum, der ihn umgibt, und vollkommen unwirklich, weil dieser Platz durch jenen virtuellen Punkt, dort, hindurchgehen muss, um gesehen zu werden« (Foucault 1967).

8 | Dies ist bereits historisch durch die Briefkommunikation zwischen Polen und polnischen Migrant_innen in den USA in der Arbeit von Thomas P. William und Florian Znaniecki: »The Polish Peasant in Europe and America« (1996) belegt.

THANK YOU FACEBOOK

Es sind transnationale Räume, Heterotopien, die immer wieder aufs Neue hergestellt werden und unter Bedingungen von Fragilität und Instabilität produziert werden müssen. Sie tragen gewissermaßen die Potentialität einer Aktualisierung in sich, die der Macht einer Heterotopie, an einem einzigen tatsächlichen Ort mehrere untereinander inkompatible Räume und Plätze mit einzubeziehen, entspricht. Das ist auch die Macht der Transmedialität bzw. des Ineinandergreifens unterschiedlicher Medien wie Facebook, Handy, Satellitenfernsehen, Skype usw. bei der Konstitutierung eines Raumes für die Politik der Zeugenschaft im Transit. Deswegen ist Konnektivität oder die Fiktion von Konnektivität auch unter asymmetrischen Bedingungen nicht nur potentiell Mobilität sichernd, sondern auch Bestandteil »affektiver Politiken« (Thrift 2006). Diese Polysemie drückt sich in einem inzwischen legendären Satz aus, der im Winter 2010 an die Wände in Tunis gesprayt wurde: »Thank you Facebook.«

Abbildung 1: »Thank you Facebook« in Tunesien. Quelle: Jim Rankin/ Toronto Star. Unter: http://photogallery.thestar.com/941454 (zuletzt aufgerufen am 1. August 2011).

Zwei Beispiele aus der Feldforschung lassen erkennen, wie zum einen Affekte bei der Herstellung von Konnektivität arbeiten und wie das Zusammenspiel von Medienumgebungen in der Migration Zwangs-Territorialisierungen kontert.

GUANTANAMO ITALIA

Eine Gruppe von jungen Tunesiern, die Anfang März 2011 in Lampedusa angekommen und dort in einem Lager inhaftiert worden ist, um anschließend über Turin nach Tunesien abgeschoben zu werden, ist in den bedingungslosen Hungerstreik getreten, als einige erfuhren, dass die Haft im Abschiebegefängnis in Turin bis zu 6 Monaten lang dauern sollte. Die Streikenden forderten ihre bedingungslose Freilassung. An die Öffentlichkeit gelangte ihre Praxis erst, als einer unter ihnen alle Namen der Insassen einsammelte und sie vom Handy aus einem Freund in Zarzis (Tunesien) schickte, der wiederum eine Facebook-Seite mit dem Namen »Guantanamo italy«[9] eröffnete und dort ein Video in arabisch, französisch und italienisch uploadete, das die Namen aller in Turin in der Via Santa Maria Mazzarello Inhaftierten zu einem Song abspielt. Auf diese Weise gelangte die Nachricht zu Al Jazeera und France 24. Über die transnationalen Social Media erreichten der Hungerstreik und die Bedingungen der Abschiebehaft somit die Öffentlichkeit globaler Mainstream-Medien. Auf Guantanamo italia dagegen werden weiterhin Videos und News geposted: Zum Beispiel geht es um die Proteste von Familienangehörigen ertrunkener Migrant_innen aus Zarzis. Auf dem Weg nach Italien ist das Fischerboot mit 120 Migrant_innen an Board mit der Korvette »Liberté 302« der tunesischen Marine kollidiert. Hierbei sind 35 Menschen ertrunken. Die protestierenden Familien fordern Gerechtigkeit für die Opfer und Gerechtigkeit für die Inhaftierten der Via Santa Maria Mazzarello.

Abbildung 2: Facebook-Seite von »Guantanamo italia«. Quelle: www.facebook.com/guantanamo.italia (zuletzt aufgerufen am 23.07.2011).

9 | Unter: www.facebook.com/guantanamo.italia.

»I MISI YOU«

Am 07. April 2011, während meine zwei Kolleg_innen ein Expert_inneninterview mit einem Polizeichef im Inneren des Gebäudes führen, erkunde ich dessen Umgebung. Wir sind in Petrou Ralli – der Ort, wo in Griechenland die Anträge auf Asyl vorgebracht werden müssen, am Rande von Athen, Industriegebiet, Donnerstag. Bis Freitag, so erzählen mir die griechischen Kolleg_innen, füllen sich die Zufahrtsstraßen an, mit einer schier endlosen Reihe Schlangestehender. An diesem Tag erhält ein Bruchteil der Wartenden, aus der Einreihung Herausgegriffener Einlass und manche in der Folge sogar die Pink Card – ein Papier, das dazu berechtigt, einen Asylantrag zu stellen.[10] Hier lerne ich Abdoul kennen. Er erzählt, dass er – guineischer Migrant – mit einem Schiff aus Côte d'Ivoire hier gelandet sei. Genauso uneinsichtig, wie mir seine Erzählung über die Modalität seiner Ankunft erscheint, dünkt es mich, dass die Migration Studies, von denen ich erzähle, dass ich sie mache, bei ihm ankommen. Wir sitzen in der Sonne auf gestapelten Betonröhren und plaudern ein bisschen. Dann tauschen wir Skype-Adressen aus.

Abbildung 3: Feldforschung in Petrou Ralli, 07. April 2011

Am 08. April, so vermerkt es das Programm, haben wir um 08.27 die Kontaktdetails ausgetauscht; am 11. April sehe ich Abdoul um 23.02 online und schicke eine Nachricht: Schon der erste Chat dreht sich um eine Art Abwehrbewegung

10 | Die meisten, die eine Pink Card erhalten haben, warten Monate auf einen Termin, an dem sie Asyl beantragen können. 2009 wurden 0,04 % der Asylanträge angenommen und in nur 0,06 % der angenommenen Fälle wurde ein Flüchtlingsstatus anerkannt.

meinerseits. Ich erkläre, ich könne nicht telefonieren, da ich gerade mit einer Freundin spreche. Abdoul ruft innerhalb von 13 Minuten dreimal an; ich lehne die Anrufe dreimal ab. Das Herz, »ok i love«, »i misi you«, »kolme pilss« – Zeichen, die mich ein bisschen frustrieren und darin verunsichern, eine gute Feldforscherin sein zu können. Ich zeige sie deshalb meinem Kollegen und erläutere ihm meinen Eindruck, dass diese geschlechtlich aufgeladene Ansprache doch sehr von der Gesprächssituation in Petrou Ralli differiere. Nach einigem Hin und Her einigen wir uns darauf, dass es sich hier um nichts Besonderes und schon gar nicht um etwas Persönliches handelt, also um nichts, was mit meiner guten oder schlechten Qualifizierung zu tun hätte, sondern vielmehr um eine ziemlich geläufige Erscheinung innerhalb des Geschäfts der Migrationsforschung, in dem Geschlechteridentität und -differenz sowie ihre potentiellen Bedeutungshorizonte zu einer der zentralen Währungen gehören, die getauscht werden und dabei soziale Verhältnisse generieren. Diese Beobachtung schließt an die großartige Reflexion von Kimberly Chang und Julian Groves (1999, 2000) an, über die sexuellen und Geschlechter-Praxen und Diskurse, mit denen sie es bei ihrer Forschungsarbeit unter philippinischen Hausangestellten im Hongkong zu tun bekamen. Alle weiblichen Forscher, so mein männlicher Kollege, hätten mit »Anmache« zu tun, wenn sie mit männlichen Migranten zu tun hätten, ganz egal, wie sie es anstellten, da Männlichkeit bzw. Zwangszweigeschlechtlichkeit zu einer der letzten Kapitalformen gehöre, die im Transit nicht gänzlich zerfalle. In etwa so.

Ich beschließe also, diese Aspekte als Teil meiner Arbeitsfähigkeiten zu verstehen, den Kontakt weiter zu unterhalten und versuche, Abdoul zu einem Gespräch zu treffen. Mit den on- und offlines, meinem unberechenbaren Tagesablauf – und vermutlich auch demjenigen Baris – gelingt das nicht, ich erhalte Nachrichten wie »ok jetem«, fordere ihn auf, damit aufzuhören, wir würden uns doch kaum kennen, und ich reise dann schließlich ein paar Tage später aus Athen ab. Am 22. April bin ich nach sechs Tagen wieder online und genervt über die Nachrichten, die von ihm hereinkommen, zudem weit weg von einem möglichen direkten Gespräch; die schriftliche Kommunikation scheint mir nämlich sowohl auf inhaltlicher wie auf sprachlicher Ebene mit äußerst begrenzten Mitteln geführt.

[22.04.2011 11:16:24] xxxx: hay (F)(h)
[22.04.2011 11:20:46] xxxx: halo
[22.04.2011 11:21:07] xxxx: bonsor
[22.04.2011 11:29:34] xxxx: es kisme piliss you sendi me mesegi afta to desi i si de mesgi i wante si you como amerekisi piliss ok
[22.04.2011 11:41:46] xxxx: heloo
[22.04.2011 11:57:23] xxxx: halo i love i msiyou
[22.04.2011 12:04:33] xxxx: halooooooooooooo brigtta tevepa pare avcmoi

[22.04.2011 12:39:54] xxxx: (call)(d)(beer)(dance)
[22.04.2011 14:48:39] xxxx: ilove (F)(h)(inlove)

[23.04.2011 13:13:26] xxxx: hay
[23.04.2011 13:28:27] xxxx: hayyyyyyyyyyyyyyyyyy
[23.04.2011 15:42:21] xxxx: heloo
[23.04.2011 15:45:35] xxxx: brigitta apelmoi ;(
[23.04.2011 19:18:51] xxxx: hay
[23.04.2011 19:19:24] xxxx: bonsor
[23.04.2011 19:19:50] xxxx: sava
[23.04.2011 19:20:43] xxxx: pilissi am sorin
[23.04.2011 19:21:56] xxxx: halo aboudull
[23.04.2011 19:33:05] xxxx: hallooooooooooooooo
[23.04.2011 19:39:22] xxxx: hay
[23.04.2011 19:40:09] xxxx: am soo sorin pilisi colm

[27.04.2011 16:00:50] xxxx: hay
[27.04.2011 16:01:24] xxxx: am sorin
[27.04.2011 16:04:29] xxxx: helooooooooooooo
[27.04.2011 16:05:09] xxxx: sava
[27.04.2011 16:06:20] xxxx: sali brigitta sava
[27.04.2011 16:20:18] xxxx: helloooooooooooo
[27.04.2011 16:43:12] xxxx: helooooooo

So geht es die Tage weiter, ohne dass ich antworte, und am 28. April werde ich richtig genervt, zudem ist mir klar, dass ich von diesem Kontakt nichts für mich Interessantes zu erwarten habe. Ich schreibe in Englisch und Französisch, weil mir vorkommt, dass die Französischkenntnisse meines Gesprächspartners sehr viel beschränkter sind als ich es von einem Guinéen erwartet habe: Ich sei nicht mehr in Griechenland und stinksauer über seine Kommentare zu Liebe und Ehemännern; er sei offensichtlich nicht an einer Kommunikation interessiert und es mangele ihm zudem an Respekt; deswegen würde ihn nun aus meiner Kontaktliste entfernen.

Da ich den Button nicht sofort finden kann, mit dem ich nicht alle meine Skype-Kontakte, sondern nur ausgewählte lösche, belasse ich es dabei. Nach einigen Tagen bemerke ich, dass die Nachrichten von Abdoul weiter und in regelmäßiger Form eintreffen, ohne dass ich antwortete oder ein anderes Zeichen über deren Erhalt und Zurkenntnisnahme aussende.

Am 13. Mai erhalte ich eine Art Geständnisdiskurs. Über vier Stunden hinweg bahnt sich ein Wahrsprechen die Bahn. Es gipfelt in einer Aussage, die das Risiko des Sprechers offenbart und dieses zugleich an den Gebrauch einer falschen Adressierung eine_R anderen (also mir) bindet und somit den Weg bereitet für eine Kritik der Verhältnisse zwischen Aussagen und Lebensweisen: »i wanted to get the document in this country [13.05.2011 21:48:48]//»sorry if i have wronged uu« [13.05.2011 21:48:55] und endet auf »plsssss«.

hay
[10.05.2011 16:53:44] xxxx: am neva forgetyou
[11.05.2011 16:51:11] *** Verpasster Anruf von xxxx. ***
[11.05.2011 16:53:45] xxxx: am sorni i mek misetek
[11.05.2011 16:54:33] xxxx: noot u i want col
[13.05.2011 17:14:01] xxxx: hay
[13.05.2011 17:41:17] xxxx: hiiiiiiiiiiiii
[13.05.2011 17:44:42] xxxx: helo
[13.05.2011 21:10:34] xxxx: heloo u ok i hop u ok
[13.05.2011 21:10:43] xxxx: i love
[13.05.2011 21:10:54] xxxx: ;(
[13.05.2011 21:46:23] xxxx:, soory
[13.05.2011 21:46:36] xxxx: yea
[13.05.2011 21:46:47] xxxx: d time we met
[13.05.2011 21:47:23] xxxx: i must tell uu the truth
[13.05.2011 21:48:02] xxxx: the time imeet you in that place i was so nervous and confused
[13.05.2011 21:48:15] xxxx: i had so many tins in my mind
[13.05.2011 21:48:39] xxxx: i wanted to get the document in this country
[13.05.2011 21:48:48] xxxx: sorry if i have wronged uu
[13.05.2011 21:48:55] xxxx: plsssss

hiiiii
[18.05.2011 14:56:34] xxxx: hay
[18.05.2011 15:47:57] xxxx: hiiiiiiiiii
[19.05.2011 14:12:06] xxxx: hiiiiiiiii
[20.05.2011 12:14:27] xxxx: hiiiiiiii
[21.05.2011 13:08:19] xxxx: hay
[22.05.2011 01:24:06] xxxx: hiiiiiiiiiiiii
[22.05.2011 01:24:26] xxxx: piliss i love
[22.05.2011 01:24:35] xxxx: (F)
[22.05.2011 14:04:47] xxxx: hiiiii
[23.05.2011 01:05:35] xxxx: hiiiiiiiiiiiiii
[23.05.2011 12:05:47] xxxx: hay brigitta i miss u piliss
[23.05.2011 12:07:30] xxxx: am sorin
[23.05.2011 12:38:39] xxxx: (h)(F)
[25.05.2011 12:23:04] xxxx: hay

Ich habe mich aber nicht so sehr auf die Spur der von Abdoul initiierten Kritik an der Diskrepanz zwischen den ausgetauschten Aussagen und unseren jeweiligen Lebensweisen gesetzt und die möglichen Bedeutungen davon im Engagement einer riskanten Widerrede meinerseits ausgelotet. Mehr noch, ich will offenbar nicht, dass eine solche Interaktion die Möglichkeit gewinnen könnte, mich im Sinne einer Kommunikation zu erreichen. Stattdessen erreicht mich etwas anderes, weiterhin und vielleicht im Weiteren anders, denn die repetitiven Nachrichten von Abdoul gelangen nach wie vor regelmäßig auf meinen Computer. Dies hat mich nicht nur erstaunt, sondern meine unbestimmte Neugier geweckt, so dass ich den Button für das Blockieren einzelner Kontakte, den ich inzwischen gefunden habe, dann doch nicht aktiviert habe. Gerade während ich dies schreibe, poppt eine neue Nachricht auf. Ich möchte diesen Umstand weniger als Effekt einer symbolisierenden Handlung aufgreifen, sondern als eine Handlung auf der Ebene der Aktivität, als ein Prozess der Zusammensetzung von etwas. Damit richte ich meine Frage weniger auf das, was Abdoul mir mit seinem »hay« sagen will, sondern auf das, was sich im »hay«-Schreiben Baris an mich als Beziehungen zu verkörperten Erfahrungen produziert. Es scheint mir in diesem Falle vielversprechender, vorrangiger und vielleicht »wahrer«, als mittels einer Analyse, welche auf die (Trans-)Formation von Bedeutungen (etwa jener von Geschlechtlichkeiten und Heterosexualitäten) abzielt, den Blick zunächst auf die Dynamik des Informationsflusses selbst zu richten, in die ich da verwickelt bin. Ich habe die Verbindung zu Abdoul nicht unterbrochen und die Art und Weise, wie er seine Verbindung zu mir artikuliert, verläuft über so etwas wie die Reiteration von minimal kodierten Referenzen – »hay«, »helooooo«, »love«, die in unheimlicher oder aberwitziger Weise denjenigen Piktogrammen ähneln, die das Programm Skype selbst zur Verfügung stellt. Sie sind es, die erst das Setting bilden, in dem Kommunikation, d.h. die Herstellung und die Verhandlung kultureller Repräsentationen, stattfinden kann – der Kanal, wie die Informationstheorie sagen würde, durch den Information (und nicht Bedeutung) als statistisches Muster von Redundanz und Frequenz – als eine Modulation von Signal und Rauschen zirkuliert. Mehr als dass Abdoul und ich Skype benutzen, miteinander über Skype kommunizieren, replizieren wir das Programm Skype oder anders: Wir sind von seinem Versprechen auf Konnektivität (und das bedeutet immer auch Kontrolle) innerhalb eines Feldes hoher Instabilitäten und Asymmetrien affiziert. Ich interpretiere die in den Kanal eingespeisten so genannten Emoticons damit weniger als Ersatz für einen direkt-affektiven Kontakt, sondern als Selbstanspruch einer Technik, quasi-belebt zu sein, der Affekte erzeugt. Das Programm kann als eine Subjektivierungsmaschine verstanden werden; ihre Handlungsfähigkeit, die auf Baris und meine je verkörperte Erfahrungen hin wirksam wird, darin aber nicht ihre ausschließliche Bestimmung findet, verkörpert sich in ihrem limitierten kommunikativen Repertoire und Setting.

Meine Affektion wirkt auf mich so, als würden mich die Ausdauer und die Macht dieses bereits oder noch immer minimalen Referenten, Geschlecht, Interferenzen und Resonanzen zu erzeugen, binden. Als Information, die das Skyping antreibt, entsprechen diese Referenten einer Art komprimierten und entkörperlichten Zweigeschlechtlichkeit und Heterosexualität, einer »*langue* von Gender« wie Zoë Sofoulis (2002) in ihrer Skizze eines »soziotechnischen Ansatz[es] für das Verständnis von Geschlecht«, welcher die wechselseitige Konstruktion von Gender und Technologie anerkennt, vorschlägt. Im Anschluss an Katherine Hayles (1999) vollzieht sie eine Rückübertragung von deren Unterscheidung zwischen dem Körper als abstrakter Struktur wie idealisierter Form und der Verkörperung als spezifische Instantiierung auf die Saussur'sche Unterscheidung zwischen *langue* und *parole*, die sie dem Geschlecht anschließt. Sofoulis Projekt ist eine feministische Analyse soziotechnologischer Kollektive, die fähig ist, über die menschlichen und nichtmenschlichen Entitäten nachzudenken, die nicht »›richtig‹« sind, »verglichen mit der rationalen, bürgerlichen, männlichen, sprechenden Subjektivität, die Latour unweigerlich auf Artefakte projiziert, sogar wenn er versucht ihre Alterität mit einzubeziehen« (Sofoulis 2002: 286). Sie zielt auf das Verständnis einer Artikulation von Geschlecht, die sich »weder in körperlicher noch in sozialer Hinsicht definieren [lässt], sondern [...] in Bezug auf Objekt- und Praxissysteme verstanden werden [muss], mit denen sie vernetzt ist: die nicht- und para-menschlichen Agenten der Lebenswelt« (ebd.: 296). Vorbilder findet Sofoulis dabei in Darstellungen von Menschen mit Beigabe, wie sie etwa von mittelalterlichen Stifter- oder Heiligenfiguren bekannt sind. Als »connected migrant« würde Abdoul dann vielleicht über einen schrottigen grauen PC irgendwo in der Wohnung eines Freundes in Athen, in der er untergekommen ist, zwischen all seinen übrigen Verbindungen routiniert auch den Anschluss an das passiv-aggressive Schweigen der *parole* einer Migrationsforscherin aus Europa aufrechterhalten. Im Gegenzug wäre die Migrationsforscherin, die fast überall und ziemlich oft an ihr Laptop angeschlossen ist und dabei für anderes, aber auch dies empfänglich sein will, von ihrem Wunsch getriggert, visuell zu verfolgen, wie die Maschine einen Gender-*language*-Feedback-Loop zu einer immer minimaler kodifizierten Semantik schrumpften lässt, bis zu dem Punkt, wo er umschlägt in Rauschen oder woanders hin schwingt. Vielleicht bahnt sich inmitten flimmernder Signifikanten (»flickering signifier«, Hayles 1999: 30) ein Ereignis.

[30.06.2011 15:49:27] xxxx: hiiiiiiiii
[01.07.2011 13:41:08] xxxx: hy
[07.07.2011 22:44:32] xxxx: sali sava
[09.07.2011 16:28:05] xxxx: hy
[09.07.2011 20:36:10] xxxx: hy
[09.07.2011 20:36:27] xxxx: is me pilssssssss i missss u

[12.07.2011 13:24:17] xxxx: hy
[12.07.2011 13:24:37] xxxx: am nevar forget u

Smilies aus Athen

Seit wir uns kennengelernt haben auf Mitilini im Sommer 2009, während des No Border Camps, reden wir regelmäßig am Telefon oder chatten in Facebook. Sahip ist mit der Zeit ein Co-Forscher und mein Forschungsberater geworden. Er hat ein sehr aktives Facebook-Leben und sein Account ist mit einem sehr gut informierten und nützlichen Blog für Transitangelegenheiten seiner Landsleute verlinkt, den er seit Jahren betreut. Doch in der letzten Zeit war es unmöglich, mit ihm in Kontakt zu sein. Weder per Handy noch in Facebook war er erreichbar. Ich machte mir selbstverständlich große Sorgen. In Griechenland gibt es gerade eine Renaissance rassistischer Pogrome, und Sahip ist ein »bekanntes Gesicht« seiner Community. Doch vor einigen Tagen rief er mich an, und er sagte mir, dass er große Angst in Athen habe, dass es alles keinen Sinn habe und dass er trotzdem nach Athen gegangen sei, um die Ereignisse zu verstehen. Seine Stimme war leise. Ich fragte ihn, wann er auf die Insel zurückkehre, wo es im Vergleich zu Athen viel sicherer sei. Er schwieg eine Weile und antwortete, dass er erst mal die Verhältnisse verstehen wolle. Aus Angst vor Verfolgung habe er auch seinen Facebook-Account gelöscht. Er sei in der letzten Zeit häufig von neofaschistischen Usern bedroht und beschimpft worden, sagte er mir und verabschiedete sich. Einige Minuten später empfange ich eine SMS. Es war sein neuer Facebook-Name und ein Smiley.

Literatur

Androutsopoulos, Jannis/Hinnenkamp, Volker (2001): Code-Switching in der bilingualen Chat-Kommunikation: ein explorativer Blick auf #hellas und #turks, in: Michael Beißenwenger (Hg.), Chat-Kommunikation. Sprache, Interaktion und Sozialität in synchroner computervermittelter Kommunikation. Perspektiven auf ein interdisziplinäres Forschungsfeld, Stuttgart: Ibidem-Verlag, S. 367-401.

Bigo, Didier (2006): Globalized (In)Security: The Field and the Ban-Opticon, in: Ders./Anastassia Tsoukala (Hg.), Illiberal Pracitces of Liberal Regimes. The (In)Security Games, Paris: L'Harmattan, S. 5-49.

Bourdieu, Pierre (1997): Das Elend der Welt. Zeugnisse und Diagnosen alltäglichen Leidens an der Gesellschaft, Konstanz: UVK Verlagsgesellschaft.

Boyd, M. (1989): Familiy and Personal Networks in International Migration: Recent Developments and New Agendas, in: International Migration Review 23 (3), S. 638-670.

Brinkerhoff, Jennifer M. (2009): Digital Diasporas: Identity and Transnational Engagement, New York: Cambridge University Press.

Chang, Kimberly A./Grooves, Julian McAllister (1999): Romancing Resistance and Resisting Romance. Ethnography and the Construction of Power in the Filipina Domestic Worker Community in Hong Kong, in: Journal of Contemporary Ethnography, Vol. 25, Number 3, June, S. 235-264.

Chang, Kimberly A./Grooves, Julian McAllister (2000): Neither »Saints« Nor »Prostitutes«: Sexual Discourse in the Filipina Domestic Worker Community in Hong Kong, in: Women's Studies International Forum, Vol. 23, No. 1, S. 73-87.

Clifford, James (1997): Routes. Travel and Translation in the Late Twentieth Century, Cambridge, Mass.: Harvard University Press.

Collyer (2005): When Do Social Networks Fail to Explain Migration? Accounting for the Movement of Algerian Asylum-Seekers to the UK, in: Journal of Ethnic and Migration Studies 31 (4), S. 699-718.

Cuntz, Michael (2008): Individuum, Werden, Kollektiv, in: Unmenge – Wie verteilt sich Handlungsmacht?, München: Fink, S. 37-43.

De Certeau, Michel (1980): Die Kunst des Handelns, Berlin: Merve.

DeLanda, Manuel (2006): A New Philosophy of Society. Assemblage Theory and Social Complexity, London/New York: Continuum.

Deleuze, Gilles (1996): Lust und Begehren, Berlin: Merve.

Deleuze, Gilles/Guattari, Félix (1992): Tausend Plateaus. Kapitalismus und Schizophrenie, Berlin: Merve.

Deleuze, Gilles (1989): Die Logik des Sinns, Frankfurt a.M.: Suhrkamp.

Deleuze, Gilles (1987): Foucault, Frankfurt a.M.: Suhrkamp.

Diminescu, Dana (2008): The Connected Migrant: An Epistemological Manifesto, in: Social Science Information, Dezember, 47, S. 565-579.

Düvel, Caroline (2009): Lokal-translokal-digital: kommunikative Mehrfachvernetzung und die Aneignung digitaler Medienumgebungen in der russischen Diaspora, in: Uwe Hunger/Kathrin Kisau (Hg.) (2009), Internet und Migration. Theoretische Zugänge und empirische Befunde, Wiesbaden: Verlag für Sozialwissenschaften, S. 257-279.

Fassler (2009): Nach der Gesellschaft, München: Fink.

Foucault, Michel (2005): Die Heterotopien, in: Ders. (Hg.), Die Heterotopien. Der utopische Körper. Zwei Radiovorträge, Frankfurt a.M.: Suhrkamp, S. 9-36.

Foucault, Michel (1990): Andere Räume, in: Karlheinz Bark et. al. (Hg.), Aisthesis. Wahrnehmung heute oder eine andere Ästhetik, Leipzig: Reclam, S. 24-62.

Foucault, Michel (1967): Des espaces autres, Hétérotopies, in: Ders., Dits et écrits, Des espaces autres (conférence au Cercle d'études architecturales, 14. mars 1967), in: Architecture, Mouvement, Continuité, Nr. 5, okt. 1984, S. 46-49. Download unter: http://foucault.info/documents/heteroTopia/foucault.heteroTopia.fr.html (zuletzt aufgerufen am 13.06.2011, 6 Seiten).

Füller, Johann et al. (2007): Innovation Creation by Basektball Communities, in: Journal of Business Research, Vol. 60 (1), S. 60-71.

Goel, Urmila (2009): Vom Indernetzwerk zum Indienportal. Die Entwicklung eines virtuellen Raumes, in: Uwe Hunger/Kathrin Kisau (Hg.) (2009), Internet und Migration. Theoretische Zugänge und empirische Befunde, Wiesbaden: VS Verlag für Sozialwissenschaften, S. 213-232.

Greschke, Heike Mónika (2009): Daheim im www.cibervalle.com: Zusammenleben im medialen Alltag der Migration, Stuttgart: Lucius & Lucius.

Greschke, Heike Mónika (2007): Bin ich drin? – Methodologische Reflektionen zur ethnografischen Forschung in einem plurilokalen, computervermittelten Feld, in: Forum qualitative Sozialforschung, Vol. 8, No. 3. Art. 32, September, http://nbnresolving.de/urn:nbn:de:0114-fqs0703321 (zuletzt aufgerufen am 01.08.2011, 18 Seiten).

Haraway, Donna J. (1995): Situiertes Wissen. Die Wissenschaftsfrage im Feminismus und das Privileg einer partialen Perspektive, in: Dies., Die Neuerfindung der Natur. Primaten, Cyborgs und Frauen, Frankfurt a.M./New York: Campus, S. 73-97.

Haug, Sonja (2008): Migration Networks and Migration Decision-Making, in: Journal of Ethnic and Migration Studies 34, S. 585-605.

Haug, Sonja (2000): Soziales Kapital und Kettenmigration. Italienische Migranten in Deutschland, Wiesbaden/Opladen: Leske + Budrich.

Hayles, Katherine N. (1999): How We Became Posthuman, Virtual Bodies in Cybernetics, Literature, and Informatics, Chicago & London: The University of Chicago Press.

Hepp, Andreas/Höhn, Marco/Wimmer, Jeffrey (Hg.) (2010), Medienkulturen im Wandel, Konstanz: UVK Verlagsgesellschaft.

Hepp, Andreas/Bozdag, Cigdem/Suna, Laura (2010): Mediale Migranten: Medienkulturen und die Kommunikative Vernetzung der Diaspora, in: Hepp, Andreas/Höhn, Marco/Wimmer, Jeffrey (Hg.) (2010), Medienkulturen im Wandel, Konstanz: UVK Verlagsgesellschaft, S. 263-276.

Hepp, Andreas (2009): Transkulturalität als Perspektive: Überlegungen zu einer vergleichenden empirischen Erforschung von Medienkulturen, in: Forum: Qualitative Sozialforschung, Volume 10, No. 1, Art. 26, Januar. Download unter: www.qualitative-research.net/index.php/fqs/article/download/1221/2660 (letzter Abruf am 13.06.2011, 16 Seiten).

Hepp, Andreas/Suna, Laura/Welling, Stefan (2009): Die Aneignung digitaler Medien in der polnischen und russischen Diaspora, in: Uwe Hunger/

Kathrin Kisau (Hg.) (2009), Internet und Migration. Theoretische Zugänge und empirische Befunde, Wiesbaden: VS Verlag für Sozialwissenschaften, S. 173-197.

Hoffmann-Riem, Christa (1994): Die Sozialforschung einer interpretativen Soziologie – Der Datengewinn, in: Dies., Elementare Phänomene der Lebenssituation, Hg. Wolfgang Hoffmann-Riem/Marianne Pieper/Gerhard Riemann, Weinheim: Deutscher Studien-Verlag, S. 20-70.

Hugo, Graeme (1981): Village-Community Ties, Village Norms, and Ethnic and Social Networks: A Review of Evidence from the Third World, in: Gordon F. de Jong/Robert R. Gardner (Hg.), Migration Decision Making. Multidisciplinary Approaches to Microlevel Studies in Developed and Developing Countries, New York: Pergamon Press, S. 186-224.

Hunger, Uwe/Kisau, Kathrin (Hg.) (2009): Internet und Migration. Theoretische Zugänge und empirische Befunde, Wiesbaden: VS Verlag für Sozialwissenschaften.

Karakayali, Serhat/Tsianos, Vassilis (2005): Mapping the Order of New Migration, in: Peripherie. Zeitschrift für Politik und Ökonomie in der Dritten Welt, Nr. 25, S. 35-64.

Kozinets, Robert V. (2002): The Field Behind the Screen: Using Netnography for Marketing Research in Online-Communities, in: Journal of Marketing Research 2002, Vol. XXXIX, S. 61-72.

Kuster, Brigitta (2011): Camps und Heterotopien der Gegenwart. À props de Rien ne vaut que la vie, mais la vie même ne vaut rien, in: Marie-Hélène Gutberlet/Sissy Helff (Hg.), Die Kunst der Migration. Aktuelle Positionen zum europäisch-afrikanischen Diskurs, Bielefeld: transcript, S. 147-157.

Latour, Bruno (2007): Eine neue Soziologie für eine neue Gesellschaft. Einführung in die Akteur-Netzwerk-Theorie, Frankfurt a.M.: Suhrkamp.

Latour, Bruno (2000): Die Hoffnung der Pandora. Untersuchungen zur Wirklichkeit der Wissenschaft, Frankfurt a.M.: Suhrkamp.

Marcus, George E. (1995): Ethnography of the World System. The Emergence of Multi-Sited Ethnography, in: Annual Review of Anthropology 117, S. 95-117.

Marcus, George E./Saka, Erkan (2006): Assemblage, in: Theory, Culture and Society 23, 2-3., S. 101-106.

Massey, Douglas S. (1998): Worlds in Motion. Understanding International Migration and the End of the Milenium, Oxford: Claredon Press.

Massey, Douglas S. et al. (1993): Theories of International Migration. A Review an Appraisal, in: Population and Development Review 19 (3), S. 431-466.

Massumi, Brian (2010): Ontomacht, Berlin: Merve.

Nyers, Peter (2006): The Accidental Citizen: Acts of Sovereignty and Unmaking Citizenship, in: Economy and Society, Volume 35, S. 22-41.

Ong, Aihwa/Collier, Stephen J. (Hg.) (2004): Global Assemblages: Technology, Politics, and Ethics as Anthropological Problems, Oxford: Blackwell.

Papadopoulos, Dimitris/Stephenson, Niahm/Tsianos, Vassilis (2008): Escape Routes. Control and Subversion in the 21st Century, London: Pluto Press.

Papadopoulos, Dimitris/Tsianos, Vassilis (2007): The Autonomy of Migration: The Animals of Undocumented Mobility, in: Hickey-Moody, Anna/Malin, Peta (Hg.), Deleuzian Encouters. Studies in Contemporary Social Issues, Palgrave, S. 223-235.

Philips, John (2006): Agencement/Assemblage Theory, in: Culture & Society, May 2006, 23, S. 108-109.

Panagiotidis, Efthimia/Tsianos, Vassilis (2007): Denaturalising the Camp, in: TRANSIT MIGRATION Forschungsgruppe (Hg.), Turbulente Ränder. Neue Perspektiven auf Migration an den Grenzen Europas, Bielefeld: transcript, S. 59-88.

Pieper, Marianne/Panagiotidis, Efthimia/Tsianos, Vassilis (2011): Postliberaler Rassismus und der Einsatz verkörperter postnationaler Subjektiviäten im Kontext von Prekarisierung und Migration, in: Dies./Thomas Atzert/Serhat Karakayli/Vassilis Tsianos (2010), Biopolitik in der Debatte, Wiesbaden: VS Verlag für Sozialwissenschaften, S. 193-226.

Piga, Andrea (2007): Mediennutzung von Migranten: Ein Forschungsüberblick, in: Heinz Bonfadelli/Heinz Moser (Hg.), Medien und Migration. Europa als multikultureller Raum?, Wiesbaden: VS Verlag für Sozialwissenschaften, S. 202-234.

Robins, Kevin (2004): Beyond Imagined Community. Transnationale Medien und türkische MigrantInnen in Europa, in: Brigitte Hipfl/Elisabeth Klaus/ Uta Scheer (Hg.), Identitätsräume. Nation, Körper und Geschlecht in den Medien. Eine Topographie, Bielefeld: transcript, S. 114-132.

Röhle, Theo (2010): Der Google-Komplex. Über Macht im Zeitalter des Internets, Bielefeld: transcript.

Sassen, Saskia (2008): Das Paradox des Nationalen. Territorium, Autorität und Rechte im globalen Zeitalter, Frankfurt a.M.: Suhrkamp.

Sassen, Saskia (2002): Towards a Sociology of Information Technology, in: Current Sociology, Vol. 50 (3), S. 365-388.

Simondon, Gilbert (2009): Ergänzende Bemerkung zu den Konsequenzen des Individuationsbegriffs, in: Ilka Becker/Michael Cuntz/Astrid Kusser (Hg.), Unmenge – wie verteilt sich Handlungsmacht?, München: Fink, S. 47-76.

Simondon, Gilbert (1964): L'individu et sa genèse physico-biologique, Paris: Presses Universitaires de France, S. 260-264.

Sofoulis, Zoë (2002): Post-, nicht- und parahuman. Ein Beitrag zu einer Theorie soziotechnischer Personalität, in: Marie-Louise Angerer/Kathrin Peters/Zoë Sofoulis (Hg.), Future Bodies. Zur Visualisierung von Körpern in Science und Fiction, Wien: Springer, S. 273-300.

Spinoza, Baruch (1994): Die Ethik nach geometrischer Methode dargestellt, Hamburg: Meiner.

Terranova, Tiziana (2010): New Economy, Finanzialisierung und gesellschaftliche Produktion im Web 2.0, in: Sandro Mezzadra/Andrea Fumagalli (Hg.), Die Krise denken. Finanzmärkte, soziale Kämpfe und neue politische Szenarien, Münster: Unrast, S. 129-146.

Thacker, Eugene (2009): Netzwerke – Schwärme – Multitudes, in: Eva Horn/Lucas Marco Gisi (Hg.), Schwärme. Kollektive ohne Zentrum. Eine Wissensgeschichte zwischen Leben und Information, Bielefeld: transcript, S. 27-68.

Thrift, Nigel (2006): Intensitäten des Fühlens. Eine räumliche Politik der Affekte, in: Hellmuth Berking (Hg.), Die Macht des Lokalen in einer Welt ohne Grenzen, Frankfurt a.M./New York: Campus, S. 216-251.

Toscano, Alberto (2006): The Theatre of Production, Basingstoke: Palgrave Macmillan.

TRANSIT MIGRATION Forschungsgruppe (Hg.) (2007): Turbulente Ränder. Neue Perspektiven auf Migration an den Grenzen Europas, Bielefeld: transcript.

Tsianos, Vassilis (2009): Heterotopie, in: Siegfried Jäger/Jens Zimmermann (Hg.), Lexikon Kritische Diskursanalyse. Eine Werkzeugkiste, Münster: Unrast, S. 46.

Tsianos, Vassilis (2008): Die Karte und die Flows! »Covernence of Migration« und die herausgeforderte Gemeinschaft: zwischen Kollaps und Überschuss, in: Grundrisse 28/2008, S. 29-33.

Tsianos, Vassilis/Karakayali, Serhat (2010): Transnational Migration and the Emergence of the European Border Regime: An Ethnographic Analysis, in: European Journal of Social Theory, August, 13, S. 373-387.

Tsianos, Vassilis/Hess, Sabine (2010): Ethnographische Grenzregimeanalyse als Methodologie. Von der Ethnographie zur Praxeographie des Grenzregimes, in: Sabine Hess/Bernd Kasparek (Hg.), Grenzregime Diskurse, Praktiken, Institutionen in Europa, Hamburg: Assoziation A, S. 243-264.

Urry, John (2003): Global Complexity, Cambridge: Blackwell.

Urry, John (2000): Sociology Beyond Societies, London: Routledge.

Willliam, Thomas P./Znanecki, Florian (1996): The Polish Peasant in Europe and America: A Classic Work in Immigration History, Urbana: University of Illinois Press.

Das minimalistische Facebook

Netzwerkfähigkeit in größeren Ökologien

Saskia Sassen

Facebook ist *überall*, und das macht es so exemplarisch. Ein Flashmob, eine Party von Freunden, der Aufstand am Tahir-Platz – alles kommt durch Facebook zustande. So heißt es jedenfalls gemeinhin. Doch damit werden extrem unterschiedliche Welten auf die gleiche technische Netzwerkfähigkeit reduziert.

Aber diese Welten sind natürlich nicht gleich. Die technischen Eigenschaften elektronischer interaktiver Domains beweisen ihre Nützlichkeit durch komplexe Ökologien, die a) nichttechnische Variablen – die sozialen, die subjektiven, die politischen, materiellen Topografien – und b) die von unterschiedlichen Akteuren genutzten spezifischen Kulturen umfassen.

Verschiedene Facebook-Ökologien und ihre Logiken

Diese Ökologien sind – um es mit einem synthetischen Bild auszudrücken – zum Teil von der besonderen Logik gestaltet, die in verschiedenen Domains eingebettet ist (Sassen 2008). Eine Facebook-Freundesgruppe, die finanzielle Investitionen tätigt und etwas erreichen will, indem sie das Facebook zugrunde liegende technische Potential nutzt, ist etwas ganz anderes als die Protestbewegung in Kairo, die die nächste Demonstration nach dem Freitagsgebet in der Moschee organisiert. Dieser Unterschied bleibt bestehen, selbst wenn beide die gleichen technischen Fähigkeiten, die schnelle Kommunikation, nutzen, um für ein Ziel mobilzumachen – also eine Investition zu tätigen oder zum Tahir-Platz zu gehen. Denn die größeren Ökologien beider sind völlig unterschiedlich.

Wenn wir elektronische interaktive Domains als Teil dieser größeren Ökologien statt als rein technische Bedingung betrachten, schaffen wir begrifflich und empirisch Raum für die breite Vielfalt sozialer Logiken, die die Nutzer und die verschiedenen Nutzungskulturen antreiben, durch die diese Techniken genutzt werden. Jede dieser Logiken und Nutzungskulturen aktiviert eine Ökologie (das »typische« Facebook-Mitglied, das Freunden mitteilt, dass es in einem neuen Restaurant oder auf einer Party sein wird) oder wird von ihm aktiviert (dem Kampf der Demonstranten, bei dem ein Element darin bestand, mit Hilfe von Facebook eine bevorstehende Aktion anzukündigen).

Aus dieser Sicht wird Facebook in eine viel größere Welt gestellt als die Sache an sich. Wir erhalten die minimalistische Version von Facebook: nicht die Innenwelt von Facebook mit ihrer riesigen Zahl von Mitgliedern – bald einer Milliarde und weiter wachsend –, sondern die größere Ökologie, in der eine Facebook-Aktion angesiedelt ist. Und dann sind wir mehr von der Vielfalt dieser Welten als von der Anzahl der Facebook-Mitglieder beeindruckt: Der Wissenschaft kann Facebook dann den Blick in bislang nicht entdeckte Welten eröffnen.

Perspektivenwechsel: Vom Facebook-Raum zu Facebook-Ökologien

Heute wird der Facebook-Raum meist als Teil des Soziallebens der überwiegenden Mehrheit der Mitglieder von Facebook verstanden. Doch die damit verbundene Netzwerkfähigkeit lässt sich natürlich nicht auf diese Funktion beschränken. Für mich stellt sich dies als eine Verschiebung hin zu einer weitaus größeren Vielfalt an Nutzungsmöglichkeiten und Praktiken dar. Und ich behaupte, dass diese Verschiebung sichtbar wird, wenn wir die Arten der mobilisierten Ökologien berücksichtigen. Anschaulich wird dies am Beispiel der Protestbewegung am Tahir-Platz: In diesem Fallbeispiel ist der Facebook-Raum nicht das ›Sozialleben‹. Vielmehr gleicht er eher einem Werkzeug, einem Instrument. Dadurch kann zwar auch soziale Dichte entstehen, aber in vielen Fällen wird dies wahrscheinlich nicht geschehen. Vorherrschend ist der Werkzeugcharakter. Und was hier hervorsticht, was uns den Auftritt von Facebook als ›Mitspieler‹ verschafft, ist die größere Ökologie, die die Nutzung des Facebook-Raums in diesen Fällen prägt.

Eine parallele Verschiebung erkenne ich in der Nutzung von Twitter: Während es noch immer ein überwiegend persönlicher Raum ist, gibt es inzwischen eine riesige Welt von Twitter-Aktivitäten, bei denen es um nichtpersönliche Fragen geht. Die erstaunliche Effizienz von Twitter bei dieser zweiten Nutzungsart signalisiert mir, dass hier seine ›Gattung‹ angesiedelt ist und dass dies viel mehr seinen besonderen Vermögen entspricht als die persönlichen Nutzungsarten. Twitter sortiert und prozessiert die gleichen Informationen anhand von tausenden von Vektoren. Auf diese Weise werden Ökologien von linken Ansichten über die Frage X generiert, und diese Ökologien können als kritischer Apparat fungieren, der Informationen und Interpretationen platziert und relativiert.

Noch ist unklar, was sich entsprechend für Facebook aus seiner Verschiebung vom persönlichen sozialen Raum hin zu einem Instrument in größeren

Ökologien ergeben wird, die weit über den Freundemodus von Facebook hinausreichen. Ich glaube, dass diese Verschiebung gerade erfolgt, obwohl das, was über Facebook geschrieben und gesagt wird, kaum darauf fokussiert.

Wenn das Immobile und das Lokale in globale politische Ökologien gelangen

Die Beschäftigung mit dem Immobilen und Lokalen ist eine Möglichkeit zu untersuchen, wie Facebook jenseits des engen persönlichen Freundemodus Teil neuer Ökologien werden und sie aktivieren könnte.

Seit langem interessiere ich mich dafür, wie digitale Medien von entscheidender Bedeutung für ortsgebundene Aktivisten werden können, die sich auf lokale Fragen konzentrieren, jedoch nicht einfach durch globale Netzwerkfähigkeit im engen Sinn (Sassen 2008: Kapitel 7). Vielmehr gilt mein Interesse auch hier den größeren Ökologien, die durch diese aktivistischen Ziele mobilisiert werden, und der Art und Weise, wie digitale Medien dann zur Schaffung einer komplexen Formation beitragen können.

Und wie können nun die neuen sozialen Medien dazu beitragen, komplexere und kraftvollere Zustände/Vermögen herbeizuführen? Ich behaupte, Twitter tut dies auf der Ebene der synthetischen Informationen/Debatten/Fokussierungen, und das wird sein stärkstes Vermögen. Es aktiviert riesige Ökologien von Nichtteilnehmern sowie direkt an den Aktionen Beteiligten: Beobachter, Erzähler, Unterstützer, Kritiker. Es aktiviert riesige Umwelten für den spezifischen Aktivismus oder Kampf, um den sich alles dreht. Das kann ungeheuer viel bedeuten und dazu beitragen, dass ein spezifisch lokaler Kampf Teil eines größeren politischen Projekts wird.

Ich würde behaupten, dass das entsprechende besondere technische Vermögen von Facebook in Topologien von Netzwerken besteht. Es tendiert zu einem ausgeprägt vernetzten Raum. Aber es macht zu wenig Gebrauch von seinen potentiellen skalaren Eigenschaften, ja, neigt dazu, sie zu neutralisieren – denn dies widerspräche im Grunde dem Geist der ›Freunde‹ bei Facebook. Es kann sich durchaus herausstellen, dass genau dieser horizontal ausgeprägte vernetzte Raum die spezielle technische Fähigkeit sein wird, die Facebook in die besondere Formation überführen wird, anhand derer ich dieser Frage nachgehe: Die Tatsache, dass lokale, immobile Aktivisten sich für spezifische lokale Fragen an Orten auf der ganzen Welt engagieren, kann eine Art von Globalität erzeugen, die nicht von der Kommunikation abhängt. Hunderte kleiner Facebook-Gemeinschaften in aberhunderten von Sprachen und noch mehr Subkulturen, die sich auf spezifische lokale Fragen fokussieren, können eine globale Gemeinschaft konstituieren. Sie wissen dies, aber auch, dass sie nicht miteinander kommunizieren müssen, selbst wenn sie sich der Vielzahl anderer ähnlicher Facebook-

Gemeinschaften bewusst sind. In dieser Mischung aus kleinen, geschlossenen (zuweilen erstickend engen) Räumen und der gleichzeitigen Mitgliedschaft in einem größeren Ganzen, das tausende von Lokalitäten beherbergen kann, liegt ein Potential für Facebook. Ich verstehe Facebook als eine globale Formation, die sich nicht als eine Vielheit von einer Milliarde Mitgliedern, sondern durch die Wiederholung kleiner, oft ganz lokaler geschlossener Räume konstituiert.

LITERATUR

Sassen, Saskia (2008): Das Paradox des Nationalen. Territorium, Autorität und Rechte im globalen Zeitalter, Frankfurt a.M.: Suhrkamp.

Vernetzte Öffentlichkeiten

Die doppelte Artikulation von Code und Politik in Facebook

GANAELE LANGLOIS, GREG ELMER UND FENWICK MCKELVEY

Der Zuwachs an sozialen Netzwerken im Internet, die es den Nutzern ermöglichen, Inhalte zu erstellen, soziale Bindungen zu entwickeln und aufrechtzuerhalten sowie an Diskussionen über öffentliche Fragen teilzunehmen, hat in den Mainstreammedien wie in akademischen Kreisen die große Hoffnung geweckt, basisdemokratische Formen der Partizipation der Bürger an öffentlichen Angelegenheiten ließen sich so wiederbeleben. Neben Twitter hat Facebook sich zu einem wichtigen politischen Ort weltweit entwickelt, insbesondere in den jüngsten politischen Aufständen in arabischen Ländern, allen voran in Ägypten. Während der US-Präsidentschaftswahlen 2008 hatte die Facebook-Gruppe von Barack Obama über 1,2 Millionen Unterstützer. Facebook ist zu einer zentralen Komponente für den politischen Aktivismus und für Kampagnen auf globaler wie lokaler Ebene geworden, und zwar nicht nur als Instrument, um politische Diskussionen online zu organisieren, sondern vielleicht vor allem als Medium, durch das sich die politische Kommunikation in politische Aktion (Demonstrationen, Versammlungen, Treffen) umwandeln lässt.

Facebook ist scheinbar als ein Raum entstanden, in dem eine Öffentlichkeit erreicht und informiert werden und in einen Dialog eintreten kann, um Fragen von allgemeinem Interesse zu diskutieren und die politische Entscheidungsfindung zu beeinflussen. Eine derartige Beschreibung, die die Vorstellung von »issue publics« (Lippmann 1925) im allgemeinen theoretischen Kontext der Öffentlichkeit (Habermas 1962) wiederbelebt, scheint auf einen generellen optimistischen Diskurs hinzudeuten, der nutzergenerierte Inhalte und soziale Onlinemedien mit demokratischer Partizipation gleichsetzt. Doch solche unkritischen Schlussfolgerungen sind theoretisch wie empirisch fragwürdig. Während es Facebook zweifellos jedem mit uneingeschränktem Zugang zum Internet ermöglicht, sich zu artikulieren, bedeutet dies nicht, wie wir in diesem Kapitel darlegen werden, dass es de facto eine radikale Demokratisierung des politischen Aktivismus bewirkt. Das heißt, Facebook und generell alle Social-Networking-Plattformen können nicht als neutrale und transparente Kanäle vielfältiger politischer Willensäußerungen betrachtet werden. Vielmehr verkompliziert die Logik der Plattform an sich – von der Informationsverarbeitung bis zu ökonomischen Prioritäten – Bildung, Organisation und Management dessen, was wir als politischen Aktivismus verstehen, insbesondere die Konstitution politisch beteiligter Öffentlichkeiten in verschiedenen Zusammenhängen.

Angeregt von Deleuze und Guattari (1992) untersuchen wir die Konstitution von Öffentlichkeiten in Facebook als Ergebnis mehrerer Prozesse der doppelten Artikulation von Code und Politik, die neue Bedingungen und Möglichkeiten des politischen Handelns und der politischen Kommunikation definieren. Wir definieren die doppelte Artikulation als das Ensemble von Prozessen, durch die politische Akteure und Interessen Code (Online-Plattformen, Software, Netzwerke, Informationsdynamiken usw.) mobilisieren und darin investieren, während gleichzeitig der Code die Politik (politische Diskurse, politische Bewegungen und Akteure usw.) nach einer spezifischen Informationslogik formalisiert und gestaltet. Aus der Sicht der doppelten Artikulation entstehen Online-Öffentlichkeiten und -Themen aus dem Verlinken, Sammeln, Verbinden und damit Hybridisieren verschiedener Code- und Politikelemente und Akteure. Wir untersuchen die Konstitution politischer Öffentlichkeiten in Facebook, indem wir deren Dynamiken auf drei Ebenen analysieren: Die erste Ebene betrifft die Dynamiken der Öffentlichkeit, die in einer ich-zentrierten Plattform an der Nutzerschnittstelle auftreten, die zweite Ebene fokussiert auf die Dynamiken der Informationsrepräsentation, durch die spezifische politische Strategien entwickelt werden, und die dritte Ebene untersucht die Facebook-Programmierschnittstelle (API) und insbesondere die methodologischen Herausforderungen im Umgang mit Back-end-Architekturen, die in einer Black Box verborgen sind.

Die erste Fallstudie befasst sich mit der Entwicklung von Facebook-Gruppen im Zusammenhang mit der Provinzialwahl in Ontario 2007. Die zweite Fallstudie untersucht die Kontroverse um die »Great Canadian Wish List«, ein Facebook-Event, das vom kanadischen Rundfunk (der Canadian Broadcasting Corporation, kurz CBC) im Sommer 2007 gestartet wurde. Die dritte Fallstudie befasst sich erneut mit der Provinzialwahl in Ontario 2007, untersucht aber die Konstitution von Öffentlichkeiten durch die Back-end-Architektur und Datenbank von Facebook. Wir hatten nicht den Anspruch, mit diesen Fallstudien definitiv zu klären, welche Rolle Facebook-Gruppen bei der Gestaltung politischer Kampagnen und öffentlicher Diskurse spielen, vielmehr wollen wir zum Nachdenken über die neuen Bedingungen anregen, durch die Öffentlichkeiten online entstehen. Die Untersuchung der doppelten Artikulation von Code und Politik in der Formierung von Facebook-Öffentlichkeiten beweist, wie notwendig es ist, sich weniger auf den Inhalt öffentlicher Online-Diskussionen zu konzentrieren als auf die Modalitäten der Existenz einer Öffentlichkeit. Zwar ist die heterogene Konstitutierung von Öffentlichkeiten und Fragen von allgemeinem Interesse bereits durch den Ansatz der »issue publics« (Marres 2005, 2007) untersucht worden, was wir zeigen wollen ist jedoch, dass nicht nur die Bildung von Öffentlichkeiten untersucht werden muss, sondern auch das Vernetzen von Öffentlichkeiten durch Online-Softwareplattformen. Die Erforschung vernetzter Öffentlichkeiten greift zurück auf Maurizio Lazzaratos (2004) postmarxistische Überlegungen zur Art und Weise, wie immaterielle Arbeit samt den damit verbundenen Kommunikationsprozessen dazu dient, Machtverhältnisse zu organisieren, indem die Bedingungen für das Entstehen spezifischer sozialer Beziehungen und Horizonte der Subjektivierung in Kontrollgesellschaften vorgeschlagen, systematisiert und festgelegt werden.

FACEBOOK AUS SICHT DER DOPPELTEN ARTIKULATION

Aus einer wissenschaftlichen Perspektive stellt das Verständnis der Rolle sozialer Netzwerke im Internet eine methodologische Herausforderung dar. Technisch gesehen ist es ungeheuer schwierig, Informationen in privaten Online-Räumen zu verfolgen, die komplexe und verschlossene Architekturen entwickelt haben. Theoretisch liegt die Herausforderung primär darin, die Besonderheit sozialer Netzwerkseiten als Assemblagen zu verstehen, in denen Softwareprozesse, Muster der Informationsverbreitung, kommunikative Praktiken, soziale Praktiken und politische Kontexte sich im Zusammenspiel artikulieren und gegenseitig neu definieren. Insbesondere gilt es zu untersuchen, wie verschiedene Elemente und (menschliche und nichtmenschliche, informative, kommunikative und politische) Akteure mobilisiert und auf spezifische Weise artikuliert werden, um spezielle Formen von Öffentlichkeit und öffentlichem Diskurs zu gestalten. Die Herausforderung besteht darin, dass Elemente, die von der Wissenschaft der politischen Kommunikation traditionell ignoriert wurden, wie Web-2.0-Unternehmen, Softwareprozesse und Informationsarchitekturen, nunmehr eine zentrale Rolle dabei spielen, wie die materiellen Existenzbedingungen von Online-Öffentlichkeiten geschaffen werden und wie der Rahmen für politische Online-Praktiken gebildet wird. Das heißt, diese Elemente übertragen nicht einfach einen öffentlichen Willen ins Internet – sie transformieren auch die öffentliche Diskussion und regeln, dass und wie ein Publikum entsteht, indem sie spezifische Bedingungen, Möglichkeiten und Grenzen der Online-Nutzung durchsetzen. Somit besteht die Herausforderung nicht einfach darin, neue Kommunikationspraktiken und ihre Auswirkungen auf den Inhalt der öffentlichen Diskussion zu ermitteln, sondern zu verstehen, wie das Aufeinandertreffen von Kommunikationstechnologien und politischen Prozessen neue Bedingungen für das Entstehen von Fragen allgemeinen Interesses und ihrer Öffentlichkeiten schafft.

Ein großer Hype umgibt das demokratische Potential von Web-2.0-Plattformen als sozialen Produktionsmitteln (Benkler 2006) zur Nutzung kollektiver

Intelligenz, die es den Nutzern gestatte, sich unter Umgehung traditioneller Medien auszudrücken (Jenkins 2006) und einen Zugang zu einem Informationsreichtum über öffentliche Fragen zu ermöglichen. Das Aufkommen von Blogs, Wikis und anderen nutzergenerierten Inhalten und kollaborativen Plattformen, heißt es, habe die Beziehungen zwischen Bürgern, Politik und Medien grundlegend verändert (Bruns 2005, 2008). Auf der anderen Seite werden aber auch Bedenken geäußert, was Privatsphäre und Überwachung angeht, sowie die Frage, ob sich die Dynamiken von Information und Kommunikation kontrollieren lassen. Insofern werden optimistische Äußerungen über eine Erneuerung des öffentlichen Dialogs und Austauschs in sozialen Netzwerken im Internet relativiert (Albrechtslund 2008, boyd 2008, Petersen 2008, Scholz 2008). Diese Bedenken unterstreichen, dass die Software- und die Informationsarchitektur von Web-2.0-Seiten neue Formen von Kontrolle entstehen lassen. Diese neuen Dynamiken der Kontrolle sollten nicht nur auf Aspekte wie Überwachung und Privatsphäre hin befragt werden, sondern auch hinsichtlich der kulturellen Erfahrung als Nutzer sozialer Online-Netzwerke. So sind zum Beispiel die Informationsprozesse, die gerade die Nutzungserfahrung auf Facebook gestalten – ständige Personalisierung, automatische Updates und Empfehlungen –, nicht nur restriktiv, weil sie neue Formen der Überwachung und Kontrolle ermöglichen, sondern auch produktiv, insofern sie die Bedingungen für soziale Bindungen und den politischen und kulturellen Austausch festlegen.

Auf der einen Seite scheint sich die Rolle der sozialen Netzwerke in den jüngsten Aufständen und Revolutionen in arabischen Ländern ziemlich simpel darzustellen, hätten doch gerade sie die Menschen zusammengebracht, um eine Öffentlichkeit zu bilden, die in der Lage war, umfassende politische Veränderungen herbeizuführen. Zahlreiche Bilder wurden in den Massenmedien beispielsweise über Demonstranten in Ägypten verbreitet, die einen freien und uneingeschränkten Zugang zu Facebook und Twitter forderten, der unabdingbar für den Aufbau der Demokratie sei. Derartige öffentliche Darstellungen suggerieren nicht einfach, partizipatorische und soziale Medien würden allein eine öffentliche Diskussion ermöglichen. Vielmehr werden diese Medien als zentrale Orte verstanden, durch die aus der politischen Diskussion eine politische Handlung werden könne. Im Gegensatz zur früheren Darstellung des demokratischen Potentials des Web 1.0 als eines Raums der offenen Diskussion verbindet sich mit Facebook der demokratische Anspruch, die offene Diskussion könne mobilisiert werden, um konkrete Existenzbedingungen zu verändern. Derartige Diskurse über das Potential von Facebook und anderen sozialen Medien gehen von der Annahme aus, Kommunikationstechnologien seien ein besserer und demokratischerer Spiegel von basisdemokratischen Öffentlichkeiten. Somit lautet die scheinbar unvermeidliche Schlussfolgerung, Facebook biete Instrumente für eine adäquatere Darstellung einer großen Vielfalt von Fragen an, von denen einige von den Massenmedien ignoriert oder, je nach

Kontext, zensiert würden. Aus dieser Sicht werden Öffentlichkeiten in Facebook dadurch konstituiert, dass sich einzelne Nutzer zusammentun – eine Reihe von Profilen, die durch politische Gruppen verbunden werden.

Zwar markierten die arabischen Revolutionen eine bedeutende Wende, weil sich hier die sozialen Medien als nützliche Möglichkeit erwiesen, demokratische Repräsentation zu fördern, und weil sie Wege für eine basisdemokratische politische Organisation eröffneten, dennoch muss man mit Schlussfolgerungen vorsichtig sein, neue Kommunikationstechnologien würden *de facto* Demokratie produzieren. Ulises Mejias erinnert mit seiner Kritik an der Rede von der »Twitter-Revolution« daran, dass es bei Revolutionen um Auseinandersetzungen zwischen Menschen und nicht um technisches Know-how geht und dass eine eindeutig unternehmerische, prowestliche Ideologie im Spiel ist, wenn Handlungsmacht Kommunikationstechnologien statt Menschen zugeschrieben wird (Mejias 2011). Schließlich war eine der zentralen Forderungen während der Proteste der Zugang zu Kommunikation ohne staatliche Überwachung oder Zensur, nicht bloß der Zugang zu Facebook oder Twitter. Ganz entscheidend ist somit, die heute existierenden sozialen Medien nicht unkritisch als ultimative Lösung zur Begünstigung und Förderung demokratischer Prozesse zu verstehen, nur weil sie es allen ermöglichen, sich selbst auszudrücken. Aus diesem Grund ist es wichtig zu untersuchen, dass in soziopolitischen Kontexten wie in Nordamerika und in Teilen Europas, wo die Teilnahme an sozialen Netzwerken zur Wiederbelebung von öffentlichem Leben und von Gemeinschaft ermöglicht und sogar gefördert wird, Facebook keinesfalls einen neutralen Raum zur Versammlung von Öffentlichkeiten darstellt, sondern unterschiedliche politische und ökonomische Interessen artikuliert, die mit spezifischen Informationslogiken einhergehen.

Diese laufende Debatte zwischen optimistischen und pessimistischen Beschreibungen partizipatorischer Medien unterstreicht, wie notwendig es ist, Forschungsgegenstände wie politische Diskurse online neu zu definieren, nicht bloß als Werk menschlicher Akteure (d.h. Bürger, Journalisten, Politiker) in spezifischen politischen Kontexten, sondern auch als Augenblicke der Begegnung mit einer Informationsstruktur, die in großem Umfang die Parameter politischer Kommunikation und politischen Handelns online organisiert. Das heißt, wenn wir uns der Untersuchung der Informationsstruktur partizipatorischer Medien widmen, können wir die Dynamik und die im Entstehen begriffenen technopolitischen Strategien verstehen, durch die manche politischen Diskurse und Handlungen online mehr Bedeutung erlangen als andere. Aus methodologischer Sicht müssten partizipatorische Online-Medien als Plattformen betrachtet werden, das heißt, als Resultate der Konvergenz verschiedener technischer Systeme, Protokolle und Netzwerke, die spezifische Nutzerpraktiken ermöglichen und die Nutzer auf unterschiedliche und besondere Weise miteinander verbinden (McKelvey 2008). Somit müssen wir vertikal vorgehen (Elmer 2006), um die Bedingungen der Vernetzung verschiedener kultureller, kommunikativer und informativer Komponenten in spezifischen Online-Räumen und -Plattformen zu studieren. Der Code, die Sprachen und Architekturen ebenso wie die anderen Elemente, die eine für Menschen verständliche visuelle Schnittstelle produzieren, schränken den Kommunikationsprozess auf spezifische Weise ein und lassen zugleich neue Ausdrucksmöglichkeiten zu, so dass sie auf diese Weise neu definieren, was es heißt, online zu kommunizieren. Im Fall von Facebook wäre dies eine vertikale Betrachtungsweise, welche die »information politics« (Rogers 2004) berücksichtigt, die die Kommunikationsprozesse regelt. Diese lenkt das Augenmerk auf das Paradox einer freien und offenen Kommunikation, die zu verorten ist zwischen der Verwendung von Werkzeugen, welche die Produktion und Zirkulation von Inhalten ermöglichen, und der Undurchsichtigkeit und Komplexität einer Architektur, die von der Ökonomie des Data-Mining reguliert wird. Die vertikale Betrachtungsweise verlangt von uns, die doppelte Artikulation von Code und Politik zu untersuchen und zu ermitteln, wie Informationsprozesse die Ebene von Politik und öffentlicher Diskussion beeinflussen und umgekehrt.

Die Bildung von Öffentlichkeit auf ich-zentrierten Plattformen: Die Wahl in Ontario 2007

Wie lassen sich also die Informationsspezifika von sozialen Netzwerkseiten wie Facebook charakterisieren? Soziale Netzwerkseiten (SNS) gleichen in mancherlei Hinsicht anderen Web-2.0-Plattformen, unterscheiden sich aber erheblich in ihren Mustern der Informationszirkulation. SNS gestatten es den Menschen, in Kontakt mit ihrem sozialen Umfeld zu treten, und verlangen am Anfang typischerweise, dass man einen individuellen Account anlegt. Von ihren Account-Seiten aus können die Nutzer andere Nutzer einladen, »Freunde« zu werden, sowie Botschaften und Inhalte (Texte, Videos, Bilder, Audio-Dateien) an ihr Netzwerk von Freunden senden. Bei Facebook sind die Modalitäten des Austauschs unter Freunden äußerst vielfältig, von »Neuigkeiten«, durch die andere Nutzer automatisch von den Facebook-Aktivitäten ihrer Freunde erfahren, bis zum privaten (z.B. E-Mail-Adressen) und öffentlichen (z.B. von Pinnwand zu Pinnwand posten) Austausch von Inhalt. Außerdem lässt sich das eigene Netzwerk nicht nur durch Einladungen an »Freunde« erweitern, sondern auch dadurch, dass man zum Beispiel »Fan« einer öffentlichen Persönlichkeit, eines politischen Anliegens oder einer Fernsehserie wird und Ereignisse und Gruppen erstellt und/oder sich dafür anmeldet.

Im Gegensatz zu anderen Web-2.0-Räumen können soziale Netzwerke somit als ich-zentriert betrachtet werden. Und obwohl es das Ziel von Facebook ist, als großes Informationsdepot zu funktionieren, indem es zahlreiche Möglichkeiten anbietet, Informationen zu posten, zu erhalten und mit anderen auszutauschen, findet jede Art von Aktivität aus einer hoch individualisierten und personalisierten Perspektive statt. Der Einstiegspunkt der Facebook-Schnittstelle ist der eigene Nutzer-Account, und die Empfehlungs- und Suchfeatures von Facebook ordnen ihre Ergebnisse anhand der Nähe zum eigenen Netzwerk, etwa der Schulzugehörigkeit, des geografischen Orts und der Anzahl der Freunde, die bereits an einem Ereignis oder einer Gruppe teilnehmen. Die ich-zentrierte Perspektive bei Facebook ist somit zwar eine Einschränkung, bietet aber auch einen spezifischen Kontext für die kulturelle und soziale Erfahrung und ermöglicht neue Formen von Sozialität und neue Möglichkeiten des Informationszugriffs. Auf die gleiche Weise definieren die Informationsprozesse, die Nutzer zu Gruppen versammeln, spezifische Modalitäten der Bildung von Öffentlichkeiten.

Die Modi von politischer Aktivität in Facebook unterscheiden sich erheblich von anderen Web-2.0-Formaten, insbesondere im Hinblick darauf, wie Informationen und Inhalte in der Facebook-Plattform zirkulieren. Automatisch bietet Facebook drei Möglichkeiten an, politische Unterstützung zu äußern: Mitglieder können »Fans« oder Unterstützer des Profils eines Politikers werden, sie können eine Gruppe bilden oder sich ihr anschließen oder sie können ihre politischen Ansichten in ihrem Profil ändern. Von diesen drei Äußerungsmodi sind es nur Gruppen und Politikerprofile, die die politischen Ansichten eines Nutzers über sein ich-zentriertes Netzwerk hinaus sichtbar machen, indem sie den Nutzer als Mitglied oder Unterstützer öffentlich auflisten. Fan oder Gruppenmitglied zu werden, erlaubt es, Nutzer um bestimmte politische Persönlichkeiten und Anliegen herum zu versammeln und öffentlich zu machen. Auf diese Weise entstehen Netzwerke von gemeinsamen Interessen; die Facebook-Plattform vereinfacht über E-Mails, Einladungen und Erinnerungen die Kommunikation innerhalb eines Netzwerks und in ein Netzwerk hinein erheblich. Nutzer wiederum können ihre eigenen Freunde einladen, sich einer Gruppe, Seite oder einem Ereignis anzuschließen, entweder aktiv (z.B. indem sie eine E-Mail senden) oder eher passiv (z.B. durch automatisierte Status-Updates, die für Freunde sichtbar sind). Facebook-Gruppen stellen ein wesentlich dynamischeres Forschungsfeld dar – eines, das die partizipatorischen Aspekte sozialer Medien widerspiegelt – als die Profilseite eines Politikers, die nur das Resultat hierarchischer Entscheidungsfindung in Parteien und Kampagnen bildet. Politische Profile können nur von Politikern erstellt werden, während jeder eine Gruppe bilden oder sich ihr anschließen kann. Damit bieten Gruppen mehr Möglichkeiten zur politischen Partizipation. Aus diesen Gründen lassen sich partizipatorische Öffentlichkeiten bei Facebook am besten an Gruppen erforschen, da jeder Nutzer eine Gruppe bilden kann und Gruppen das Moment darstellen, wo ich-zentrierte Profile zusammengebracht werden und Öffentlichkeit bilden. Außerdem besteht die Logik von Facebook-Gruppen darin, dass man seine Vorlieben als Nutzer bewusst öffentlich macht, im Gegensatz zur Erwartung der Nutzer, dass ihre persönlichen Profile und andere eher intime Formen der Kommunikation mit ihren Netzwerken von Freunden irgendwie privat seien (einschließlich der Updates und der Pinnwand-Kommunikation). Schließlich wurden Facebook-Gruppen von Facebook veröffentlicht, so dass sie beispielsweise in Suchmaschinen aufgelistet werden, was den Zugang zu diesen Daten erleichtert.

Wie gestaltet nun die Gleichzeitigkeit von Ich-Zentriertheit und Öffentlichkeit bei Facebook die Konstituierung von Öffentlichkeiten um Fragen von allgemeinem Interesse? Diese Frage muss zuerst gestellt werden, denn wenn man die Informationsstruktur der Repräsentation bei Facebook berücksichtigt, muss man erkennen, dass Facebook kein neutraler Mittler des politischen Willens ist. Außerdem darf man Facebook nicht als stabiles Format betrachten, sondern vielmehr als eine Plattform, die verschiedene Modulationsformen der Ich-Zentriertheit und Öffentlichkeit erlaubt. Die erste Art von doppelten Artikulationen, die es hier zu betrachten gilt, ist auf der Ebene der Nutzerschnittstelle zu finden. Hier sind die an der Etablierung von Debatten und deren jeweiligen Öffentlichkeiten beteiligten Hauptakteure die Politiker, Bürger, NGOs usw., die die von Facebook angebotenen Kommunikationsmöglichkeiten nutzen, um neue Arten der politischen Kommunikation und Partizipation zu unterstützen, zu repräsentieren und hervorzubringen. Dieser Prozess besteht nicht einfach darin, dass menschliche Akteure Kommunikationstechnologien produktiv nutzen, sondern die Kommunikationstechnologien ermöglichen im Gegenzug auch neue Muster der politischen Organisation. Aus dieser Sicht schließen Prozesse der doppelten Artikulation auch die neuen kommunikativen Handlungsmöglichkeiten (*affordances*), die Nutzern angeboten werden, sowie die Art und Weise mit ein, wie diese neuen Handlungsmöglichkeiten neue Diskurse, neue Modalitäten der politischen Diskussion und neue Potentiale für politische Aktionen in einem partizipatorischen medialen Raum gestatten. Eine derartige Betrachtungsweise ist besonders hilfreich, wenn man untersucht, wie sich die politische Kommunikation bei Facebook durch neue partizipatorische Handlungsmöglichkeiten von den Arten der politischen Kommunikation in anderen Medien unterscheidet. Die Provinzialwahl 2007 in Ontario stellt ein anschauliches Fallbeispiel für die Betrachtung der verschiedenen Modi der Partizipation und der Versammlung von Öffentlichkeiten bei Facebook dar. Als wir dieses Forschungsprojekt angingen, wollten wir zunächst feststellen, ob es möglich wäre, das Aufkommen von Fragen allgemeinen Interesses und die Konstitution ihrer Öffentlichkeiten zu verfolgen, indem man die spezifische Kommunikationsdynamik von Facebook berücksichtigt. Insbesondere wollten wir herausfinden, ob Facebook von traditionellen politischen Praktiken wie Parteienloyalität mobilisiert wurde und ob es zuließ, dass neue Konstellationen, Fragen und Öffentlichkeiten entstanden. Unsere Methode bestand darin, dass wir wöchentlich manuelle Suchen nach

Gruppen bei Facebook unter Verwendung des Namens der Vorsitzenden der größten Parteien – »Howard Hampton« (New Democratic Party), »John Tory« (Conservative), »Dalton McGuinty« (Liberal) – sowie des allgemeineren Begriffs »Ontario Election 2007« durchführten. Mit der letzten Suchkategorie sollte die Vielfalt der mit der Wahlkampagne zusammenhängenden Fragen allgemein erfasst werden. Insgesamt wurden vom 31.08.2007 bis zum 05.10.2007 281 Facebook-Gruppen verfolgt. Diese Gruppen reichten von offiziellen Parteigruppen bis hin zu lokalen und basisdemokratischen Gruppen.

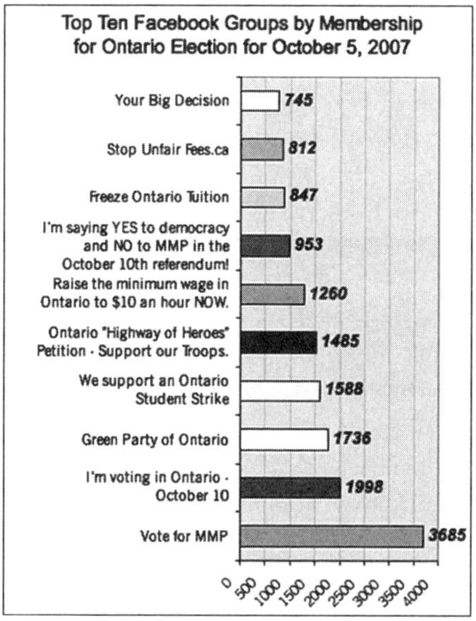

Abbildung 1: Die zehn größten Facebook-Gruppen, gemessen an der Mitgliederanzahl für den Suchbegriff »Ontario Election« am 05.10.2007

Ein übergreifendes Ergebnis unserer Untersuchung war, dass es bei der Ontario-Wahl ein Nebeneinander von Parteipolitik und themenorientierter Politik gab. Während die Mehrheit der Facebook-Gruppen (54 %) für parteibezogene Zwecke eingesetzt wurde, indem sie entweder einen Parteikandidaten unterstützten oder angriffen, konzentrierte sich auch eine beträchtliche Anzahl von Gruppen auf Fragen allgemeinen Interesses (38 %). In diesem Sinne gab es bei Facebook eine Reartikulation von Kampagnen, um Druck auf Politiker auszuüben, in spezifischen Angelegenheiten zu handeln, etwa Studiengebühren zu senken oder einzufrieren oder den Mindestlohn anzuheben. Bemerkenswert ist auch, dass die, an der Anzahl der Mitglieder gemessen, beliebtesten Gruppen fast alle themenorientiert statt parteiorientiert waren (siehe Abb. 1). Das Ranking der ersten zehn Facebook-Gruppen nach der Anzahl ihrer Mitglieder ergab für die letzte Woche der Kampagne beispielsweise, dass die Green Party von Ontario die einzige Partei war, deren Gruppe in diesem Ranking vertreten war. Die übrigen Gruppen konzentrierten sich auf Themen, von der Wahlreform (»Vote for MMP«) bis zu den Studiengebühren (»Freeze Ontario Tuition«) und zur Umbenennung einer Autobahn (»Ontario Highway of Heroes Petition – Support our Troops«). Nach einer verbreiteten Ansicht ermöglichen partizipatorische Medien Randgruppen, sich Gehör zu verschaffen. Und tatsächlich ließ Facebook im Falle der Wahl von Ontario die Herausbildung randständiger Themen und Öffentlichkeiten zu. Eine der beliebtesten Facebook-Gruppen während der Wahl konzentrierte sich auf Themen, die in den traditionellen Massenmedien keine prominente Rolle spielten. Die Green Party von Ontario etwa war stark basisdemokratisch orientiert und offiziell bei Facebook vertreten (»Green Party of Ontario«, 1736 Mitglieder). Eine andere bedeutende Facebook-Gruppe befasste sich während der ganzen Kampagne mit einem Referendum zur Wahlreform, das zur selben Zeit wie die Provinzialwahl stattfand. Das Thema Wahlreform wurde zwar überwiegend von den Massenmedien ignoriert, die sich mehr mit Politikern befassten, auf Facebook jedoch ausgiebig diskutiert (Nelson 2007).

Es wäre indes in methodologischer Hinsicht zu kurz gegriffen, wenn man bei der Betrachtung der Bildung von Öffentlichkeiten bei Facebook annähme, dass Gruppen mit der höchsten Anzahl von Mitgliedern auch die beliebtesten wären. Es stimmt zwar, dass Gruppen mit hohen Mitgliederzahlen als zentrale Knotenpunkte für die politische Diskussion und Entscheidungsfindung fungieren, doch die kommunikativen Handlungsmöglichkeiten bei Facebook sorgen zusammen mit seiner ich-zentrierten Architektur für eine Umgestaltung des Horizonts politischer Handlungsfähigkeit innerhalb eher lokalisierter und personalisierter Netzwerke. Außerdem ergab die Ontario-Wahl, dass die Aufteilung zwischen den partizipatorischen Handlungsmöglichkeiten von Facebook und seiner ich-zentrierten Architektur den Horizont politischen Handelns innerhalb privater und lokalisierter Netzwerke umgestaltet. Während der Ontario-Wahl befassten sich zahlreiche lokale Gruppen mit ähnlichen Themen, und dies zeigt, dass sich Facebook nicht nur dafür nutzen lässt, Themen publik zu machen, sondern auch, einen Prozess der Streuung von Themen innerhalb kleinerer persönlicher Netzwerke zu befördern. So wurden zum Beispiel während der Ontario-Kampagne 24 Gruppen geschaffen, die sich mit der vorgeschlagenen Wahlreform befassten. Acht dieser Gruppen waren gegen die Wahlreform, zwei waren neutral und vierzehn waren dafür. Während die Gruppe »Vote for MMP« am 05.10.2007 mit 3685 Mitgliedern die zahlenmäßig größte Gruppe war, hatten nur fünf weitere Gruppen, die sich mit der Wahlreform befassten, mehr als 100 Mitglieder. Die anderen 18 Gruppen reichten von einem Mitglied bis zu 78 Mitgliedern. Ein Streuungseffekt wird somit dadurch erzielt, dass kleine Gruppen die gleiche Botschaft (nämlich »Vote ›Yes‹ for Ontario Electoral Reform« und »Vote YES!!! To Election Reform«) wiederholen. Die Neugliederung des

Prozesses der Bildung von Öffentlichkeiten durch die personalisierende und ich-zentrierte Informationsdynamik von Facebook verändert unseren Begriff von Öffentlichkeit: Statt mit einer großen Gruppe betroffener Bürger haben wir es mit kleineren Ansammlungen von Nutzern zu tun.

Somit können politische Aktivitäten auf Facebook nicht ausschließlich als Beliebtheitswettbewerb betrachtet werden, bei dem die Gruppen mit den meisten Mitgliedern als wichtigste oder mächtigste Gruppen gelten. Vielmehr stellt sich die Frage, wie sich die verschiedenen Kommunikationslogiken verstehen lassen – auf der einen Seite von Gruppen mit einer großen Anzahl von Mitgliedern, die ein gemeinsames Interesse haben, das sich durch die Teilnahme an einer bestimmten Gruppe ausdrückt, auf der anderen Seite von kleineren Ansammlungen von Nutzern, deren Mitgliedschaft in einer Gruppe nur eine von vielen Gemeinsamkeiten ist, die sie miteinander haben. Die Analyse der politisch-strategischen Bedeutung dieser verschiedenen Gruppentypen ist eine Aufgabe, der sich die weitere Forschung in diesem Bereich annehmen muss. Dabei sollte man sich genauer mit der Überlegung auseinandersetzen, dass Gruppen mit vielen Mitgliedern dafür genutzt werden können, den Mainstreammedien und den Berufspolitikern bestimmte Themen näherzubringen, während kleine Satellitengruppen eine wichtige Rolle dabei spielen könnten, Wähler zu überzeugen und zu mobilisieren, ähnlich vielleicht dem Modell der Meinungsführerschaft, wie es Paul Felix Lazarsfeld in seinem Ansatz des Zweistufenflusses der Kommunikation entwickelte (Lazarsfeld/Berelson/Gaudet 1944). Somit müssen also die Muster der Gruppenmitgliedschaft genauer erforscht werden. Ganz allgemein ergab sich aus unseren Studien kanadischer Wahlkampagnen, dass die Facebook-Plattform neue Arten von Partizipation ermöglichte, und zwar durch die doppelte Artikulation – einerseits von Instrumenten für die partizipatorische Kommunikation und für unterrepräsentierte Öffentlichkeiten und Themen, andererseits von personalisierten Informationsnetzwerken und Fragen von allgemeinem Interesse.

Reifizierung einer Öffentlichkeit: Die Great Canadian Wish List

Während die Analyse von Facebook-Gruppen auf der Ebene der Artikulation von ich-zentrierter Architektur und Öffentlichkeit erfolgen kann, möchten wir durch eine andere kanadische Fallstudie (die Great Canadian Wish List) hervorheben, wie wichtig es ist, die doppelte Artikulation von Code und Politik hinsichtlich der Übertragung von Themen in die spezifischen Kommunikations- und Informationsregime der Facebook-Plattform zu untersuchen. Das heißt, es geht nicht nur um die Versammlung von Öffentlichkeiten bei Facebook, sondern auch um die neuartigen verborgenen Machtdynamiken, die eine wesentliche

Rolle bei der Festlegung spielen, welche Öffentlichkeiten entstehen können. Die Great Canadian Wish List war ein Versuch, Bürger, traditionelle Massenmedien und soziale Online-Netzwerke auf neuartige Weise miteinander zu vernetzen. Im Sommer 2007 startete Kanadas nationaler Rundfunk (CBC) eine Facebook-Kampagne, um die größten Wünsche der Kanadier zu ermitteln. Menschen aus Kanada oder aus dem Ausland wurden aufgefordert, sich der Facebook-Gruppe der Great Canadian Wish List anzuschließen, damit man feststellen könne, was sich »die Kanadier für die Zukunft des Landes erhoffen« und wie sie ihren Wunsch definieren.[1] Die Great Canadian Wish List veranschaulicht, wie sich Prozesse der doppelten Artikulation an der Schnittstelle von Informationsdynamiken und den repräsentativen Ökonomien der Nutzerschnittstelle vollziehen können. Bei der Nutzerschnittstelle geht es nicht nur um Inhalt und Diskurs, sondern auch um das Darstellen und Übersetzen politischer Handlungen, die von Informationspraktiken vermittelt werden. Ein Mausklick beispielsweise wird mit einem politischen Akt gleichgesetzt und als Votum oder Einverständnis im Falle einer Online-Petition dargestellt, doch gerade diese Gleichsetzung wird problematisch, weil sich die Bedingungen politischer Partizipation unterscheiden, wenn unterschiedliche Kommunikationstechniken benutzt werden. Die Great Canadian Wish List unterstrich die doppelte Artikulation, die Informationsdynamiken mit der repräsentativen Schnittstelle verbinden, und sie betonte die entscheidende Bedeutung und die Grenzen der Nutzerschnittstelle als einen Modus, Informationsprozesse als kulturelle Prozesse ins Leben zu rufen und zu konstruieren.

CBC forderte Leute dazu auf, ihre Unterstützung für einen oder mehrere Wünsche zu äußern, indem sie »Freunde« mit einem Wunsch wurden: »Facebook wird ein automatisches Ranking der Wünsche vornehmen: Je mehr ›Freunde‹ Ihr Wunsch hat, desto höher ist sein Rang.« Die Great Canadian Wish List basierte also darauf, dass man Facebook als Instrument für eine demokratische und partizipatorische Kommunikation einsetzte, um es einer breiten Öffentlichkeit zu ermöglichen, ihre eigenen Anliegen zu definieren. Im Hinblick auf die Erfüllung des Mandats der CBC, Kanadiern eine übergreifende Idee von Kanada zu vermitteln,[2] war die Great Canadian Wish List ein Experiment, um eine politische Praxis – für eine Sache votieren – mit einer spezifischen Informationspraxis – eine Gruppe von »Freunden« bei Facebook zu gewinnen – zu artikulieren. Diese Artikulation führte indes zu einer Neudefinition dessen, was es heißt, ein aktiver Bürger zu sein, zumal die Facebook-Architektur eine

1 | Unter: http://www.cbc.ca/wish/faq.html (zuletzt aufgerufen am 01.08.2011). Der Lesbarkeit halber sind englische Zitate ins Deutsche übersetzt, soweit sie nicht bereits in deutscher Übersetzung vorliegen.

2 | Unter: http://www.cbc.radio-canada.ca/about/mandate.shtml (zuletzt aufgerufen am 01.08.2011).

breite öffentliche Diskussion über Gruppen hinweg nicht zulässt. Um einen Kommentar, ein Video oder ein Foto über eine Gruppe zu posten, muss man nämlich ein »Freund« dieser Gruppe sein. Die Great Canadian Wish List begrenzte somit die diskursiven Handlungsvermögen von Mitgliedern verschiedener Öffentlichkeiten, indem sie dem Horizont von Staatsbürgerschaft eine strukturelle Grenze setzte.

Die Great Canadian Wish List war ein bedeutendes Ereignis in den Massenmedien, und zwar wegen der Kontroverse, die sie auslöste und die einen zweiten Prozess der doppelten Artikulation offenbarte, bei dem bereits existierende Öffentlichkeiten sich in die Gleichsetzung zwischen der Kommunikationspraxis des »Freundegewinnens« bei Facebook und dem politischen Votum einschalteten. Am Ende der Kampagne lautete der, an der Anzahl der »Freunde« gemessene, größte Wunsch »Abschaffung der Abtreibung in Kanada«, für den sich Abtreibungsgegner einsetzten, gefolgt vom zweitgrößten Wunsch, die Abtreibung solle legal bleiben. Dieses Beispiel, wie ein bereits existierendes Interessennetzwerk (die Anti-Abtreibungsbewegung) ein Anliegen online popularisieren und als »kanadischen Wunsch«[3] erscheinen lassen kann, der angeblich repräsentativ für alle Kanadier sei, machte deutlich, wie politische Strategien Informationsdynamiken (»Freunde gewinnen«) dazu nutzen können, ein Anliegen zu legitimieren. Eine derartige Strategie heißt im Internet »Freeping« und geht auf die Aufrufe von Mitgliedern des konservativen US-Forums Free Republic zurück, die Online-Umfragen durch massenhaftes Votieren beeinflussen wollen.[4] Die Great Canadian Wish List zeigte auf, dass es neue Mittel der Informationspolitik gibt, die in den Prozess der Konstituierung und Legitimierung von Anliegen und ihren Öffentlichkeiten eingreift. Die endgültige Wunschliste ergab, dass die Durchführung einer großangelegten Kommunikationskampagne keineswegs die Wünsche aller und erst recht nicht die Wünsche derer repräsentierte, die dem demografischen Profil der Facebook-Nutzer entsprachen. Vielmehr widerlegte sie die kulturelle Annahme, die Erleichterung von Partizipation über Online-Instrumente führe zu einer ausgewogenen Repräsentation und demokratischen Kommunikation (Szklarski 2008, Montreal Gazette 2007). Das Experiment der Great Canadian Wish List unterstreicht, dass die auf den ersten Blick scheinbar simple Übertragung von Politik auf die Online-Kommunikation tatsächlich die Ausrichtung und Stabilisierung einer

---

3 | Dave Gilbert, der Urheber des Anti-Abtreibungswunsches bei Facebook, räumte selbst ein, dass die Ergebnisse der Great Canadian Wish List keine offizielle Umfrage darstellen, sondern beweisen würden, dass es ein Potential für eine weitere Mobilisierung gebe. Unter: http://www.theinterim.com/2007/aug/14abolishabortion.html (zuletzt aufgerufen am 01.08.2011).

4 | Unter: http://en.wikipedia.org/wiki/Free_Republic (zuletzt aufgerufen am 01.08. 2011).

Reihe von informatorischen, politischen und repräsentativen Prozessen erfordert. Die Möglichkeiten der Intervention, im Falle der Great Canadian Wish List auf der Ebene der Artikulierung der Informationsdynamik (Anzahl der Voten, Anzahl der Klicks) mit repräsentativen Prozessen (partizipatorische Medien als demokratische Repräsentation), betont die zunehmende Bedeutung dieser neuen techno-politischen Praktiken. Somit erfordert die Untersuchung der Konstitution von Themen und Öffentlichkeiten in sozialen Online-Netzwerken eine Berücksichtigung der einzigartigen techno-politischen Möglichkeiten und Horizonte, die von verschiedenen Online-Räumen angeboten werden.

Das Öffnen der Black Box: Kritische Rekonstruktionen von Öffentlichkeit

Die Frage nach der politischen Beteiligung auf Facebook muss somit eine Reflexion über die Frage der verschiedenen Arten der Bildung von Öffentlichkeiten um spezifische Themen und über die Konstruktion von Fragen allgemeinen Interesses durch die Logik des Informations-Rankings von Plattformen einbeziehen. Dann wird sichtbar, dass der Begriff der politischen Repräsentation als durch die Informationslogik strategisch vermittelt verstanden werden muss. Die Nutzerschnittstelle umfasst eine ganze Reihe von Prozessen, die analysiert werden müssen, entweder indem man Inhalte als Ausdruck von partizipatorischer Kommunikation betrachtet oder sich die Prozesse ansieht, durch die politisch-informationelle Dynamiken repräsentiert und somit auf einer Plattform konstruiert und legitimiert werden. Die Schnittstelle stellt somit zwar ein wichtiges Feld der Analyse dar, bietet indes nur eine begrenzte Sicht, da die Informationsdynamiken, die in die Gestaltung der Schnittstelle eingeflossen sind, für die Nutzer, großenteils aber auch für die wissenschaftliche Analyse unsichtbar sind. Facebook ist eine Black Box (Latour 1987: 131) und daher ist es schwierig, einige der opaken Techniken auf der Informationsebene zu untersuchen, die an der Gestaltung spezifischer Repräsentationen von Nutzern und politischen Prozessen beteiligt sind.

In diesem Sinn steht Facebook exemplarisch für das Paradoxon der Repräsentationsschnittstelle: Es offenbart eine spezifische Vielfalt kommunikativer Möglichkeiten, während es einige der zentralen Informationsprozesse verbirgt und unsichtbar macht, die einiges über die Art und Weise enthüllen könnten, wie wir uns selbst und andere Mitglieder einer Öffentlichkeit wahrnehmen und wie wir unsere soziale und politische Welt online erleben. Wendy Chun (2005) bezeichnet Software als ideologisch, und auch Facebook hat eine ideologische Komponente, da die Schnittstelle die technischen Elemente und Informationsprozesse verbirgt, die politische Praktiken und den Horizont der politischen Subjektivierung gestalten. Interessanterweise lässt sich beispielsweise feststellen, dass der alte »Web 1.0«-Standard der Sitemap als eine Möglichkeit für Nutzer, sich einen Überblick über den Informationsraum einer Webseite zu verschaffen, bei Facebook nicht mehr existiert, weil die Plattform auf Personalisierung und Anpassung an Vorlieben ausgerichtet ist. Für die Kommunikationswissenschaft stellt es eine besondere Herausforderung dar, wenn man gezwungen wird, die Scheuklappen der Personalisierung und Ich-Zentriertheit aufzusetzen, insbesondere wenn sich *issue publics* nur aus dem begrenzten Horizont der ersten Person Singular untersuchen lassen. Das Öffnen der Black Box Facebook oder zumindest das Verstehen ihrer Funktionsweise kann nicht nur Hinweise darauf liefern, welche sozialen und kulturellen Annahmen in spezifischen Informationsdynamiken eingebettet sind, sondern erlaubt auch eine Neuartikulierung unserer politischen Online-Horizonte im Hinblick darauf, wie Wissenschaft und Bürger Modi einer kritischen Befragung rekonstruieren könnten, die die ich-zentrierte Perspektive in Frage stellen.

Um die Grenzen der schnittstellenbasierten Forschung und die Notwendigkeit zu veranschaulichen, eine Methode zu entwickeln, die sich mehr auf die verborgenen Informationsdynamiken von Facebook konzentriert, haben wir eine Reihe von Experimenten durchgeführt, die sich auf die Mitgliedschaft in Gruppen bezogen. Zu diesem Zweck wurde die Facebook-Programmierschnittstelle (API) benutzt.[5] APIs ermöglichen Verbindungen zwischen unterschiedlicher Software und im Falle von Facebook zwischen Softwareanwendungen Dritter und den Facebook-Datenbanken, die Informationen über Nutzer, Ereignisse, Gruppen, Seiten usw. enthalten. Die Facebook-API stellt eine zentrale Komponente der Facebook-Plattform dar, da sie die Produktion und Verbreitung der vielen Facebook-Anwendungen (z.B. Spiele) gestattet, die von Dritten entwickelt wurden. Eine politische Facebook-Anwendung wie z.B. diejenige, die es Nutzern ermöglichte, sich an dem berühmten Song »Yes We Can« zur Unterstützung des US-Präsidentschaftskandidaten Barack Obama zu beteiligen, setzt eine Reihe von doppelten Artikulationen von Code und Politik frei, die sich von denen unterscheiden, wie man sie in Facebook-Gruppen beobachtet. Einerseits werden die spezifischen Informationsdynamiken zur Verbreitung von Information bei Facebook für eine politische Sache mobilisiert: Eine politische Hymne wird bei einem großen Publikum verbreitet. Andererseits wird der Code nicht einfach von politischen Kräften mobilisiert; er ermöglicht auch neue Formen eher verborgener politischer Praktiken, die das Überwachungspotential von Facebook nutzen, um Informationen über Nutzer zu sammeln, die diese Anwendung abonniert haben – ihre demografischen Profile, ihre Vorlieben und Abneigungen, ihre Netzwerkfreunde usw. Die aus dem Einsatz dieser spezifischen Facebook-Anwendung resultierende Assemblage sollte daher nicht als ein homogenes Ganzes betrachtet werden, sondern als etwas, das vielfache – teils sichtbare, teils verborgene – Machtbeziehungen ermöglicht. Und da soziale Online-Netzwerke

5 | Unter: http://developers.facebook.com

wie Facebook aus verschiedenen Ebenen zusammengesetzt sind (Langlois 2005), somit nicht nur aus visuellen Schnittstellen, sondern auch aus Informationsprozessen und Kommunikationspraktiken bestehen, spielen sich diese doppelten Artikulationen auf verschiedenen Ebenen mit unterschiedlichen Auswirkungen ab. Daher müssen Analysen und Methoden entwickelt werden, die sich von der Nutzerschnittstelle als zentraler Datenquelle entfernen und die Informationsdynamiken einbeziehen, die zwar für Nutzer unsichtbar sind, aber eine zentrale Rolle bei der Definition der Modalitäten der Existenz von Öffentlichkeiten bei Facebook spielen.

Als wir während der Ontario-Wahl Gruppen sammelten, stellten wir fest, dass ein blinder Fleck der Facebook-Nutzerschnittstelle darin bestand, dass sie die Visualisierung von Links zwischen Gruppen nicht ermöglichte, die wir ja gerade untersuchen wollten, weil sich damit die Frage beantworten ließe, ob Mitglieder verschiedener Öffentlichkeiten gemeinsame Anliegen haben. Listen von Gruppen werden einem Nutzer auf einer Gruppenseite zwar vorgeschlagen, doch auch die sind für das eigene Netzwerk personalisiert. Eine Möglichkeit zu visualisieren, wie Gruppen miteinander verlinkt sind oder auch nicht, besteht darin, dass man ermittelt, welche Mitglieder sich an mehr als einer Gruppe beteiligen. Dies ist zwar über die Facebook-Nutzerschnittstelle nicht sichtbar, aber über die Facebook-API zugänglich. Daher sammelten wir die Nutzer-IDs der Facebook-Gruppen im Zusammenhang mit der Ontario-Wahl über die Facebook-API und stellten fest, welche Nutzer sich an mehr als einer Gruppe beteiligten. Dann fragten wir die API nach den Namen der Nutzer ab und ermittelten, welche Nutzer öffentliche politische Persönlichkeiten waren. Mit Hilfe der Visualisierungssoftware Réseau-Lu (Aguidel Consulting, Paris) war es dann möglich, dieses Netzwerk von Verbindungen zu visualisieren (siehe Abb. 2). Durch diese Visualisierungen ließ sich feststellen, welche Politiker ihre Facebook-Präsenz strategisch nutzten – welche Politiker sich an mehr als einer Gruppe beteiligten und ob es eindeutige Muster von Beteiligungen entsprechend der Parteizugehörigkeit gab.

Im Falle der Ontario-Wahl wurde klar, dass sich Mitglieder der konservativen Partei strategisch an prokonservativen und antiliberalen Gruppen beteiligten. Die Visualisierung brachte eine Strategie ans Licht, nach der man die eigene Partei unterstützt, während man die Partei an der Macht schwächt. Dies machte deutlich, zu welchem Anteil Gruppen nicht nur nach ihrem Inhalt, sondern auch nach ihrem Ort innerhalb strategischer Netzwerke untersucht werden müssen. Ein solches Experiment veranschaulicht die Möglichkeit, die Konstitution von Öffentlichkeiten anhand von diskursiven und informationellen Netzwerken kritisch zu bewerten, indem man die Nutzerschnittstelle komplett umgeht. Durch die Konstruktion anderer Schnittstellen lassen sich bis dato unsichtbare Informations- und Kommunikationsprozesse aufdecken, welche gleichwohl Aufschlüsse darüber zulassen, wie Nutzer sich als Mitglieder an verschiedenen Öffentlichkeiten und Themen beteiligen.

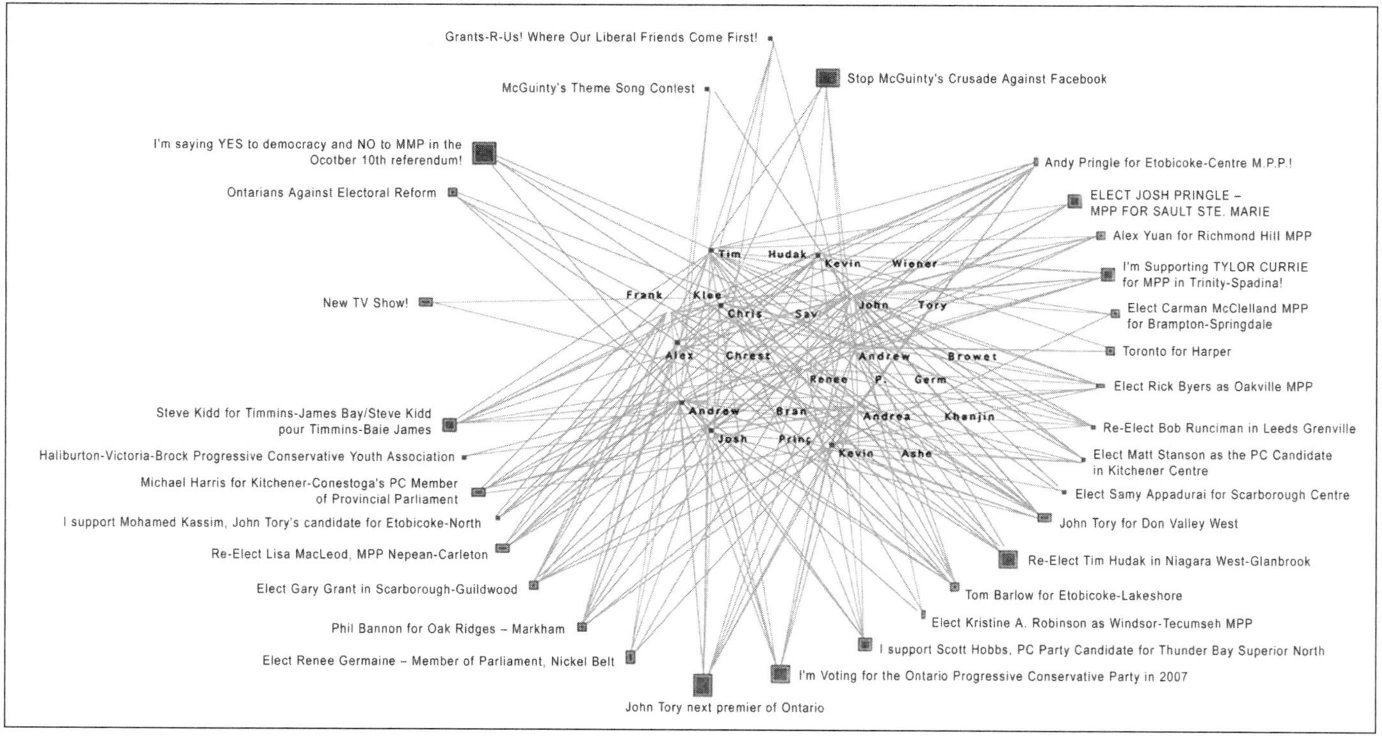

Abbildung 2: Beteiligung kanadischer Politiker an Facebook-Gruppen

Aus wissenschaftlicher Perspektive ist das Anzapfen des Potentials der Facebook-API allerdings mit einer Fülle ethischer Probleme und mit Fragen der Nutzungsbedingungen verbunden. So ist es beispielsweise relativ einfach, die Facebook-IDs von Gruppenmitgliedern zu ermitteln und davon ausgehend die Facebook-API nach Informationen über diese Nutzer abzufragen, obwohl dies als Verstoß gegen den Datenschutz und die Facebook-Nutzungsbedingungen betrachtet werden könnte. Das Problematische an Facebook ist darin zu sehen, dass es ein Modell entwickelt hat, bei dem kein Unterschied zwischen Online- und Offline-Identität gemacht wird, was sich die ägyptische Regierung auch zunutze gemacht hat, um Oppositionelle zu identifizieren und hart gegen sie vorzugehen. Daher muss nachhaltiger über das ethische Problem der fehlenden Anonymität bei Facebook nachgedacht werden. Ein weiteres Gebiet, mit dem sich die Wissenschaft befassen sollte, wäre die Entwicklung ihrer eigenen, von Facebook zugelassenen Anwendung. Würde man die Nutzer auffordern, sich an einer Anwendung zu beteiligen, die ihre politischen Aktivitäten bei Facebook verfolgen und anonymisieren würde, wäre dies eine Möglichkeit, im Einklang mit forschungsethischen Prinzipien zu handeln, und zwar durchaus auch in Übereinstimmung mit den Nutzungsbedingungen der Facebook-API.

ÖFFENTLICHE SPHÄRE, *ISSUE PUBLICS* UND VERNETZTE ÖFFENTLICHKEITEN

An den drei Fallstudien lässt sich eine Bewegung nachvollziehen von einem Fokus auf Inhalte (z.B. Gruppentitel) als Untersuchungsgegenstand zur Analyse der Bildung von Öffentlichkeiten und schließlich zu den vernetzten Routen, die die Mitglieder von Öffentlichkeiten versammeln und sie mit bestimmten Themen und Anliegen verbinden. Dieser methodologische Wandel im Hinblick auf die Untersuchungsgegenstände hat theoretische Konsequenzen, nämlich wie man öffentliche Partizipation und politisches Handeln auf sozialen Online-Netzwerken und Web-2.0-Plattformen generell begrifflich fassen kann. Traditionellerweise ist der Inhalt des öffentlichen Diskurses ein zentraler methodologischer Ausgangspunkt, wenn man die Machtbeziehungen untersucht, die bei der Bildung von Öffentlichkeiten und bei der Tragweite der öffentlichen Diskussion im Spiel sind. Eine derartige analytische Dimension muss durch einen größeren Fokus auf die Bildung von Öffentlichkeiten ergänzt werden. Die Fallstudien zeigen, dass die Konstituierung und Zusammensetzung von Öffentlichkeiten zunächst eine Untersuchung erfordert, wie politische Prozesse, Fragen von öffentlichem Interesse und öffentliche Diskussion und öffentliches Handeln an der doppelten Artikulation von Code und Politik beteiligt sind – wie sie innerhalb spezifischer Kommunikationssphären umgestaltet werden, die spezifische Informationsarchitekturen einsetzen. Im Fall von Facebook vollzogen sich diese doppelten Artikulationen innerhalb eines Kontinuums zwischen Ich-Zentriertheit und Öffentlichkeit, das verschiedene Schichten aufweist: die Nutzerschnittstelle, Informationsdynamiken, verborgene Netzwerke. Noortje Marres' Arbeit über *issue publics* bietet einen theoretischen Ausgangspunkt für weitere Überlegungen zur Etablierung von Themen und ihren Öffentlichkeiten. Marres (2007) erinnert daran, dass das Interesse an der Konstitution heterogener Netzwerke, durch die eine öffentliche Frage erst ins Leben gerufen wird, sowie an den Prozessen, durch die sie von Mitgliedern einer Öffentlichkeit angesprochen wird, das Forschungsgebiet von Science and Technology Studies (STS) mit der pragmatischen Tradition von John Dewey und Walter Lippmann verbindet. Eine zentrale Referenz für Marres ist wiederum Bruno Latours Untersuchung, wie Fragen und Probleme, die wissenschaftliche, politische und soziale Dynamiken durchkreuzen (z.B. die globale Erwärmung, genmanipulierte Nahrung), von den Sozialwissenschaften und der Politikwissenschaft ignoriert wurden (Latour 2004, Latour/Weibel 2005). Latour kritisiert, dass die Analyse demokratischer Entscheidungsprozesse zu oft auf diskursive oder formale Elemente fokussiert, statt näher darauf einzugehen, dass das Engagement der Öffentlichkeit für ein bestimmtes Thema über den streng institutionellen Apparat der politischen Entscheidungsfindung hinausgeht. Ferner legt Marres in ihrer Auseinandersetzung mit *issue publics* dar, dass eine Öffentlichkeit als heterogene Assemblage konstituiert wird, die durch den Prozess der Definition der Tragweite einer Frage oder eines Problems von allgemeinem Interesse entsteht (2005, 2007). Unter Berufung auf Dewey und Lippmann sowie auf die Akteur-Netzwerk-Theorie (ANT) argumentiert Marres, die Definition einer Frage und die Modalitäten öffentlicher Partizipation entstünden aus einer spezifischen konjunkturellen Dynamik (2005: 212). Insofern sollte man kritisch beleuchten, inwiefern die Definition eines Themas nicht nur menschliche, sondern auch nichtmenschliche Akteure wie die Objekte und Techniken einbezieht, die die öffentliche Verantwortung organisieren, des Weiteren dass verschiedene Gruppen (Politiker, Bürger, NGOs) sich um die Begrenzung eines Themas streiten, und schließlich, dass diese Partizipationen und Handlungsmöglichkeiten durch spezifische Praktiken und Kommunikationsprozesse gestaltet werden.

Der Begriff der *issue publics* scheint ein solides Rahmenkonzept zur Verfügung zu stellen, durch das man die doppelte Artikulation von Code und Politik im Falle der Bildung von Öffentlichkeiten bei Facebook und möglicherweise im gesamten Internet betrachten kann. Die Einbeziehung von Techniken, die aktiv an der Hervorbringung von Themen und ihrer Öffentlichkeiten beteiligt sind, eröffnet neue Wege, um zu untersuchen, wie Kommunikationstechniken im Internet in den politischen Prozess eingreifen. Der Begriff des »issue networks« (Rogers 2006, Marres/Rogers 2005) wurde entwickelt, um die Entfaltung von *issue publics* im Internet zu untersuchen und Online-Politik als eine Form politischen Handelns zu analysieren. Beim Nachzeichnen von *issue networks* wird untersucht, wie verschiedene Akteure (z.B. NGOs, politische Parteien), die sich für eine Frage von allgemeinem Interesse engagieren, den Umfang der Frage und die Beziehungen untereinander durch Muster der Verlinkung aushandeln und definieren. Die Analyse eines *issue networks* beinhaltet für gewöhnlich, dass man die Entwicklung eines Link-Netzwerks zwischen einer Anzahl von Webseiten verfolgt, die sich auf ein Thema beziehen, um die Dynamik zwischen verschiedenen politischen Akteuren zu verstehen. In diesem Sinne kann man ein *issue network* verstehen als ein »heterogenes Set von Einheiten (Organisationen, Individuen, Dokumenten, Slogans, Bildern), die zu einem Hyperlink-Netzwerk um eine allgemeine Problematik konfiguriert worden sind, welche sich in einem Schlüsselwort wie Klimawandel subsumieren lässt« (Rogers/Marres 2005: 928). Die Beziehung zwischen *issue public* und einem *issue network* im Internet basiert auf der Annahme, dass das Internet als ein Archiv fungiert, das Rückverfolgbarkeit (*traceability*) ermöglicht (Marres 2005: 109). Somit gelten Online-Kommunikationspraktiken (z.B. Verlinkung) als Möglichkeit zur Entfaltung von *issue publics*, und das Internet wird zu einem »Ort der Darstellung einer Kontroverse« (2005: 109).

Der Übergang vom *issue public* zum *issue network* ist nicht unproblematisch, insbesondere im Fall sozialer Online-Netzwerke wie Facebook. Zunächst haben wir es mit methodologischen Problemen zu tun, insofern der Wechsel vom Web 1.0 zum Web 2.0 sowohl die Schlüsselstellung von Links als Organisationsprinzip von Online-Kommunikation ebenso wie den Status des Internets als relativ offenes und rückverfolgbares Archiv geschwächt hat. Bei sozialen Netzwerkseiten wie Facebook handelt es sich typischerweise um geschlossene Portale, die die Nutzer einladen, auf der Webseite zu bleiben, und sie zwingt, die Seite durch begrenzte ich-zentrierte Perspektiven zu erkunden. Für uns als Forscher war diese Informationsstruktur besonders frustrierend, zumal als wir entdeckten, dass sich die Suchergebnisse von einem Account zum nächsten unterschieden, und zwar wegen der ständigen Personalisierung, die sich auf der Webseite abspielt. Außerdem beruht das Verlinken von Informationen auf sozialen Netzwerkseiten auf neuen Sprachen, Protokollen und Praktiken, zum Beispiel auf dem Einbetten von Videos. In dieser neuen Konfiguration stellt das traditionelle Verlinken nur noch ein Informationswerkzeug unter anderen dar. Angesichts dieses neuen technischen Kontextes wird es schwierig, die gleichen Datensammelmethoden anzuwenden, die in einer Web-1.0-Umgebung üblich waren. Aus unseren Fallstudien ziehen wir den Schluss, dass der Ansatz des *issue networks* begrifflich neu gefasst und erweitert werden muss, um die Besonderheiten von Web-2.0-Plattformen zu berücksichtigen. Das bedeutet nicht bloß, dass andere Protokolle aufgenommen werden müssen, die die Verbreitung von Inhalten auf Web-2.0-Plattformen (z.B. IDs, Tags, Software-Anwendungen, die Inhalte zwischen Plattformen austauschen) ermöglichen, sondern dass man auch Mittel und Wege finden und nutzen muss, um das zunehmende »Black-Boxing« von

Web-2.0-Räumen zu umgehen und damit eine Möglichkeit bekommt, Inhalte zu verfolgen und festzuhalten. Außerdem sind plattformspezifische Methoden, die über das hinausgehen, was auf der Schnittstellenebene dargestellt wird, und die von der Plattform gesammelten Daten erschließen, ein vielversprechendes, jedoch herausforderndes Feld der Analyse für die Kommunikationswissenschaft. Tatsächlich gibt es außer der noch völlig experimentellen Verwendung der Facebook-API in der dritten Fallstudie keine anderen Beispiele der Verwendung der Facebook-API für eine kritische Analyse politischer Kommunikation auf Facebook. Während die Facebook-API somit mehr Hinweise auf kaum beachtete Praktiken von Mitgliedern einer Öffentlichkeit liefern kann, macht es die Verwendung der Facebook-API erforderlich, dass man nachhaltig über Fragen des Datenschutzes und der Privacy von Facebook-Nutzern nachdenkt. All diese Herausforderungen verweisen darauf, wie notwendig es ist, plattformspezifische Methoden weiter zu erforschen. Als Wissenschaftler, die sich darum bemühen, einen Blick in die Black Box zu werfen, hoffen wir, dass andere Wissenschaftler dazu beitragen werden, die entsprechenden Instrumente zu entwickeln.

Eine letzte methodologische Überlegung: Die Fallstudien machen deutlich, dass man über den Ansatz des *issue networks* nicht nur in horizontaler Hinsicht (die Ausbreitung eines Hyperlinknetzwerks), sondern auch in vertikaler Hinsicht nachdenken muss. Das heißt, die verschiedenen Schichten und Prozesse, die am Back-end beteiligt sind, könnten die Erforschung von Dynamiken ermöglichen, die zwar auf der Ebene der Nutzerschnittstelle nicht sichtbar sind, aber dennoch eine zentrale Rolle bei der Regulierung und Berücksichtigung neuer Formen der politischen und kritischen Intervention spielen. Man muss also den Dynamiken des Informationsmilieus im Internet größere Aufmerksamkeit widmen (Terranova 2004: 52), um die Mikro- und Makroveränderungen im Übergang vom Politischen zum Techno-Politischen zu verstehen. In dieser neuen Konfiguration besteht die methodologische Herausforderung darin, die vielen Gebiete und Schichten der doppelten Artikulation von Code und Politik zu ermitteln und die Bewegung – die neuen Trajektorien von Macht und Wissen – zu verfolgen, die die Informationsdynamiken mit politischen Praktiken in spezifischen Kontexten verknüpft.

Auf der theoretischen Ebene ist die Annahme, dass Online-Kommunikationspraktiken die Konstitution von *issue publics* ins Leben rufen, übertragen oder repräsentieren, im Fall von sozialen Online-Netzwerken nicht haltbar. Vielmehr ist die doppelte Artikulation von Code und Politik im Fall der sozialen Netzwerke keine unproblematische Übertragung von einer Dynamik auf eine andere Kommunikationsebene. Wir müssen lernen, dass es inzwischen Software, Protokolle und Netzwerke gibt, die als Akteure direkt in Kultur- und Kommunikationsprozesse eingreifen, durch die Produktion automatisierter Empfehlungen, die unter spezifischen sozialen und kulturellen Annahmen operieren, ebenso wie durch die Produktion von ich-zentrierten Schnittstellen. Das heißt, das Aufkommen von Software als neuartiger Akteur und von Web-2.0-Plattformen als neuartigen techno-kulturellen Räumen verändert grundlegend die Dynamik der Konstitution von Themen und ihren Öffentlichkeiten. Dazu Ulises Mejias (2008):

»Netzwerke – als Assemblagen von Menschen, Technik und sozialen Normen – arrangieren Subjekte in Strukturen und definieren die Parameter ihrer Interaktion, und damit gestalten sie aktiv ihre sozialen Wirklichkeiten. Aber was enthält das soziale Netzwerk und was wird ausgeklammert?«

Es kann nicht mehr gelten, dass Informationsdynamiken Kommunikationsdynamiken unterstützen, vielmehr greifen sie direkt auf der Ebene von Kommunikation und Kultur und im weiteren Sinne auf der Ebene der Politik ein.

Der Ansatz der *issue publics* könnte von den Untersuchungen profitieren, die Lazzarato über den gegenwärtigen Kapitalismus und die Rolle, die die Informationsarbeit in Kontrollgesellschaften spielt, angestellt hat. Lazzarato, der nicht nur auf den Marxismus, auf Foucault und Deleuze, sondern auch auf Gabriel Tardes Monadologie zurückgreift (ein zentraler Bezugspunkt der Akteur-Netzwerk-Theorie), betrachtet die konstitutiven Beziehungen zwischen menschlichen und nichtmenschlichen Akteuren, insbesondere die verschiedenen Elemente und die (technischen, psychischen, ökonomischen, politischen usw.) Strömungen, die solche Beziehungen gemäß spezifischer Machtinteressen modulieren, regulieren und konditionieren. Lazzarato weist nach, dass der Kapitalismus als solcher im Gegensatz zur traditionellen marxistischen Position nicht mehr eine »Welt der Produktion«, sondern die »Produktion von Welten« ist. Nach Lazzarato ist es für heutige Unternehmen in der Kontrollgesellschaft charakteristisch, dass sie keine Konsumobjekte mehr erschaffen, sondern die Welt, in der solche Objekte existieren können. Und das Ziel der Unternehmen ist es nicht mehr, Subjekte (das heißt Arbeiter und Konsumenten) zu erschaffen, sondern die Welt, in der solche Subjekte existieren können (2004: 94). Lazzaratos Interesse an Prozessen der »Existenzialisierung« ist Teil einer theoretischen Genealogie, die bei Foucault beginnt und fortgeführt wird von Guattaris Werk über »den Dreh- und Angelpunkt zwischen semiotischer Repräsentation und der Pragmatik der ›Existenzialisierung‹« (Guattari 1987: 181), das heißt, der Aktualisierung von Subjektivitäten gemäß spezifischer Machtdynamiken. Lazzarato trägt dazu bei, die von sozialen Online-Netzwerkseiten gespielte Rolle zu überdenken, insbesondere von privaten und kommerziellen Netzwerken wie Facebook, indem er uns auffordert zu bedenken, dass ihre primäre Rolle darin besteht, uns unseren Horizont zu geben – unseren Möglichkeitssinn. Der Inhalt eines sozialen Netzwerks reicht nicht mehr aus, um es zu beschreiben – wir müssen diese Netzwerke als Orte der Existenz mit ihren eigenen Möglichkeitsgrenzen behandeln. Gleichermaßen sollten wir erkennen, dass Facebook die Horizonte, Instrumente und Praktiken erschafft, die durch die doppelte Artikulation von Code und Politik neue Akteure, neue Modi von Handlungsfähigkeit und Subjektivierung sowie neue Grenzen und Machtbeziehungen hervorbringen. In diesem Sinne kann das Verfolgen von *issue publics* in ihrer Multidimensionalität in sozialen Netzwerkseiten zu einer kritischen Beurteilung der Politik sozialer Netzwerkseiten führen.

Lazzarato untersucht in seinen Arbeiten zum Phänomen der immateriellen Arbeit nicht nur die Bildung von *issue publics* an sich, sondern auch diesen spezifischen Augenblick des Übergangs, wenn eine Öffentlichkeit vernetzt wird. Wir definieren vernetzte Öffentlichkeiten als jene Öffentlichkeiten, die durch Online-Informationsprozesse entstehen. Die Online-Informationssysteme liefern das Material, die kommunikativen und sozialen Mittel, damit eine Öffentlichkeit existieren kann, und dies geschieht durch die Implementierung eines Netzwerks, das die Parameter des Handelns einer Öffentlichkeit und ihre spezifischen kommunikativen Handlungsmöglichkeiten definiert. In diesem Sinn liefert das Netzwerk die Parameter der Etablierung von Themen und der Bildung ihrer Öffentlichkeiten auf spezielle Weise. Wie wir bei unserer Fallstudie gesehen haben, kann das Netzwerk eine spezifische Kommunikationsdisziplin auferlegen und gleichzeitig Möglichkeiten zur Neuartikulierung vorab existierender Machtdynamiken bieten. Außerdem ermöglicht die Analyse der Vernetzung einer Öffentlichkeit, dass man sich aus der Sicht der Wissenschaft entscheidende Interventionen in den Prozess der öffentlichen Partizipation im Internet vorstellen kann, indem man bisher vernachlässigte Dynamiken aufdeckt. Im Zusammenhang einer Neuorientierung des kritischen Umgangs mit dem demokratischen Potential des Internets und des Web 2.0 findet die Analyse der Vernetzung von Öffentlichkeiten und Themen ein gewisses Echo in Chris Keltys Erforschung der Open-Source-Bewegung als »rekursive Öffentlichkeit« – er definiert sie als eine »Öffentlichkeit, die sich entscheidend befasst mit der materiellen und praktischen Wahrung und Modifikation der technischen, rechtlichen, praktischen und begrifflichen Mittel ihrer eigenen Existenz als Öffentlichkeit« (2008: 3). Während die von Kelty beschriebene Open-Source-Bewegung sowohl ein Engagement für die demokratische Diskussion und Entscheidungsfindung wie ein Bewusstsein ihrer Existenzmittel im Internet aufweist, befasst sich das gegenwärtige Verständnis von Öffentlichkeit in sozialen Online-Netzwerken und bei Facebook im Besonderen meist traditionell mit dem Inhalt und der Tragweite der öffentlichen Diskussion. Aus dieser Sicht sind soziale Online-Netzwerke demokratisch, da sie scheinbar unendliche, freie Kommunikationsräume anbieten. Doch mit einer kritischen Methode, die sich auch der vernetzten Mittel der Existenz einer Öffentlichkeit bewusst ist, ließe sich die neue Machtdynamik in der Hervorbringung von *issue publics* verfolgen, die durch die doppelte Artikulation von Code und Politik entsteht. Eine derartige kritische Analyse ist, wie es unsere Fallstudien bewiesen haben, mit einer Fülle praktischer, methodologischer und theoretischer Herausforderungen verbunden. Somit besteht Bedarf an einer interdisziplinären Zusammenarbeit, damit sich sowohl Instrumente als auch das theoretische Verständnis der verschiedenen, gleichzeitigen und zuweilen paradoxen Modalitäten von Facebook, sozialen Online-Netzwerken und von Web-2.0-Seiten generell weiterentwickeln.

Eine frühere englische Version ist erschienen als: Langlois, Ganaele/Elmer, Greg/McKelvey, Fenwick/Devereaux, Zachary (2009) »Networked Publics: The Double Articulation of Code and Politics on Facebook«. In: Canadian Journal of Communication, *34, S. 415-434. Mit freundlicher Genehmigung des Canadian Journal of Communication.*

Literatur

Albrechtslund, Anders (2008): Online Social Networking as Participatory Surveillance. First Monday 13(3). Unter: http://www.uic.edy/htbin/cgiwrap/bin/ojs/index.php/fm/article/view/2142/1949 vom 8. März 2008 (zuletzt aufgerufen am 01.08.2011).

Benkler, Yochai (2007): The Wealth of Networks: How Social Production Transforms Markets and Freedom, Yale: Yale University Press.

boyd, danah (2008): Facebook's Privacy Trainwreck: Exposure, Invasion and Social Convergence, in: Convergence 13(1), S. 13-20.

Bruns, Axel (2005): Gatewatching: Collaborative Online News Production, New York: Peter Lang Publishing.

Bruns, Axel (2008): Blogs, Wikipedia, Second Life, and Beyond: From Production to Produsage, New York: Peter Lang Publishing.

Chun, Wendy (2005): On Software, Or the Persistence of Visual Knowledge, in: grey room, 18(5), S. 26-51.

Deleuze, Gilles/Guattari, Felix (1992): Tausend Plateaus. Kapitalismus und Schizophrenie, Bd. 2, Berlin: Merve-Verlag.

Elmer, Greg (2006): The Vertical (Layered) Net, in: David Silver (Hg.), Critical Cyberculture Studies: New Directions, New York: NYU Press, S. 159-167.

Facebook (2008): Announcement: Facebook/ABC News Election '08. Unter: http://www.facebook.com/press/releases.php?p=12926 (zuletzt aufgerufen am 01.08.2011).

Habermas, Jürgen (1962): Strukturwandel der Öffentlichkeit. Untersuchungen zu einer Kategorie der bürgerlichen Gesellschaft, Neuwied am Rhein: Luchterhand.

Jenkins, Henry (2006): Convergence Culture: Where Old and New Media Collide, New York: NYU Press.

Kelty, Chris (2008): Two Bits: The Cultural Significance of Free Software, Duke University Press. Unter: twobits.net/pub/Kelty-TwoBits.pdf (zuletzt aufgerufen am 01.08.2011).

Langlois, Ganaele (2005): Networks and Layers: Technocultural Encodings of the World Wide Web, in: Canadian Journal of Communication 30(4). Unter: http://www.cjc-online.ca/index.php/journal/article/view/1636 (zuletzt aufgerufen am 01.08.2011).

Latour, Bruno (1987): Science in Action: How to Follow Scientists and Engineers through Society, Cambridge, MA: Harvard University Press.

Latour, Bruno (2004): Politics of Nature. How to Bring the Sciences Into Democracy, Cambridge, MA: Harvard University Press.

Latour, Bruno/Weibel, Peter (2005): Making Things Public: Atmospheres of Democracy, Cambridge, MA: The MIT Press.

Lazarsfeld, Paul F./Berelson, Bernard/Gaudet, Hazel (1944): The people's Choice. How the Voter Makes up his Mind in a Presidential Campaign. New York: Columbia Univ. Press.

Lazzarato, Maurizio (2004): Les Révolutions du Capitalisme, Paris: Les Empêcheurs de Penser en Rond.

Lippmann, Walter (1925): The Phantom Public, New York: Harcourt.

Marres, Noortje (2005): No Issue, No Public: Democratic Deficits After the Displacement of Politics, Diss. Amsterdam: Universiteit van Amsterdam.

Marres, Noortje (2007): The Issues Deserve More Credit: Pragmatist Contributions to the Study of Public Involvement in Controversy, in: Social Studies of Science 37(5), S. 759-780.

Marres, Noortje/Rogers, Richard (2005): Recipe for Tracing the Fate of Issues and Their Publics on the Web, in: Bruno Latour/Peter Weibel (Hg.), Making Things Public, Cambridge, MA: MIT Press, S. 922-935.

McKelvey, Fenwick (2008): The Software Politics of Web 2.0 in/through Drupal, Vortrag bei Politics – Web 2.0: An International Conference, Royal Holloway.

Mejias, Ulises (2008): Networks and the Politics of the Para-Nodal, Vortrag bei Politics – Web 2.0: An International Conference, Royal Holloway.

Mejias, Ulises (2011): The Twitter Revolution Must Die. Unter: http://blog.ulisesmejias.com/2011/01/30/the-twitter-revolution-must-die/ vom 2. Mai 2011 (zuletzt aufgerufen am 01.08.2011).

Montreal Gazette (2007): Results Are In: Poll Are Dicey, in: Montreal Gazette vom 5. August 2007, Leitartikel.

Nelson, Marissa (2007): MMP Goes Down to Defeat, in: Toronto Star, 10. Oktober 2007. Unter: http://www.thestar.com/OntarioElection/article/265607 (zuletzt aufgerufen am 01.08.2011).

Petersen, Soren Mork (2008): Loser Generated Content: From Participation to Exploitation, in: First Monday 13(3). Unter: http://www.uic.edu/htbin/cgiwrap/bin/ojs/index.php/fm/article/view/2141/1984 vom 8. März 2008 (zuletzt aufgerufen am 01.08.2011).

Rogers, Richard (2006): Information Politics on the Web, Cambridge: The MIT Press.

Scholz, Trebor (2008): Market Ideology and the Myths of Web 2.0, in: First Monday 13(3). Unter: http://www.uic.edu/htbin/cgiwrap/bin/ojs/index.phh/fm/article/view/2138/1945 vom 8. März 2008 (zuletzt aufgerufen am 01.08.2011).

Szklarski, Cassandra (2008): CBC »Wish List« Experiment With Facebook Dooged by Controversy, in: The Canadian Press. Unter: http://www.theglobeandmail.com/news/technology/article742008.ece (zuletzt aufgerufen am 01.08.2011).

Zimmer, Michael (2008): The Externalities of Search 2.0: The Emerging Privacy Threats When the Drive for the Perfect Search Engine Meets Web 2.0, in: First Moonday 13(3). Unter: http://www.uic.edu/htbin/cgiwrap/bin/ojs/index.php/fm/article/view/2136/1944 vom 8. März 2008 (zuletzt aufgerufen am 01.08.2011).

Autorinnen und Autoren

Ralf Adelmann, Dr., Universität Paderborn, Akademischer Rat am Institut für Medienwissenschaften, Momentane Forschungsschwerpunkte: Wissens- und Ordnungsstrukturen des Internets, Medienökonomien der Populärkultur, mobile Medien, dokumentarische Bildformen. Aktuelle Publikation als Co-Autor: »Datenbilder. Zur digitalen Bildpraxis in den Naturwissenschaften«, Bielefeld 2009. Kontakt: http://homepages.uni-paderborn.de/radelman/

Mark Andrejevic ist Senior Researcher am Centre for Critical and Cultural Studies der University of Queensland, Australien. Er ist Autor von »Reality TV: The Work of Being Watched« und »iSpy: Surveillance and Power in the Interactive Era« sowie zahlreicher Artikel über neue Medien, populäre Kultur und Überwachung.

Dirk Baecker, Soziologe, Inhaber des Lehrstuhls für Kulturtheorie und -analyse an der Zeppelin Universität in Friedrichshafen. Jüngere Publikationen: »Form und Formen der Kommunikation«, 2005, »Studien zur nächsten Gesellschaft«, 2007. Kontakt: www.dirkbaecker.com

Robert Bodle promovierte an der University of Southern California und ist Assistant Professor für Communication Studies am College of Mount St. Joseph, wo er Neue Medien und Gesellschaft, Menschenrechte im digitalen Zeitalter, neue Medienethik und visuelle Kommunikation lehrt. Als Forscher interessiert er sich für soziale Medien, Internet-Governance, politische Ökonomie, kritische Internettheorie, Medienkompetenz und Informationsethik. Kontakt: robert_bodle@mail.msj.edu

Mark Coté ist Dozent für Medien- und Kommunikationswissenschaft an der Victoria University in Melbourne in Australien. Er hat zahlreiche Beiträge über soziale Medien, Medientheorie, den Marxismus der Autonomia und Foucault veröffentlicht. Derzeit erforscht er die Beziehung zwischen Mensch und Technik, insbesondere die Dimensionen der Immaterialität über den, in seiner Terminologie, (nicht)lokalen Körper. Kontakt: mark.cote@vu.edu.au

Greg Elmer ist Forschungsvorstand der Bell Globemedia und Direktor des Infoscape Research Lab an der Ryerson University. Er ist Autor von »Profiling Machines« (2004) und mit Andy Opel Mitautor von »Preempting Dissent« (2008). Er ist derzeit Code Research Fellow an der Anglia Ruskin University und Senior Faculty Fellow am Department of Media and Communication der London School of Economics. Kontakt: gelmer@ryerson.ca

Carolin Gerlitz ist Doktorandin der Soziologie am Centre for the Study of Invention and Social Process am Goldsmiths, University of London. Ihre Forschungsinteressen sind Wirtschaftssoziologie, Digitale Medien, soziale Netzwerke, soziologische Markentheorie, Topologie, Geschlechterstudien, Evaluation und Datenerfassung. Carolin Gerlitz studierte den Diplomstudiengang Gesellschafts- und Wirtschaftskommunikation (Universität der Künste Berlin), hat einen Master-Abschluss in MA Gender and Culture (Goldsmiths) sowie einen MPhil in Sociology (Goldsmiths). In ihrer Dissertation beschäftigt sie sich mit Marken, Co-Kreation und dem Zusammenspiel von wirtschaftlichem Mehrwert und sozialer Interaktion. Darüber hinaus ist Carolin Gerlitz assoziiertes Mitglied der Digital Methods Initiative, Universität von Amsterdam.

Brigitta Kuster ist Künstlerin und Junior Researcher im europäischen Forschungsprojekt MIG@NET Migration, Gender and Digital Networks. Neueste Publikationen: Brigitta Kuster (2010): »If the Images of the Present Don't Change, Then Change the Images of the Past« – Zur Exposition Coloniale Internationale, Paris 1931, in: Comparativ. Zeitschrift für Globalgeschichte und Vergleichende Gesellschaftsforschung 19 (2009) 5, S. 85-103. Brigitta Kuster (2010): Tarzan and the Scream of Modernity: On the Post-Colonial in Mohamed Osfour's Cinematic Works, in: Avermaete/Karakayali/von Osten (Hg.) (2010), Colonial Modern. Aesthetics of the Past. Rebellions for the Future, London: black dog publishing, S. 272-287.

Ganaele Langlois ist Stellvertretende Direktorin am Infoscape Research Lab (Ryerson University, www.infoscapelab.ca) und Assistant Professor of Communication an der Fakultät für Social Science and Humanities an der Universität von Ontario, Institute of Technology (Oshawa). Kontakt: Ganaele_Langlois@uoit.ca

Oliver Leistert ist Research Fellow am Centre for Media and Communication Studies der Central European University in Budapest. Er forscht mit internationaler Perspektive theoretisch und empirisch zu Mobilen Medien, Überwachung und Protest. Er war Kollegiat im Graduiertenkolleg »Automatismen« an der Universität Paderborn. Studium der Philosophie, Literaturwissenschaft und Informatik an der Universität Hamburg. Publikationen: Herausgabe (mit Maik Bierwirth und Renate Wieser): Ungeplante Strukturen. Tausch und Zirkulation, München 2010; On Data Retention, Postfordism and Privacy Movements in Germany, in: Open 19, 2010, S. 92-99; Data Retention in the European Union: When a Call Returns, in: International Journal of Communication, Vol 2 (2008), S. 925-935. Kontakt: oleist@zeromail.org

Geert Lovink, Gründungsdirektor des Institute of Network Cultures, ist ein niederländisch-australischer Medientheoretiker und Netzkritiker. Er hat an der Universität Melbourne promoviert und arbeitete anschließend am Centre for Critical and Cultural Studies der University of Queensland. 2004 wurde er als Research Professor an die Hogeschool van Amsterdam und als Associate Professor an die Universität Amsterdam berufen. Er ist Gründer von Internetprojekten wie »nettime« und »fibreculture« und organisierte in neuerer Zeit Forschungsnetzwerke, Konferenzen und Publikationen über Themen wie die Kultur der Suche, Online-Video, urbane Screens, Kritik der Kreativindustrien, digitales Publishing und globale Wikipedia-Forschung. Zuletzt erschienen seine Bücher »Dark Fiber« (2002), »Uncanny Networks« (2002), »My First Recession« (2003), »Zero Comments« (2007) und »Networks Without a Cause« (2012).

Susanne Lummerding, Dr. habil., Kunst- und Medienwissenschaftlerin, Dozentin am Institut für Theater-, Film- und Medienwissenschaften der Universität Wien und im Master-Studiengang Gender Studies der Universität Wien. Forschungsschwerpunkte: Die analytische Verknüpfung kritisch revidierterer Konzepte von Medialität und des Politischen; Hegemonie- und Repräsentationstheorie; Voraussetzungen von Differenzierung/Subjektkonstituierung und Handlungsfähigkeit. Seit 2005 Aufbau der internationalen Forschungsplattform Visuelle Kulturen im Feld des Politischen. Autorin von: »agency@? Cyber-Diskurse, Subjektkonstituierung und Handlungsfähigkeit im Feld des Politischen« (2005). Kontakt: www.lummerding.at

Fenwick McKelvey ist Doktorand am Joint Programme in Communication and Culture an den Universitäten Ryerson und York und Research Associate am Infoscape Research Lab. Er erforscht die Schnittstelle von Netzwerkmanagement und Regimen der Mitarbeiterführung. Er ist Graduiertenstipendiat der Joseph-Armand Bombardier Kanada. Kontakt: fenwick.mckelvey@ryerson.ca

Marianne Pieper ist Soziologin und Professorin am Fachbereich Sozialwissenschaften der Universität Hamburg. Schwerpunkt: Subjektivitäten, Kulturen, Geschlechter, Differenzen. Lehre und Forschung zu Gender und Queer Studies, Postkolonialer Kritik, poststrukturalistischen und neo-materialistischen Konzepten sowie qualitativer Sozialforschung. Projektleitung des deutschen Forschungsteams von MIG@NET (EU-Projekt Migration, Gender and Digital Networks). Neueste Veröffentlichung: Marianne Pieper/Vassilis Tsianos/Thomas Atzert/Serhat Karakayali (Hg.): Biopolitik in der Debatte. Wiesbaden 2011.

Jennifer Pybus ist Doktorandin für Englisch und Kulturwissenschaft an der McMaster University. Sie erforscht die Rolle sozialer Netzwerke bei Jugendlichen, insbesondere die Möglichkeiten des gesellschaftlichen Engagements, die diese virtuellen Räume jungen Nutzern bieten können, welche den Markt allzu oft als erste Stätte der Subjektivierung und Handlungsmacht erleben. Kontakt: pybusjr@mcmaster.ca

Gerald Raunig ist Philosoph und arbeitet an der Zürcher Hochschule der Künste sowie am eipcp in Wien. Er ist (Mit-)Herausgeber der Buchreihen »republicart« und »es kommt darauf an. Texte zur Theorie der politischen Praxis« im Wiener Verlag Turia+Kant sowie »Inventionen« im Verlag diaphanes, Zürich/Berlin. Buchveröffentlichungen u.a. Kunst und Revolution. Künstlerischer Aktivismus im langen 20. Jahrhundert, Wien 2005; Tausend Maschinen. Eine kleine Philosophie der Maschine als sozialer Bewegung, Wien 2008; Instituierende Praxen. Bruchlinien der Institutionskritik, Wien 2008 (gemeinsam mit Stefan Nowotny); Inventionen 1 (hg. gemeinsam mit Isabell Lorey und Roberto Nigro), Zürich/Berlin 2011.

Theo Röhle ist Postdoktorand am Graduiertenkolleg »Automatismen«, Universität Paderborn. In seiner Forschung beschäftigt er sich mit digitalen Wissensordnungen, neuen Formen der Überwachung sowie Machtkonzepten in den Medienwissenschaften und den Science and Technology Studies. Promotion 2010 im Fach Medienkultur an der Universität Hamburg, zuvor Studium der Ideengeschichte, Cultural Studies und Medien- und Kommunikationswissenschaft an der Universität Stockholm. Seine Dissertation erschien 2010 unter dem Titel »Der Google-Komplex. Über Macht im Zeitalter des Internets« im transcript Verlag. Jüngste Veröffentlichung: »Unsichtbare Hände. Automatismen in Medien-, Technik- und Diskursgeschichte« hg. mit Hannelore Bublitz, Irina Kaldrack und Hartmut Winkler.

Anne Roth wohnt in Berlin, Bloggerin (http://annalist.noblogs.org), Netz- und Medienaktivistin, Dipl.-Politologin. 2001 Mitgründerin des unabhängigen Nachrichten-Netzwerks Indymedia in Deutschland. Wurde bekannt durch das Terrorismus-Verfahren gegen ihren Partner Andrej Holm, der im Juli 2007 frühmorgens in der gemeinsamen Wohnung als Terrorist festgenommen wurde. Liest, schreibt und spricht über Terrorismus-Diskurse, die Frage Freiheit vs. Sicherheit, Polizei, Überwachung, Verfolgung von politischem Aktivismus, aber auch Medien, Web 2.0 sowie Feminismus.

Saskia Sassen ist Inhaberin der Robert-S.-Lynd-Professur für Soziologie und Mitvorsitzende des Committee on Global Thought an der Columbia University. Ihre jüngst erschienenen Bücher sind »Territory, Authority, Rights: From Medieval to Global Assemblages« (Princeton University Press 2008; dt. »Das Paradox des Nationalen. Territorium, Autorität und Rechte im globalen Zeitalter«), »A Sociology of Globalization« (W.W. Norton 2007) und die vollständig überarbeitete 4. Auflage von »Cities in a World Economy« (Sage 2011; dt. »Metropolen des Weltmarkts«). Ebenfalls in einer vollständig überarbeiteten Neuauflage erschien 2001 »The Global City«. Ihre Bücher sind in 21 Sprachen übersetzt. Gegenwärtig arbeitet sie an »When Territory Exits Existing Frameworks« (Harvard University Press). Regelmäßig veröffentlicht sie Beiträge in www.OpenDe mocracy.net und www.HuffingtonPost.com. Kontakt: www.saskiasassen.com

Vassilis Tsianos, Dr., unterrichtet Soziologie am Fachbereich Sozialwissenschaften der Universität Hamburg und ist Senior Researcher im europäischen Forschungsprojekt MIG@NET (Migration, Gender and Digital Networks). Publikationen: Dimitris Papadopoulos/Niamph Stephenson/Vassilis Tsianos (2008): Escape Routes. Control and Subversion in the 21. Century, London: Pluto Press; Vassilis Tsianos/Serhat Karakayali (2010): Transnational Migration and the Emergence of the European Border Regime: An Ethnographic Analysis, in: European Journal of Social Theory, August 2010, 13, S. 373-387.

Carolin Wiedemann ist wissenschaftliche Mitarbeiterin am Institut für Soziologie der Universität Hamburg, wo sie zur Frage der Konstitution kritischer Kollektivität im Netz promoviert. Sie hat in Paris und Hamburg Journalistik und Kommunikationswissenschaft sowie Soziologie studiert, schreibt als freie Autorin u.a. für Der Freitag und das Missy Magazine und arbeitet gerade mit Soenke Zehle (XMLab) am Glossar »Depletion Design«. Der hier vorliegende Beitrag ist eine gekürzte und aktualisierte Fassung ihrer Magisterarbeit »Selbstvermarktung im Netz«, die 2010 im Universitätsverlag des Saarlandes erschien.